사회를 구하는 경제학

사회를 구하는 경제학

| 경제학 고전에 공동체의 행복을 묻다 |

조형근·김종배 지음

반비

일러두기

1. 이 책은 2013년 7월부터 9월까지 방송된 팟캐스트 '김종배의 사사로운 토크(사사톡)'의 '꼬투리 경제학' 코너를 수정, 보완해 책으로 묶은 것이다. 방송 파일은 반비 블로그(banbi.tistory.com)에서 다운로드할 수 있다.

2. 이 책은 강연과 대담, 그리고 방송 후에 집필한 후기와 참고문헌(더 읽을 거리)으로 구성되어 있다. 대담 부분에서 김종배의 말은 '김'으로 줄여 푸른 색으로 표시했고, 조형근의 말은 '조'로 줄여 검은 색으로 표시했다.

책을 펴내며 1

나는 어쩌다 사회학자가 되어 주제넘게 경제학을 말하게 되었나

이 책은 경제라면 고등학교에서 얻은 약간의 기초 지식이 있고 잘 해야 『맨큐의 경제학』 정도를 공부했을 사람들을 위해 썼다. 경제가 내 삶에 참으로 중요하다는 사실을 절감하지만 바로 그 경제를 도통 모르겠고 경제학은 더 어려워 절망하곤 하는 우리네 보통 사람들 말이다. 수식과 그래프 들의 어지러운 향연보다는 실제로 벌어지고 있는 우리들의 살림살이 문제를 이해하고 싶은 사람들, 경제가 어렵다는데 임금인상 투쟁을 해도 괜찮을지 걱정스러운 사람들, 복지를 확대해야 할 것 같긴 한데 나라 재정이 어려워지면 어떡하나 근심스러운 사람들, 쓸데없는 규제는 좀 풀어야 경제가 좋아질 듯한데 탐욕스러운 기업가들이 못 미더워 자꾸 고개를 갸웃거리게 되는 사람들…….

나 자신이 바로 그런 사람이다. 밥이 하늘이라고 늘 밥벌이에 전전긍긍 자신만 챙기며 살았는데, 세상은 내 좁은 생활 세계를 뒤흔들면서 IMF 사태를, 부동산 폭등을, 금융위기를, 청년 실업 문제를 안겼다. 모르고 당하느니 알고 당하는 편이 낫겠다 싶었다. 경제를 알아야겠다는 생각에 사로잡혔다. 스승 없는 독학이 시작되었고, 결국 경제사회학 전공으로 박사학위를 받았다. 유명한 사회학자 피터 버거(Peter Berger)의 책 제목을 빌리자면 어쩌다 사회학자가 되었는데, 어쩌다 주제넘게 경제를 이야기하게 되었다. 굳이 변명을 하자면 경제는 참으로 중요해서 경제학자에게만 맡겨둘 수는 없는 노릇이라고 말해야겠다. 지난 수년간 대학에서 경제사회학과 정의론을 강의했다. 사회학자들은 정말 별 걸 다하는데, 나 역시 그렇다. 사회학보다는 경제학과 정치철학, 그리고 역사학이 나의 주요 밥벌이 수단이다. 이 책은 분과학문의 울타리를 벗어난 외도가 준 선물 혹은 업보다.

혼자서 하는 고민이 주 업무인 학자에게 젊은이들을 앞에 두고 하는 강의는 축복이자 특권이다. 믿기 어려울지 모르겠지만 나는 수업하러 갈 때가, 그러니까 일하러 갈 때가 늘 즐겁다. '젊은 타인들에게 말걸기'가 마음껏 허락되는 시간이 아닌가. 하지만 경제사회학과 정의론 강의 때면 문득 문득 교단 위에서 외로워진다. 젊고 아름다운 청년들이 경제나 분배라는 주제 앞에만 서면 한없이 처연해지는 모습을 보여주기 때문이다. 냉정하거나 무기력하거나. 학생들이 젊은이답지 않게 보수적이라는 말이 전혀 아니다. 토론을 할 때면 많은 학생들이 최저임금제를 지지하고, 더 많은 복지가 필요하다고 주장한다. 하지만 그런 정책을 지지하는 이유는 경제적 판단 때문이 아니라 도덕적 당위 때문이다. 즉 냉철하게 경제학적으로 보면 규제나 복지는 옳지 않다고 생각한다. 경제적 진리와 도덕적 당위가 충돌하는 혼돈의 와중에 학생들이 가장 잘 쓰는 표현은 "어쩔 수 없다"는 것이다. 경제성장을 위해 규제 완화도 어쩔 수 없고, 최저임금제 같은 규제도 필요하다는 식이다. 어쩌다 사회학자가 되어 어쩌다 경제와 정치철학을 가르치는 선생 앞에서 학생들은 어쩔 줄 몰라 한다. 세상이 어쩌다가 이렇게 어쩔 수 없게 되어버린 걸까? 갈수록 목이 탔다.

학생들의 잘못이 아니다. 세상에 그럴 리가 있겠는가? 그들이 배운 경제학이 그것뿐이니……. 수많은 인문사회계 대학생들이 부시 전 대통령의 경제자문위원회 의장 출신인 그레고리 맨큐(Gregory Mankiw)가 쓴 경제학 교과서와 그 유사판 서적들로 경제를 배운다. 인정할 건 인정하자. 이는 어느 정도는 세계적인 추세다. 하지만 한국은 정말 지나치다. 한국의 제도 경제학계에서 다른 경제학들은 비주류가 아니라 무 존재에 가깝다. 비주류란 웬만큼 어깃장 정도는 놓아볼 만한 지분이 있을 때나 쓰는 말이다. 정당만 보아도 그렇지 않은가? 한국 대학의 비주류 경제학 대접은 비주류라는 말조차 사치스럽게 만든다. 본시 앎의 욕망과 창조적 성과는 새롭고 다른 무언가를 만날 때 솟아나는 지적 자극에서 나온다. 학문적 종다양성이 거세된 처지에서 어떻게 다른 생각을, 새로운 상상력을 기대할 수 있을까?

비판이 허용되지 않는—아니, 사실은 비판이 있는지도 모르는—교과서는 교과서가 아니라 종교 경전이 된다. 학생들은 맨큐가 말하는 대로 믿는다. 최저임금제는 노동자들의 상태를 개선하기는커녕 청년층 미숙련 노동자의 실업을 증가시킬 뿐이고, 튼튼한 사회복지 제도를 자랑하던 독일은 바로 그 복지 때문에 실업률이 증가하고 있으며, 프랑스처럼 세율을 높이다가는 사람들의 근로 의욕이 떨어지니 미국을 비롯해 다른 나라들은 이런 전철을 밟으면 안 된다 등등. 이것이 바로 한 해에도 수십 만 명이 대학에서, 공무원 입시 학원에서 배우고 시험 치는 경제학 입문의 '과학적 진리'들이다. 바로 이런 것이 지배 이데올로기다. 그러니 어쩔 수 없다고 자조하는 우리 젊은이들의 무기력은 경제학이라면 그것밖에 없는 줄로 알게 한 기성세대들의 책임이다. 그 말석에 나도 한 자리 차지하고 있다.

이 당혹스러운 갈증을 느끼던 와중에 2013년 여름, 예상치 못한 제안이 들어왔다. 시사평론가 김종배 씨가 새롭게 시작하는 팟캐스트 〈사사로운 토크〉의 한 코너에서 매주 경제문제를 주제로 대담을 해보면 어떻겠느냐는 제안이었다. 분과학문의 경계 넘기 수준이 아니라 아예 학계의 울타리를 넘어서보라는 대담한 유혹이었던 셈인데, 나는 기어코 이 떡밥을 덥석 물고야 말았다. 좁은 강단의 보호막을 넘어서 일반 대중들과 만나고 싶었다. 출결 관리와 학점 평가라는 무기 없이 날것 그대로 말하고 듣고 비판받고 싶어졌다. 이 답답한 현실을 넘어서려면 정말로 무언가 하지 않으면 안 된다는 강박관념 같은 것이 등을 떠밀었으리라.

의논 끝에 위대한 경제사상가들의 발자취를 좇아가 보기로 했다. 경제학이 곡선을 다루는 학문이 아니라 사람을 다루는 학문이라면, 우리의 관심은 좀 더 일찍 사람 자체로 향해야 했다. 애덤 스미스와 카를 마르크스, 존 메이너드 케인스 같은 초대형 경제사상가들을 우선 초대했다. 조지프 슘페터처럼 보수 우파들이 극진히 찬미하는 주류 학자도 외면하지 않았다. 하지만 이들을 제외하고는 대부분 시중의 경제 교양서들에서는 찾기 어려운 학자들을 초대했다. 막스 베버, 칼 폴라니, 소스타인 베블런, 마르셀 모스 등 현대 주류 경제학의 계보에서는 추방된 채 사회학이나 인류학 언저리를 떠돌고 있는 이들이다. 이들이 응당 받아야 할 대접을 돌려주고자 했다.

하나같이 거대한 사상가들이라 그들의 사상 전모를 풀어낼 능력도 지면도 허락될 리가 없었다. 대신 지금 우리가 맞닥뜨리고 있는 현실 경제문제와 밀접한 관련이 있는 주제에 초점을 맞추었다. 거기에 이 사상가들이 밥 먹고 숨 쉬고 사랑하고 싸우던 삶과 시대의 이야기를 버무렸다. 무릇 모든 사상은 시대의 자식인 법인지라 그 공리와 증명의 이면에는 개인과 시대의 영광과 상처, 흔적들이 아로새겨져 있는 법이다. 동시에 위대한 사상들은 자신을 낳은 어머니의 품을 떠나서 시대의 벽을 뛰어넘는다. 사상들의 시대적 한계와 현재적 의의를 동시에 찾아보려 애썼다. 주류 경제학의 좁고 음울한 세계 바깥에 이토록 광대한 인류의 지혜와 통찰들이 빛나고 있음을 보여주려 노력했다.

덜컥 문 떡밥이었지만 방송이 다가오면서 점점 두려워졌다. 첫경험이었기 때문이다. 나 자신의 마음가짐과 준비 정도가 제일 큰 문제였지만, 눈높이 맞추기도 숙제였다. 청취자들은 얼마나 호응해줄까? 자극적이어야 잘 팔린다는 팟캐스트 시장에서 진지하고 따분한 경제사상 강의를 들어줄 '귀인'은 과연 몇 명이나 될까? 악플보다 무서운 게 무플이라는데 몇 명이나 댓글을 달아줄까?

다행히도 반응이 괜찮았다. 범속한 인간인지라 격려와 칭찬의 댓글들이 기뻤지만, 간혹 나오는 쓴소리도 진심으로 반가웠다. 쓴소리들은 대개 정중했고, 한결 진지했다. 경제학 전공자들의 고언도 소중했다. 책으로 옮겨 쓰는데 예의 쓴소리들이 계속 귓전을 맴돌았다. 칭찬이 책을 쓰게 만들었다면, 비판은 이 책을 더 두껍게 만들었다. 그만큼 더 생각하게 해준 청취자들께 진심으로 감사드린다.

김종배 씨와 함께 팟캐스트를 하게 된 것은 참으로 큰 행운이었다. 그가 던진 눈높이에 맞춘 질문들, 생활인의 목소리로 육박해오는 딴죽 걸기에 나는 당황했고, 새로운 생각의 길을 떠날 수 있었다. 녹취된 원고를 보는데 여기저기서 예상치 못한 질문에 당황해하던 내 모습이 떠올라 자못 새삼스러웠다. 이 멋지게 짓궂은 공저자 덕에 책이 조금 더 두꺼워졌다. 방송을 들었던 분은 아시겠지만, 나는 이렇게 거침없고 매끄럽게 대답하지 못했다. 증명사진에도 포토샵이 기본인 시절이니, 넓은 아량으로 이해해주시리라 믿는다.

반비의 편집부와 김희진 편집장께는 고맙고 또 미안하다. 김희진 편집장은 처음부터 방송의 방향을 함께 고민해주었고, 수시로 의견을 제시해주었다. 고된 녹취 작업도 해주었다. 방송에서 다루지 못한 주제들을 장마다 따로 부록으로 덧붙이게 한 이도, 흥미가 생기는 사상가는 더 깊이 알아보시라고 더 읽을거리들을 덧붙이게 한 이도 모두 김희진 편집장이다. 그 덕에 책이 또 두꺼워졌다. 또한 이 게으른 필자의 무책임한 마감 약속을 하염없이 믿어주고 기다려주기까지 했다. 가끔 책 만드는 직업을 꿈꾸다가도 나 같은 필자를 만날까 단념한다. 다시 한번 감사드린다.

어쩔 수 없다는 체념이 대세인 세상이 되었다. 비극이다. 하지만 어쩔 수 없다는 말과 좋다는 말은 결코 동의어가 아니다. 어쩔 수 없다고 말하는 이의 말에 가만히 귀를 기울여보자. 어쩔 수 없으니 좋다는 긍정의 목소리가 아니라, 어쩔 수 없어서 안타깝다는 짙은 탄식이 들려올 것이다. 그러니까 우리는 때로 외로울지언정 좌절할 필요는 없다.

우리는 모두 어쩔 수 없는 미약한 존재들이지만, 이 어쩔 수 없는 안타까움을 공유함으로써 서로 연결되고 이윽고 무언가 어쩔 수 있게 되는 거대한 존재들이다. 이 안타까움, 목마름에서부터 출발하자. 그 여정에 이 책이 자그마한 디딤돌 하나가 되길 바란다.

2014년 7월

조형근

책을 펴내며 2

우리가 오해한 경제학의 고전들

어느 독재자가 있었다. 유혈 쿠데타로 집권해 운 좋게도 압축 성장이 마지막 결실을 맺을 즈음 권력을 잡았고, 세계경제 환경이 호조건을 보일 때 권좌에 앉아 있었다. 덕분에 그의 치하에서 산출된 경제지표는 대부분 플러스 행렬을 이루었다.

용비어천가가 쏟아졌다. '그분'이 다른 건 몰라도 경제 하나만은 확실히 챙겼는데, 비결은 경제 사령탑에 모든 권한을 넘겨주고 정치 논리를 들이밀지 않았기 때문이라는 상찬이 이어졌다.

신화는 그렇게 재확인됐고 재생산됐다. 경제의 최대 적은 정치라는, 경제는 정치 바깥에서 독립적이고 자율적으로 굴러가야 하는 영역이라는 신화가 재생산됐고, 시간이 흐르면서 이 신화는 대중에게 내면화됐다.

경제에서 정치가 거세돼버린 후 삶의 문제는 죄다 개인이 감당해야 하는 것이 됐다. 시장은 순수 자연 상태로 존재해야 하는 영역이 됐고, 순수 자연 상태는 곧 적자생존의 법칙이 관철되는 정글에 비유됐으며, 시장 경쟁에서의 탈락은 적자의 경쟁력을 갖추지 못한 개인적 무능의 소산으로 치부됐다. 시장 논리는 이렇게 삶의 교리가 됐다.

신화와 교리가 끊임없이 재생산되는 과정에서 경제학 대가들이 호출됐다. 애덤 스미스의 '보이지 않는 손'은 정치와 경제를 분리하는 유력한 근거로 제시됐고, 조지프 슘페터의 '혁신적인 기업가'는 자본주의 견인차로서 자본가의 위상을 입증하는 근거로 제시됐다. 경제학의 '권위'는 이렇게 자본의 교리로 활용됐고 대중의 지침으로 강제됐다.

하지만 이는 왜곡된 사실의 전파였다. 애덤 스미스의 '보이지 않는 손'은《국부론》의 요지가 아니라 그저 일부에 지나지 않는 개념인데도 핵심 뼈대로 왜곡됐고, 조지프 슘페터의 '혁신 기업가'는 아버지 잘 만나 대기업 지분을 물려받은 자본가를 뜻하는 이가 아니었는데도 자본가 찬양가로 왜곡됐다. 애덤 스미스가 누구보다도 노동자의 권리를 앞장서서 옹호한 사실은 감춰졌으며, 조지프 슘페터가 돈 벌겠다는 욕심으로 가득한 자본가들을 경멸했다는 사실 또한 봉인됐다.

편향된 인용이 왜곡된 인식을 유도하는 작금의 현상을 바로잡는 방법은 하나밖에 없다. 본래 의미로 돌아가기, 한국의 시장주의자들이 교조로 앞세우는 경제학 대가들의 '진의'가 무엇이었는지를 맥락 속에서 되살피는 것이다.

이 책은 우리의 인식을 교정하려는 작은 시도다. 우리가 오해하고 있는, 왜곡된 채로 받아들여지고 있는 경제학 이론을 당시의 맥락 속에서 되살핌으로써 경제학에 대한 이해를 바로잡을 뿐만 아니라 사회경제적 삶의 태도를 재정립하기 위한 소박한 시도다.

이런 시도는 처음부터 끝까지 조형근 교수의 주도로 이뤄졌다. 내가 한 일이라곤 조형근 교수의 맥락 복원 작업에 장단을 맞추는 것뿐이었다. 오로지 대중의 시각에서 질문을 던짐으로써 대중적 통념과 경제학 진의의 간극을 확인하는 계기를 부여했을 뿐이었다.

물론 이 책에도 한계가 있다. 시장주의자들의 편향된 인용에 맞서 재해석을 하려 했기에 역편향의 위험이 도사리고 있을 수도 있다. 그래서 이 책의 문제의식을 그저 주류 해석에 대한 반론 정도로 이해해 주기를 바란다. 독자 한 사람 한 사람이 원전의 드넓고 심오한 세계에 몸을 담가보라고 권유하는 조언 정도로 받아들여주길 바란다.

경제학의 토대이자 지향점은 결국 인간이라는 점을 확인시켜준 조형근 교수에게 다시 한 번 감사의 말씀을 드린다.

2014년 7월

김종배

차 례

4강

막스 베버

5강

칼 폴라니

6강 7강

존 메이너드 케인스 1

존 메이너드 케인스 2

8강

조지프 슘페터

9강

소스타인 베블런

10강

마르셀 모스

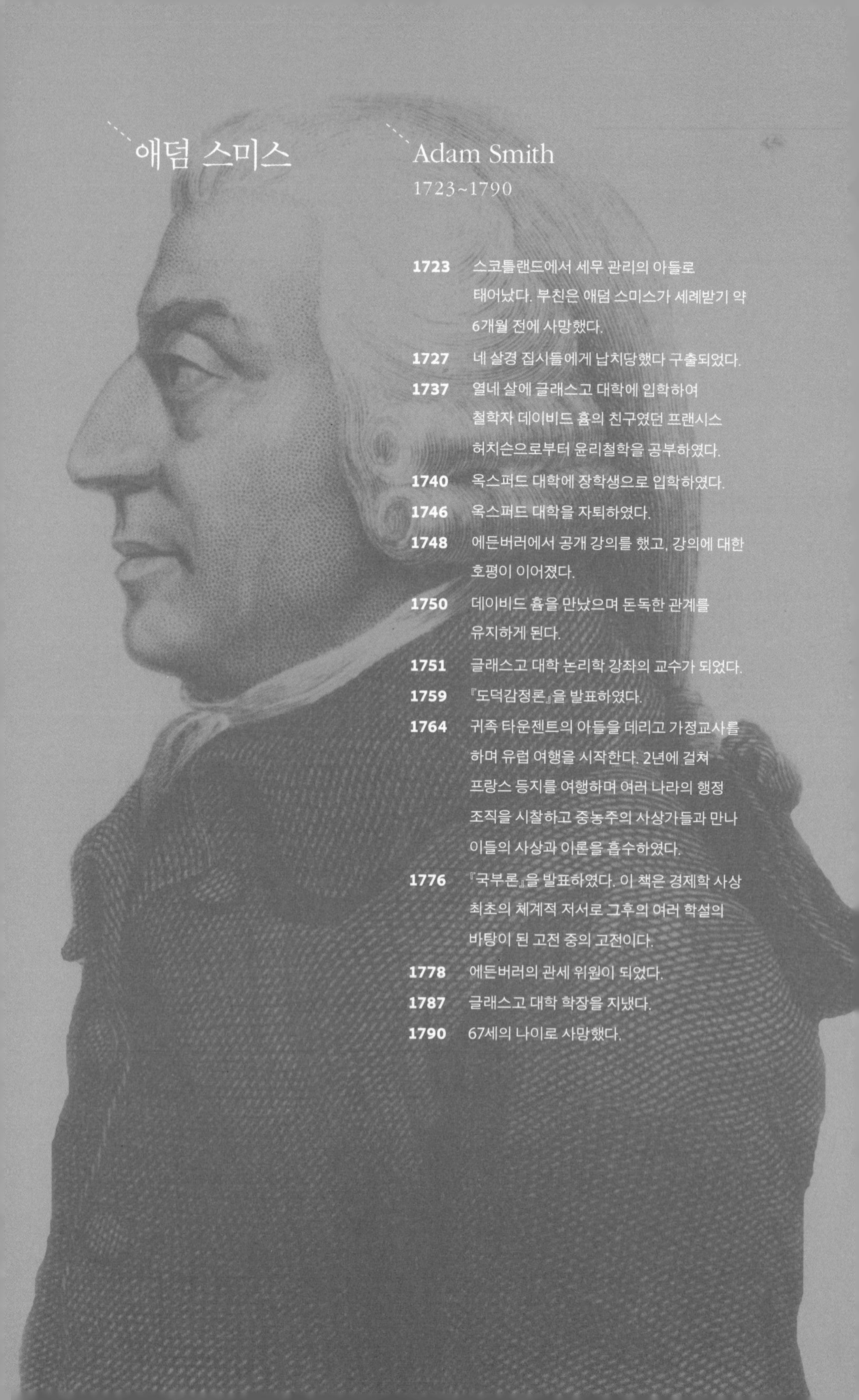

애덤 스미스

Adam Smith

1723~1790

1723 스코틀랜드에서 세무 관리의 아들로 태어났다. 부친은 애덤 스미스가 세례받기 약 6개월 전에 사망했다.

1727 네 살경 집시들에게 납치당했다 구출되었다.

1737 열네 살에 글래스고 대학에 입학하여 철학자 데이비드 흄의 친구였던 프랜시스 허치슨으로부터 윤리철학을 공부하였다.

1740 옥스퍼드 대학에 장학생으로 입학하였다.

1746 옥스퍼드 대학을 자퇴하였다.

1748 에든버러에서 공개 강의를 했고, 강의에 대한 호평이 이어졌다.

1750 데이비드 흄을 만났으며 돈독한 관계를 유지하게 된다.

1751 글래스고 대학 논리학 강좌의 교수가 되었다.

1759 『도덕감정론』을 발표하였다.

1764 귀족 타운젠트의 아들을 데리고 가정교사를 하며 유럽 여행을 시작한다. 2년에 걸쳐 프랑스 등지를 여행하며 여러 나라의 행정 조직을 시찰하고 중농주의 사상가들과 만나 이들의 사상과 이론을 흡수하였다.

1776 『국부론』을 발표하였다. 이 책은 경제학 사상 최초의 체계적 저서로 그후의 여러 학설의 바탕이 된 고전 중의 고전이다.

1778 에든버러의 관세 위원이 되었다.

1787 글래스고 대학 학장을 지냈다.

1790 67세의 나이로 사망했다.

경제학의 패륜아들

1강

강의

2013년 2월 20일이었죠. 박근혜 당시 대통령 당선인이 경총 회장단과 만나셨다고 합니다. 최대 주제가 노사관계였다고 하는데요. 경총 회장단은, 첫째로 "비정규직 문제의 원인은 정규직 과보호 때문이다.", 둘째 "고임금과 강성 노조가 큰 문제다.", 셋째 "애덤 스미스의 '보이지 않는 손' 대신에 경제민주화 하겠다고 정부 개입이 느는 것은 참 바람직하지 않다."라고 말했다고 합니다. 이에 대해서 당시 박 당선인은, 첫째 "노사 자율을 원칙으로 하겠다", 둘째 "그렇지만 극단적인 불법 투쟁은 바로잡겠다.", 셋째 "법과 질서가 존중되는 노사관계를 형성하겠다." 이렇게 약속했다고 합니다.

자본가 대표들이 감히 대통령 앞에서 알은체하면서 인용해도 되는 외국 학자가 애덤 스미스입니다. 예를 들어 프리드리히 하이에크(Friedrich Hayek)나 밀턴 프리드먼(Milton Friedman) 같은 사람들을 인용했다가는 자칫 분위기 썰렁해질 수도 있겠죠? 자본가 대표들도 '애덤 스미스라면 우리 대통령 각하께서도 틀림없이 아실 것이다.', 이렇게 확신하는 학자라는 얘기죠. 그만큼 유명한 사람입니다. '보이지 않는 손'이라는 말은 모르는 사람이 거의 없겠죠. 시장에 맡겨라, 규제하지 마라, 인간의 이기심대로만 하면 결국 다 잘되게 마련이다…… 애덤 스미스는 이른바 자유방임주의 사상의 원조로 알려져 있습니다. 그래서 그런지 기업가들, 경제 관료들, 보수 언론 논설위원 같은 이들이 무척 좋아합니다. 경제학의 아버지라며, "아버지, 아버지" 합니다. 저는 오늘 아버지에 대한 이 사람들의 효심을 좀 따져볼까 합니다. 효자, 효녀들인지, 아니면 막돼먹은 불효자식들인지, 애덤 스미스의 글을 직접 읽어보면서 제대로 따져보자는 것입니다. 애덤 스미스의 『국부론』 중에서 한국의 자본가 대표들이 강조한 부분을 중심으로 살펴보죠.

먼저 고임금 문제부터 살펴볼까요? 스미스는 한마디로 "임금을 많이 줘라."라고 이야기합니다. "고임금 지급으로 국부가 증대한다."라고 이야기합니다. 또 "성과급을 주면 노동자들이 열심히 일하게 된다."라고도 이야기하는데요. 그런데 성과급 줘서 일 많이 시키라는 말이 결코 아닙니다. 성과급 중심으로 가면 노동자들이 지나치게 일을 열심히 하다가 직업병이 생겨 몸이 망가지니까 안 된다는 것입니다. 그러니까 "자본가들은 노동자들이 너무 일 열심히 하지 못하게 말려야 한다"라고 이야기합니다. 게다가 이 양반은 "일주일에 나흘 일하면 사흘은 쉬어야 한다."고 말합니다. 주4일제, 21세기에 봐도 너무 앞서나간 주장이네요. 한국의 어떤 사람들은 극렬 종북 좌빨이라고 욕을 할 법도 합니다.

노사 갈등 문제를 두고도 자본가 대표들이 걱정을 많이 했는데요. 애덤 스미스의 생각은 명쾌합니다. "노사 갈등은 일방적으로 자본가들이 유리한 게임이다.", "노동자들은 항상 당한다.", "노동자들이 극렬 투쟁(그때도 많이 했습니다)을 왜 하느냐, 빨리 결말을 못 내면 노동자들은 굶어 죽기 때문이다." 반면에 자본가들은 극렬 투쟁 안 하죠. 당시에도 "자본가들은 신사적이고 노동자들만 과격한 것 아니냐."라면서 노동자들만 탓하는 사람들이 많았다는데, 애덤 스미스가 그런 사람들한테 이랬답니다. "진상도 모르고 세상 물정도 모르는 인간들이다." 요즘 식으로 말하면 "야, 이 진상아!"라고 한 거죠. 어감만 보면 그렇습니다. 이렇게 노사 갈등이 이어지다가 파업도 하게 되는데, 애덤 스미스는 "언제나 파업은 주모자들에 대한 처벌 등 파국으로, 비극으로 끝난다."라고 이야기합니다. 왜냐하면 치안판사부터 시작해 모든 정부기구가 자본가들을 도와주기 때문이라는 거죠. 즉 애덤 스미스의 주장은 한마디로 이렇습니다. "노동자만 처벌하지 말고 자본가도 처벌하라." 250년 전, 거의 18세기 중반의 영국 이야기인데, 꼭 지금 한국 이야기 같습니다.

애덤 스미스가 규제를 반대한 것은 유명한 이야기입니다. '자연적 자유'를 주장하면서 규제를 반대했습니다. 하지만 항상 규제를 반대한 것은 아니었습니다. 은행업의 사례를 들면서 "이렇게 파괴적인 것은 강력히 규제해야 한다."라고도 이야기합니다. 그러니까 이분은 무조건 '이기심 만세! 시장 만세! 규제 반대!'를 외친 천박한 사람이 절대 아닙니다.

애덤 스미스는 원래 글래스고 대학의 도덕철학 교수였죠. 그의 정치경제학은 도덕철학의 일부였기에 도덕과 무관하게 "이기심 만세!"를 외치는 학문이 아니었습니다. 오히려 더욱 철저히 도덕 원칙을 적용하려는 학문이 애덤 스미스의 정치경제학이었습니다. 이기심이라는 현실은 긍정하되 이를 올바르게 인도하는 도덕 원칙과 제도의 확립이 더 중요하다고 생각한 사람입니다. 애덤 스미스라는 양반, 어떤 생각이 드십니까? 제가 보기에는 참 통찰력 있고 균형 잡힌 인물이라는 생각이 드는데요. 자칭 '자식'들이 이분의 말씀 중에 마음에 드는 절반만 칭송하고 자기들을 야단치는 나머지 절반은 모르는 체하는데 이런 걸 패륜이라고 합니다.

유산을 물려받으려면 원래 부채도 같이 상속받아야죠. 자기한테 유리한 것만 받고 불리한 것은 안 받을 수는 없습니다. 유리할 땐 내 아버지이고 불리할 땐 내 아버지 아니다, 나 저런 사람 모른다면서 자기 이익만 앞세우는 이런 사람들이 바로 패륜아들이죠. 자칭 애덤 스미스의 자식 여러분, 아버지를 아버지라고 부르시려면 아버지 말씀 잘 듣고 부디 효자 효녀 되시기 바랍니다.

애덤 스미스의 상생하는 삶

김　아, 내용이 상당히 좋습니다. 그런데, 애덤 스미스라고 하면 보통 신자유주의 이야기를 하죠. 쉽게 이야기하면 신자유주의의 시조, 단군 할아버지쯤 되는 사람으로 이해하고 있지 않습니까? 그런데 지금 들어보니까 아니네요? 아무튼 애덤 스미스 이야기를 하면서 한국 자본의 논리를 언급하셨는데, 상당히 충격적인 내용입니다. 조금 있다가 집중적으로 여쭤보기로 하고요. 그럼 과연 애덤 스미스가 어떤 사람인지 일단 인물 탐구부터 해볼 필요가 있을 것 같군요. 애덤 스미스는 어떻게 살았습니까? 조금 전 소개해주신 이야기는 요약하자면 자본가하고 노동자하고 공생하자는 말 아니겠습니까? 그런데 본인도 정말 상생의 삶을 살았나요? 왜냐하면, 이론 따로 실천 따로인 학자들을 수없이 보았기 때문에 드리는 질문입니다.

조　제가 볼 때는 상생 수준도 아니고 헌신하면서 산 사람이라고 봐도 무방합니다.

김　오, 진짜로요?

조　왜냐하면 이분이 '모솔'이었습니다. 모태 솔로. 평생을 솔로로 살았기 때문에, 돌볼 가족이 없었죠, 어머니하고 살기는 했지만요. 돈은 꽤 벌었습니다만 번 돈을 평생 자선단체에 기부하면서 살았고, 남은 돈도 죽을 때 전부 기부했습니다. 책이나 원고는 모두 동료들과 친척들한테 나눠줬습니다. 그러나 재산은 전부 다 기부했어요.

김 근데 과연 친척들이 좋아했을까요? 돈 안 주고 책을 주는데 말이죠.

조 원래 위대한 분들의 자식들이나 친척들은 이걸 감수해야 됩니다.

김 만약에 집필 원고를 계속 갖고 있었다면 나중에 경매에 붙여서 떼돈을 벌 수 있지만, 죽은 뒤에 노트 한 권 주고 "야, 이거 잘 보관해라."라고 했다는 얘긴데, 친척들이 "아니, 뭐야?" 이러지 않았을까요?

조 게다가 노트는 전부 다 불태우라고 유언을 했어요.

김 그럼, 자기가 갖고 있던 책만 준 거네요? 밑줄 쫙쫙 그은? 한 권에 100원이나 받을 수 있을까요?

조 당시엔 책값이 굉장히 비쌌습니다.

김 상당히 양심적인 사람인 듯한데, 저도 들은 이야기가 하나 있어요. 이 양반이 글래스고 대학에서 강의를 하고 있었는데 중간에 그만두지 않았습니까? 그런데 학기 중이었단 말이에요, 방학이 아니라. 그래서 강의를 듣던 학생들에게 강의료를 돌려줬다면서요?

조 그렇습니다. 아마 1764년경의 일일 텐데요. 당시 찰스 타운젠드라는 영국의 유명한 귀족이 젊은 양아들인 헨리 스콧을 유럽 대륙으로 데려가서 이것저것 가르쳐주면서 견문을 좀 넓혀달라고 애덤 스미스에게 청합니다.

김 오, 가정교사?

조 그렇죠, 요즘 말로 하면 가정교사죠. 자기도 좋잖아요, 경비를 받고 여행을 하니까. 그래서 결심을 하고 대학을 그만둡니다. 그런데 학기 중이었죠. 그래서 이 양반이 어떻게 하느냐, 학생들에게 "미안하다, 수업료 전부 다 돌려주마"라면서 실제로 돈을 다 돌려줍니다. 이러기 쉽지 않죠. 여기까지만 해도 상당한 미담인데, 학생들이 참 고맙다면서 돈을 또 돌려줬어요.

김 그런데, 아무리 대학교수가 끗발이 안 좋았다고는 하지만 가정교사보다는 대학교수가 더 낫지 않았나요?

조 물론 그럴 수도 있는데, 진상을 알려면 항상 이면을 볼 필요가 있죠. 애덤 스미스가 가정교사를 맡으면서, 보수로 교수 연봉의 두 배를 받기로 했거든요. 나중에 연금도 받기로 하고요.

김 연금? 아니, 무슨 가정교사한테 연금까지 주는 경우가 있습니까?

조 왜냐하면, 이 당시에 애덤 스미스가 이미 유명해져 있었거든요. 1759년에 『도덕감정론』을 썼어요. 『국부론』과 함께 양대 저작인데, 이 책으로 이미 유럽 대륙까지 알려진 스타가 되었죠.

김 그럼 더욱 이해가 안 가죠. 왜냐하면 『도덕감정론』이라는 책으로 유럽에서 이미 학문적 명성을 쌓았다면 대학에서 학생들 가르치면서 연구에 매진하면 되지 상대가 아무리 잘 나가는 귀족이라고 해도 아들의 가정교사를 한다? 좀 납득이 안 가거든요. 혹시 다른 이유가 있었던 겁니까?

조 아, 사실 애덤 스미스도 큰 세상을 보고 싶다는 욕구가 있었죠. 여행이 어렵던 시절입니다. 애덤 스미스의 출생지가 원래 잉글랜드도 아니고 스코틀랜드였지 않습니까? 영국에서도 변방이었죠.

김 기성용이 뛰었던 셀틱 팀이 아마 글래스고에 연고를 두고 있을 거예요. 그리고 퍼거슨 전 맨유 감독도 스코틀랜드 출신이에요. 그리고 예전에 멜 깁슨이 주연한 영화.

조 아, 「브레이브 하트」요?

김 네, 소피 마르소도 나왔는데.

조 소피 마르소가 참 예뻤죠.(웃음) 아무튼 애덤 스미스도 대륙에 가서 견문을 넓혀보고 싶어 했죠. 당시 유럽 대륙, 특히 프랑스는 계몽사상의 중심지 아닙니까?

김 그때가 1700년대 중반이면 프랑스대혁명이 터지기 조금 전이니까, 계몽사상이 막 성가를 드높이던 때로군요. 선진 조류를 접하고 싶다는 바람이 생겼을 법하네요.

조 그렇죠. 다행스럽게도 대륙에 가서 유명한 사람들은 다 만납니다. 볼테르, 달랑베르(Jean Le Rond d'Alembert), 엘베시우스(Claude Adrien Helvétius) 등을 만나고, 당시 파리에 와 있던 벤저민 프랭클린(Benjamin Franklin)도 만나고, 경제학과 관련해서는 매우 중요한 사상가인 프랑수아 케네(François Quesnay)라는 중농학파 학자도 만납니다.

노동가치설의 원조

김 자, 이제 본격적으로 이야기를 시작해보기로 하죠. 경제사상 이야기를 했습니다. 간단히 이야기하면, 애덤 스미스가 글래스고 대학에서 교수를 하다가 견문을 넓히기 위해 귀족의 아들을 따라 유럽 여행을 하면서 견문을 넓혔고 돌아와서 본격적으로 집필한 저작이 『국부론』 아닙니까? 요즘 애덤 스미스라고 하면 나오는 이야기는 『국부론』에 집중돼 있는데, 애덤 스미스가 노동자에게 임금을 많이 주라고 했다고요? 이유가 뭐죠?

조 경제학적으로는 인구 증가가 경제성장의 기초라는 사실부터 짚어야겠네요. 우리나라도 지금 저출산 고령화 문제로 고심 중이죠. 미국에도 문제가 굉장히 많지만 어쨌든 서구 선진국 중에서는 그래도 높은 경제성장률을 유지할 수 있는 이유 중 하나가 이민 국가이기 때문입니다.

김 인종의 용광로죠. 계속 들어오니까.

조 그렇죠. 사실 인구는 경제성장의 가장 중요한 동력입니다. 저희 세대는 자랄 때 그저 인구 줄이기가 최대 목표라고 배워왔기 때문에 낯선 이야기일 수 있겠지만요.

김 저 초등학교 다닐 때가 박정희 시대였는데, 인구 줄이기 관련해서 표어 짓기, 포스터 그리기, 정말로 매일 했어요. 그런데 처음엔 '아들 딸 구별 말고 둘만 낳아 잘 기르자!' 했다가, 몇 년 뒤엔 '둘'에서 '하나'로 바뀌었어요.

조 그중에서 가장 충격적인 표어 아세요?

김 뭔데요?

조 '무턱대고 낳다 보면 거지꼴을 못 면한다!'

김 맞아요, 기억납니다! 당시에 먹고살기 힘들어서 산아제한 정책을 펼쳤잖아요. 그런데 지금 생각해보니 멀리 내다보지 못한 참 어리석은 짓이었다는 얘기 아닙니까?

조 그렇죠. 과잉은 언제나 문제가 되긴 하는데, 정말로 중요하고 기본적인 것은 인구 확보라는 생각을 당시로서는 하지 못했죠. 노동자들이 입에 풀칠도 못할 정도로 가난한 상황이라면 인구가 늘 수가 없는 겁니다. 그러니까 가장 기본적으로 노동자들이 잘살아야 인구가 늘고 경제가 발전한다는 생각을 애덤 스미스는 했던 거죠. 두 번째는 좀 더 깊은 내용인데요, '노동가치설'이라고 들어보셨죠? 노동가치설의 원조가 바로 애덤 스미스입니다.

김 아, 카를 마르크스가 원조 아니었어요?

조 아닙니다. 『자본론』에 보면 '사냥꾼이 사슴을 교환' 하는 이야기(사냥꾼이 물개 한 마리를 잡는 데 드는 노동이 사슴 한 마리를 잡는 데 드는 노동의 두 배라면, 한 마리의 물개는 당연히 두 마리의 사슴과 교환되고 또 그만한 가치가 있어야 한다.)가 나오는데 이 사례도 애덤 스미스의 『국부론』에서 가져온 것입니다.

김 그런데 마르크스는 『자본론』 쓰면서 애덤 스미스 같은 사람들을 비판하지 않았나요?

조 물론 기본적으로는 비판합니다만, 노동가치설이라는 발상 자체는 받아들였습니다.

김 그러니까 노동가치설이란, 상품이 교환된다는 것은 교환가치가 있다는 뜻이고 교환하려면 동일한 가치의 척도가 있어야 하는데 그 원천이 바로 인간의 노동력이다, 이거잖아요.

조 맞습니다. 바로 마르크스의 정치경제학이죠. 그런데 이 얘기를 먼저 한 사람이 애덤 스미스입니다.

김 아, 그래요?

조 사실 애덤 스미스나 데이비드 리카도(David Ricardo) 모두 노동가치론자들입니다. 이 사람들이 생각할 때, 상품 가치의 실체는 기본적으로 노동인 거예요. 물론 깊이 들어가서 학문의 영역에서는 해석 방식을 두고 서로 갈라서지만 기본적으로는 발상이 같습니다.

김 그러니까 교환가치를 이해하자면, 예를 들어서, 똑같은 장롱인데 공장에서 합판 갖고 찍어낸 장롱과 장인이 6개월에 걸쳐 손수 만든 장롱의 가격은 어마어마하게 차이가 나지 않습니까? 물론 좀 거친 사례이긴 하지만, 장롱의 쓰임새, 즉 사용가치는 같다는 거죠. 쓰임새는 같지만 교환가치에서 차이가 나는 이유는 거기에 투입된 인간 노동력의 양이 다르기 때문이라는 얘기죠. 보통 장인의 제품이 비싼 이유는 바로 여기에 있다, 그런 이야기 아닙니까? 그렇다면 노동을 중시할 수밖에 없었겠네요.

조　네, 바로 그런 가치의 실체를 만들어내는 사람들이 노동자니까 당연히 그만한 대우를 받아야 한다는 것이죠. 그런 점에서 애덤 스미스가 『국부론』에서, 가치의 실체를 창조하는 노동자들이 잘 먹고 잘 입고 좋은 집에서 사는 공평한 세상을 만들어야 한다고 말하는 겁니다.

김　공평한 세상이라는 말까지 합니까?

조　그렇습니다. 사실 현대 주류 경제학자들이 가장 싫어하는 용어 중의 하나가 바로 '공평함' 같은 말입니다. 가치 지향적이고 과학적이지 못한 말이라고요. 그런데 애덤 스미스는 노동자들이 잘 먹고 잘 입고 좋은 집에서 사는 세상이 공평한 세상이다, 이런 세상을 만들어야 한다고 『국부론』에서 분명히 이야기하죠.

김　그런데 애덤 스미스가 의무교육 제도, 누진세 등도 주장했다는데 사실입니까?

조　네, 맞습니다. 많이 연구하셨네요.

김　애덤 스미스가 『국부론』을 펴낸 시점이 1770년대 중후반쯤 아닙니까? 1776년으로 기억하는데, 이때 의무교육 제도를 주장했다고요?

조　네, 분명히 '의무교육'이라고 말합니다.

김　이때만 하더라도 산업혁명이 막 시작되던 시절이었는데요, 지금 우리나라로 보자면 '종북 좌빨' 수준을 뛰어넘어도 엄청 뛰어넘은 수준이네요? 정확히 어떤 내용입니까?

조 출처를 분명히 하자면, 『국부론』 제5편 1장 '국왕(또는 국가)의 지출' 부분에 나오는 내용입니다. 물론 초등교육 수준에서의 이야기입니다. 당시엔 초등교육도 못 받는 사람들이 대부분이었죠. 대학 입학은 꿈도 꿀 수 없던 시절이었고요. 그래서 초등교육에 대해 의무교육을 도입해야 한다고 주장합니다. 왜냐하면, 신분 높고 재산이 많은 사람들은 여유가 있기 때문에 알아서 교육을 잘 시킬 수 있었지만 서민들은 그럴 수가 없다고 보았거든요. 그래서 여기 작은 절 제목이 '신분이 높고 재산이 있는 사람들에 대한 교육보다 서민들에 대한 교육에 국가가 더 주의해야 한다.'였어요. 내용을 보면, 각 교구나 지역에 국가가 직접 작은 학교들을 세워서 의무적으로 교육을 실시하게 하자고 말합니다. 시대 차이를 고려한다면, 요즘 무상교육 도입하자는 주장과는 비교할 수 없을 정도로 혁신적인 내용입니다. 급진 좌파적 주장이죠.

김 누진세는요?

조 누진세도 마찬가지입니다. 이건 『국부론』 2편, 조세에 관한 부분에 나오는데요. 여기서 유명한 조세의 4원칙을 언급하기도 해요. 누진세와 관련해서는 가옥 임대료에 관해 논하면서 임대료 받아서 챙기는 사람들한테는 세금을 많이 매겨야 한다고 주장합니다. 나아가 "세금은 일반적으로 부자들이 많이 부담해야 한다."고 말합니다. 그런데 애덤 스미스가 말한 과세의 일반원칙 중 제1원칙은 '과세의 평등'이거든요. 사람 따라 세율이 달라서는 안 된다는 뜻이죠. 그렇다면 누진세는 불평등한 과세니까 잘못 아니냐, 이렇게 반론을 펼 수 있습니다. 이에 대해 스미스는 "이런 것은 불합리하지 않은 불평등이며, 합리적인 불평등이다."라고 대답합니다. 세금은 공공지출에 필요한 돈을 조세 형태로 거둬들이는 거죠. 이런 공공 목적을 위해서는 수입에 비례해서가 아니라 이를 초과해서 부자들에게 세금을 거두는 것이 오히려 합리적이라는 말입니다.

김 무상급식은 종북 좌파 논리라며 시장 자리까지 걸고 반대했던 사람도 있고, 많이 내린 법인세율을 국가 재정을 생각해서 조금만 올리자고 하니까 입에 거품을 무는 사람들이 한둘이 아닙니다. 아무래도 애덤 스미스가 지금 한국에 살면서 이걸 봤다면 좋은 소리 안 나왔겠네요?

조 점잖은 사람이라 욕설은 안 했겠습니다만, 아마 '합리적인 누진세를 거부하는 비합리적인 사람들'이라고 좋지 않게 봤을지도 모르죠. 속으로는 "야, 이 진상아!" 했을지도 모르겠네요.

생산은 쌓아놓기 위해서가 아니라 먹고살기 위해 하는 것

김 너무 점잖게 얘기하시는군요. 알겠습니다. 자, 그런데 우리가 『국부론』 이야기를 하고 있는데, 이 국부가 '국가의 부' 아닙니까? 그런데 제가 알기로 애덤 스미스가 규정한 국부는 생필품과 편의품이거든요. 이것을 국부로 봤는데. 그러니까 임금을 많이 주어야 노동자들이 더 많은 생필품과 편의품을 소비해서 생산이 유발되고 선순환 구조가 자리 잡는다는 주장 아닙니까?

조　물론 그런 점도 있지만, 애덤 스미스는 좀 더 근본적인 지점을 겨냥했다고 봅니다. 스미스는 『국부론』에서 "생산의 유일한 목적은 소비다."라고 분명히 언급합니다. 생산하는 이유는 바로 먹고살기 위해서라는 뜻입니다. 굉장히 중요한 관점인데, 생산하는 이유가 축적이 아니고 소비라는 얘기입니다. 그렇다면 소비의 주체는 누구일까요? 절대 다수를 차지하는 노동자들이죠. 재벌이라고 해서 노동자들보다 세 배, 네 배씩 먹진 않거든요. 결국 소비의 주체는 노동자들이고 노동자들은 사치품이 아니라 생필품과 편의품을 소비한다는 것입니다. 그렇게 본다면 스미스는 고임금을 통해 생산을 유발해서 경제를 성장시키려 했다기보다는, 노동자를 포함한 대중들이 잘 소비하고 잘사는 사회를 지향한 것입니다. 그러다 보면 결과적으로 생산이 활발해지고 경제가 더욱더 성장할 수 있겠지만, 주객이 바뀌어서는 곤란할 듯합니다.

김　그렇게 본다면 너무 소박하지 않습니까? 무슨 얘기냐면, 오늘날 자본이 일국의 경계를 넘어 세계화되어 있고 모든 상품과 자본이 국가 단위에서 유통되지 않고 세계화되어 있는데, 애덤 스미스의 이야기는 (물론 당대의 특징이 반영되었겠지만) 결국 일국 단위의 내수 차원에서만 통용되는 논리 아니냐는 뜻입니다.

조　물론 이 부분은 애덤 스미스가 살던 시대의 상황을 고려해야죠. 당시에도 상품은 수출되고 있었지만 지금처럼 자본이 이동해 해외에 공장을 짓고 금융이 전 세계를 오가는 시절은 아니었기 때문에 그때의 논의를 지금 상황에 그대로 적용해서는 곤란합니다. 다만 기본 취지는 참조할 수 있죠. 예를 들자면, 지금도 생생히 기억하는 2008년 10월의

월스트리트 발 국제 금융위기를 야기했던 금융자본가들이 바라보는 부의 본질은 무엇이었습니까? 만질 수 있는 화폐도 금도 아니었습니다. 그저 컴퓨터 모니터에 뜨는 엄청난 화폐와 채무 액수들이 부의 본질이라고 생각했는데 펑 터지고 나니까 모든 게 신기루처럼 사라지고 말았죠.

김　그렇죠. 금융파생상품 열심히 만들어서 가공자본을 생성하다가 쫄딱 망했죠. 이건 애덤 스미스와는 멀어도 너무 먼 현상이었죠.

조　그렇죠. 애덤 스미스가 다시 깨어나 이 꼴을 봤다면 "이건 내가 알고 있는 시장경제가 아니야."라고 말할 겁니다.

김　애덤 스미스가 성과급과 직업병의 상관관계도 말했다고 하셨죠. 그에 대한 부연설명은 따로 부탁드리지 않겠는데, 이 부분은 여쭤보고 싶어요. 우리나라의 경우 OECD 회원국들 가운데 노동시간이 가장 긴 편에 속합니다. 그런데 성과급을 많이 받으려다가 노동시간이 길어진 것은 절대 아니지 않습니까? 그렇다면 이 현상을 애덤 스미스가 봤다면 뭐라고 이야기했을까요?

조　글쎄요, 뭐라고 얘기했을까요. 김중수 전 한국은행 총재가 "야근을 자랑스럽게 생각해야 한다."는 말씀을 하셨다가 구설에 올랐었죠. 일단 한국에서는 자본이 장시간 노동을 강제하는 문제가 심각한데, 사실 노동자들의 인식에도 문제가 있다고 생각합니다. 참 당연한 말이지만, 어느 누가 더 오래 일을 하고 싶어 하겠습니까? 그러나 너무나 오랫동안 노동중독 사회가 유지되다 보니까 노동자들조차도 어느 순간부터는 일을 오래하는 것, 다시 말해 퇴근 안 하고 밤까지 책상에 앉아 있는 것을 은연중에 당연시하는 경향이 생긴 듯합니다.

김 결과적으로 그렇게 길이 들었겠죠.

조 길이 들었죠. 그런데 우리 스스로 비판적으로 성찰해야 할 부분이 있다고 봅니다. 언제 이런 생각을 했냐 하면요, 근년 그리스를 비롯한 유럽의 몇몇 국가들(포르투갈, 이탈리아, 아일랜드, 그리스, 스페인 등)이 재정 위기를 겪고 있죠. 이 나라들에 대한 보도 내용과 인터넷 댓글, 일반인들의 술자리 대화 등을 보면, 우리나라 사람들이 이 나라 국민들에 대해서 상당히 비판적입니다. 일도 열심히 안 하면서 복지 요구하고 놀고먹다가 망했다는 식이죠. 그런데 직접 가서 봤나요? 사실 그 사회를 제대로 이해하지도 못하면서 이렇게 말하는데 바로 여기에 우리나라 사람들의 노동중독 윤리가 숨어 있는 거죠.

김 장시간 노동을 노동자들도 당연시하는 경향이 있다는 점을 어느 정도는 저도 인정합니다. 제시간에 칼퇴근하는 신입사원이나 젊은 직장인을 못마땅하게 바라보는 사람들이 꼭 경영진뿐만은 아니죠.

조 아마 가슴에 손을 얹고 생각해봐야 할 사람들이 많을 겁니다.

김 그렇죠. 그런데 만약에 자본가들이 칼퇴근을 보장해왔다면 그렇게까지 길들여지진 않았겠죠. 또 하나 재미있는 얘기가 있는데요, 노동자들이 파업에 돌입해서 극렬한 투쟁을 전개하는 것은 너무나 당연한 현상이라고 애덤 스미스가 말했다고요? 정확히 무슨 이야기입니까?

조 노동과 자본의 역관계에서 참으로 당연하다고 애덤 스미스는 생각합니다. 파업이 시작됐다고 해보죠. 자본가는 노동자가 없어도 1~2년은 버틸 수 있습니다. 축적해놓은 재산이 있는 사람을 우리는 자본가라고 하니까요. 반면 "직장이 없는 노동자는 1주일을 버티기 쉽지 않고 한 달을 버틸 수 있는 사람은 거의 없고 1년을 버틸 수 있는 사람은 아무도 없다."고 애덤 스미스는 진단했습니다. 사실 우리의 경우도 든든한 파업 기금 같은 것이 전혀 없다면 실직한 노동자들이 버틸 수가 없잖습니까? 그렇기 때문에 노사 갈등에서 파업 투쟁으로 나아가는 상황은 애초에 노동자가 불리한 싸움이라는 것이죠.

그런데 여기에 그치지 않습니다. 애덤 스미스는 "노사 갈등이 빚어질 때 정부의 상담역이 되는 쪽은 언제나 고용주이다."라고 이야기합니다. 스미스는 상당히 균형 잡힌 사람이고 냉철한 사람이거든요. 즉 자본과 노동은 태생적으로 힘의 관계가 불평등한데다 국가가 소위 법과 질서라는 이름 아래 언제나 자본가의 편을 들기 때문에 노동자들은 결국 싸움에서 질 수밖에 없다는 것입니다. 결국 노동자들은 더욱 극렬한 방식으로 싸움에 나설 수밖에 없는데, 이에 대해 정부는 강력한 처벌로 대응하면서 파국으로 치닫고 사람이 죽는 경우도 있었습니다. 게다가 사실 자본가들은 어떤 측면에서 항상 단결하고 있거든요. 이에 대해 애덤 스미스는 "그런 (자본가들의) 단결은 눈에 보이지 않는다."고 꿰뚫어 봅니다. 보이지 않기 때문에 사람들은 잘 모르지만 자본가들은 언제나 단결하고 있다는 것입니다. 하지만 노동자들은 항상 단결할 수가 없잖아요. 애덤 스미스는 어느 한쪽 편을 든 것이 아니라 이런 현실을 가감 없이 고발한 거죠.

불의에 대해서는 단호하게 처벌하라

김　그렇다면 앞서 박근혜 대통령이 당선인 시절에 경총 회장단에게 말했다는 "법과 원칙에 따른 노사관계"란 애덤 스미스 식으로 이해한다면 일방적으로 자본가에게 유리할 수밖에 없겠네요?

조　법이 획기적으로 바뀌지 않으면 그렇게 볼 수밖에 없겠죠.

김　그런데 또 한편으로는 애덤 스미스가 법치를 강조한 것으로 알고 있습니다. 그렇다면 애덤 스미스가 강조한 법치는 이명박 전 대통령이 강조한 '법질서'와 박근혜 현 대통령이 강조한 '법과 원칙'과는 개념이 다르다고 봐야 합니까?

조　애덤 스미스가 『도덕감정론』에서 말하는 법치는 '정의라는 원칙을 거스르는 행동에 대한 일종의 응징'입니다. 그렇기 때문에 우리가 일반적으로 이야기하는 '계약 질서 속에서 소유권을 보장'한다는 등의 내용을 일부 포함하지만, 더 중요한 것은 따로 있습니다. 과연 정의란 무엇인가. 애덤 스미스가 말하는 정의 개념의 핵심은 "이를 어겼을 경우, 수많은 사람들의 마음속에서 분노의 감정을 불러일으키는 원칙"을 말합니다.

김　그런데 여기서 '수많은 사람'이 갈릴 수도 있잖아요? 그럴 땐 어떻게 판별을 하나요?

조　솔직히 정리하기 쉽지 않은 이야기이죠. 애덤 스미스의 경우엔 자신의 도덕 원칙(상호 공감, 자기애, 공공심 등)에 따라서 판별한다고 말합니다.

김 결국 '다수의 사람들로부터 분노의 감정을 불러일으키는 행위가 불의이고, 이때 법으로 응징해야 한다'는 이야기인데, 그렇다면 한국의 상황에 빗대어 볼 때, 대기업이 중소기업의 원천기술을 탈취해 간다거나 납품 단가를 후려치는 행위는 다수의 분노를 유발하지 않겠습니까? 애덤 스미스의 정의 개념에 따르면 이런 행위는 불의가 되고 마땅히 법으로 응징해야 한다는 말이네요?

조 그렇습니다. 애덤 스미스에게 정의란 사법 차원에서 나온 말입니다. 이런 불의를 법으로 처벌해야 한다는 얘기죠. 정의에 대해서 두 가지 차원에서 보는데, 하나는 스스로 정의를 실천하는 미덕의 차원입니다. 하지만 이것만 강조해서는 소용이 없죠. 다른 한편으로 공감이나 자혜심도 언급하지만 결국 정의를 세우기 위해서는 법에 따른 처벌도 중요하다는 것입니다.

김 여기서 또 한 가지 오해를 바로잡아야겠는데, 애덤 스미스라고 하면 야경국가론과 연결하는 사람들이 있습니다. 국가는 치안 유지와 국방에만 신경 쓰고 시장에는 일체 개입하지 말라는 요구인데, 이것과 일부 상충하지 않나요? 결국 법에 따른 처벌을 행사하는 주체는 국가기구이니까요.

조 애덤 스미스에게 있어서 굉장히 중요한 주장이 있습니다. 정말로 이기적인 사람들끼리만 모여서 규제 없이 거래하면 저절로 시장이 잘 돌아갈까요? 아니죠, 애덤 스미스는 그런 사회는 그냥 망한다고 주장합니다. 정말로 자신의 이익만 추구하는 사람은 타인의 이익은 전혀 고려하지 않겠지요? 이렇게 되면 적자생존의 정글이 되는데, 이건 애덤 스미스가 생각하는 시장하고는 거리가 먼 이야기입니다. 만약 모든 사람이 타인이야 손해를 보건말건 자신만의 이익을 추구하려고 하면 앞서 말한 분노의 감정을 불러일으키게 된다는 것이 애덤 스미스의 입장입니다. 『도덕감정론』의 한 구절인데 "분노와 증오가 나타나는 순간 사회의 모든 유대관계는 산산조각이 난다."고 애덤 스미스는 말합니다. 그런 의미에서 애덤 스미스는 순수한 개인주의자가 아닙니다. 유대관계야말로 사회의 기본이기 때문에 애덤 스미스가 보기에는 일반적인 의미에서 타인에 대한 배려, 자혜심 등이 중요한데, 그럼에도 불구하고 너무나 이기적인 사람들이 출현해서 맘대로 행동해 불의가 만연하면 자혜심은 힘을 발휘하지 못하고 사회가 유지될 수 없기 때문에 국가가 개입해 법으로 처벌해야 한다는 것입니다.

김　그렇다면 정부가 법을 앞세워 시장에 적극 개입하고 불의를 응징하고 경우에 따라선 사전에 규제를 해야 한다는 뜻이잖아요? 이건 지금까지 알려진 애덤 스미스의 주장과는 완전히 다른 얘기 아닌가요?

조　여기서 제가 한 발 빼자면, 이렇습니다. 애덤 스미스는 기본적으로 자유를 강조하고 시장을 규제하지 말라고 했지만, 언제나 그러진 않았다는 겁니다. '치명적인 인간의 이기심에 의한 파멸적 행위'에 대해선 달리 이야기했다는 것이죠.

김　사실 애덤 스미스가 "시장을 규제하지 마라"고 했죠. 그런데 제가 알기로는 당시 절대왕정이 자기들 이익을 위해서 시장을 쥐락펴락하면서 독점을 용인해주었고, 스미스는 이런 행위를 비판한 게 아닙니까?

조 네, 정확히 그렇습니다. 특권과 반칙을 비판한 거죠. 거꾸로 말하자면, 좀 건너뛰는 감은 있습니다만, 애덤 스미스는 오늘날 복지국가들의 경제 개입 방식을 비판한 것이 아닙니다.

김 말하자면, "짐이 곧 국가다."라고 말했던 루이 14세가 현존한다고 가정하고 "내가 국가로서 하는 말인데, 지금부터 대외무역은 삼성 너희만 해."라면서 "삼성만 무역을 해야 하니까 나머지 업체들은 지금부터 무역 중단하고 국내 원료 생산과 공급만 해."라고 명령하는 식이죠. 이것이 바로 중상주의의 독점 정책 아니었습니까? 참고로 여기서 얘기하는 삼성은 물론 가상의 기업이고요.

조 그렇죠. 수입 금지, 수출 금지, 또 수출입 관세까지 매겨가면서 국가가 개입했죠.

김 그러니까 시장에 개입하지 마라는 애덤 스미스의 말은 결국 반독점을 주장한 것이잖아요.

조 그렇습니다.

애덤 스미스는 어쩌다 신자유주의의 아버지가 되었나?

김 그렇다면 '애덤 스미스=보이지 않는 손'이라는 공식은 도대체 왜 이토록 유명해진 겁니까? 제가 알기론 『국부론』이라는 책이 한국어판으로 1000쪽이 넘는 어마어마한 저서인데, 여기에 '보이지 않는 손'이라는 표현이 딱 한 번 나온다면서요?

조 네, 그렇습니다. 딱 한 번. 제4편 2장에서 딱 한 번 나옵니다.

김 그럼 이른바 인구에 회자되는 '보이지 않는 손'이라는 구절이 유명해진 이유는, 역시 자본에 의한 의도적인 부풀리기 때문입니까?

조 어느 정도는 그런 면이 있습니다. 물론 애덤 스미스는 '보이지 않는 손'이라는 표현은 단 한 번 사용했지만, 이런 취지가 『국부론』의 절반 정도를 차지하고 있다고 볼 수 있겠죠. 하지만 나머지 절반은 그렇지가 않습니다. 이런 상황은 우파와 좌파 양쪽에 다 책임이 있어요. 소위 우파, 즉 자유주의 시장경제만 강조하는 사람들은 '보이지 않는 손'의 취지만 강조해왔고, 반대로 좌파들 역시 이 부분만을 부각시키면서 애덤 스미스를 비판하고 나섰거든요. 어찌 보면 양쪽이 합작해서 '애덤 스미스는 이런 사람이다.'라는 식으로, '가상의 표적'을 하나 만들었다고나 할까요.

김 그럼 간단히 정리해보죠. 애덤 스미스가 꿈꿨던 시장은 어떤 모습입니까?

조 애덤 스미스가 상상한 시장은 오늘날 우리가 생각하듯 거대 독점기업들이 경제를 좌지우지하는 시장이 아닙니다. 무수히 많은 소상품 생산자들이 독점도 특권도 반칙도 없고 불평등도 없는 상황에서 국가의 규제나 간섭도 없이 자유롭고 창의적으로 경쟁하면서 시장경제의 이점을 누리는 시장이었죠. 문제는 당시에도 시장이 절대 이런 식으로 돌아가지 않았다는 겁니다. 그렇기 때문에 애덤 스미스는 당시 특권과 독점이 판치는 시장을 비판하면서 이에 대한 개입 필요성도 강조했던 거죠.

김 그러니까 자유로운 상품 생산과 유통을 허용하되, 이 과정에서 불의가 나타나면 반드시 법으로 응징하고 규제해야 한다는 얘기로군요. 그러면서 못사는 사람들에게는 의무교육을 시키고 잘사는 사람들에게는 세금을 더 많이 걷고 노동자에게는 임금을 많이 주고 직업병에 걸리지 않도록 해주고 일주일에 4일만 일을 시키는 것이 좋다고 주장했군요. 여담이지만 애덤 스미스가 말년에 관세청장을 지냈는데, 그때 실제로 주4일 근무를 했다고 합니다. 무려 250년 전의 이야기이니, 지금 세상이 거꾸로 가고 있다는 생각이 듭니다.

조 현재 네덜란드가 주4일 근무를 실시하고 있는 셈입니다. 전 세계에서 연간 노동시간이 가장 짧은 나라가 네덜란드인데요. 연간 약 1300시간 정도 됩니다. 우리나라가 2100시간 정도 되니까 거의 800시간 정도를 더 일하는 것입니다. 네덜란드가 몇 년 전부터 도입한 주4일 근무는, 기본적으로 토요일과 일요일을 쉬고 주중 하루를 노동자 개인이 지정해서 쉴 수 있도록 하는 형식입니다.

김 우리나라는 언제나 그런 날이 올까요? 주5일 근무가 김대중 정부 때 도입되었죠. 그때도 전경련이니 경총 같은 단체에서 '우리나라 거덜 난다.' 어쩌고 하면서 입에 거품 물고 반대했던 기억이 생생한데 말이죠.

조 당시 9시 뉴스에 자본가 단체의 연구위원이 나왔는데, 거기서 "우리나라가 전 세계에서 휴일이 가장 많다."고 말하면서 한탄을 하는 겁니다. 깜짝 놀랐습니다. 설마 저 정도 되는 사람이 거짓말을 하진 않을 테고, 무슨 말인가 싶었죠. 알고 보니 그 사람이 말한 휴일이라는 게 '법정공휴일'이더라고요. 그러니까 우리나라 법정공휴일이 한글날을 휴일로 정하네 마네 하면서 연간 16~17일 정도가 됐는데, 다른 나라에 비해 많은 편이더군요. 하지만 법정공휴일이 적다는 나라들이 보통 10일 정도니까 많아봐야 1년에 6~7일 차이밖에 안 나거든요. 이걸 들이밀면서 우리나라가 전 세계에서 휴일이 가장 많다고 한 거예요. 당시 비교 대상 국가들은 모두 토요일도 쉬고 있었는데요. 휴가일수, 근로시간 등은 논외로 치더라도 그렇죠. 그런 상황에서 텔레비전에 나와 대한민국 노동자들이 세계에서 제일 많이 논다고 말하다니, 한마디로 악선동이죠.

김 유럽 국가들 보면 연차, 월차 죄다 모아서 1년에 한두 달씩 해외여행 다니고 그러잖아요.

조 제가 작년 초에 중국 윈난성을 혼자서 여행했는데, 연세가 좀 지긋해 보이는 벨기에인 부부를 만났습니다. 남편은 정원사이고 아내는 까르푸 직원이었는데, 당시 6주 동안 윈난성만 여행하고 있다는 거예요. 그래서 제가 '휴가가 참 길다.'고 말했더니 '이 여행이 자신들의 19번째 긴 여행이다.'라고 대답하는 거예요. 무슨 얘기냐고 다시 물었더니, 두 사람이 결혼할 때 1년에 한 번씩은 꼭 장기 여행을 가자고 약속했고, 그래서 해마다 한 번씩 긴 여행을 떠나는데 보통 5주나 6주 정도를 간다는 얘기였어요. 결혼 19년차라는 말을 그렇게 표현한 거죠.

김 하, 참 위화감이 느껴지네요. 아무튼 애덤 스미스는 자유주의를 넘어서 신자유주의의 시조처럼 여겨지잖습니까? 그런데 지금까지 논의한 바에 따르자면, '애덤 스미스는 신자유주의의 시조'란 소리를 들으면 이 양반이 그야말로 지하에서 통곡할 일 아닙니까? 도대체 어쩌다 이렇게 된 겁니까?

조 요즘 일컬어지는 신자유주의는 사실 세상에 나온 지 얼마 안 된 사조입니다. 그래서 애덤 스미스가 자유주의 경제사상의 원조라고는 볼 수 있겠지만, 신자유주의 사조의 아버지처럼 여겨지게 된 과정에는 곡절이 있습니다. 레이건 미국 대통령과 대처 영국 수상이 이런 사조의 문을 열었다고 볼 수 있는데, 레이건이 1979년에 대통령 후보 시절 카터 대통령과 붙었을 때 넥타이에 애덤 스미스 초상화를 집어넣었습니다. 선거운동본부 사람들이 모두 그랬죠. 규제 반대와 감세라는 선거 공약의 상징 인물로 애덤 스미스를 내세운 겁니다.

김 애덤 스미스 사상의 왜곡이 한국에서만 일어나진 않았군요.

조 그렇죠. 한데 그럴 만도 한 것이, 경제학자 가운데 애덤 스미스가 가장 유명하지 않습니까? 그렇게 유명한 분을 넥타이에 새겨 넣고 계속 보여주면서 규제 반대를 외치면 다들 정말 저 사람이 그랬나 보다 하고 생각하지 않겠어요? 이보다 조금 진중했던 경우를 보면, 영국 보수당의 싱크탱크 가운데 하나가 바로 '애덤스미스연구소'입니다. 미국보다는 나름대로 품위 있게 애덤 스미스라는 이름을 가져다 썼지요. 어쨌든 이런 방식으로 애덤 스미스가 신자유주의 이론의 화신이 된 것입니다.

김 아무튼 지하에 있는 애덤 스미스가, 신자유주의자들이 자신을 시조 내지는 아버지로 모시는 현상을 본다면 기분이 썩 좋을 것 같지는 않군요.

조 그렇겠죠. 자신이 한 이야기의 절반은 묻어버린 셈이니까요.

김 사실 본격적인 경제학 연구로 들어가서 애덤 스미스의 경제 이론이 현재의 경제에 들어맞느냐를 따져본다면, 안 맞는 부분이 너무 많지 않겠습니까? 그러나 경제 공동체, 혹은 사회가 어떤 방향으로 가야 하는가를 두고 애덤 스미스의 생각을 되짚어볼 때는 이 사람의 사상이 너무나 왜곡되어 있다고 봐야겠군요.

조 너무나 왜곡되어 있습니다. 애덤 스미스 사상의 다른 절반은 어떻게 타인들과 어울려 살 것인가에 대한 성찰로 이루어져 있습니다. 애덤 스미스의 또 다른 중요 저작은 『도덕감정론』인데, 이 책은 Sympathy, 즉 연민 혹은 공감이 인간의 첫 번째 본성이라는 주장으로 시작합니다. 타인의 기쁨에 순수하게 기뻐할 수 있고, 타인의 슬픔에 순수하게 슬퍼할 수 있는 능력, 이것이 인간 본성이라고 보았거든요.

김 그렇다면 '자본에겐 눈물이 없다.'라는 통설을 애덤 스미스는 받아들이지 않았나요?

조 네, 애덤 스미스는 자본가를 포기하지 않았습니다. 자본가도 연민을 느끼는 인간이고 노동자의 슬픔에 함께 슬퍼할 수 있는 존재라고 본 겁니다. 그래서 성과급과 노동자의 과로, 직업병과 관련해 애덤 스미스가 자본가들에게 "이성과 인도주의의 정신으로 노동자들의 과로를 말려라."라고까지 한 것입니다.

김　그로부터 250년이 지난 오늘날 자본은 눈물이 없는 것 같아요.
조　애덤 스미스 선생이 안타까워할 일이죠.

김　하긴, 애덤 스미스가 살던 시대는 공장제수공업 단계, 그러니까 자본가가 노동자이기도 했던 시대니까 '공감'이라는 말이 나올 수 있었다고 볼 수도 있겠네요. 그런데 지금은 '나는 누구 아들이다.'라고 이마에 찍고 나오는데다 상당수는 금융소득으로 먹고사는 시절이니 공감 능력이 생길 리가 없죠.

자, 이제 마무리를 해야겠는데요. 빠뜨린 게 하나 있는데, 짧게 대답해주시죠. 애덤 스미스는 도덕철학을 연구했는데 『국부론』이라는 경제학의 시초가 되는 책을 썼어요. 도덕철학과 경제학은 무슨 관계가 있습니까? 아까 정치경제학이 도덕철학의 하위 분과 학문이라고 하셨는데, 그렇다면 도덕철학이 지금 우리가 알고 있는 철학과는 달랐겠군요?
조　철학을 포함해서 어찌보면 종합학문이라고 볼 수 있죠. 애덤 스미스의 도덕철학은 네 개의 하위 분과로 구성되었는데요. 자연신학, 윤리학, 법학, 그리고 정치경제학입니다. 이 가운데 법학은 오늘날의 좁은 의미의 법학이 아니라 넓은 의미로 국가통치학입니다. 정치경제학은 자연신학과 윤리학의 토대 위에서, 국가의 통치라는 맥락에서 고려해야 하는 학문인 것입니다.

김　그렇군요. 애덤 스미스의 균형 잡힌 통찰을 재발견할 수 있는 유익한 시간이었습니다. 고맙습니다.

조　**고맙습니다.**

정치경제학은 어쩌다 경제학이 되었나?

애덤 스미스의 경우에서 보듯 경제학이라는 학문의 원래 명칭은 정치경제학이었다. 경제 현상이 본래부터 정치와 맞물려 있다는 인식이 바탕이 된 명칭이라고 할 수 있다. 그런데 어떻게 정치경제학에서 정치가 추방되고 순수한 경제 현상만 연구하는 학문이라는 느낌을 주는 경제학이라는 명칭으로 바뀌었을까?

원래 서구에서 경제학(economics)이란 단어는 고대 그리스어 오이코노미코스(oikonomikos)에서 유래했으며, 이는 가정(oikos)의 법, 관리(nomos 혹은 nem)를 의미하는 오이코노미아(oikonomia)에서 파생되었다. 즉 경제학이란 가정을 다스리고 관리하는 방법에 관한 학문이었다. 고대 그리스에서 가정이란 가장의 지배 아래 부모와 자녀, 노예들로 이루어진 대가족이었고, 이에 대한 통치술은 가장의 중요한 덕목이었다. 이 오이코노미코스(oikonomikos)의 주요 내용은 이윤 추구 방법이 아니라, 가정의 구성원들 사이의 도덕적 관계를 규율하는 가장의 통치술로 이루어져 있었다. 이런 맥락에서 경제학은 정치학의 일부였으며 윤리학의 성격도 띠고 있었다. 아리스토텔레스는 『니코마코스 윤리학』에서 경제학이 부에 관심을 기울인다는 점을 인정하면서도 "화폐를 벌어들이려는 생활은 충동심에 따르는 생활이며, 부는 분명 우리가 추구하는 선이 아니다."라고 강조한다. 아리스토텔레스는 경제학을 폴리스의 통치를 다루는 정치학의 하위 분과로 설정했다.

기원전 4세기 중엽의 역사가 크세노폰의 저서 『오이코노미코스』는 농업 경영 방법뿐만 아니라, 재산을 '올바르게' 쓰는 방도, 훌륭한 생활방식, 가장의 덕목 등을 다루는 윤리학적 저술이기도 했다. 기원전 2세기경에는 가정이 아니라 폴리스의 관리라는 의미에서 오이코노미아 폴리티카(oikonomia politika: 정치경제학(political economy)의 어원)라는 용어도 출현했다.

고대 그리스에서 개인 혹은 기업의 이익, 효용을 극대화한다는 의미에서의 경제 혹은 경제학은 건전한 시민이 함께 토론할 만한 공적 주제로는 부적절한 것으로 여겨졌다. 정치철학자 한나 아렌트(Hannah Arendt)의 연구에 따르면, 고대 그리스에서 경제는 가정의 문제였으며, 자연의 필연성에 얽매인 사적 영역으로서 시민들의 공적 토론 대상으로는 자격 미달이었다. 이는 고대 그리스의 폴리스 정치가 이미 재산을 지닌 자유시민들 사이의 공적 업무였기 때문일 것이다. 폴리스에서 논의되는 주제들은 참으로 '정치적인 것'들, 즉 시민들의 덕성과 정치적 탁월함, 외교와 같은 사안들이었다.

한편 순수하게 공학적인 의미에서 부와 물질적 번영을 탐구하려는 시도 또한 비슷한 시기에 출현하였다. 기원전 4세기경 인도 찬드라굽타 황제의 대신이자 고문이었던 카우틸리아(Kauṭilya)는 『실리론』이라는 저서에서 부에 대한 학문을 실용적 관점에서 접근하였다. 도시 건설, 토지 분류, 세금 징수, 재정 관리, 세금 조정 등은 물론, 외교 수완, 약소국 책략, 식민 조약, 첩자 사용 등 매우 광범위한 주제를 다루었으며 윤리적 고려를 배제한 실용성이 두드러진다.

물론 서구의 역사에서 경제에 대한 순수 공학적·실용적 접근은 오랫동안 배제되었다. 신학이 모든 학문을 지배하던 중세를 지나 근세에 들어와서도 사정은 달라지지 않았다. 17세기경 프랑스에서 등장한 에코노미 폴리티크(économie politique)는 국가관리학을 의미했으며, 오늘날의 정치학, 행정학이 중심이었다. 영국에서는 체계적인 학문으로서 정치경제학(political economy)이 도덕철학의 한 분과로 성립되었다. 앞에서 살펴보았듯이 경제학의 아버지로 불리는 애덤 스미스는 원래 도덕철학 교수였다. 경제는 정치, 윤리와 떼어놓을 수 없는 학문으로 여겨졌다.

경제에 대한 이해에서 오늘날 우리가 생각하는 돈벌이, (효용, 이윤의) 극대화 같은 사고방식이 출현한 것은 17~18세기를 거치며 등장한 중상주의에 의해서였다. 중상주의자들은 경제가 국부의 기본이라고 인식하고 정치의 중심을 부의 증진에 두어야 한다고 주장했다. 특히 인구와 통상, 부에 대해 공학적으로 접근하는 정치산술(political arithmetic)의 발전은 주목할 만했다. 하지만 정치산술은 여전히 국가와 인구에 대한 통치에 관심을 기울였다. 경제는 여전히 정치의 손아귀 안에 있었다. 애덤 스미스와 데이비드 리카도, 카를 마르크스 등의 고전파 경제학자들에게 경제학은 여전히 본질적으로 정치경제학이었으며, 이는 경제학이 국가(국민-계급들) 내에서 부의 성격, 생산, 분배를 다루는 학문으로 정의되고 있었다는 점에서도 잘 알 수 있다. 즉 경제학은 여전히 도덕철학적 요소를 담고 있었던 것이다.

우리가 지금 사용하는 경제와 경제학 개념은 19세기 이래 경제가 통치와는 별개로 자동 조절되는 자연현상 같은 것이라는 인식이 성장하면서 나타났다. 특히 19세기 중후반 신고전파 경제학의 등장이 중요한 계기가 되었다. 신고전파 경제학자들은 국가, 국민, 집단 등이 개입되는 집합적 이해관계와 이에 대한 정치적·윤리적 판단을 완전히 배제하고 경제행위의 주체를 철저히 이기적이고 합리적인 개인으로 설정했다.

프랑스의 경제학자 쿠르셀 세뉴에이(Courcelle-Senueil)는 1858년 저서에서 정치경제학이라는 이름에 불만을 표하면서 부를 의미하는 고대 그리스어 플루토(pluto)에서 착안하여 플루톨로지(plutology)라는 학문 명을 제안하기도 했다. 부학(富學) 정도로 번역할 수 있는 이 이름은 한동안 유행했으며, 루트비히 폰 미제스(Ludwig von Mises) 같은 저명한 경제학자도 1949년 자신의 저서에서 이 명칭을 사용한 바 있다.

물론 최종 승리를 거둔 것은 정치를 떼어낸 경제학이었다. 1875년 영국의 경제학자 헨리 매클라우드(Henry Macleod)가 이코노믹스(economics)라는 명칭을 주장한 이래로 이 명칭은 확산되다가, 영국의 경제학자 앨프리드 마셜(Alfred Marshall)의 기념비적 저서 『경제학 원리』(1890년)에 의해 정통 명칭으로 확립되었다. 1931년 미국 경제학자 라이오넬 로빈스(Lionel Robbins)가 요즘에도 통용되는, '목적 있고 용도가 선택적인 희소한 수단들 사이의 관계라는 측면에서 인간 행동을 연구하는 학문'이라는 정의를 확립하면서 경제학은 정치나 윤리와의 인연을 완벽하게 끊어버렸다.

이제 경제학이라는 명칭 아래서 경제는 개인의 합리적 선택에 의한 최적화=극대화 행위로 이해되고, 경제학은 그러한 선택의 형식과 논리를 탐구하는 독립적·자연과학적 학문으로 간주된다. 경제가 완전히 개인적인 법칙에 따르는 행위로 이해됨에 따라 집합적 요구를 수반하는 정치·사회 차원에서의 경제 개입은 재앙으로 간주되어 비판받는다. 보수 신문들, 경제신문들이 귀에 못이 박히도록 되풀이하는 "경제는 경제논리에 맡겨라"는 이런 지난한 이데올로기 투쟁의 성과에 기반을 두고 있는 구호이다. 무릇 모든 학문은 중요한 정의들, 공리들에 기반을 두게 마련이며, 경제학은 연역적 체계의 성격상 더욱 그렇다. 하지만 경제학 공부를 시작할 때 가장 중요한 첫걸음, 고민의 출발점은 정의 이전에 학문의 명칭 자체라고 할 수 있다.

더 읽을 거리

『국부론』
애덤 스미스, 김수행 옮김, 비봉출판사, 2007.

『도덕감정론』
애덤 스미스, 박세일 옮김, 비봉출판사, 2009.

『애덤 스미스 구하기』
조나단 B. 와이트, 안진환 옮김, 생각의나무, 2007.

『거장의 귀환: 위기의 시장경제 경제학 거장에게 길을 묻다』
마크 스쿠젠, 박수철 옮김, 바다출판사, 2008.

『애덤 스미스의 학문과 사상』
김광수, 도서출판 해남, 2005.

『진짜 경제학: 지금 왜 애덤 스미스인가?』
고구레 다이치, 유가영 옮김, 말글빛냄, 2012.

카를 마르크스 1

Karl Marx

1818~1883

1818 5월 5일 프로이센의 라인란트 주의 트리어 시에서 7남매 중 첫째로 태어났다.

1835 본 대학에 입학해 인문학을 공부했다.

1836 베를린 대학 법학부로 전학하여 법학, 역사학, 철학을 공부했다.

1837 청년헤겔주의자 모임에 참여한다.

1841 예나 대학에 「데모크리토스와 에피쿠로스의 자연철학의 차이」라는 논문을 제출하여 박사학위를 취득했다.

1842 《라인신문》에 합류해 편집장이 되었다.

1843 반정부적인 내용 때문에 《라인신문》 편집장 자리에서 쫓겨나고 잡지도 폐간된다. 6월에 어린 시절부터 친구였던 예니 폰 베스트팔렌과 결혼해 10월에 함께 파리로 이주했다. 파리에서 프랑스인 노동자 조직 및 독일 망명자 노동자 조직과 직접 접촉하였고, 프루동, 불랑, 카베 등의 사상가들과 친분을 쌓았다.

1844 아놀드 루게와 『독불 연보』를 발간하고 「유대인 문제에 대하여」, 「헤겔 법철학 비판 서설」을 발표했다. 이후 『경제학·철학 수고』로 알려지는 세 편의 단편적 초고를 썼다. 엥겔스와 공동 작업을 시작해 『신성가족』을 썼다.

1845 프로이센 정부의 압력으로 파리에서 추방당해 벨기에 브뤼셀로 이주했고, 또 다른 추방을 피하기 위해 12월에 프로이센 국적을 공식적으로 포기했다. 사후에 『루트비히 포이에르바하와 독일 고전 철학의 종말』로 출간되는 「포이에르바하에 관한 테제들」을 썼다. 1846년까지 엥겔스와 함께 『독일 이데올로기』를 썼다.

● 88쪽에 계속

신용공황과 현대 금융위기

2강

강의

카를 마르크스는 1818년 독일 라인란트 지방 트리어에서 태어나서 1883년 영국 런던에서 사망한 인물입니다. 국제 공산주의 운동의 창시자로 잘 알려져 있습니다. 남한처럼 반공 이데올로기가 철저한 사회에서는 악마 같은 인물로 그려지기도 하죠. 그러나 마르크스의 『공산당선언』은 인류 역사상 성경 다음으로 많이 팔린 책입니다. 성경은 종교의 경전이었으니까 사실상 『공산당선언』이 독보적인 베스트셀러라고 봐도 무방하지요. 그러니까 이 책을 안 읽으신 분은 인류가 가장 많이 읽은 책을 안 읽은 셈이 됩니다. 기초 교양이 심히 부족하다고 지적받아도 할 말이 없겠네요.

사회주의국가들의 몰락과 함께 마르크스는 한동안 '죽은 개' 취급을 당했습니다. 특히 한국에서는 더욱 심했지요. 지난 2007년 여름 고려대학교는 학내 단체가 신청한 '마르크시즘 2007'이라는 행사를 불허했습니다. 당시 강 모 고려대학생처장은 외부 행사라고 무조건 불허하는 것은 아니라며, "지금 마르크시즘을 말하는 나라는 우리나라밖에 없다."라고 말했다 합니다. 학생처장님, 신문이라도 좀 열심히 보셨어야 했습니다. 바로 몇 달 전인 2007년 4월에 자본주의의 종주국인 영국 국방부의 미래전략환경팀이 작성한 2035년 예측 보고서의 내용은 이렇습니다. "중산계급이 마르크스가 예견한 프롤레타리아의 역할을 맡아 혁명계급이 될 수 있고 (……) 세계적인 불평등의 심화로 마르크스주의가 부활할 가능성이 높다." 또 앞서 2005년 영국 BBC 라디오가 청취자들을 대상으로 실시한 조사에서는 "역사상 가장 위대한 철학자는 누구인가?"라는 질문에 마르크스가 27.9퍼센트로 압도적 1위를 차지하기도 했습니다.

2008년 금융위기 이후로는 더 말할 나위도 없습니다. 미국을 시작으로 유럽과 일본, 세계의 자본주의가 거대한 경제위기의 소용돌이에 휘말리면서 마르크스의 통찰력은 다시 주목받고 있습니다. 헤지펀드의 제왕으로 불리는 조지 소로스(George Soros)는 "마르크스는 우리가 유의해야 할 자본주의에 관한 무엇인가를 150년 전에 발견했다."라고 말했습니다. 서구 여러 나라들에서는 『공산당선언』과 『자본론』 판매량이 급증했고, 이웃나라 일본에서는 한동안 매달 1000여 명이 공산당에 입당하는가 하면 마르크스주의에 기반을 둔 1930년대 노동소설 『게공선』이 수십만 부나 팔려나갔습니다. 그럼 한국에서는 어땠을까요? 2013년 5월 초 서강대에서 열린 마르크스주의 연구자들의 학술대회인 '제6회 맑스 코뮤날레'에는 연인원 1200여 명이 참가해서 유례없는 성황을 이뤘습니다. 지금 마르크스를 말하고 있는 나라가 한국뿐이라고요? 아닙니다. 세계가 마르크스를 말하고 있습니다.

마르크스가 다시 급부상한 이유는 역시 자본주의가 위기에 처했기 때문입니다. 바로 미래가 보이지 않을 정도의 금융위기 때문이지요. 금융위기 이래로 케인스와 마르크스가 다시 부상하고 있습니다. 특히 마르크스의 경우는 공황의 필연성과 주기적 성격을 발견했다는 점에서 더욱 주목받고 있습니다. 놀라운 것은, 『자본론』을 직접 읽어보면 공황의 진행 과정에서 신용의 팽창, 이른바 가공자본, 쉬운 말로 거품의 역할을 매우 강조하고 있다는 점입니다. 물론 마르크스에게서 공황은 근본적으로 과잉생산의 문제, 즉 지나치게 많은 생산량으로 인한 문제입니다. 하지만 수요를 훨씬 뛰어넘을 정도로 많은 생산은 이른바 '기술적인 뻥튀기'(한마디로 '거품')를 통한 신용팽창 때문이라고 주장했던 것입니다.

사실 주류 경제학자들이 가장 까다로워하고 회피했던 문제가 주기적인 공황이었습니다. 원리만 보면 이상적이고 완벽한 시장경제가 거의 주기적으로 시궁창에 빠지곤 하는 현실을 해명할 수 없었던 것이지요. 심지어 신고전파 경제학의 창시자 중 한 명인 윌리엄 스탠리 제본스(William Stanley Jevons)는 주기적 공황을 설명하기 위해 태양의 주기적인 흑점 활동을 끌어오기까지 했습니다. 오죽 답답했으면 그랬을까요? 이외에도 전쟁이나 오일쇼크 같은 외부 충격, 정부의 정책 오류 등을 공황의 원인으로 설명하려고 했습니다. 한마디로 자본주의 자체는 문제가 없고 잘못은 전쟁이나 정부 등에 있다는 말인데요. 자본주의 자체의 문제라기보다는 우리 인간들의 심리가 근본적으로 문제라는 주장이기도 합니다.

이에 반해 마르크스의 『자본론』은 금융위기의 본질을 깊이 통찰하게 해준다는 점에서 역시 위대한 고전이라고 평가할 수 있겠습니다. 프랑스 최고의 지식인 중 한 명으로 꼽히는 자크 아탈리(Jacques Attali, 사회당 정권에서 보좌관을 하기도 했지만, 우파 사르코지 정권에서 성장촉진위원회 위원장을 맡기도 한, 좌우파를 넘나드는 인물입니다)는 근년에 낸 『마르크스 평전』에서 이렇게 말합니다. "우리는 카를 마르크스를 다시 읽어야 할 것이다. 그리고 거기에서 이유들을 알게 될 것이다. 지난 세기의 실수들을 반복하지 않기 위한 이유들, (……) 인간을 모든 것의 중심에 놓아야 하는 이유 말이다. 이것에 도달하기 위해서는 미래의 세대들이 추방된 카를 마르크스를 기억해야 할 것이다. 런던의 빈궁 속에서 죽은 자식들을 놓고 슬퍼하면서 최선의 인류를 꿈꾸었던 그를. 그러면 미래 세대들은 세계의 정신으로 돌아가게 되고, 마르크스의 주된 메시지를 듣게 될 것이다. '인간은 기대할 만한 가치가 있는 존재'라는 메시지를."

한 성깔 하시는 국제 공산주의 운동의 창시자

김 어디선가 들은 이야기가 있어요. 마르크스는 유대계 독일인이었는데, 이 유대계라는 점이 마르크스의 체제 저항 기질을 부채질했다는 이야기였어요. 유대계에 대한 멸시와 차별에 반감을 품으면서 저항 기질이 싹텄다는 얘기인데, 정말 그랬습니까?

조 좀 어려운 질문인데요, 사람의 진짜 속마음을 알기는 어려운 법이니까요. 하지만 객관적으로 드러난 사실들로만 본다면 그렇지는 않은 듯합니다. 무엇보다 마르크스는 평생 유대인 문제에 대한 저작을 거의 남기지 않았을 정도로 여기에 관심이 없었습니다. 오히려 몇몇 저작과 지인들의 말로 유추해볼 때 유대인을 비판적으로 바라보고 있었습니다. 게다가 마르크스는 프롤레타리아 국제주의자였죠. 출신 민족을 강조하는 성향과는 거리가 한참 멀었지요.

마르크스의 집안 역사를 좀 더 구체적으로 살펴볼까요. 마르크스의 아버지인 하인리히 마르크스는 유대교를 버리고 개종한 유대인 변호사였습니다. 본명은 헛셸 레비(레비는 유대계 성)였는데 나중에 성을 마르크스로 바꿉니다.

김 호적을 판 건가요?

조 그렇죠. 물론 유대인 차별 때문이었죠. 하지만 마음에 걸리긴 했던 모양이에요. '마르크스'는 사실 자기 아버지인 마르크스 레비의 이름을 가져다 쓴 성이거든요. 아무튼 하인리히 마르크스는 독일의 주류 계몽 지식인 사회에 편입하는 데 성공합니다. 트리어에서 변호사협회 회장까지 지냈을 정도니까 유대인 차별을 인식할 만큼 불이익을 당했다고 볼 여지가 별로 없지요. 독일 주류 계몽 지식인 사회에 통합된 사람이었어요.

또 마르크스는 훗날 장인이 되는 루트비히 폰 베스트팔렌 남작으로부터 어릴 때부터 적지 않은 영향을 받았습니다. 베스트팔렌 남작은 말하자면 지역 유지였는데, 마르크스에게 좋은 이웃 아저씨이자 선생님 역할도 해주었습니다. 그러니까 마르크스가 성장기에 유대인이었다는 이유로 특별히 체제에 불만을 품을 이유는 없었다고 봐야 합니다. 오히려 마르크스의 저항 의식은 계몽사상의 영향을 강하게 받았다고 보아야 정확할 듯합니다.

아버지나 베트스팔렌 남작 모두 계몽 지식인으로서 자유주의자 성향을 보였고, 당대 독일, 프로이센의 전제군주제에 비판적이었습니다. 고향인 트리어가 프랑스, 벨기에 접경이어서 프랑스혁명 사상의 영향이 강했던 지역이라는 점도 영향을 미쳤을 것입니다.

김　그래도 마르크스가 교수가 못 된 것은 결국 유대인이기 때문 아니었나요?

조　유대인이라는 이유도 있었을 테고, 불 같은 성격 탓도 있었겠지만, 그보다는 당시 프로이센의 반동적인 시대 상황을 꼽아야 할 것입니다. 브루노 바우어(Bruno Bauer) 같은 청년헤겔학파의 급진 사상가들을 대학에서 해고하던 시절이었거든요. 그중에서도 과격한 편에 속했던 마르크스가 교수가 되기는 무척 힘들 수밖에 없는 상황이었어요.

김　한마디로 급진적인데다 성질이 좀 드셌다는 얘긴데, 마르크스가 실제로 대학 다닐 때 그렇게 사고를 많이 쳤다면서요? 물론 이 역시 유대계 출신이라서가 아니라 당시의 독일 상황 때문이라고 하던데, 그런가요?

조　마르크스는 본 대학에 다니던 시절, 트리어 선술집 클럽 음주협회라는 이름의 술 마시는 동아리에 가입해서 활동했다고 합니다. 부회장까지 했대요. 거의 날마다 술 마시고 논쟁을 벌이는 식이었는데, 20대 혈기왕성한 청년들이라 마시고 싸우고 부수고 경찰에 잡혀가는 일들이 다반사로 벌어졌지요. 마르크스는 특히 당시까지 남아 있던 풍습인 결투 신청을 그렇게 많이 했다고 합니다. 어쨌든 체제순응적인 얌전한 성격은 아니었고 사고뭉치에 가까웠죠. 다혈질에다 불같은 성격이랄까요.

그런데 마르크스의 방탕을 이야기하려면 당시 배경을 좀 이해할 필요가 있습니다. 독일에서 반동의 기운이 확산되고 있었거든요. 프랑스혁명과 계몽주의의 영향을 받은 지식인들과 대학생들은 대체로 자유주의적이었지만, 당시 독일의 패권을 잡은 프로이센은 실로 반동적인 전제군주 국가였습니다. 우리로 치자면 '이명박근혜' 정부 정도가 아니라 박정희나 전두환 정권이 다시 돌아온 상황이었죠. 데모를 할 수 있던 시절도 아니다 보니, 특히 대학생들이 유난히 술을 많이 마시고 사고를 쳤다고 합니다. 시대의 울분을 푸는 방식이었던 거죠.

김　잘 알려진 마르크스의 초상화는 상당히 노년기의 얼굴인데도 그런 성격이 엿보이지 않나요? 한 성깔 하시는 얼굴이에요.

조 저도 그렇게 느끼는데요. 여러 증언과 기록에 따르면 노년기의 마르크스는 젊을 때보다 성질이 많이 죽었대요. 상당히 온화해졌을 때의 얼굴이니까, 젊었을 때는 어느 정도였을지 대략 짐작해볼 수 있겠죠.

자본가의 사촌이자 절친인 국제 공산주의 운동의 창시자

김 마르크스과 관련해서 또 재미있는 사실이, 어머니가 네덜란드 출신인데 유명한 기업 필립스의 창업자와 특수 관계에 있는 사람이라면서요?

조 마르크스의 어머니인 헨리에타 마르크스(결혼 전에는 앙리에타 프레스부르)의 언니인 소피 프레스부르가 리온 필립스라는 사람하고 결혼합니다. 이 부부의 아들이 프레데릭 필립스라고 이후 두 아들과 함께 필립스를 창립하게 되지요. 그러니까 마르크스의 어머니는 필립스 창립자 프레데릭 필립스의 고모가 되구요, 마르크스는 고종사촌이 됩니다. 실질적 창업자들인 필립스 형제는 마르크스의 조카들인 셈이죠. 물론 필립스 창업은 마르크스가 죽고 난 다음인 1891년의 일입니다. 하지만 필립스 가문은 당시 상당한 금융자본가 가문이었습니다. 그런 가족적 배경과는 무관하게, 또는 그런 배경에도 불구하고 마르크스는 국제 공산주의 운동의 창시자가 되었죠.

얘기가 나와서 말이지만 필립스라는 회사는 이미 1910년대에 노동자연금제, 이익공유제, 주택연금제 등 노동자들을 위한 상당히 진보적인 복지 정책들을 선구적으로 도입한 기업으로 알려져 있습니다. 100년 후의 한국 기업들보다 사원 복지를 더 잘 갖추었던 셈이죠. 이익을 지역사회에 환원하는 방법으로 스포츠단을 만들기도 했구요. 그중 한국에도 잘 알려져 있는 곳이 거스 히딩크 감독이나 박지성, 이영표 선수가 인연을 맺은 프로축구팀 아인트호벤이죠.

김 100년 전에 이미 그런 정책을 폈다니 한국하고는 정말 상황이 다르군요. 마르크스의 어머니뿐만이 아니라 부인인 예니는 상당한 미인으로 알려져 있을 뿐만 아니라 대단한 귀족 가문 출신이었죠?

조 예니의 이복오빠인 페르디난트가 나중에 프로이센 반동 정부의 내무장관이 됩니다. 예니의 아버지는 앞서도 말씀드렸던 루트비히 폰 베스트팔렌 남작입니다. 계몽 지식인으로서 마르크스에겐 좋은 이웃 아저씨였죠. 딸 예니는 마르크스보다 네 살 많은 이웃집 누나였습니다. 마르크스가 예니에게 작업을 걸면서 시를 엄청나게 많이 써서 보냈다고 하죠. 베스트팔렌 남작은 마르크스의 총명함과 영민함을 아꼈지만 신분의 차이는 어쩔 수 없었는지 두 사람의 결혼을 반대했다고 해요. 그러나 예니의 꿋꿋함에 밀려 결국 승낙하게 됩니다. 예니는 결혼 후 잠시 마르크스 아버지 집에서 시집살이를 합니다. 이후 브뤼셀과 파리, 런던으로 이어지는 마르크스의 망명길에 동행하면서 삯바느질로 생계를 이어가는 등 상당한 고생을 하게 되죠. 하지만 언제나 마르크스를 지지했다고 합니다. 젊은 시절의 예니에 대해서는 '트리어 제일의 미인', '무도회의 여왕' 등의 별칭도 따라붙습니다. 파리에서 마르크스 부부와 교류하던 시인 하이네는 "그녀의 아름다움은 마력적이다."라고 말하기도 했지요.

김 마르크스는 그걸 보고 뭐라고 했나요?

조 뭐, 제가 보기엔 질투할 사람은 아닙니다. 자기 확신이 워낙 강한 사람이니까요.(웃음)

김 그런데 예니 입장에서는 남편 잘못 만나서 죽어라 고생만 했잖아요. 예니가 마르크스를 사랑했나요?

조 예니가 남긴 편지 중에 이런 구절이 있다고 합니다. "이런 하찮은 고생 때문에 나의 기가 꺾였다고 생각하지는 마세요. 난 내가 참으로 행복한 사람이라는 사실을 잘 알아요. 내 삶의 버팀목인, 사랑하는 남편이 여전히 내 곁에 있으니까요."

예니는 마르크스의 원고를 정서하는 일을 전담했습니다. 마르크스의 악필을 해독할 수 있는 거의 유일한 사람이었습니다. 마르크스는 예니의 의견이나 비판을 받지 않고서는 어떤 원고도 인쇄기에 걸지 않았다고 전해집니다. 예니는 가난한 유대인 출신 혁명가의 아내로서 온갖 고생을 하면서도 마르크스를 지지한 믿음직한 혁명 동지였던 셈이죠. 그녀는 1881년 12월, 예순여덟 살의 나이에 암으로 사망합니다. 예니의 묘비에는 "카를 마르크스의 절반이 여기 잠들다."라고 적혀 있지요. 마르크스는 그날 일기에 "예니가 죽었다. (……) 무어인도 죽었다."라고 적습니다. 무어인은 마르크스의 별명이죠. 북아프리카의 무어인처럼 얼굴이 검다고 해서 붙은 별명이었습니다. 마르크스도 약 1년 뒤인 1883년 3월에 숨을 거두고 예니 곁에 묻힙니다.

김 브뤼셀로도 갔다가 파리로도 갔다가 마지막에 런던 망명 생활까지. 마르크스 하면 런던 망명 생활 중의 너무나 궁핍한 생활로도 아주 유명한데 어느 정도로 궁핍했나요?

조 마르크스는 정기적인 수입이 없고 사업을 하지도 않았는데, 경제 관념도 없는 편이었습니다. 간간히 써낸 글의 원고료와 책의 인세와 엥겔스의 금전 지원이 주된 수입원이었고요. 물론 큰돈을 친척으로부터 상속받아 꽤 좋은 집에서 살았던 적도 있긴 합니다. 그러나 주로 살던 곳은 런던 딘스트리트 소호 28번지의 방 두 칸짜리 집이었는데요. 온전한 가구는 거의 없이 죄다 부서지고 해지고 찢어진 세간뿐이었습니다. 중고품 상인이라도 창피해서 못 가볼 정도였다고 하네요. 실제로 예니의 이복오빠가 보낸 정탐꾼이 마르크스의 집안 형편을 기록한 내용을 보면 이렇습니다. "전부 다 깨지고 해지고 찢어진 것뿐이요, 모든 게 먼지투성이인데다 한없이 어질러져 있다. (……) 그래도 마르크스나 부인은 아무렇지도 않은 듯하다. 손님을 정중하게 맞아들여 담배든 뭐든 있는 대로 정성껏 대접한다. 결국에는 재치가 넘치는 흥미로운 이야기판이 벌어져서 집안의 궁색한 꼴에도 눈감고 불편도 참을 만하게 된다. 실제로 사귀어보면 참 재미있고 신기한 집안이라는 것을 알게 된다. 마르크스는 거칠고 참을성이 없는 성격이지만, 그래도 남편이자 아버지로서 더없이 온화하고 자상하다."

김 부인 예니와의 사이에서 일곱 명의 자녀를 낳았지만 이중 네 명이 일찍 죽었다고 하던데, 가난 탓만은 아니었겠지만 영향이 없었다고 할 수는 없잖아요?

조 병으로 죽고 굶어서 영양실조로 죽고……. 그러니까 가난 때문에 죽었다고 할 수 있겠지요. 마르크스는 첫째를 잃고서는 진짜 불행이 무언지 알게 되었다고 말했지만, 그런 불행은 계속되었습니다. 물론 당시 영아 사망률 자체가 지금보다 훨씬 높기는 했습니다만, 그래도 마르크스는 만약 아이들이 없었다면 자살했을 거라는 이야기도 했습니다. 가장 사랑했던 딸 엘리너가 마르크스 사망 이후 엥겔스와 함께 유고를 정리했습니다.

김 자녀 이야기가 나왔으니까 이 이야기를 빠뜨리고 갈 수는 없을 듯합니다. 마르크스는 집안의 하녀였던 헬레네 데무트를 건드려 아이까지 낳았다면서요?

조 네, 이건 숨길 수도 없고 눈감아줄 수도 없는 약점입니다. 헬레네는 런던에서 고생하고 있는 마르크스와 예니 부부를 도와주기 위해 예니 집안에서 보내준 가정부였습니다. 그런데 마르크스가 이 헬레네와 부적절한 관계를 맺고 사내아이를 낳게 됩니다. 아내 예니가 이 일로 얼마나 상처받았을지는 능히 짐작할 수 있죠. 더 큰 문제는 마르크스가 이 아이를 태어나자마자 고아원으로 보내버렸다는 겁니다.

그런데 정말 이해하기 힘든 점은 헬레네 데무트가 그후로도 마르크스 집에서 계속 하녀로 일을 했다는 거예요. 마르크스 가족과 함께 찍은 사진도 남아 있습니다. 이 정도가 다입니다. 이외에 다른 세세한 내용들, 예를 들면 사건 후에 예니와 마르크스, 예니와 헬레네의 관계에 대해서는 별다른 기록이 남아 있지 않습니다.

김 장 자크 루소(Jean Jacques Rousseau)가 생각나네요. 자식들은 다 고아원에 보내버리고 자기는 『에밀』을 썼죠?

조 그렇죠. 교육론을. 이해하기 쉽지 않은 일이죠.

김 마르크스 하면 떠올릴 수밖에 없는 사람이 평생의 친구이자 동지인 엥겔스죠? 아마도 엥겔스가 없었으면 굶어 죽지 않았을까 싶기도 합니다. 돈 떨어지면 "돈 좀 보내주게" 이런 편지를 보낸 게 한두 번이 아니잖아요? 동서고금을 막론하고 이런 친구가 또 있었을까요? 주고받는 관계이기도 했지만 제가 느끼기엔 뭔가 일방적인 관계 같기도 해요. 엥겔스가 마르크스를 품었다고 봐야 하지 않을까요?

조 엥겔스가 일정한 수입이 없던 마르크스를 평생 후원했지만, 그렇다고 무조건 퍼주는 식은 아니었던 것 같아요. 마르크스의 자존심도 생각했기 때문이 아닐까요? 직접 생활비를 대주기도 했지만 책의 출판을 주선한다든지, 연금을 받도록 도움을 주는 방식으로 돕는 경우가 더 많았습니다. 속 깊은 우정이라고 할까요.

김 마르크스 사촌이 자본가인데 절친도 자본가예요. 참 아이러니한 일입니다.

조 이 부분은 사실 할 말이 많아요. 엥겔스는 방적공장 여섯 개를 가지고 있던 엄청난 자본가, 게다가 아주 공격적인 경영으로 유명한 자본가의 아들이었고 그중 맨체스터 공장을 물려받기까지 했습니다. 그런데 엥겔스는 당시 상황에서는 아버지의 성화를 못 이겨 강제로 물려받았다고 봐야 합니다. 가족과 완전히 연을 끊을 셈이 아니라면 어쩔 수 없이 따라야 할 최소한의 의무였다는 것입니다. 따라서 엥겔스가 국제 공산주의 운동의 양대 창시자이면서도 스스로 자본가였으니까 이중적이라는 평가는 적절치 않다고 생각합니다.

엥겔스는 자본가로서 열심히 경영을 하고 다른 자본가들과 충실히 교제했죠. 사교계에서 인기가 꽤 좋았답니다. 또 다른 한편으로는 자신이 하고 싶어 했던 국제 공산주의 운동을 진심으로 열심히 수행했습니다. 단지 취미생활 정도가 아니었고, 엄청난 시간을 들여서 글을 쓰고 맨체스터와 런던의 노동자들을 직접 만나면서 실상을 보고 폭로하고 고발하고 노동자들을 조직하는 일에 혼신을 다했습니다. 자신이 경영하던 공장의 노동자들에게 임금도 상당히 후하게 줬다고 합니다.

김　강남좌파보다 한 등급 위로 봐야겠네요?

조　엥겔스는 강남좌파 비슷한 사람들이 본받아야 할 사람이에요. 누구보다 열심히 실천한 사람이거든요.

김　마르크스와 엥겔스의 관계, 동서고금을 막론하고 비슷한 사례를 찾아보기 힘든 관계인데, 단지 학술적·정치적 입장이 같아서 형성된 걸까요? 아니면 다른 이유가 또 있었던 걸까요?

조　간혹 그런 친구들 있잖아요? 정말 성향이 달라서 만날 싸울 것만 같은데 실제론 참 죽이 잘 맞는 친구들 말이죠. 이 두 사람이 딱 그렇습니다. 마르크스는 열정적이고 고집 센 외골수인데다 집요하고 불화를 일으키곤 했던 반면, 엥겔스는 온화하고 유쾌하고 재치 있는 사람이었거든요. 마르크스는 사실 외로운 사람이었습니다. 불같은 성격 탓에 런던에서 친구가 거의 없었거든요. 마음을 터놓을 수 있는 유일한 친구가 바로 정치적 입장이 같았던 엥겔스였습니다. 정치적·사상적 동지이자 유일한 영혼의 벗이기도 했습니다.

이렇게 보면 마르크스가 평생 엥겔스 신세를 진 것처럼 보이는데, 사실 엥겔스는 마르크스를 진심으로 사랑하고 존경했죠. 마르크스가 사망했을 때, 추도식에서 엥겔스는 이렇게 말합니다. "나는 평생 제2바이올린을 켰다. 언제나 마르크스가 제1바이올린 주자였다."라고요. 마르크스 사후에 마르크스주의가 국제 공산주의 운동의 주류가 되고, 엥겔스의 명성도 유럽 전역에서 하늘을 찌를 듯 높아지게 됩니다. 사람들이 슬슬 마르크스-엥겔스주의라는 명칭을 사용하기 시작했죠. 그런데 엥겔스는 무척 화를 냈다고 해요. 너무나 부적절한 명칭이라면서요. 마르크스와 자신의 이름으로 세상에 나온 사상의 원천은 온전히 마르크스라면서, 마르크스-엥겔스주의라는 명칭을 거부했죠.

김 사실 마르크스의 『자본론』의 일부 지분은 엥겔스에게 있다고 봐야 하지 않을까요?

조 당연히 그렇습니다. 『자본론』 1권은 마르크스 생전에 출판했지만 2권과 3권은 마르크스 생전에 마치지 못했습니다. 남은 초고를 엥겔스가 정리해서 출판했지요. 그래서 각주들을 보면, 엥겔스가 "이 부분은 내가 정리했다."라고 표시한 부분들이 상당히 많습니다.

공황은 태양 흑점 탓?

김 이제부터 본격적으로 마르크스의 『자본론』 가운데 공황 부분만 떼어서 구체적으로 이야기할 텐데요. 그에 앞서 궁금한 것이, '공황'이라는 개념이 주류 경제학에도 있나요?

조 주류 경제학이라고 말하면, 조금 좁혀서 신고전파로 보는데, 여기에선 엄밀히 말해 공황이라는 개념이 없습니다. 왜냐면 공황이란 그야말로 자본주의의 온갖 문제점과 모순이 한꺼번에 터져 나오는 상황인데, 주류 경제학은 자본주의-시장경제를 균형 잡힌 체제라고 보니 이런 심각한 흠결을 인정한다면 앞뒤가 맞지 않게 됩니다. 그래서 공황론이란 마르크스주의나 케인스주의 등 비주류 쪽에서 인정하는 개념인 것입니다.

김 공황에 대해서 앞서 발제하실 때 태양 흑점 이론을 잠깐 언급하셨는데, 정확히 어떤 이야기입니까?

조 태양이 잘못했다는 얘긴데요.(웃음) 심각하게 받아들일 내용은 아닙니다. 제본스라는 경제학자가 주장한 내용인데요. 신고전파의 한계 혁명, 정치경제학에서 경제학으로 경제학의 패러다임이 바뀌는 흐름을 주도한 사람이죠. 1870년대 전후에 오스트리아의 카를 멩거(Carl Menger), 스위스의 레옹 발라(Léon Walras)와 함께 신고전파 경제학을 개척한 영국 경제학자입니다. 주류 경제학에서는 태두 격이라고 할 수 있죠. 이 제본스가 당시 자본주의경제가 10년 정도를 주기로 한 번씩 시궁창에 빠지는 현상을 놓고, 어떤 식으로든 설명할 방법을 찾아야 한다고 생각했습니다. 그래서 이것저것 뒤져보는데 태양 흑점의 폭발 주기가 대체로 10년 정도라는 걸 알게 되었습니다. 이윽고 18세기 초부터 19세기 후반까지 영국에서 발생한 열네 차례 경제위기와 태양 흑점 활동이 관련이 있을 거라는 데에 생각이 미쳤죠. 흑점이 폭발하면 지구에 다다르는 태양 복사에너지 양이 급증해서 지구의 기후에 문제가 발생하고, 이로 인해 중국과 인도 같은 농업국의 농사가 타격을 입는다는 거예요. 농작물 생산량이 크게 줄어 사람들이 가난해지고, 영국 입장에서는 원자재 가격이 오르고 수출 길도 막혀 타격을 받게 된다는, 상당히 '귀여운' 추론을 했던 것입니다. 이런 추론이 나올 만도 했던 것이, 경기변동의 주기 가운데 가장 짧은 '주글라 파동'이 대략 10년 주기라고 보는데 실제로 태양의 흑점 활동 주기도 10~11년이라고 하거든요.

김 그럴싸한데요? 경제학 연구하시는 분이 천문학까지 통달하시다니 인상적이에요.

조 말이 나온 김에 좀 더 얘기해보면, 현대에 들어서도 태양 흑점 이론을 주장한 사람들이 있는데요. 미국의 데이비드 카스(David Kass)와 칼 셸(Karl Shell)이라는 학자들이 1970년대에 주장했습니다. 실제로는 제본스의 이론에서 제목만 빌려온 비유적 명칭인데요. 그러니까 자본주의경제 내부에서 생겨나는 어떤 변수가 아니라 흑점 활동 같은 외생변수(전쟁, 자연재해, 정부 정책 오류 등)가 경제주체들의 기대 심리에 변화를 일으켜 경제 변동을 초래해 공황을 일으킨다는 주장이었습니다. 사실 중요한 이야기이죠.

김 자본주의 자체는 문제가 없는데 정부가 정책을 잘못 운용해 공황이 발생한다는 얘기네요? 공황이 자본주의의 내적 모순으로 인해 발생한다고 본 마르크스 이론과는 반대라고 할 수 있겠네요?

조 사실 심리적 요인으로 공황의 발생을 설명하려는 입장의 원조는 케인스라고 할 수 있는데, 이 이야기는 나중에 구체적으로 정리해보겠습니다. 마르크스 입장에서도 이런 심리 현상을 아예 부정하지는 않습니다. 그러나 근본적으로는 내생변수의 작용으로 공황이 발생한다고 봅니다. 그것도 필연적이고 주기적으로 발생한다고 파악한 거죠.

기술적 뺑튀기, 자본주의경제의 고질적 모순

김 그런데 공황과 불황은 어떻게 다른가요?

조 불황(recession)과 공황(depression)의 차이에 대해서 해리 트루먼 전 미국 대통령이 이렇게 말했다고 해요. "이웃이 일자리를 잃으면 불황이고, 내가 일자리를 잃으면 공황이다."(웃음) 불황과 공황의 차이에 대해 각국 통계청이나 경제학자들이 이런저런 기준을 내놓았지만, 합의된 학문적 정의는 없습니다. 그냥 너도 나도 일자리를 잃는 '악화된 불황'을 공황이라고 표현한다고 봐야겠죠.

김 마르크스는 자본주의경제의 활황 국면에서 공황이 닥치고 불황으로 갔다가 다시 호황으로 갔다가 활황으로 간다고 설명했죠? 여기서 재미있는 것은 활황에서 공황으로 갑자기 곤두박질친다는 주장인데요.

왜 그렇게 되나요? 마르크스의 공황은 어떤 개념입니까? 자세히 풀어 주시죠.

조 한마디로 과잉생산, 생산과 소비의 불균형 때문이라고 보는데요. 근본적으로 자본은 과잉생산을 할 수밖에 없습니다. 첫 번째 이유는, 지난 시간에 언급한 애덤 스미스의 노동가치설로부터 설명할 수 있습니다. 마르크스도 노동가치설에 기반해서 이론을 펼치는데요. 만약에 노동자들이 상품의 가치, 가격만큼 임금을 받는다면 생산된 상품은 모두 팔리게 되어 있습니다. 이론적으로는 그렇습니다. 이걸 총계일치의 명제라고 하는데요. 하지만 자본가들이 임금을 그만큼 주지는 않습니다. 자신의 경영 노동 몫 이상으로 이른바 '이윤'을 떼어가기 때문입니다. 그러면 결국 노동자들에겐 생산된 물건을 다 소비할 만큼의 돈이 돌아가지 않습니다. 구조적으로 과잉생산이 될 수밖에 없죠.

게다가 자본은 계속해서 생산하고 무한히 확장하지 않으면 망할 수밖에 없는 속성을 가지고 있습니다. 무한경쟁이니까요. 경쟁에서 살아남아야 하잖아요. 이를 위해서 더 생산하고 더 기계화하고 더 자동화하면 임금 노동자는 더 줄어들게 되죠. 그러면 생산된 물건을 소비할 돈이 더 줄어드니까 생산과 소비의 불균형은 점점 더 심해집니다. 이것을 막기 위해 등장하는 것이 바로 신용입니다.

김 지금 말씀하시는 신용이 바로 이른바 가공자본일 텐데요. 예를 들어서 지금 미국이나 일본에서는 양적 완화 정책, 그러니까 통화를 마구 찍어내고 있지 않습니까? 미국에서는 4조 달러를 찍어냈다고 하죠? 일본의 아베 정권도 마찬가지인데요. 그러니까 마구 찍어낸 돈을 돌려서

인위적으로 소비 여력을 키워서 경제를 지탱하는 것도 지금 말씀하시는 경우에 해당되지 않습니까?

조 그렇게도 말할 수 있지만, 더 정확히 말하자면, 신용을 통해 생산과 소비의 불균형을 해결해가는 '기술적 뻥튀기' 과정이 먼저 있었죠. 이런 폭탄 돌리기가 계속해서 성공할 수 없게 되면 결국 폭발하는데, 말씀하신 미국의 양적 완화나 일본의 아베노믹스는 이렇게 빵 터져버린 상황을 수습할 때 써먹는 방식이죠.

김 그렇다면 마르크스가 말하는 '기술적 뻥튀기'의 전형적인 예는 무엇입니까?

조 마르크스가 직접 드는 사례들 중에 어음재할인이 있습니다.

김 와리깡?(웃음)

조 네, 와리깡도 한 번이 아니라 두 번, 세 번 하는 거죠. 당시에도 어음이 있었습니다. 예를 들어 기업이 원자재를 사면 돈을 지불해야 하는데 당장 돈이 없으니까 얼마 후에 주마 하고 약속하는 증서가 어음이죠. 약속 기한이 되면 돈을 받게 되지만 대부분은 그때까지 기다리지 않습니다. 당장 현금을 굴리는 쪽이 이익이니까요. 그래서 어음을 은행에 가져가서 이자를 공제하고 현찰을 받는 것을 어음할인이라고 합니다.

이 어음의 본질을 살펴볼까요? 예를 들어 수입 수출 환어음의 전형적인 양상을 보면, 이를테면 어떤 물건이 지금 배에 실려 가고 있다면 엄밀히 말해서 아직 인도되지 않았고 팔리지도 않은 상태죠. 그런데 어음을 미리 받아서 은행에 가서 현찰로 받습니다. 팔리지 않은 물건의 대금을 받고 이걸로 다시 생산을 할 수 있지요. 바로 신용의 창조입니다. 이런 식으로 몇 차례를 돌릴 수가 있는데, 이것이 어음재할인입니다.

원래 어음을 기업들 사이에서 주고받을 때는 큰 문제가 되지 않았어요. 뻥튀기를 할 수가 없거든요. 어음 부도가 나면 해당 기업만 피해를 보는 겁니다. 하지만 은행이 개입해서 할인을 해주면서 점점 문제가 심각해지죠. 재할인을 통해서 점점 거래 규모가 커지고 실제보다 훨씬 많은 돈이 돌게 되는 것입니다.

『자본론』 3권을 보면 당시 어음 거래의 문제들을 논한 많은 문헌을 인용하고 있습니다. 당시 사람들도 심각한 문제임을 알고 있었던 거예요.

김 돌고 돌다가 어느 지점에서 빵 터지는데, 서로 물려 있으니까 연쇄적으로 사고가 나고 순식간에 공황으로 갈 수 있다는 얘기잖아요?

조 예컨대 1847년 공황 이야기가 나옵니다. 1840년대 중반에 영국에서 철도 산업이 부상합니다. 여기에 투기꾼들이 모여듭니다. 돈이 된다고 하니까요. 자본가들이 돈을 쏟아 부으면서 활황이 옵니다. 그러다가 거품이 터지는데, 1846년 아일랜드에 엄청난 흉작이 들어서 돈이 돌다가 딱 멈춰버립니다. 갑자기 신용경색이 일어나고 기업들이 도산하고 기업에 돈 빌려준 은행들도 연쇄 도산합니다. 여기서 재미있는 것이, 정말로 자본주의경제의 효율성을 주장하는 사람들 말대로라면 이 상황을 그대로 둬야 합니다. 개입하면 안 되죠. 그런데 영국 정부가 은행법을 정지시켜버립니다. 쉽게 말하면, 은행에 가서 돈을 못 찾도록 지급정지를 시키고, 중앙은행인 영란은행에 대한 규제를 철폐해서 본래 제한되어 있던 화폐 발행을 마구 할 수 있도록 했습니다. 말하자면 양적 완화를 한 거죠. 1857년 공황에서도 그렇게 했고요. 요즘하고 무척 비슷하죠?

김　아베노믹스가 뭐 그리 새로운 조치는 아니군요? 그러면 단순 무식하게 한 가지 물어보겠습니다. 모든 거래를 현찰로만 하면 이런 문제는 안 생기지 않을까요?

조　자본주의에서는 애초에 노동자 착취를 피할 수 없어 생산과 소비가 불일치할 수밖에 없습니다. 이걸 그대로 놓아둔 채 신용 확대 없이 현찰로만 유지하려 한다면 오히려 자본주의경제의 축소로 귀결될 수도 있겠죠.

김　그렇다면 신용공황이 발생해서 은행과 기업에 펑크가 났는데 이 사태를 수습하기 위해서 돈을 마구 찍어냈다면, 돈이 다시 은행과 기업으로 돌아가는 겁니까?

조　다 돌아가는 것은 아니죠. 이 상황에서 도산하고 넘어지는 기업과 은행은 그냥 퇴출됩니다. 정확히 말하면, 이 와중에 살아남은 자본에 막대한 돈이 다시 돌아가고, 퇴출된 기업과 쫓겨난 노동자들은 그냥 버림받는 것이지요. 그래서 자본의 입장에서 보면 공황은 위기이지만, 살아남은 자본에는 엄청난 기회이기도 합니다. 쭉정이 자본, 부실 자본을 평소에는 상상하기 어려울 정도의 폭력적 방법으로 싹 청소해버리고 살아남은 자본에는 더욱 큰 축적의 기회를 주는 것이죠.

부시는 공산주의자?

김 우리나라의 경우 1997년 IMF 사태가 터져서 난리가 났는데 김대중 정부는 IT 벤처 육성 정책을 폈고, 그것도 잘못돼 더 탈이 나니까 내수 진작한다고 카드를 마구 발급했죠. 결국 2003년에 카드대란이 터졌고요. 이제 박근혜 정부 들어서서 하우스푸어 대책이니 뭐니 하면서 부동산 세제를 완화하고 있습니다. 이게 다 시중에 돈을 더 많이 풀겠다는 얘기라면 결국 양적 완화나 아베노믹스와 일맥상통한다고 보면 됩니까? 인위적으로 소비를 늘려서 소비 뻥튀기를 한다고 봐도…….

조 근본적으로 세금을 거두어 돈을 풀고 국민들을 빚쟁이로 만들어서 결국은 소수의 자본에 이익을 안겨주려는 정책이라고, 마르크스라면 바라보겠지요.

김 그러다 언젠가는 터진다는 거죠?

조 터지는 형식이 똑같지는 않겠지만 결국 거품은 빠지게 돼 있지요.

김 그렇다면 미국으로 한번 가보죠. 서브프라임 모기지 사태가 터지면서 국제 금융위기를 불렀고 미국은 결국 4조 달러, 4000조 원 이상을 쏟아 부었어요. 이걸 공적자금이라는 이름으로 투입했지만 사실 죄다 국민의 세금이었거든요. 웃기는 게, 우리나라 IMF 사태 직후에 국내에서 유행했던 최고의 유행어가 "고통분담"이었어요. 사고는 엉뚱한 데서 쳤는데 왜 전 국민이 고통을 분담해야 하는지 저는 이해를 할 수가 없었어요. 어쨌든 미국도 똑같네요. 4조 달러라는 돈은 결국 국민들이 메워야 하는 것이잖아요?

조 그렇습니다. 부시 정부 말년인 2008년 10월 리먼브러더스가 무너지고 대대적인 금융위기가 진행되는 과정에서, 부시 정부가 요청하고 의회가 결의를 해서 공적자금 7000억 달러 정도를 1차로 퍼붓습니다. 이때《뉴욕타임스》에 광고가 실립니다. 어느 벤처기업가가 본인 돈으로 지면을 사서 광고를 했습니다. 간단히 말해서 부시 정부가 일반 기업과 노동자들을 밟고 올라서서 공산주의 행태를 보이고 있다는 것이었어요.

김 에이, 부시와 공산주의라니 너무 안 어울리지 않습니까?

조 자본주의라면 가만히 놔둬야 한다는 것입니다. 사기업인 AIG를 사실상 국유화하고, 제너럴 모터스 같은 회사도 지분의 80퍼센트를 인수하면서 살렸어요. 이런 식으로 세금을 퍼부어서 사기업들을 살렸습니다. 이게 뭐냐, 공산주의 아니냐는 거예요. 이익 났을 때 자본가들이 국민에게 돌려준 적이 있나요? 그런데 손해를 왜 세금으로 메우냐는 거예요. 한마디로 '이익의 사유화, 손실의 사회화'라는 겁니다. '이익은 자본주의적으로 개인이 다 갖겠다, 손실은 사회주의적으로 국민들이 다 메워라.', 이건 반칙이라고 신랄하게 비판한 것입니다.

김 오, 날카로운 지적이네요? 맞는 이야기잖아요?

조 공산주의 중에서도 제일 질 나쁜 공산주의죠. 처음에는 구제금융안에 대해 공화당 다수와 민주당 일부 의원들이 반대를 했습니다. 그래서 하원 1차 표결에서는 부결이 됩니다. 물론 여기에는 정략적인 측면도 있었습니다. 당시 대선이 목전에 있었지 않습니까? 금융위기에 대해 공화당 책임론이 제기되자 공화당 의원들이 이념 대결로 가버린 겁니다. 하지만 사태가 워낙 심각하니까, 결국 찬성으로 돌아서게 되죠. 이 사람들 평소 소신대로라면 구제금융 따위에 찬성하는 것은 말이 안 됩니다. 어떻게 시장에 그리 무식하게 개입을 합니까? 그것도 국민의 세금으로요. 자본주의 시장은 잘하면 무한한 보상을 주고, 잘못하면 무한한 처벌을 하는 기구입니다. 그래야 효율적으로 작동하니까요. 그런데 현대 시장자본주의의 리더 국가인 미국이 막상 급해지니까 공산주의적 조치를 한 것입니다. 다른 나라들에는 시장에 절대 개입하지 말라고 난리를 치는 미국이 말이죠. 마르크스라면 자본주의를 살리려면 결국 공산주의를 할 수밖에 없다는 사실을 잘 보여준 사례로 꼽을 겁니다.

김 그런데 재미있는 것이, 자본을 살리기 위한 정부 개입은 찬성하고, 노동을 살리기 위한 정부 개입에는 반대를 외치는 것입니다. 오죽하면 최저임금에 대해서도 그런 식이지 않습니까? 속이 빤히 들여다보이는데, 국민들을 현혹시키고 있다는 게 문제인 듯합니다.

조 그렇죠. 참 심각하게 생각되는데요. 제가 대학에서 강의를 하고 있으니까 젊은이들을 많이 만나게 됩니다. 그런데 참 답답한 노릇이, 대학에 온 학생들 대부분이 경제학을 공부하는데, 전 세계적으로 우리나라처럼 주류 경제학이 독식하고 있는 국가가 없습니다. 해외에서는 웬만큼 체계를 갖춘 대학의 경제학과라고 한다면 최소한의 비주류 경제학자들, 그러니까 마르크스주의 경제학자, 제도주의 경제학자, 케인스주의 경제학자들이 비중은 적더라도 있게 마련이에요. 그런데 우리나라는 『자본론』 번역하신 서울대 김수행 교수님 퇴임 이후에 전공 교수를 임용하지 않았습니다. 지금 전국의 대학에서 마르크스주의 전공은 고사하고 비주류 전공 교수들조차 그리 많지 않습니다. 참 비극적인 일이죠.

김 학문의 기본 요건 중의 하나가 다양성인데 말이죠.

조 소위 선진 자본주의국가들은 이런 면에서 훨씬 유연합니다. 그렇기 때문에 어떤 문제가 생겼을 때 대처할 수 있는 선택지의 폭도 넓어지는 것입니다. 그런데 우리 사회는 몰빵 사회이고, 학문과 사상의 생태적 다양성이 거의 멸종된 사회여서 위기가 닥쳤을 때 헤쳐 나갈 힘이 극도로 약화돼 있어요.

김 쏠림 현상이 너무 심해요. 학술 분야에서도 그렇군요.

조 학생들에게 토론을 시키거나 리포트를 받아보면 쉽게 바뀌지 않는 생각이 '시장의 효율성에 대한 확고한 믿음'입니다. 이 확신이 나름의 성찰 속에서 형성됐다면 뭐 나름대로 좋을 텐데, 다른 경제학을 배운 적이 없어서 그렇다는 게 문제입니다.

단적인 사례로 최저임금제에 대한 생각을 물어보면 없어져야 한다고 생각하는 학생들도 적지 않고, 있어야 한다고 생각하는 경우에도 단지 인도적 측면에서 필요하다고 생각해요. 완전히 틀린 생각은 아니지만, 여기에는 경제학 차원에서 최저임금제는 없어져야 한다는 생각이 깔려 있는 거죠.

김 가격은 시장에서 결정하는 거니까?

조 그렇죠. 최저임금 이하라도 일할 수 있는 노동자는 얼마든지 있고, 최저임금제를 도입하면 실업률이 늘어난다고 보는 것입니다. 최저임금제와 실업률 상관관계 통계라도 내볼까요?

김 자기들이 한 번 아르바이트 해보라고 해보죠.(웃음)

조 학생들의 잘못은 아니죠. 이런 믿음은 다양한 선택지를 놓고 비교한 결과가 아닙니다. 극단적인 비유를 좀 하겠습니다. 마치 휴전선 북쪽의 인민들이 다른 체제와 비교도 안 해보고 자기 체제를 최고라고 생각하는 거나 다름없죠. 태어나 자라며 접한 체제가 오로지 그것뿐이기 때문이잖아요. 경제학에 관한 한 우리는 김씨 왕조와 큰 차이가 없습니다. 그 정도로 주류 경제학 일색이에요. 그래도 김종배 선생님 세대는 시대 분위기 덕분에 원론 수준에서라도 정치경제학 서적들을 읽어보기는 했었죠. 그러나 요즘은, 사실 우리 기성세대의 잘못이기도 하지만, 비주류 공부는 씨가 마른 수준이에요. 특히 한국은 비참한 수준이라고 볼 수 있어요.

김 그런데 사실 요즘 같은 시절을 생각하면 이해도 갑니다. 대학에서도 경영학과, 경제학과 출신이 취업률을 높여줘야 하는데, 마르크스주의 경제학 했다고 하면 기업이 뽑아줄까요?

조 그럴까요? 일본이 1970~80년대 경제성장을 구가하던 시절, 도쿄대, 교토대 같은 명문대 경제학과에는 좌파 학자들이 더 많았어요. 마르크스주의자들이 득시글거렸거든요. 거기서 배운 학생들이 현대 일본의 경제성장을 이뤄냈어요. 한국 우파들은 자신감이 많이 부족하죠.

김　저한테 얘기해봐야 소용없어요. 제가 기업주가 아니잖아요.(웃음) 제가 들은 얘기로는 요즘 어떤 기업의 경우는 학생들의 성적표뿐만 아니라 모든 수강 과목과 교수 이름까지 제출하도록 요구한다고 하던데요. 이건 정말 사상 검증 수준이죠. 심각한 이야기입니다.

어쨌든 오늘 우리가 마르크스의 공황 이야기를 했는데요. 자본주의에서는 생산과 소비의 불일치가 발생하게 마련이라 이를 메우기 위한 기술적 뻥튀기가 행해지죠. 그러다 거품이 터지는 신용공황이 발생하면서 실물경제까지 일거에 무너지는 현상이 바로 공황인데요. 문제는 이 공황을 뒷수습하는 과정에서 국가가 어마어마한 돈을 퍼붓는데, 그 돈은 결국 자본가에게 가고 나중에 이를 메우는 사람들은 일반 노동자들이라는 얘기죠. 마침내 자본주의가 어떻게 움직이는지 선명하게 보이는군요. 바로 국가는 열심히 간섭하고 개입하고 있다, 왜? 자본을 살리기 위해서. 정리 잘했죠?

조　네, 아주 잘하셨습니다. 거기에 한마디만 덧붙이겠습니다. 마르크스가 보기에 공황은 구조적이고 필연적이며 반복될 수밖에 없는 현상입니다. 자본주의가 극복되지 않는 이상 대안은 없다고 봅니다. 자본주의에서 공황은 여러 차례 반복되고 그사이에 호황과 활황 국면을 거치는데, 이때마다 꼭 나오는 참 재미있는 주장이 있어요. “이번만은 다르다.” 대표적인 것이 1990년대 말 미국에서 나왔던 신경제론입니다. 경제가 완전히 새로워져서 이번에는 거품이 안 생긴다는 얘기였죠. 2008년 금융위기 직전에도 미국에서 좀 한다 하는 유명한 주식투자 전문가들이나 경제학자들이 “이번에는 정말 안 터진다”라고 했습니다. 지금도 관련 기록들이 다 남아 있습니다. 이런 양상은 언제나 똑같습니다. 아마

이번 공황도 어떤 식으로든 수습이 될 겁니다. 그리고 또 호황과 활황 국면이 오겠죠. 그때가 되면 똑같은 말들이 다시 반복될 겁니다. 내기해 볼까요?

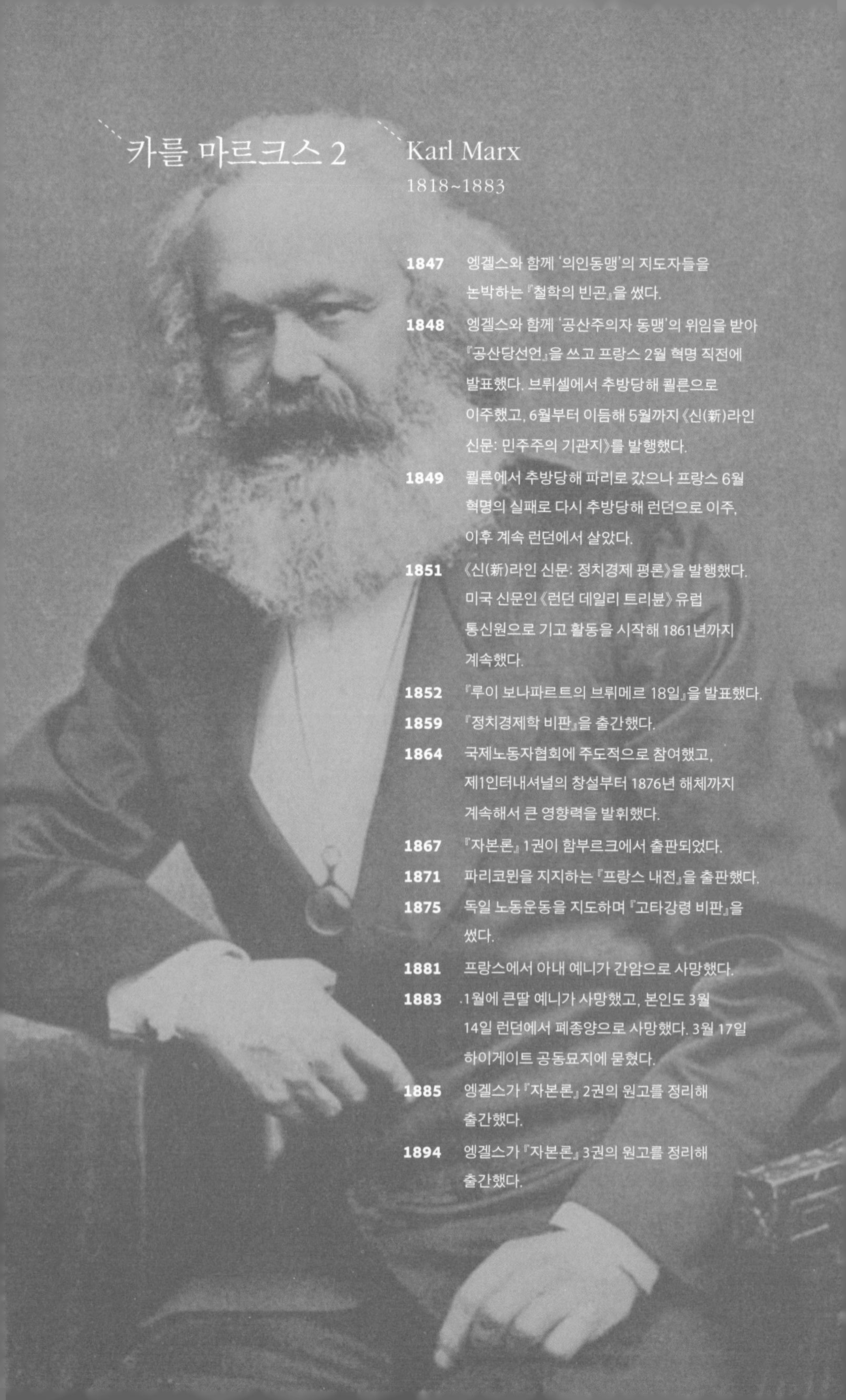

카를 마르크스 2

Karl Marx

1818~1883

1847 엥겔스와 함께 '의인동맹'의 지도자들을 논박하는 『철학의 빈곤』을 썼다.

1848 엥겔스와 함께 '공산주의자 동맹'의 위임을 받아 『공산당선언』을 쓰고 프랑스 2월 혁명 직전에 발표했다. 브뤼셀에서 추방당해 쾰른으로 이주했고, 6월부터 이듬해 5월까지 《신(新)라인 신문: 민주주의 기관지》를 발행했다.

1849 쾰른에서 추방당해 파리로 갔으나 프랑스 6월 혁명의 실패로 다시 추방당해 런던으로 이주, 이후 계속 런던에서 살았다.

1851 《신(新)라인 신문: 정치경제 평론》을 발행했다. 미국 신문인 《런던 데일리 트리뷴》 유럽 통신원으로 기고 활동을 시작해 1861년까지 계속했다.

1852 『루이 보나파르트의 브뤼메르 18일』을 발표했다.

1859 『정치경제학 비판』을 출간했다.

1864 국제노동자협회에 주도적으로 참여했고, 제1인터내셔널의 창설부터 1876년 해체까지 계속해서 큰 영향력을 발휘했다.

1867 『자본론』 1권이 함부르크에서 출판되었다.

1871 파리코뮌을 지지하는 『프랑스 내전』을 출판했다.

1875 독일 노동운동을 지도하며 『고타강령 비판』을 썼다.

1881 프랑스에서 아내 예니가 간암으로 사망했다.

1883 1월에 큰딸 예니가 사망했고, 본인도 3월 14일 런던에서 폐종양으로 사망했다. 3월 17일 하이게이트 공동묘지에 묻혔다.

1885 엥겔스가 『자본론』 2권의 원고를 정리해 출간했다.

1894 엥겔스가 『자본론』 3권의 원고를 정리해 출간했다.

3강

착취는 끝나지 않았다

강의

오늘 같이 생각해볼 주제는 마르크스의 『자본론』을 통해서 본 착취와 수탈입니다. 착취하고 수탈, 어감만으로도 으스스하죠? 하지만 일단은 무시무시하다는 편견은 잠시 젖혀두시고, 약간 골치가 아프더라도 『자본론』이 말하는 자본주의 착취의 비밀을 함께 알아보시죠. 알고 나면 세상이 달라 보일 겁니다.

한 가지만 상기하면서 이야기를 풀어갈까 합니다. 한국 노동자들의 노동시간이 세계적으로 길다는 것은 유명합니다. 오늘 이야기할 마르크스의 착취론에서도 노동시간 문제가 매우 중요합니다. 마르크스 착취론을 한마디로 말하면, 노동자는 노동력의 가치만큼 임금을 받기는 하지만, 일한 만큼 받지는 못한다는 말로 요약할 수 있습니다. 그만큼이 자본가의 이윤으로 돌아가고, 그만큼 노동자가 착취를 당한다는 뜻이죠.

사실 수많은 경제학자들 중에서 마르크스만큼 자본가들을 도덕적으로 열심히 변호해준 사람도 드뭅니다. 심지어 『공산당선언』에서는 역사를 진보시키는 계급이라고 극찬을 하지요. 사실은 자본가를 좋아하지 않았나 싶을 정도입니다. 『자본론』에서도 마찬가지입니다. 마르크스는 자본가들이 인간성이 나빠서 착취하는 게 절대 아니라고 여러 번 강조합니다. 자본가라면 그럴 수밖에 없도록 만드는 체제가 자본주의라는 말이지요.

착취를 분석하는 『자본론』의 내용도 마찬가지입니다. 자본가가 노동자를 무지막지하게 착취했다는 식으로 쓰지 않았습니다. 마르크스는 자본가와 노동자의 임금과 노동력의 교환이 정확히 '등가교환', 즉 동등한 가치를 지닌 것들 사이의 교환이라고 강조합니다. 자본가는 노동자가 제공하는 상품인 노동력에 대해 그 가치만큼 임금을 준다는 말입니다. 요컨대 제값 주고 부린다는 거죠. '제값 준다'는 표현, 무척 중요합니다. 노동력도 시장에서 거래되는 상품이라서 그렇습니다. 수많은 공급자와 수요자로 가득 찬 경쟁시장에서는 모든 상품이 제값대로, 즉 가치대로 거래된다는 것이 애덤 스미스 이래 고전파 정치경제학의 기본 전제죠. 자기만 임금을 적게 주다가는 노동자를 못 구할 테고 결국 망하겠죠. 마르크스는 이 전제를 그대로 수용합니다.

자본가는 노동력만이 아니라 상품을 생산할 때 필요한 것을 모두 가치대로, 즉 제값을 주고 삽니다. 원료, 기계, 부지, 건물, 노동력, 이 모두를 다 제값을 치르고 구입해 노동자에게 일을 시킵니다. 그럼 상품이 나오겠죠? 이 상품을 이제 팔아야 하는데, 역시 제값대로 팔아야 됩니다. 상품의 가치대로 받고 팔아야겠죠? 원가가 총 1만 원이 들었으면 1만 원에 팔게 되는 겁니다.

앗, 좀 이상하죠? 1만 원 들었는데 1만 원에 팔면 이윤은 도대체 어디서 나오나요? 다 가치대로 사서 가치대로 판다면 이윤은 어디서 나올까요? 여기서 마르크스는 모든 가치는 노동자가 생산한 것이라는 고전파 정치경제학을 이어받아 발전시킵니다. 모든 상품이 다 제값 받고 거래되는데도 이윤이 나온다면 어디선가 마술이 일어나는 겁니다. 바로 노동자가 부리는 마술이죠. 노동자는 노동력의 가치만큼 임금을 받습니다. 하지만 자신이 임금으로 받는 노동력의 가치보다 더 많이 생산합니다. 그래서 원가 1만 원짜리를 1만 1000원에 팔 수 있게 됩니다. 노동의 창조적 능력이 생산한 이 1000원어치가 바로 잉여가치지요. 이 잉여가치가 자본가에게 가서 이윤이 되는 겁니다. 노동자는 자신이 생산한 잉여가치를 자본가에게 착취당하는 것입니다. 요약하면 이렇군요. 노동자는 제값 받고 일하지만, 일한 만큼 받진 못한다.

한걸음 더 나아가서 마르크스는 『자본론』 1권의 후반부에서 이른바 '시초축적'의 비밀을 폭로하는데요, 자본주의가 탄생하는 과정에서 발생한 폭력과 수탈의 역사를 적나라하게 서술하지요. 농민들의 공유지에 대한 불법·편법 수탈에다 강제노역은 물론이고, 식민지에 대한 광범위한 수탈까지, 마르크스에 따르면 '피와 불의 연대기'라고 불릴 만큼 끔찍한 수탈의 역사를 기록하고 있습니다. 자본주의가 성실하고 근면한 자본가가 열심히 일한 결과이긴커녕, 국가와 자본의 합세로 이루어진, 착취보다 더 나쁜 수탈의 결과로 등장했다는 주장입니다. 그러니까 수탈은 착취보다 더 사악한 것입니다. 제국주의 시대, 수탈의 시대는 아주 옛날에 끝났다고들 말하곤 합니다. 그렇지만 미국은 이라크를 점령한 후 이라크 공기업들을 전면 민영화하고 자원을 팔고 노조를 탄압했지요. 조금만 눈을 뜨고 살펴보면 노예제 역시 끝나지 않았음을 알 수 있습니다. 우리는 과연 마르크스의 시대로부터 얼마나 벗어난 것일까요?

마르크스와 엥겔스, 예니와 메리

김 앞서서 마르크스에 대한 인물 탐구를 어느 정도 했기 때문에 진도를 조금 빨리 나가고 싶은데요. 인상 깊은 마르크스의 말이 있어요. "나를 돈 버는 기계로 만들지 말라." 요즘 가장들이 정말 하고 싶은 말이기도 할 텐데 못합니다. 왜? 자식들 먹여 살려야 하니까요. 그런데도 마르크스는 아주 당당하게 이 말을 했어요. 우리 가장의 입장에서 보면 너무 무책임하지 않나요? 어떻게 보세요?

조 하기는 카를 마르크스 어머니도 그런 말을 했대요. "카를이 자본에 대해 연구만 하지 말고 자본을 만드는 데 조금만 신경을 썼으면 좋으련만."(웃음) 참 어려운 숙제죠. 하지만 그렇게만 보면 안중근 의사도, 김구 선생도 다 무능한 가장이었죠.

안중근 의사 같은 경우에는 집안 전체가 풍비박산 나다시피 했죠. 나중에 안 의사 아들은 중국에서 일본 경찰에게 잡혀가서 일제의 선전 노리개가 됩니다. 1939년의 일인데, 안 의사 아들과 이토 히로부미 아들의 만남이 주선됩니다. 강요된 만남이죠. 그 자리에서 "내 아버지가 당신 아버지를 죽인 것을 사죄한다."라고 말했는데, 이 사건은 대대적으로 보도됩니다. 당연하지만 우리 민족과 독립운동가들 사이에서 안중근 의사의 아들은 죽일 놈이 되어버립니다. 천하에 이런 불효자식이 없기도 하지만, 독립운동의 대의 자체를 부정했으니까요. 일제의 강요에 의한 일이긴 했지만요. 김구 선생은 이 아들에 대해 암살 명령까지 내립니다. 사실은 두 집안이 혼인으로 맺어진 사이였는데…….

김　아, 그런가요? 사돈지간인가요?

조　안중근 의사가 사망한 뒤에 안 의사의 조카딸이 김구 선생의 며느리가 되거든요. 사실 김구 선생과 안중근 의사 가문 사이의 인연은 동학농민전쟁 때부터 이미 시작되었으니 꽤 오랜 것이었습니다. 두 분 다 황해도 해주 출신인데다, 당시 김구 선생은 동학군을 이끄는 청년 대장이었고, 안중근 의사는 부친 안태훈 진사가 이끄는 반동학 민병대에서 활동했거든요. 두 부대가 충돌 일보 직전까지 갔는데, 다행히 안 의사 부친이 김구 선생에게 밀서를 보내 두 부대는 충돌하지 않았죠. 농민전쟁이 끝난 후에는 안 의사 부친이 김구 선생에게 피신처를 제공하기도 했습니다. 이렇게 인연이 곡절한 사이입니다.

아무튼 안 의사 아들은 해방 이후에 국내에서 살 수가 없었죠. 미국으로 이민을 갔고요. 사실 이와 유사한 가족의 비극들이 당시엔 무궁무진했지요.

하지만 그렇게 따져서 나쁜 가장들 다 없어지면 독립운동은 누가 합니까? 물론 모두가 위대한 투사가 될 수는 없는 노릇이지만, 이런 삶을 우리가 무책임하다고 욕할 수만은 없지요.

김　제가 이런 말을 한 것은 보수 인사들이 흔히 "자기 가족도 못 먹여 살린 주제에 무슨 세계의 노동자를 얘기하고 그러냐."라고 욕을 하잖아요. 그런데 이런 논리에 아주 강력한 스트레이트 펀치를 날리셨네요.

조　그 사람들은 만약에 마르크스나 김구 선생 같은 분들이 가족도 잘 챙기면서 살았다면 이번에는 이중적이라고 비난했을 겁니다. 비참한 노동자들과 민족을 위한다면서 자기 가족은 잘 먹고 잘살게 했다고.(웃음) 한마디로 말도 안 되는 비난이죠. 가족도 못 먹여 살리면서 무슨 세상을 논하느냐는 식의 이야기는 좀 진지하게 해석하면 어떤 공적 관심도 책임도 외면하고 그저 자신과 가족만을 위해서 살아야 한다는 주장이죠. 이게 말인지, 당나귄지……(웃음) 술자리 안주거리로나 할 소리지 책임있게 내세울 수 있는 공적 담론이 못 됩니다. 그런데도 그런 소리를 공개적으로 해댄다면 그런 말 같지도 않은 말들이 결국 자신들에게 이득이 되기 때문이겠죠.

김　마르크스는 자신의 고국인 독일에서 오래 살지를 못했어요. 여러 나라에서 추방을 당하지 않았습니까? 그 이유는 뭐였나요?

조　프로이센 정부가 해당 정부들에 쫓아내라고 계속 압력을 넣었죠. 마르크스가 이 나라 저 나라로 옮겨 다닌 과정과 내용을 보자면, 독일에서 급진 민주주의 신문(《라인신문》, 《독불 연보》)을 발행해서 정부를 비판하다가 추방되어 프랑스 파리로 망명을 가는데, 다시 여기서 프로이센 국왕에 대한 풍자적인 글을 써내자 프로이센 정부의 압력으로 추방되어 벨기에 브뤼셀로 망명을 갑니다. 여기서 『공산당선언』을 집필하고 출판합니다. 그러다 프랑스와 전 유럽에서 1848년 혁명과 이후 반동 국면으로 어수선해지면서 다시 추방당해 파리에서 은신하다가 프랑스 당국에 의해 유배 협박을 받고 결국 런던으로 망명을 가게 됩니다. 프로이센 정부가 해당 정부들에 쫓아내라고 계속 압력을 넣은 것이죠.

김 마르크스 얘기를 하면 엥겔스 이야기를 안 할 수가 없죠. 마르크스가 귀족의 딸과 결혼한 반면에 엥겔스는 노동자 여성과 결혼하지 않았습니까? 결혼이라고 할 수 있나요? 동거라고 해야 할까요?
조: 사실혼 관계니까 부인이죠. 메리 번스라는 여성입니다. 엥겔스 집안은 번듯하게 잘 나가는 부르주아 집안인데 아들이 "무식한 아일랜드 출신의 여공" 데리고 살면서 정식 결혼도 안 하고 사니까 이런저런 말이 많았죠. 가족관계도 나빠지고, 이른바 사교계에서도 상당히 곤란한 처지에 놓였습니다. 흠이라면 흠인데 엥겔스는 전혀 부끄러워하지 않았습니다.

김 아니 그게 왜 흠입니까?
조 그렇죠. 전혀 흠이 아니죠. 게다가 메리 번스가 상당히 깬 여성이었거든요. 아일랜드 해방운동을 지지하고 여성운동도 지지했던 분이었고. 교육을 못 받았을 뿐이지 대단히 훌륭한 사람이었다고 합니다.

김 바로 그거예요. 깨어 있는 사람. 학교를 다녔든 안 다녔든 그건 중요하지 않아요. 세상이 어떻게 돌아가는지, 자기가 무엇을 해야 하는지 정확히 알고 실천한 사람이니까, 사실은 전혀 무식한 사람이 아니죠.
조 네, 맞습니다. 그래서 엥겔스는 아내를 진심으로 사랑하고 존경했습니다. 이런 경우야말로 '동지적 결합'이었다고 할 수 있겠군요. 실제로 엥겔스는 친구들에게 보낸 편지에서도 부인 번스에 대한 절절한 사랑을 표현했습니다. 지난번에도 말했듯이 엥겔스는 이중생활 비슷하게 자본가의 삶을 유지하면서도, 일생에 걸쳐 어느 누구보다 노동자의 삶에 깊이 밀착했는데 여기에는 아내 번스의 영향이 컸으리라고 생각합니다.

김 마르크스와 엥겔스는 그야말로 막역한 관계였는데, 재미있게도 마르크스 부부와 엥겔스 부부가 부부동반 모임을 한 적이 전혀 없다면서요? 결국은 엥겔스 부인의 출신이 문제가 되었습니까?

조 사실 마르크스가 엥겔스에게 쓴 편지를 보면 꽤 미안해하고 있음을 알 수 있습니다. 마르크스 부인 예니는 귀족의 딸이지만 마르크스와 살면서 삯바느질을 하고 아이들이 영양실조로 죽어나가는 비극도 겪으며 온갖 고생을 다하면서도 남편에 대한 지지와 존경을 버리지 않았던 사람인데요. 웬만하면 바가지를 긁지 않았던 예니가 엥겔스의 아내와의 겸상만은 죽어도 못하겠다고 말했다 합니다.

사실 누구나 한 군데쯤은 비합리적인 자존심 같은 것이 있잖아요? 아마도 예니에게는 귀족의 마지막 자존심이 아니었나 싶습니다. 꼭 돈의 문제만은 아니라는 얘기죠. 자기가 이렇게 남 보기에 비루하게 살고 있지만 원래는 고귀한 집안 출신이고, 남편도 겉보기에 무능해서 엥겔스의 도움으로 생활하고 있지만, 지식과 교양은 세계 최고인데. 이런 자존심은 아니었을까요? 마르크스는 많이 미안해했고, 엥겔스는 별달리 반응은 하지 않았던 듯합니다. 그러고는 평생 셋이서 만났죠.

김 마르크스가 예니에게 "당신 그러면 안 돼!" 딱 부러지게 얘기하고, 부부 싸움을 하지는 않았답니까?

조 아, 마르크스는 예니와의 관계에서 기본적으로 약자 입장입니다. 그렇지 않았겠습니까? 네 살 많은 누나한테 프로포즈해서 멋지게 한번 살아보겠다고 해놓고 별의별 고생을 다 시키는 입장이니 그런 말은 절대 못했을 것 같은데요.

김 듣는 제가 참 안타깝고 기분도 좀 나쁘네요. 번스는 알았을까요?

조 그런 기록은 못 봤지만, 얘기할 수 있었겠어요? 번스가 둘의 관계를 뻔히 아니까 짐작은 할 수 있었겠지요.

김 그러고 보면 참 사람은 이론이나 신념보다 사소한 감정에 따라 움직이는 존재이기도 해요. 그래서 한 가지 잣대로만 사람을 평가할 수도 없고요.

조 그렇죠. 그러니까 누군가를 너무 화려한 영웅으로 만들거나 치사한 악당으로 만들면 안 될 것 같습니다. 인간 자체가 모순으로 가득 찬 존재니까요.

김 예전에 그런 말 있었잖아요. "나는 왜 사소한 것에만 분노하는가?" 참 명언이에요.

조 아, 원래 김수영 시인의 「어느날 고궁을 나서며」라는 시에 나오는 대목이죠.

김 저도 마찬가지더라고요. 사람이 거창한 이데올로기로만 살아갈 수는 없더군요.

조 그런 점에서 엥겔스는 이데올로기를 떠나 참 존경하고픈 사람입니다. 참된 삶이 무엇인가를 끊임없이 고민하고 실천했던 인물이죠. 엥겔스는 아내 메리가 사망한 후에 이번에는 처제 리디아와 삽니다. 처제하고 살았다고 이상하게 볼 이유는 없고요, 원래 함께 살았으니 자연스럽게 애정이 이어진 사이죠. 15년간 함께 살다가 리디아가 먼저 세상을 떠나게 됩니다. 병상의 리디아가 엥겔스에게 마지막 부탁을 하죠. 혼인해달라고요. 아일랜드 출신인 리디아는 가톨릭 신자였습니다. 혼인해달라는 말은 가톨릭 사제 앞에서 혼배성사라는 종교의식을 치러달라는 말이죠. 혼인 제도에 반대하는 책의 저자로 유명했고, 종교를 비판한 유물론의 대표자인 엥겔스에게 이런 부탁을 한 것입니다. 공적 명성에 흠이 갈 수 있는 일이죠. 쉽게 받아들이기 어려운 부탁이었지만, 엥겔스는 아내의 청을 받아들입니다. 사제가 찾아오고 엥겔스는 집에서 예식을 올립니다. 리디아는 행복한 신부가 되어 곧 숨을 거둡니다.

엥겔스는 1895년에 사망하면서 화장을 해달라고 유언합니다. 한 해 전에 런던에 유럽 최초의 화장장이 생겼거든요. 아시다시피 육신의 부활을 믿는 서구 기독교 문명권에서는 화장의 전통이 없었습니다. 엥겔스는 서구인 중 거의 최초로 화장을 선택한 사람입니다. 삶 속에 항상 죽음이 내재해 있다고 믿었던 평소 소신에 따른 것이었죠. 이는 오랫동안 공산주의자들의 전통이 됩니다. 중국 혁명의 지도자 중 한 명인 류샤오치는 유언에서 "살날이 얼마 남지 않았다. 내가 죽으면 엥겔스처럼 화장해서 바다에 뿌려라. 5대양을 떠돌며 전 세계를 보고 싶다. 나는 평생을 무산계급으로 살았다. 너희에게 남겨줄 것이 전혀 없다."라면서 엥겔스를 따릅니다. 베트남의 호치민도 이런 전통에 따라서 화장을 해달라는 유언을 남기죠. 하지만 시신을 통해 정치를 하고 싶었던 자들이 그의 시신을 유리관 속에 안치했습니다.

노동력의 가치와 임금할증률

김 참, 마르크스의 『자본론』이 나왔을 때 노동자 말고 자본가 진영에서는 어떤 반응이 나왔나요. 혹시 기록이 좀 있습니까?

조 유감스럽게도 자본가들의 반응은 잘 모르겠어요. 사실 『자본론』 출판 직후에는 자본가 진영에서 분명한 반응이 나오진 않은 듯합니다. 무엇보다 당시의 마르크스가 그리 유명인이 아니었고 영향력도 크지 않았다는 점이 작용했겠지요. 당시 사회주의 노동운동 진영에는 유명인이 많았는데 마르크스도 그중 한 사람이었을 뿐이죠. 사실은 이 책이 너무 어려웠기 때문이기도 합니다.

김 저도 얘기했잖아요. 읽고 나서 정리가 안 돼요. 돈 주고 사고 싶은 책은 아니에요. 이게 수학책인가 싶고…….

조 그러니 자본가들이 언제 시간 내서 이런 책 읽고 이해하려 하겠습니까. 오죽하면 러시아 차르 정부는 전제정부에 맞서 투쟁하던 인민주의자 세력을 죽이기 위해 마르크스주의를 키우려고까지 했습니다. 탄압도 안 하고요.

김 차르 정부가 그랬다고요?

조 이이제이 전략을 쓴 거죠. 너무 어려우니까 차르 정부의 검열관들이 제대로 이해를 못해서 마르크스주의는 위험한 사상이 아니라고 판정한 것입니다. 결과적으로 그렇게 성장한 세력에 의해 차르 체제가 타도되는 역사의 아이러니가 발생하게 되지요.

김 하긴 예전에 그런 얘기도 들었어요. 러시아 대통령을 지냈던 술꾼 옐친이 공산당 입당 시험을 볼 때 이런 내용이 『자본론』 어디에 나오냐는 문제에, 거짓말로 몇 페이지라고 썼답니다. 그런데 입당이 되었다는 얘기를 본 적이 있어요. 농담인지 진담인지 모르지만 그런 얘기가 있었어요.(웃음)

조 그런데 학계에서는 평론들이 좀 나왔습니다. 『자본론』 1권 2판 후기를 보면 마르크스 자신이 독일, 프랑스, 러시아 등에서 나온 학자들의 평론을 실었는데, 비판과 상찬이 엇갈리고 있었죠. 형이상학적이다, 실증철학(사회학의 창시자 콩트가 말한 철학)이 나아갈 길을 제대로 따르지 못하고 있다는 등의 비판이 나왔는가 하면, 매우 훌륭한 방법론을 보여주었다는 식의 찬사도 있었습니다.

김 이제 본격적으로 들어가 보죠. 『자본론』 내용을 언급하시면서 "노동자는 노동력의 가치만큼 임금을 받기는 하지만, 일한 만큼 받지는 못한다."고 했는데 좀 더 풀어주시죠. 우선 노동력의 가치란 뭡니까?

조 애덤 스미스 이야기 때부터 벌써 세 번째 나오는 이야기니까 이제 이해하실 수 있을 거예요. 노동력의 가치를 다시 한 번 정리해보겠습니다. 모든 상품의 가치는 상품을 생산하는 데 드는 노동시간으로 환산된다고 이야기했습니다. 그러니까 노동력이라는 상품의 가치는 노동자라는 인간이 지닌 노동력을 생산하는 데 드는 노동시간에 해당합니다. 노동자가 자기 노동력을 생산하려면 먹고 입고 살아야 합니다. 가족이 있다면 가족을 먹여 살리는 것도 노동력 생산의 필수 요소입니다. 즉 노동력의 가치는 노동자(와 부양가족)가 먹고 입고 살아가는 데 필요한 생필품과 편의품을 생산하는 데 드는 노동시간이라고 정의할 수 있습니다. 이것이 노동력의 가치죠. 노동자의 임금은 원리상으로는 딱 그만큼, 즉 (가족과 함께) 먹고살 수 있을 만큼으로 책정된다는 말이죠.

김 그러니까 비유하자면 이렇죠? 내가 열심히 일을 하다 보니 탈진을 해서 속칭 '뻗었어요.' 원기 충전을 하려면 밥도 먹고 잠도 자고 휴식도 취해야 하는데 거기에 들어가는 비용이 있지 않겠습니까? 이것이 노동력의 가치죠? 그렇다면, 상식적으로 자본가가 구매한 노동량과 일의 양이 정비례해야 하지 않나요? 둘이 다른 건가요?

조 바로 그 지점에 마르크스가 말한 '마술'이 숨어 있습니다. 정확하게 말하면 임금과 교환되는 노동력의 투여량과 실제로 한 일의 양이 사실은 다르다는 것입니다. 예를 들어보죠. 노동자와 가족이 하루 동안 먹고 사는 데 필요한 상품을 사기 위해서는 4시간 일하면 된다고 생각해보겠습니다. 이게 노동자의 노동력의 가치입니다. 자본가는 그만큼을 임금으로 줍니다. 가치대로 주니까 등가교환입니다. 여기서 착취가 발생하는 것이 아닙니다. 마르크스는 자본가들이 노동력 가치만큼 임금을 준다고 강조합니다.

그런데 '일의 양'은 '실제로 노동자가 일한 양, 일한 시간'입니다. 노동자의 노동력을 재생산하는 데 필요한 임금으로 등가교환되는 노동시간은 4시간인데, 노동자는 실제로는 2시간 일할 수도 있고 8시간, 12시간 일할 수도 있습니다. 이게 일의 양이죠. 당연한 이야기지만 자본가가 미치지 않은 이상 4시간분의 임금을 주면서 4시간 이하로 일을 시킬 리는 없습니다. 여기서 바로 노동력과 교환되는 임금과, 임금을 받고 일하는 노동자의 실제 노동량 사이에 차이가 생기는 거죠.

김　그러니까 중요한 것은 질이 아니라 양이라는 거죠? 그런데 육체노동도 있고 정신노동도 있고, 육체노동이더라도 목수 일이냐, 곰방 일이냐도 실은 다르잖아요. 대충대충 일을 하는 경우도 있고 4시간을 아주 힘들게 하는 경우도 있고요. 복잡한 노동이 있고 단순한 노동이 있고요. 노동력의 가치를 산정하는 기준도 여러 가지일 수 있잖아요? 그런데 지금은 노동의 양을 기준으로 보고 있습니다. 그런데 노동량이라는 것은 노동시간으로 계산될 수도 있지만 노동 강도로 계산될 수도 있지 않을까요?

조　따지고 들어가면 참 어려운 문제인데요. 원론적으로 맞는 이야기입니다. 대충대충 2시간 일하는 사람보다 빡빡하게 1시간 일하는 쪽이 더 힘들 수 있죠. 마르크스도 당연히 노동강도에 따른 차이를 고려합니다. 또 단순노동과 복잡노동도 구별하고요. 그러니까 두 배 더 강도 높은 노동, 두 배 더 복잡한 노동이 있을 수 있다고 생각을 합니다. 이 경우는 시간이 두 배 더 든다는 식으로 계산해야 한다고 정리합니다. 사실 이걸 계산하려고 들면 무지하게 어려운데, 이 문제를 명쾌하게 해결해주는 것은 시장입니다.

김　아, 제가 경험을 해봐서 알겠어요. 예전에 막노동을 많이 했는데, 새벽에 인력시장에서 나가는 인부가 있고, 이른바 직영이라는 게 있어요. 건설회사가 아파트 단지를 건설할 때 현장사무소에서 직접 고용한 잡부들을 직영이라고 해요. 인력시장에 나가서 목수 일, 곰방 일 하는 사람들하고는 달라요. 그런데 재미난 게 뭐냐면 일의 강도가 달라요. 인력시장에 나가서 일하는 사람은 정해진 일을 다 하면 가요. 그래서 스스로 일의 강도를 높여요. 그런데 직영은 시간을 채우면 돼요. 세월아, 네월아. 노동강도가 약해요. 그런데 보수가 달라요. 근 20년 전 일이지만 인력시장에서 나가면 일당이 7만 원이에요. 직영은 2만 4000원이고. 이 원리 맞죠?

조 그러니까 정상적으로 작동하는 경쟁시장이라면, 같은 시간을 일했어도 두 배 강도 높은 노동이 들어간 상품이라면 두 배의 가치로 팔리겠죠. 양쪽 상품이 질적으로 다를 테니까요. 결과도 다르고요. 이런 의미에서 마르크스는 어떻게 보면 시장의 힘을 상당히 긍정하는 사람입니다. 마르크스의 모델은 시장이 정상 작동한다는 전제 아래서 성립하거든요.

김 그럼 이런 생각을 한번 해보죠. 야근을 하거나 휴일에 특근을 하면 150퍼센트, 200퍼센트의 수당을 받습니다. 법으로도 이렇게 규정돼 있고요. 이런 산정 기준도 지금 우리가 이야기한 내용의 연장선에서 이해하면 될까요?

조 임금할증률은 경제학적 기준이나 객관적인 기준이 있다기보다는 마르크스 식으로 말하면 계급투쟁의 결과라고 봐야겠지요. 할증률을 조금이라도 높이려는 노동자들과 조금이라도 낮추려는 자본가 사이의 투쟁이죠. 당연한 말이지만 초과근로에 대한 할증률은 법정 근로시간을 전제해야 요구할 수 있잖아요? 법정 근로시간이라는 기준을 얻어내기 위해 노동자들이 계급투쟁을 벌였기 때문에 얻어낸 성과라고 할 수 있습니다. 정해진 시간을 초과하는 노동, 야간이나 휴일에 하는 노동에 대해서는 할증을 해줘야 한다는 인식이 생겨난 것이지요.

김 요즘 노동계에서는 잔업, 특근으로 임금을 올리기보다 노동시간 줄여서 일자리 나누자고 하는 요구가 꽤 많이 나오더군요. 자기들이 돈 더 받는 걸 포기하고 고용을 늘리라는 요구인데 재벌 총수들은 귀신 씨나락 까먹는 소리라고 반응하더군요.

조 할증률 인상은 노동자계급 전체로 보면 제살 깎아먹기나 다름없습니다. 잔업, 야근, 특근할 테니 수당 높여달라고 하면 추가 고용이 되지 않아요. 실업률이 계속 높게 유지되고, 이는 노동조건이나 임금 수준에서 노동자들에게 불리하니까 자승자박이라는 이야기입니다. 재벌 총수들이 두려워하는 것은 고임금보다는 노동자들의 단결입니다.

김 실업자가 많아지면 "일하기 싫어? 너 말고도 일할 사람 많아. 줄 서 있어." 이렇게 묵살해버리는 거죠. 장기적으로는 노동조건이 악화될 수 밖에 없습니다.

조 그렇죠. 노동자는 당연히 노동자의 추가 고용을 주장해야 할 것입니다.

김 그런데 또 한편으로는 이런 면이 있어요. 생산직 노동자가 파업에 들어가면 보수 언론들이 꼭 '연봉이 얼마인 귀족 노조가 어쩌고' 하는 얘기를 하잖습니까? 그런데 사실 따지고 보면, 주야 맞교대로 하루에 12시간씩 일해서 받는 총보수를 두고 이러쿵저러쿵하지 기본급 얘기를 하는 게 아니거든요. 이렇게 잔업을 하고 휴일 특근을 해야 내 가족이 먹고살 수 있다면 자기 노동시간을 줄이기가 쉬운 일도 아니잖아요.

조 그러니까 구조적으로 상당히 잘못된 면이 있는데요. 적지 않은 사람들이 '노동귀족'이라는 말을 쓰고 있지만, 참 나쁜 표현이죠. 노동자는 좀 잘살면 안 되나요? 이른바 노동귀족들이 정말로 잘사는지도 의문이고요. 바로 이 지점인데요. 1980년대 말에 민주화가 시작되면서 노동자들도 임금인상과 노동조건 개선을 위해 열심히 투쟁했잖아요? 그런데 당시 이 투쟁이 노동자계급 전체의 지위 상승보다는 임금투쟁에 집중된 면이 있죠. 임금투쟁이 잘못이라는 이야기는 아닙니다만, 기본급을 높여가면서 노동자의 삶의 질을 보장하는 쪽으로 집중하기보다는 잔업과 특근의 대가인 수당을 통해 임금을 보전받는 방식에 치중한 면이 있습니다. 물론 자본이 이렇게 유도를 했지만, 결국 자본의 미끼를 물어버린 거죠. 더 큰 문제가 있는데요, 노동자들도 결국 한국 사회의 구성원이잖아요. 아이들 키우면서 좋은 학원에 보내야겠고 좋은 학교도 보내고 싶고 좋은 집도 사야겠고……. 우리 사회의 사교육과 입시 등 교육 경쟁 시스템, 부동산 투기 같은 문제들에 대해 노동자 집단이 비판하고 해결하는 세력이 되기보다는 편승한 면이 있습니다. 장시간 노동으로 얻은 상대적 고임금으로 이 경쟁에 뛰어들었고 결국엔 자승자박이 되었다고 할 수 있습니다. 물론 한국 노동운동의 사정이 워낙 열악했기 때문에 어려운 점이 많았습니다. 이런 문제를 해결하려면 근본적인 사회개혁, 예컨대 부동산과 교육 문제까지 해결할 수 있는 정치세력화로 나아가야 했는데, 쉽지 않았죠. 지금은 노동자들에게 노동귀족이라고 비난하는 자본, 권력, 주류 언론들이 예전에는 어땠나요? "노동자들이 임금이나 신경 쓰지 왜 사회개혁이니 정치개혁이니 불온한 쪽으로 가려느냐?"고 비난했죠. 제도적으로도 막았고요. 그런 이데올로기 투쟁에서 노동운동이 밀렸고, 결국 실용 노선이 승리한 결과 오히려 사회적으로 고립된 면이 있다고 봅니다.

김 지난번에 잠깐 언급하고 넘어갔지만, 지난 대선에서 '저녁이 있는 삶'이라는 슬로건이 한때 먹혔잖아요? 이제는 자기 삶의 질을 한번 돌아볼 수 있는 마음의 준비를 하고 있다는 뜻으로 볼 수 있지 않을까요?

조 저는 좀 더 절박하게 바라봅니다. 마음의 준비를 하고 있다기보다는, 사실은 그러지 않으면 더는 못 버틸 것 같은 절박함 때문이 아닐까 싶습니다. 재독 철학자 한병철 교수가 쓴 『피로사회』라는 책이 공감을 얻고 있죠. 그런데 한국은 피로를 넘어서 사실은 탈진 사회 같아요. 모든 사람이 자신의 에너지를 완전 연소해야만 남보다 앞서기는커녕 겨우 제자리에라도 서 있을 수 있습니다. 완전 연소하지 않으면 곧바로 뒤떨어지면서 탈락하는 삶이죠. 삶의 질이 너무나 위태롭지 않습니까? 이렇게 위태로운 삶을 살다 보니 거의 탈진한 듯합니다. 이런 상황에서 뭐라도 다른 길이 없는가 고민하며 찾아가는 단계가 아닐까 합니다.

김 그렇죠. 지금 우리 사회는 변곡점이라고 할 만한 단계에 와 있다는 생각이 듭니다. 그런데 또 한편으로는, 당장 하루 벌어 하루 먹기 바쁜 고된 인생들이 참 많은데, 그런 이들에게 이른바 '저녁이 있는 삶'은 자신과는 동떨어진 얘기로 받아들여지는 측면도 있거든요. 그런 점에서 삶의 질이 전반적으로 함께 상승해야 하는데 잘 안 되는 것 같습니다.

이윤의 마술

김 다시 원래 주제인 착취론으로 돌아가죠. 노동자는 자신이 임금으로 받는 노동력의 가치보다 더 생산하고, 이만큼이 자본가의 이윤이 된다고 했는데, 알아듣기 쉽게 정리를 좀 해볼까요?

조 질문 하나 드려보겠습니다. 이윤이 없으면 자본가가 생산을 할까요?

김 미쳤어요?

조 하하. 그렇죠. 이윤은 자본주의적 생산의 궁극 목적이니까요. 원가대로 팔면 이윤이 없잖아요. 그럼 이윤이 어디서 나올까요? "이윤은 자본에서 나온다."가 고전적인 해답입니다. 즉 자본가는 자본을 투자했으니까 투자한 만큼 이윤을 얻고, 노동자는 노동을 투여했으니까 그만큼 임금을 받는다는 얘깁니다. 결국 아무도 손해를 안 본다는 것이 주류 경제학의 답입니다. 윈윈 게임. 그런데 이 이야기를 잘 따라가다 보면 어딘가에서 꽉 막히거든요.

김 왜 그렇죠?

조 마르크스의 이야기를 따라 가보겠습니다. 자본이라는 것이 무엇입니까? 자본을 생산과정에 직접 넣을 수 있나요? 자본 자체는 생산과정에 투입될 수 없습니다. 자본가가 투자한 자본은 기계나 도구, 원료, 공장부지, 건물과 같은 실물들로 바뀌어 생산과정에 투입됩니다. 실물들이 투입된다는 말이죠. 원료는 1회 생산에 다 투입된다 치고, 기계나 도구, 공장부지, 건물 사용료도 수명에 따라서 원가에 다 반영됩니다.

김 그래서 감가상각비를 물건 값에 반영하는 거죠?

조 예, 그렇습니다. 그러니까 1000원어치 원료는 1000원어치만큼 원가에 반영되고, 100번 쓸 수 있는 100만 원짜리 기계를 이번에 한 번 썼다고 하면 상품 원가에는 1만 원만큼 반영됩니다. 1000원어치 원료를 원가에 1500원으로 반영하는 건 불가능합니다. 여기서 어떻게 이윤이 나올 수 있습니까? 만약 이 과정에서 이윤이 나온다면 자본주의 시장경제의 기본 원리인 등가교환의 원리가 부정됩니다. 계속 이야기했듯이 모든 상품이 가치대로 교환된다는 게 애덤 스미스 이래의 철칙인데 여기서 어떻게 이윤을 남깁니까? 이는 자체 모순입니다.

이게 아주 중요합니다. 마르크스는 정확히 스미스와 리카도의 등가교환 원리를 발전시킨 끝에 모순을 찾아냅니다. 앞서 언급한 생산과정에 투입된 실물들을 빼면 남는 것은 노동밖에 없잖아요. 노동자는 자기 노동력 가치만큼 임금을 받습니다. 문제는 노동력이라는 상품은 특수한 상품이어서 다른 어떤 상품도 못하는 일을 해낼 수 있다는 거죠. 지급한 임금보다 더 뽑아낼 수 있다, 일을 더 시킬 수 있다는 것입니다. 기계나 원료를 가지고는 그럴 수가 없어요. "원료야, 너 두 배가 되어라." 하고 백날 지시해봐야 말짱 도루묵이죠. "기계야, 너 두 배로 일해라." 하면 그만큼 수명이 딱 절반으로 단축되죠. 그냥 액면가대로 뽑아줄 뿐인데 이를 생산물로 가치를 '이전'한다고 표현합니다. 가치를 '증식'시키지는 못해요. 반면에 노동자는 다릅니다. 노동자가 자기 노동력 가치만큼 생산하는 데는 하루 4시간이나 6시간으로 충분하다면, 거기에 더해서 이를테면 8시간 일을 시키는 거죠. 그 2시간만큼이 바로 잉여노동이고요, 그만큼 더 생산된 잉여가치가 자본가의 이윤으로 돌아갑니다.

김 그런데 일반적으로 자본가들은 이윤이 기술 개발을 통한 원가 절감에서 나온다는 식으로 이야기합니다. 그럼 이 생각은 완전히 잘못된 겁니까?

조 아뇨, 부분적으로는 맞는 이야기입니다. 마르크스도 인정합니다. 하지만 전체적으로 보면 틀린 주장이 됩니다. 사실 마르크스주의자가 아니라고 해도 조금만 생각해보면 틀린 주장임을 알 수 있습니다. 마르크스도 기술개발 등에 따라 이윤이 늘어나는 현상에 대해 이미 『자본론』 1권에서 '특별잉여가치'라는 용어로 분석하고 있습니다. 자본은 경쟁이 운명이죠. 경쟁에서 이기려면 무조건 이윤을 많이 남겨야 합니다. 처음에는 노동자들에게 일을 많이 시켜서 이윤을 많이 남기려 하는데, 노동자도 사람이니까 엄청난 저항에 부딪힙니다. 일을 많이 시키는 데는 한계가 있는 거죠. 그래서 자본가들은 기술개발에 나섭니다. 기술혁신을 하면 원가가 절감되죠. 그럼 시장에서 똑같은 값에 팔아도 더 많은 이윤을 얻게 됩니다. 이를 특별잉여가치라고 합니다.

마르크스는 이것을 '개별적 초과이윤'이라고도 부릅니다. 이런 이윤을 누리는 자본은 기술혁신에 앞선 몇몇 소수에 국한된다는 뜻입니다. 이 기술이 전체 산업계에 확산되면 자연스럽게 특별 초과이윤은 사라지게 됩니다. 물론 이 과정을 통해서 사회 전체의 생산력 수준이 높아지게 됩니다. 바로 이것이 자본주의의 놀라운 힘입니다. 마르크스는 기술개발과 혁신을 통한 이윤의 존재 자체를 부정하진 않았습니다. 아니, 이 무시무시한 자본주의 경쟁 체제의 필연적 현상이자, 자본주의의 위대한 힘의 원천으로 보았죠. 하지만 바로 그렇기 때문에 기술혁신을 통한 이윤 획득은 일시적으로, 극소수 자본가에게만 해당되는 사항이라는 얘기입니다.

비정규직과 노동생산성

김 이쯤에서 비정규직 문제를 짚고 넘어가지 않을 수 없습니다. 비정규직 문제의 핵심은 동일노동을 하는데도 동일임금이 보장되지 않는다는 데 있습니다. 똑같은 일을 하는데도 임금은 정규직의 50~60퍼센트밖에 안 되는 거죠. 이 문제를 보면 "노동력의 가치만큼 임금을 받는다"는 주장은 맞지 않는 듯합니다.

조 그렇습니다. 그래서 비정규직 문제가 정말 심각하고, 착취를 넘어서는 수탈 수준의 문제라는 말이 나오고 있어요. 동일노동 동일임금 원칙을 이야기하면 좌파라는 식으로 몰아붙이는 사람들이 있는데, 사실 이 원칙은 가장 자본주의적인 원칙입니다. 쉽게 말하면 일물일가 원칙입니다. 제대로 된 시장이라면 동일한 종류의 상품은 동일한 가격으로 거래되어야 해요. 노동력도 노동시장에서 거래되는 상품이니까 이 원칙이 적용되어야 합니다. 그러니까 비정규직 문제는 정상적인 노동시장이 완전히 망가졌다는 걸 보여주는 현상이죠. 말은 노동시장이 구조적으로 분절되었다라고 표현합니다만, 사실 시장이 망가졌다는 말입니다.

현대자동차를 보면 앞좌석 설치하는 노동자는 비정규직, 뒷좌석 설치하는 노동자는 정규직, 이런 식입니다. 앞좌석이 더 힘든 일인데 그래서 오히려 비정규직의 일로 돌린 거죠.

같은 라인에서 같은 일을 하는 노동자가 비정규직이라는 이유로 정규직의 50~60퍼센트밖에 안 되는 임금을 받는다? 이건 제대로 된 시장이 아니라는 얘기고, 착취를 넘어선 수탈입니다.

김 동일 상품이 다른 가격에 거래되는 경우가 있긴 하죠. 편의점에서 1000원 하던 라면이 휴가철 휴가지에서 3000원 하는 경우요.

조 그것은 한 상품이 다른 시점, 다른 공간에서 수요와 공급의 차이에 따라 일시적으로 가격 차가 발생하는 문제일 테고요. 정규직, 비정규직 간의 임금 차별 문제는 동일 시점, 동일 공간에서 두 개의 가격이 구조화된 채로 존재한다는 점에서 서로 다르지요.

제가 예전에 은행업에 대해서 조사연구를 한 적이 있어요. 은행 노동자들의 구조조정 실태를 현장 방문과 면접을 통해 조사하는 연구 과제였습니다. IMF 이후에 은행들이 노동자들을 대량 해고했습니다. 특히 창구에서 일하는 직원들을 굉장히 많이 해고했죠. 그런데 수천 명씩 해고하고 나니까 당장 일손이 너무 부족했습니다. 사실 그 많은 사람들이 죄다 불필요해서 대량 해고를 했던 것은 아닙니다. 자본의 이데올로기 공세 성격이 강했습니다. 이참에 한국 사회에서 대량 정리해고를 당연한 관행으로 만들어야 한다는 정치적 판단이 영향을 크게 미쳤어요. 아무튼 사람이 부족하니 할 수 없이 다시 고용을 해야 하는데 주로 누굴 뽑았겠어요? 그 일을 가장 잘 아는, 얼마 전 해고했던 노동자들을 비정규직으로 다시 고용했죠. 이전과 똑같은 일을 하는데 임금은 절반이고 승진, 복지 다 없어지고 신분보장도 안 되는 것입니다. 수천 명이 이런 일을 당했습니다. 이 인터뷰를 하는 분들의 사연이 정말 절절하더라고요.

이런 것도 현대판 노예제도의 하나입니다. 요즘 비정규직 문제가 워낙 심각하니까 사회적으로 물의를 일으킨 기업들 중에서 무기계약직이라는 이름으로 마치 비정규직을 정규직화하고 있는 것처럼 선전합니다. 하지만 알고 보면 영원히 승진이 안 되는 직군으로 남겨놓았고 임금 차별도 여전합니다. 눈 가리고 아웅 하는 격이죠.

김 연차가 올라가면 숙련도가 높아지니까 당연히 임금이 올라가야 하는데, 그렇게 안 한다는 말이군요. 그런데 비정규직과 관련해서 이런 비판을 하면 자본은 흔히 노동생산성 얘기를 꺼냅니다. 이걸 기초로 임금을 산정한다는 얘긴데, 자본이 말하는 노동생산성 개념이 도대체 뭡니까?

조 교과서적으로 말하면 단위시간에 투입된 노동량과 산출된 생산물의 비율이라고 말할 수 있겠죠. 그런데 여기에 영향을 미치는 요소는 매우 복잡합니다. 노동자의 기술, 지식, 숙련도 등도 영향을 미치지만, 자본을 얼마나, 어떻게 투입하는가, 즉 기계화, 자동화, 경영 조직의 운용 등도 영향을 미칩니다.

우리나라 노동생산성이 얼만데 OECD 하위권이다, 이런 기사들 해마다 많이 보셨을 겁니다. 주로 경총이나 전경련 같은 자본가동맹에서 내보내는 기사들이죠. 노동생산성도 낮은 것들이 임금만 많이 달라고 한다는 식입니다. 참 웃기는 말입니다. 노동생산성이 낮다는 것은 자본 투자를 제대로 안 한다는 말이기도 하거든요. 사실 자기 발등 찍는 이야기죠. 또 노동시간이 길기 때문이라는 말이기도 합니다. 몇 년 전 삼성경제연구소가 낸 보고서가 화제가 되었죠. 나라별로 노동생산성을 구해보니 노동시간이 길수록 노동생산성이 낮게 나왔습니다. 대표적으로 한국, 멕시코, 대만 같은 나라들을 꼽았어요.

김 그런데 자본가들 입장에서는 거꾸로 얘기할 수 있지 않나요? 노동생산성이 떨어지니까 노동시간이 길어지는 것 아니냐고요.

조 이거, 명심하셔야 해요. 아까 말씀드렸잖아요? 삼성경제연구소에서 이렇게 말한 겁니다. 결국 삼성이 노동시간을 줄여야 한다고 말한 셈입니다. 자본가 여러분, 삼성에서 얘기한 거예요. 잘 들으세요.

김 그럼 할 말 없고요.

조 사실 인과관계를 따지고 들어가면 간단한 문제는 아니겠지만, 제가 일부러 좀 과하게 표현했습니다. 한국 사회의 현실을 보면 직관적으로 충분히 알 수 있잖아요. 물론 삼성의 결론은 대단히 삼성답습니다. 노동자들이 잔업 등을 선호하지 못하도록 임금 할증률을 낮추고 일정 연봉 이상을 수령하는 노동자들은 잔업수당을 주지 말자는 등의 대안을 내놓고 있거든요.

어쨌거나 한국의 노동생산성이 낮은 것은 과도한 노동시간 때문이기도 하다는 점을 자본 측에서도 인식하고 있다는 게 중요합니다. 또 하나 중요한 사실이 있습니다. 노동생산성이라는 지표를 한 국가의 개별 노동자들이나 특정 노동자 집단의 노동 효율이 높거나 낮다는 식으로 오해하면 안 된다고 OECD에서 직접 권고하고 있다는 점입니다. 왜곡해서 노동자들을 공격하는 데 쓸까 봐, OECD에서 그렇게 사용할 수 없는 지표라고 강조하고 있는 것입니다. 그리고 아까도 말씀드렸지만 노동생산성에 작용하는 변수는 무척 많아요. 가장 간단하게는 노동시간 줄이면 노동생산성 올라가게 되어 있어요. 분모를 줄이면 당연히 올라갈 수밖에 없죠.

김 벌목 일을 하는데 전기톱을 주느냐 도끼를 주느냐에 따라 생산성이 달라진다는 거죠? 제가 참여했던 어느 토론회에서 비정규직 임금 이야기가 나왔는데 상대 쪽에서 정규직보다 비정규직 노동생산성이 떨어지기 때문에 낮은 임금을 주는 게 당연하다고 하더라고요. 제가 그래서 거꾸로 비정규직을 정규직으로 바꾸면 생산성 올라간다고 반론했는데, 그럼 맞게 얘기한 거네요?

조 네, 잘하셨어요.

수탈과 식민지 근대화론

김 그렇다면 이제 수탈에 대한 이야기를 해보죠. 마르크스는 수탈을 착취와는 다른 개념으로 사용했는데, 어떻게 다른가요?

조 마르크스에게서 수탈이란 자본주의적 착취와는 달리 생산과정 외부에서 자행되는 경제외적 폭력과 결합된 것입니다. 착취는 아무튼 경제 내부의 등가교환 과정의 '마술'을 통해 이루어지지만, 수탈에는 그런 마술 따위가 필요하지 않습니다.

마르크스가 드는 대표 사례가 과거 농민들의 공유지를 지주나 부르주아들이 강탈했던 소위 엔클로저 운동(종획 운동)입니다. 토머스 모어(Thomas More)의 "양이 사람을 잡아먹는다."라는 유명한 말이 여기서 나왔죠. 플랑드르 지방에서 양모 가격이 올라가자 양을 키우기 위해서 농민들의 공유지를 빼앗은 거죠. 이외에도 마르크스는 임금 인하를 위한 유혈적 입법들, 농토에서 쫓겨난 유랑민들을 구빈원에 가두어 강제노동을 시킨 일도 분석합니다. 식민지 수탈도 언급합니다. 플랜테이션, 집단 농장 등에서 노예노동을 시켜서 수탈에 나섰습니다. 마르크스는 영국의 경우 식민제도, 국채 제도, 보호무역, 조세제도 중에서도 특히 식민제도가 '잔인한 폭력'에 입각해서 자본의 시초축적을 달성한 수단이라고 강조합니다. 이는 순수한 폭력이고, 직접 인용하자면 "배신, 매수, 학살 및 비열한 행위 등의 유례없는 만행을 기독교인들이 저질렀다."라고 썼죠. 노예제도라는 인간 약탈 사업을 위해 도적, 통역, 전문 판매인들을 특별히 훈련시켰다고 고발합니다. 백인 식민주의자들의 발길이 닿는 곳은 어디나 황폐화되고 인구가 감소했다고 비판합니다. 정부에서 특권을 받은 식민지의 독점 회사들은 무진장 부를 쌓았다고 폭로하죠. 가치법칙 따위는 개나 주라는 식으로 마음대로 가격을 설정하니 식민지인들은 한없이 약탈당했죠. 그중에서도 가장 잔인하게 수탈당한 곳이 이른바 서인도제도 플랜테이션 농장들, 멕시코, 인도 같은 곳들이었고요. 식민지는 급속히 발전하던 매뉴팩처(공장제수공업)에 판매 시장을 보장해줬고, 시장 독점에 따라 더 한층 축적이 강화됐죠. 노예화와 살인, 강도를 통해 획득한 재물들은 본국으로 흘러들어가 자본으로 전환되었다는 것입니다.

김 마르크스가 수탈의 대표 사례로 식민지 수탈을 꼽았는데, 그렇다면 우리나라 뉴라이트 계열 역사학자 일부가 주장하는 일제에 의한 '식민지 근대화론'은 형용모순처럼 들리는데요. 마르크스에 따르면 식민지는 수탈의 대상인데, 수탈당하면서도 근대화가 될 수 있습니까?

조 사실 그것도 이미 마르크스가 한 이야기입니다. 마르크스가 몇 편의 논문에서 특히 인도에 대한 영국의 지배를 언급하면서, 인도에서 날것 그대로의 폭력인 자본주의적 수탈이 자행되지만 그러면서도 부분적이지만 자본주의적인 생산이 진전된다고 말합니다. 자본주의적 생산이 있으면 자연히 착취도 발생하고요. 그렇게 식민지에서 수탈과 착취가 동시에 발생하는데, 착취가 일어난다는 사실 자체는 사실은 자본주의가 진전된다는 뜻이죠. 이를 식민지 근대화론자의 관점에서 보자면 근대화가 되는 것이죠. 그냥 수탈만 당한다기보다는 공장도 들어서는 등 나름대로 자본주의적 생산방식도 이식된다는 식으로 이해할 수도 있을 것입니다.

그런데 이 문제를 일도양단식으로 단칼에 이렇다 저렇다 말하기는 조심스러운 부분이 있습니다. 우리나라에서 식민지 근대화론자로 분류되는 사람들도 다 같은 내용을 말하고 있지는 않고, 이런저런 입장 차이들이 있는 것으로 알고 있습니다. 대중적으로 널리 알려진 전형적인 식민지 근대화론을 주장하는 사람들의 논리에도 일부 분명한 사실들도 있고 경청할 부분도 있습니다. 하지만 전체적으로는 매우 심각한 문제가 있다고 봅니다. 일부 분명한 사실들은, 당대에 공업화가 이뤄졌고 병원과 학교가 지어졌고 철도가 놓였다는 점들인데, 이건 부정할 이유가 없습니다. 일본의 필요에 의해 만들어지긴 했지만 그야말로 사실이니까요. 그런데 전체적인 그림에 심각한 문제가 있다는 거죠.

가령 대표적인 식민지 근대화론자의 주장에는 이런 내용이 있습니다. 대략 1912~39년 우리나라가 연평균 3퍼센트대 후반의 성장률을 기록했고 1인당 소득은 1.87배 늘었는데 당대 전 세계의 성장률과 비교해보면 엄청난 고성장이었다고 주장합니다. 그런데 문제는 1910년대 전반의 우리나라 경제 통계가 엉망이라는 것입니다. 이때가 식민지 초기라 제대로 체계가 잡혀 있지 않았는데, 그래서 누락된 부분도 많다는 사실을 조선총독부도 인정했습니다. 우리 경제 상황이 과소평가되었을 가능성이 굉장히 높다는 것입니다. 결국 총독부도 이후에 통계치들을 수정합니다. 그래도 과소평가 가능성이 여전히 남아 있습니다. 또 하나는 1940년 이후 극도로 생활 여건이 악화된 태평양전쟁 시기 전시경제 통계를 뺀 것입니다. 1910년대 초의 부정확한 통계, 조선총독부도 인정했을 정도로 문제가 많은 통계, 과소평가 가능성이 높은 통계는 넣으면서 1940년 이후 전쟁 시기의 통계는 신뢰하기 어렵다는 이유로 빼버립니다. 이렇게 되면 일제 시기 초기의 경제 수준은 과소평가하고, 후기의 경제 수준은 과대평가하게 됩니다. 결국 높은 성장률이 도출되는 것이죠. 이런 방식으로 중간 부분만 들고 나와서 발전했다는 논리를 펴고 있는 것입니다. 자기들 주장에 유리한 통계는 넣고 불리한 통계는 빼버렸지요.

김　태평양전쟁을 벌이면서 일본이 한 착취는 이미 잘 알려졌잖아요?

집에 걸린 무쇠 솥까지 떼어갔을 정도인데, 그때의 통계를 빼면 말이 안 되죠.

조 그렇죠. 또 실제로 일제 때 사람들의 생활이 개선되었느냐? 이건 또 다른 문제입니다. 인구의 80퍼센트가 농민이던 우리나라가 일제강점기에는 자영농이 줄고 소작농이 증가했습니다. 총독부 공식 통계에서도 적나라하게 드러납니다. 농촌 경제는 파탄이 났고 농가부채 문제도 심각한 수준이었습니다. 만주로 이민가고 일본으로 도항하는 일이 빈발했습니다. 먹고살려고요. 오죽하면 조선총독부가 100만 명을 만주로 이주시킬 계획까지 세웠겠어요. 얼마나 살기 어려웠는지 알 수 있는 대목이죠.

또 하나 문제점을 보겠습니다. 일부 식민지 근대화론자들은 식민지 근대화가 우리나라의 1960~70년대 고도성장의 토대가 되었다고 주장합니다. 사회간접자본 차원에서도 그렇고 인적자본, 제도 차원에서도 그렇다는 주장이죠.

김 경부선 깔아줬다는 이야기죠?

조 네, 하지만 이 시기에 깔린 사회간접자본, 특히 대공장, 발전소 등은 상당수가 북한 지방에 건설되었습니다. 그나마도 6·25 때 다 파괴됐고요. 그러니까 남한 경제성장하고는 큰 상관이 없습니다.

김 해방 후에 북한에서 전기 끊어서 남한은 난리가 났었잖아요? 그게 무슨 동력이 돼요?

조 그렇죠. 인적자본도 그렇습니다. 당연히 일제의 영향이 있습니다.

일제 때 자라고 교육받은 사람들이니까 당연히 일제의 제도에 영향을 받았겠죠. 그러나 이들은 그 상태로는 아무것도 할 수 없었습니다. 미군정에서 미국식 제도에 맞게 죄다 재교육시켰죠. 한국의 관료들, 군인들, 교수들을 선발해서 재교육 프로그램을 돌렸습니다. 1950년대, 60년대에 무수히 미국으로 가서 재교육을 받았습니다. 소위 미국식 냉전 자본주의에 걸맞은 인재로 재교육된 것입니다.

김 그럼 도대체 한국인으로서 일제에 의한 식민지 근대화론을 주장하는 사람들의 심리는 무엇일까요? 틀린 통계를 들이밀고 의도적 왜곡을 일삼는 이유가 도대체 뭘까요?

조 나눠서 볼 필요가 있습니다. 식민지 근대화론의 초기 출발이 아예 잘못됐다고는 생각하지 않습니다. 초기엔 순수한 학술 차원의 문제의식이 있었고, 나름의 설득력이 있었습니다. 소위 주류 한국사 연구자들이 수탈에 주목하면서 객관적인 상황들을 종합 평가하지 않은 측면이 있었으니까요. 특히 식민지 근대화론에는 경제사 전공자가 많은데, 이분들은 데이터에 집착합니다. 데이터를 보고, 지나친 폄하는 문제가 있다는 결론을 내렸고 있는 그대로 보자는 취지로 출발했지요. 그렇게 출발한 분들이 초기에 주장한 것이 식민지 공업화라는 명제였는데요, 이는 요즘 나오는 식민지 근대화론과 같은 주장은 아닙니다. 공업화를 통해 발전은 했지만, 이는 자본주의적 착취의 진전이었고, 조선인이 차별받았다는 사실도 강조했죠. 그런데 어느 순간에 바뀝니다.

김 하도 친일, 친일이라고 욕을 해서 그런가요?

조 그런 면도 있겠죠? 아무래도 욕을 많이 먹다 보니 어느 순간 방어에서 벗어나 공격으로 나섰는지도 모르죠.

김 그래도 학문 하는 사람들이 그러면 안 되죠?

조 그렇죠. 물론 식민지 근대화론을 주장하면서도 여전히 진중한 입장을 고수하는 분들도 있습니다. 공업화와 인프라 발전 등 식민지 공업화 부분을 다 인정하면서도 이를 정치적으로 이용하는 사람들을 비판하는 분들도 있고요. 하지만 어떤 분들은 대단히 정치화되었습니다. 물론 학문을 통한 정치적 실천이라는 관점에서 보면 문제가 안 될 수도 있습니다. 문제는 연구 자체가 정치적 입장에 의해 왜곡되지 않았나 하는 느낌을 준다는 거죠. 상당히 안타깝습니다. 이쪽은 어떤 입장이건 문제가 있어요.

김 식민지 근대화론 이야기는 이 정도로 하고요. 아까 동일노동 동일임금 이야기를 하면서 정규직과 같은 일을 하는 비정규직에게 낮은 임금을 주는 행위는 수탈에 가깝다고 하셨는데, 그렇다면 이걸 한번 여쭤보겠습니다. 대기업이 중소기업의 기술을 탈취하고 납품 단가를 후려치는 경우가 빈발합니다. 이건 착취입니까, 수탈입니까?

조 아니, 이건 뭐 착취고 수탈이고 문제가 아니라 그냥 도둑질 아닙니까? 이런 건 사법적인 관점에서 바라봐야지 경제적으로 접근하면 안 됩니다.

김 아, 명쾌하시네요. 그런데 왜 사법 처리가 잘 안 될까요? 또 하나,

이것도 궁금합니다. 기업들이 공장을 해외로 이전하는 경우가 많잖아요. 좀 더 싼 임금을 찾아서요. 그런데 노동력의 가치는 한국 노동자나 이를테면 동남아 노동자나 같지 않나요?

조　노동력의 가치를 말할 때 기준은 해당 사회입니다. 노동력의 재생산을 위해 필요한 생필품과 편의품의 조달 비용은 나라마다, 시대마다 기준이 다르기 때문이죠. 마르크스는 이에 대해 사회적이고 문화적이며 나아가 역사적인 요인이라고까지 이야기합니다. 이를테면 미국 노동자가, 혹은 스웨덴 노동자가 "난 이 정도는 있어야 먹고산다고 할 수 있어."라고 말할 수 있는 최소한의 기준과 한국, 혹은 제3세계 국가, 혹은 저소득 국가의 노동자들이 이렇게 말할 수 있는, 혹은 시장에서 인정될 수 있는 기준은 차이가 있죠.

김　그러니까 노동자들이 탈진한 상태를 되돌리려면 베트남 쌀국수를 하루에 세 번 먹어야 하는데 그게 한국에서는 9000원이지만 베트남에서는 1000원이다. 그러니 한국에서는 2만 7000원이 필요한데, 베트남에서는 3000원이면 된다. 뭐 이런 얘긴가요? 수탈로 바라볼 필요는 없겠군요? 그 자체만을 보면요?

조　생산원가를 낮추려고 움직이는 것은 자본의 당연한 속성이고, 따라서 자본의 이동을 규제하지 않을 경우, 임금을 낮추기 위해 생산기지를 이전하는 것은 어느 정도 필연일 수밖에 없습니다. 다만 해당 국가에서 더 싼 임금을 지급한다고 하더라도 현지의 기준에 맞는 적절한 임금을 지급하느냐 아니면 이를 완전히 무시한 저임금을 지급하느냐에 따라 착취냐 이를 넘어서는 수탈이냐를 말할 수는 있겠죠.

김 한국 사회에서 양극화 이야기가 IMF 사태 이후 나오기 시작했습니다. 그렇다면 양극화도 노동 착취의 결과물로 봐야 합니까? 비단 자본가와 노동자 사이, 사용자와 근로자 사이의 빈부격차만이 아니라 노동자 계급 내에서도 소득과 지위의 양극화가 나타나고 있는데, 이것이 노동자가 노동자를 착취한 결과는 아니지 않겠습니까? 이건 어떻게 설명해야 하죠?

조 노동자계급 내부의 양극화야말로 자본에 의한 노동 착취와 수탈의 결과물이자 그것의 조건이라고 봐야 할 겁니다. 노동 착취와 수탈의 결과라는 관점에서 보면, 같은 작업장에서 동일노동 혹은 유사한 노동을 수행하는데도 비정규직에게는 적은 임금을 주는 것은 착취이면서 수탈이죠. 그 결과 노동자계급 내부의 양극화가 심화되는 것입니다. 다른 한편 이런 노동자계급 내부의 양극화가 공고해질수록—이걸 앞에서 노동시장 분절이라고 말했습니다만—노동자들 간의 경쟁과 반목은 더욱 심해질 수밖에 없습니다. 그렇게 되면 자본 앞에서 노동자들은 점점 힘이 약해지죠. 그래서 더욱 착취가 용이해지는 겁니다.

예를 들어보겠습니다. 정규직이 파업을 하면 자본가들은 비정규직에게 대체근로를 지시합니다. 파업이 승리하려면 비정규직이 같은 노동자계급으로서 단결투쟁을 해줘야 되는데, 이들은 신분 불안 때문에 대체근로를 할 수밖에 없어요. 안 하면 잘리니까요. 그럼 정규직은 비정규직을 욕하게 됩니다. 비정규직 입장에서는 그런 정규직이 원망스럽습니다. 비정규직의 처지를 개선하기 위해 언제 한 번 제대로 싸워준 적도 없으면서 자신들을 욕한다구요. 그래서 정규직은 비정규직을 동정하면서도 불신하고, 비정규직은 정규직을 부러워하면서도 원망하게 됩니다.

김 노동시장 자체가 분절되어 있는 것이 큰 문제로군요. 그러니까 사람들이 당연히 원치 않지만 비정규직 신세로 내몰린다는 말이죠?

조 당연히 그렇습니다. 노동시장 자체가 분절되어 있다고 봐야 합니다. 노동시장이 제대로 돼 있다면 노동자들 입장에서는 직업이나 직장을 자유롭게 선택할 수 있어야 정상이겠죠. 노동자가 시장 조건에 따라서 정규직과 비정규직을 선택할 수 있어야 한다는 얘깁니다. 문제는 우리나라 노동시장이 이렇게 되어 있지 않다는 것입니다. 비정규직에서 정규직으로 전환이 구조적으로 제한되어 있습니다. 전임 대통령은 요즘 젊은이들이 너무 편한 일만 하려고 한다, 눈높이를 낮춰야 한다는 말을 했습니다. 그런데 대학을 졸업한 젊은이들이 왜 눈높이를 낮추지 못할까요? 악착같이 공무원이나 공기업 시험을 준비하는 이유가 뭘까요? 처음에 비정규직으로 출발하면 정규직이 되기가 매우 어렵기 때문입니다. 이건 제대로 된 노동시장이 아니죠.

김 과거에도 사회에 나가 첫걸음을 어떻게 시작하느냐가 미래를 좌우한다는 말이 있었죠.

조 요즘은 이 문제가 과거보다 훨씬 더 심각해졌거든요. 첫 직장을 어떻게 시작하느냐, 소위 입직구(入職口)가 노동 경력 전체를 좌우하기 때문에 젊음을 다 바쳐 도서관에서, 노량진 학원에서 시험 준비에 매진하게 되는 것이죠. 박근혜 대통령도 말했잖아요? 질 좋은 시간제 일자리라고.(웃음) 사실 자본주의 시장 원리대로 하자면 이를테면 비정규직도 택할 수 있어요. 정규직 싫으면 스스로 시간제 노동 선택할 수 있어야죠. 그러다가 정규직을 하고 싶으면 정규직이 될 수도 있어야 하고요. 그게 불가능하다면 제대로 된 노동시장이 아닌 겁니다.

김 아휴. 왜 또 이렇게 꿈같은 이야기를 하고 그러세요?

조 그러니까요. 한국 사회의 현실은 전혀 그렇지 않다는 사실을 요즘 젊은이들이 청춘을 불사르면서 보여주고 있습니다.

김 양극화 이야기가 나왔으니까 말인데요. 양극화에도 종류가 많습니다. 자산의 양극화, 소득의 양극화, 계급의 양극화도 있지 않습니까? 마르크스는 양극화의 문제를 어떻게 바라봤습니까?

계급의 양극화 이야기는 기억나는데요. 자본주의에서 계급은 부르주아와 프롤레타리아, 프티부르주아가 있는데, 자본주의가 진행될수록 프티부르주아가 양극 분해되면서 극소수만이 부르주아로 편입되고 대다수는 프롤레타리아로 전락한다는 거죠?

조 굉장히 열심히 공부하셨네요.

김 두 번 읽었다니까요.

조 네, 맞고요. 자본주의에서의 계급이란 기본적으로 생산수단의 소유 여부를 기준으로 한 개념입니다. 그렇게 본다면 이 계급의 양극화가 곧 자산의 양극화 개념과 겹치는 셈이죠. 또한 부르주아는 이윤으로, 노동자는 임금으로 소득을 얻으니까, 이는 소득의 양극화 개념도 어느 정도 내포한다고 볼 수 있겠죠. 마르크스가 이런 식으로 직접 언급하지는 않았지만요.

사실 마르크스가 프티부르주아(생산수단을 소유했지만, 스스로 노동해야 하는 계급, 대표적으로 자영농, 소상공인) 대다수의 몰락을 주장했다는 점에 대해 적지 않은 비판이 가해졌습니다. 선진 자본주의국가들에서는 오히려 중산층이 두터워졌지 않느냐, 항아리 구조 아니냐, 마르크스가 틀리지 않느냐. 물론 프티부르주아는 생산수단 소유라는 기준에 따른 계급 개념, 중산층은 소득이나 자산의 상대적 규모라는 기준에 따른 계층 개념이라는 점에서 정확한 비판은 아니겠지만, 현실에서는 계급과 계층이 겹치는 면이 많거든요.

김　물론 요즘은 그런 주장도 문제가 있죠? 중산층이 점점 얇아지고 있으니까요.

조　네, 그렇긴 하죠. 그래도 이를 굳이 인정하고 이야기하자면, 선진 자본주의국가들에서는 노동계급의 힘이 커져서 자기 정당을 세워 집권하고 이에 따라 자본을 규제하고 복지 제도를 확충한 덕분으로 봐야 한다는 얘기죠.

예를 하나 들어보면 마르크스가 양극 분해의 중요한 예로 농업을 들었는데, 그의 예측과는 달리 농업의 자본주의화는 거의 진행되지 않았어요. 마르크스가 분석한 당대 영국의 상황은 기업농과 농업노동자로 양극분해 되고 있었거든요. 하지만 그의 예측과는 달리 다른 나라에서는 농업의 자본주의화도, 농민층의 양극분해도 거의 일어나지 않았어요. 미국 같은 몇몇 국가를 제외하면 그렇게 양극화된 나라는 거의 없습니다. 대부분의 선진 자본주의국가들이 가족농이나 자영농 중심입니다. 즉 농민은 여전히 프티 부르주아가 대다수입니다. 심지어 마르크스가 모델로 분석했던 영국같이 당대에 예외적으로 자본주의적 기업농 계급이 자리 잡았던 나라조차 20세기 이후에 오히려 자영농 중심으로 바뀌었어요.

여러 이유가 있지만 국가의 농업 보호 정책의 역할이 컸습니다. 즉 자본주의 발전에 따라 농민의 해체가 가속화되었고, 이는 정치적 불안정으로 이어졌습니다. 땅을 잃고 불만을 품은 농민들이 정치적으로 위험한 존재가 되었던 거죠. 그래서 국가가 보조금을 통해 자영농 체제를 유지시켰습니다. 따라서 국가의 개입이 없었다면 프티부르주아가 중심이 되었던 자영농 구조는 공업과의 경쟁 속에서 해체, 양극화되는 수순을 밟을 수밖에 없었을 것입니다. 농산물과 공산물 사이에는 이른바 협상 가격차가 존재합니다. 협상(鋏狀)은 상대방과 협상(協商)한다 할 때 협상이 아니라 가위 협자, 형상 상자, 즉 가위 모양이라는 뜻이에요. 농산물과 공산물의 가격 차이가 생산성 차이 때문에 가위 날 모양처럼 점점 벌어진다는 뜻이죠. 결국 농산물이 점점 경쟁력을 잃고, 자영농은 몰락한다는 말입니다.

김 부쳐먹던 논 팔고 밭 팔고 몸뚱어리만 남지 않도록 보조금으로 도와줬다는 거죠? 그러니까 이 자리에서 자세히 얘기할 수는 없지만 사실 우리 농민들의 저곡가 문제가 심각하지 않습니까. 쌀 한 가마 팔아봤자 생산비에도 못 미친다. 직불보조금 준다고 하지만 그걸로는 턱도 없다는 얘기잖아요.

조 농업을 시장에 맡겨서 공업하고 경쟁해서 승리하라고 주문해서 농업이 버틴 나라는 없다고 봐도 무방할 정도입니다. 자본 회전율, 이윤율 모두 다르고, 상대가 안 됩니다.

김 리스크도 너무 크죠. 태풍 한 번 와봐요.

조 많은 분들이 우리나라에서 농업이 안 되는데 어쩔 수 없지 않느냐? 공업 키워야지 이렇게 얘기하시는데. 서유럽 선진 자본주의국가들, 인구밀도도 높고 경지면적도 좁아서 탈농 정책 했을 것 같은 서유럽 국가들 상당수가 식량자급률이 100퍼센트를 넘나듭니다. 깊이 생각해야 할 문제입니다.

김 맞아요. 앞으로 식량전쟁이 일어날 거라고 예고하는 미래학자들이 많더라고요. 우리나라만 너무 둔감한 것 같아요.

아무튼 마르크스가 몰락을 예견한 프티부르주아 개념은 중산층 개념과는 범주가 다르지만 둘은 상당 부분 겹친다고 하셨습니다. 그렇다면 우리나라의 경우 중산층은 몰락하고 있나요, 혹은 몰락하게 되어 있나요?

조 지금 같은 상황이 지속된다면 몰락할 수밖에 없을 겁니다. 최근 문제가 되고 있는 자영업, 특히 프랜차이즈 자영업 상황을 보면 알 수 있습니다. 동네 제과점, 치킨집, 편의점 운영하시는 분들이죠. 생산수단의 소유 여부라는 마르크스주의적 분류 기준에 따르면 이분들이야말로 계급적으로 프티부르주아이고 계층론으로 보면 중산층이 되어야 하는 집단이지요. 사실 불과 몇 년 전만 해도 동네에서 제과점 하나 운영해서 성공하는 사람들은 하나의 모델이었습니다. 동네에서 성공하면 곧잘 자기 이름을 걸고 제과점을 운영했습니다. 아무나 그러지는 못했어요. 자기 이름이 브랜드가 될 만한 사람들이었죠. 그런데 지금은 극소수의 최고급 업소들만 살아남았습니다. 강남이나 분당처럼 제일 비싼 곳에 자리 잡았죠. 대다수는 대자본에 예속된 준프롤레타리아로 전락했다고 볼 수 있습니다. 이런 분들을 '골목의 CEO'라고 부르면서 경쟁력 살리라고 하면 그야말로 성불(成佛)하란 얘기죠.

김 그러니까 지금 한국 사회가 심각한 위기 국면으로 가고 있다고 봐도 됩니까?

조 제가 탈진이라는 표현을 썼습니다만, 저 혼자 생각하고 말을 못한 이유는 이것이 사실이 되어버릴까 두려워서 그랬어요.

김 다시 일어설 거예요. 그래야죠. 아무튼 그 어려운 마르스크 『자본론』 가운데 신용과 착취 두 부분만 뽑아서 다뤄봤습니다. 오늘 우리 현실과 다 맞닿아 있죠? 따져보면 원리는 간단하잖아요? 진리는 단순하다는 말도 떠오르네요.

노동이 아니라 쇼핑에서 삶의 의미를 찾는 이유

마르크스 하면 보통 어떤 이미지가 떠오를까? 아마도 모순에 가득 찬 자본주의를 냉철하게 분석한 차가운 사람이라는 이미지가 아닐까 싶다. 마르크스의 배경을 조금 알면서 적대적으로 보는 사람들이라면, 유대인이라는 출신 성분에 대한 콤플렉스와 사회에 대한 적개심으로 가득 찬 불평분자나 반골의 이미지를 떠올릴 수도 있겠다.

아예 틀렸다고 볼 수는 없다. 본문에서도 나타나듯이 마르크스의 성격에 대한 다양한 증언들에 따르면 그는 결코 친절하거나 다정한 사람은 아니었다. 반평생을 영국 런던에서 살았지만, 끝까지 영어로 말할 수도 없었다. 천재적인 어학 실력을 지녔으면서도 영어회화를 하지 못했던 것은 그가 사교적인 성격이 아니었기 때문이었다. 그는 토론에서 반대자에게 공격적이었고 신랄했다. 마르크스의 저작들을 직접 읽어보면 이런 이미지는 더욱 강화된다. 저작들에서 그의 어조는 대체로 매우 냉철하고, 때로는 가차없이 공격적이다.

그러나 그의 성격이 곧 그의 저작들의 성격을 결정하지는 않았다. 마르크스는 냉정하면서도 격정적인 인물이었지만, 동시에 매우 목적 지향적인 사람이었다. 자신의 생활 거의 대부분을 자본주의 작동 방식에 대한 연구와 사회주의 운동에 바친 인물이었다. 그가 자본주의 비판을 위한 실제 연구에서 가장 강조한 것은 과학적 태도였다. 자본주의에 대한 분노를 숨기지 않았지만, 연구에 그런 분노를 직접 투영하는 데는 매우 부정적이었다.

마르크스는 동시대의 다른 사회주의 사상가들에 대해 매우 비판적이었는데,

그들이 자본주의를 과학적으로 해부하고 비판하기보다는 다분히 인간주의적이고 낭만적인 차원에서 비판하는 데 그쳤기 때문이다. 마르크스가 보기에 참된 비판은 자본주의에 대한 과학적 분석에 기초해야 했고, 이를 위해서는 최대한 감정적 동일시를 배제하고 냉정하게 자본주의를 과학적 대상으로 삼아야 했다. 마르크스는『자본론』1권의 서문에서 여러 차례에 걸쳐 자신의 연구가 계급적 이해관계의 소산이 아니라 객관적인 과학적 연구의 결과임을 강조하고, 과학적 비판에서 나온 의견이라면 무엇이든지 환영하겠다고 천명하고 있다.

인간에 대한 견해 역시 마찬가지였다. 마르크스에게서 추상적인 인간이라는 존재는 의미 없는 범주였다. 그에게 의미 있는 분석 대상은 오직 계급적 이해관계 속에 존재하는 현실의 인간, 즉 계급으로서의 인간일 뿐이었다. 그래서『자본론』서문에서 "여기서 개인들이 문제가 되는 것은 오직 그들이 경제적 범주의 인격화, 일정한 계급 관계와 이해관계의 담당자가 되는 한에서"라고 밝히고 있는 것이다.

과학의 신봉자이며, 인간에 대해 냉철한 마르크스에 대한 이미지가 과연 그의 전부일까? 모든 위대한 사상가들이 그렇듯이 마르크스 역시 매우 다면적인 사상가다. 마르크스라는 인물과 그의 사상은 냉철한 과학성이라는 잣대 하나만으로 정의 내릴 수 없을 정도로 참으로 풍부하다. 그의 또 다른 면모를 보여주는 저작으로 청년기인 1844년에 쓴『경제학·철학 수고』를 참고할 수 있다. 원래 초고 상태여서 출판되지 않았던 이 저작은 뒤늦게 발견되어 1932년에야 세상의 빛을 보게 되었다. 영국의 정치경제학과 헤겔의 철학을 연구하면서 작성한 세 개의 초고가『경제학·철학 수고』라는 제목으로 출판되자, 세계의 마르크스주의자들은 큰 충격에 빠졌다. 일부는 경악했고, 일부는 열광했다. 그때까지 알고 있던 마르크스와는 무척 다른 마르크스의 얼굴이 세상에 모습을 드러냈던 것이다.

『경제학 · 철학 수고』에서의 마르크스는 한마디로 참으로 인간적이다. 이 초고들에서는 차가운 분석과 따뜻한 공감, 뜨거운 열정이 공존하고 있다. 그의 시선은 계급 이전에 인간으로서의 인간에 맞춰져 있고, 그의 심장은 인간으로서의 인간이 스스로 소외되는 현실에 맞서 뜨겁게 연대하고 있으며, 그의 궁극적인 발걸음은 혁명 자체보다는 인간의 자기실현과 완성을 향하고 있었다. 요컨대 여기서 마르크스는 지적이면서도 따뜻하고 냉철하면서도 열정적이다.

이 저작을 통해서 가장 유명해진 개념이 바로 '소외된 노동'이다. 원래 소외는 헤겔 철학의 중요 개념 중 하나로서, 주체의 행위가 산출해낸 대상이 오히려 주체를 지배하는 역설적인 상황을 가리킨다. 마르크스는 이 소외 현상의 변증법적 운동이 보여주는 혁명적 잠재력에 주목하지만, 문제는 관념론 철학자인 헤겔이 이 소외를 철저히 정신적 현상으로만 국한하는 데 있었다. 소외를 정신적인 현상으로 파악하게 되면 소외의 극복 또한 정신적인 차원에서만 다루게 된다.

예를 들어 헤겔은 『정신현상학』 중 주인과 노예의 변증법 예시에서 양자 간의 지배-복종 관계가 변증법적으로 역전되는 과정을 설명한다. 주인은 노예를 지배하고 노예는 주인에게 복종해야 하지만, 주인은 노예를 통해서 간접적으로만 사물과 관계하며, 단지 그 결과를 향유할 뿐이다. 반면 노예는 사물에 직접 관여하면서 자립성을 체험하고 사물에 대한 지배력을 확보해나감으로써 스스로 '자립적인 의식'을 갖게 된다. 그러나 주인은 자신의 상태를 지키기 위해 노예에 의존할 수밖에 없다. 결국 주인과 노예 사이에서는 의식 상태의 역전이 발생한다는 것이다.

이처럼 헤겔은 노예가 주인의 위치에 오르게 되는 과정을 정신의 자립 과정이라는 차원에서 설명하고 있다. 헤겔의 철학은 난해해서 이해하기 퍽 어렵지만, 좀 더 통속적으로 쉬운 사례로 이해할 수도 있다. 중국 근대의 대문호 루쉰이 소설

『아Q정전』에서 묘사했던 주인공 아Q의 정신승리법이 그것이다. 실제 세계에서는 굴욕적으로 패배하지만 아Q는 머릿속으로 승리했다고 생각함으로써 굴욕을 이겨나간다. 아Q는 정신적으로는 굴복하지 않는다. 문제는 그가 정신의 승리를 실제 승리로 착각하는 데서 발생한다. 헤겔 철학의 소외와 소외 극복은 근본적으로 아Q의 정신승리와 다르지 않다.

마르크스가 보기에 소외는 근본적으로 물질적인 현실 생활, 바로 노동에서 비롯되는 문제였다. 자본주의에서의 노동의 소외라는 물질적 현실에서 문제가 비롯되는 한, 소외의 극복 역시 자본주의의 극복이라는 현실의 차원에서만 가능하다. 마르크스에 따르면 자본주의경제 속에서 노동자는 네 가지 측면에서 노동의 소외를 겪게 된다.

첫째, 노동자는 자신이 생산한 생산물로부터 소외된다. 엄연히 자신이 생산한 생산물이지만 자본가의 것이 되어 마음대로 처분되기 때문이다. 생산물은 상품이 되어 돈이 없으면 살 수 없고, 노동자가 생산한 것이 오히려 노동자의 삶을 지배하게 된다.

둘째, 노동자는 일하는 과정 자체, 즉 노동과정에서 소외된다. 실제로 일하는 사람은 노동자지만, 노동과정은 철저하게 자본가의 지시에 따라 구상되고 조직된다. 따라서 노동자는 우리의 삶 중 가장 긴 시간을 차지하는 노동과정에서 자신의 자유로운 의지를 발현할 수 없게 된다.

셋째, 노동자는 유적 존재로부터 소외된다. 마르크스가 사용하는 유적 존재라는 용어는 인간이 동물과 구별되는 인류로서의 유적 특성을 지닌 존재임을 가리키는 말이다. 인간은 동물과 달리 그저 생존을 위해서만 본능적으로 일하는 것은 아니다. 생존 욕구를 넘어서 자유롭고 창조적인 생산 활동을 수행하고 싶어 하고, 노동 속에서 보람, 삶의 의미를 찾고 싶어 한다. 사자가 먹이를 사냥하고,

사슴이 풀을 뜯을 때 이런 보람을 추구하지는 않는다. 이것은 인간만이 가진 유적 특성이다. 하지만 이런 유적 본성을 거부당하는 자본주의적 노동은 오직 생존을 위한 수단적 활동으로 격하되며, 결국 부정적 고통을 안겨준다.

넷째, 노동자는 노동을 하면서 인간으로부터 소외된다. 사회적 존재인 인간은 서로 관계를 맺고, 관계 속에서 의미를 찾는 존재다. 인간의 노동 또한 당연히 타인의 노동과 협력 관계를 맺음으로써 의미와 가치를 가진다. 하지만 자본가의 일방적인 지시와 정교화된 분업, 경쟁 체제 속에서 노동하는 노동자들은 타인과의 관계로부터 소외된다.

생각해보면 잠자는 시간을 제외하면 노동은 우리 인간의 삶에서 가장 긴 부분을 차지하는 무척이나 중요한 구성 요소이다. 하지만 우리들 대부분은 현대사회에서 노동을 살아가기 위해 불가피하게 감수해야 할 고통스럽고 부정적인 활동으로 간주한다. 결국 대부분의 사람들은 노동 속에서 삶의 의미를 찾기보다는 노동 이외의 활동에서, 예를 들어 가족생활이나 소비생활 속에서 삶의 의미를 찾는다.

마르크스는 『경제학 · 철학 수고』에서 삶의 가장 중요한 구성 부분인 노동에 대한 부정적 태도가 과연 우리 인간의 본성에서 비롯되었는지, 아니면 생산수단이 소수에 의해 사유화된 상황에서 발생했는지를 묻는다. 만약 노동에 대한 부정적 태도가 인간의 본성이라면, 인간은 본성에 맞지 않는 활동을 통해 인간으로 진화하고 문명을 이룩해왔다는 매우 비합리적이고 모순적인 결론에 이르게 된다.

마르크스에 따르면 인간의 본성으로서 자유롭고 창조적인 노동에 대한 욕구는 사유재산제도와 이것의 극단적 형태인 자본주의 체제에서 억압되고 왜곡된다. 하지만 자유롭고 창조적인 노동에 대한 욕구는 인간의 본성인 한 근본적으로 소멸될 수 없다. 혁명은 단지 사유재산제도에 대한 적개심만을 동력으로 성공하는 것이 아니다. 혁명은 자아를 실현하고 자신을 완성함으로써 본성을 실현하려는 인간의 참된 욕구에서 비롯되는 인간적인 행위의 총체적 결과라고 할 수 있다. 그것은 인간이 인간 자신으로 돌아가는 행위이며, 그런 한에서 가장 인간적인 행위가 되는 것이다.

사상가로서 마르크스는 다른 모든 사상가들이 그렇듯이 적지 않은 오류를 범했다. 오늘날 어떤 마르크스주의자도 그를 흠결 없는 사상가로 숭상하지는 않는다. 그럼에도 불구하고 마르크스의 사상은 자본주의 체제의 모순들이 사라지지 않는 한 끊임없이 되살아나고, 새로이 갱신되면서 돌아온다. 노동의 소외에 대한 그의 통찰 또한 마찬가지다. 자본주의체제는 물질적 풍요의 양극화된 분배라는 문제만큼이나, 인간의 본성에 걸맞지 않는 소외된 노동이라는 질곡을 안겨주고 있다. 노동의 소외에 대한 마르크스의 인간적 통찰은 사회주의혁명에 대한 예언의 과학적 적실성과는 별개로, 끊임없이 자본주의에 긴장을 던져주는 날 선 채찍과도 같은 역할을 하고 있는 것이다.

더 읽을 거리

『자본론』
칼 마르크스, 김수행 옮김, 비봉출판사, 2005.

『공산당선언』
칼 마르크스, 이진우 옮김, 책세상, 2002.

『마르크스 평전』
자크 아탈리, 이효숙 옮김, 예담, 2006.

『왜 마르크스가 옳았는가?』
테리 이글턴, 황정아 옮김, 길, 2012.

『마르크스 뉴욕에 가다』
하워드 진, 윤길순 옮김, 당대, 2005.

『김수행, 자본론으로 한국 경제를 말하다』
김수행·지승호, 시대의창, 2009.

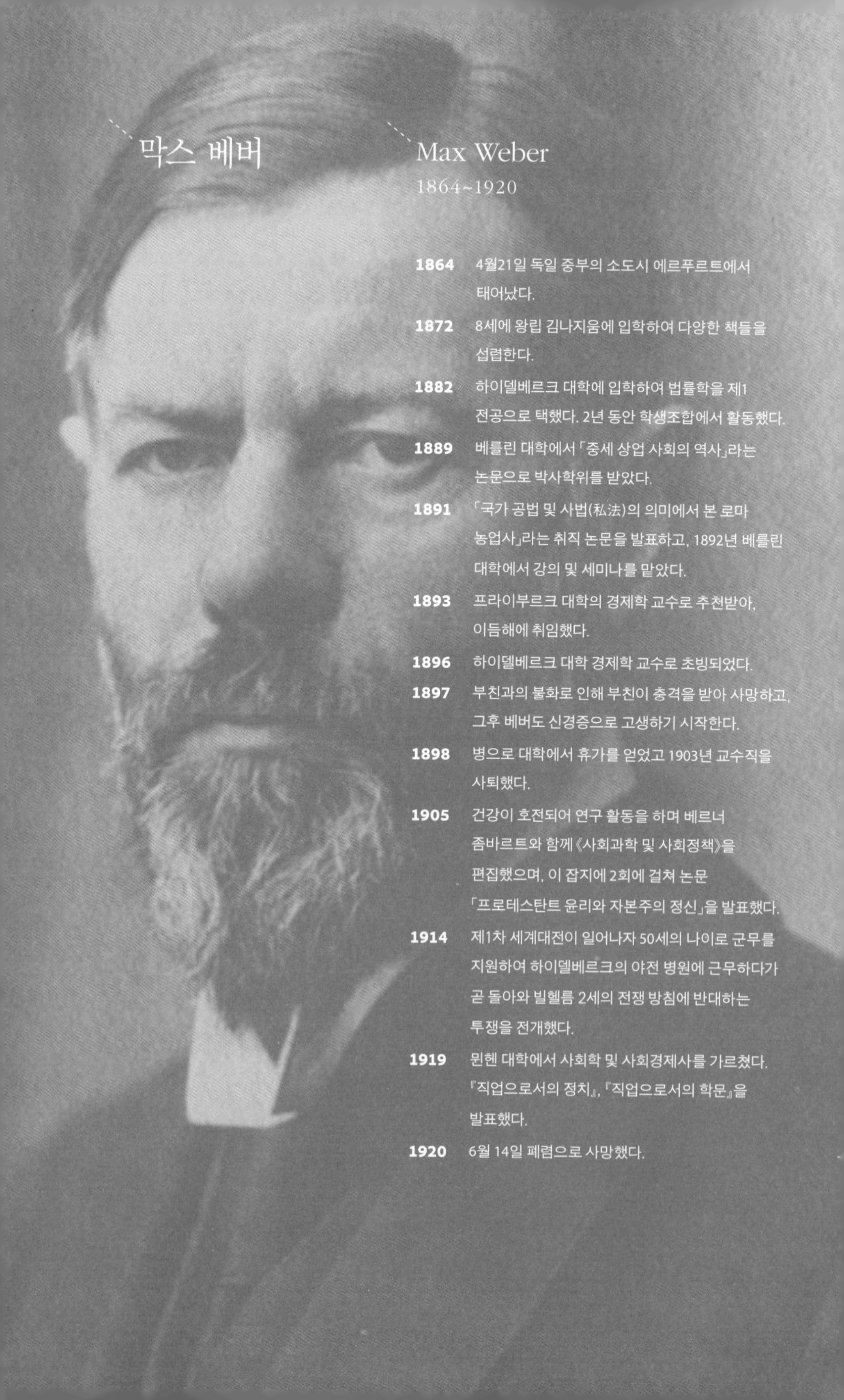

막스 베버

Max Weber

1864~1920

1864 4월21일 독일 중부의 소도시 에르푸르트에서 태어났다.

1872 8세에 왕립 김나지움에 입학하여 다양한 책들을 섭렵한다.

1882 하이델베르크 대학에 입학하여 법률학을 제1 전공으로 택했다. 2년 동안 학생조합에서 활동했다.

1889 베를린 대학에서 「중세 상업 사회의 역사」라는 논문으로 박사학위를 받았다.

1891 「국가 공법 및 사법(私法)의 의미에서 본 로마 농업사」라는 취직 논문을 발표하고, 1892년 베를린 대학에서 강의 및 세미나를 맡았다.

1893 프라이부르크 대학의 경제학 교수로 추천받아, 이듬해에 취임했다.

1896 하이델베르크 대학 경제학 교수로 초빙되었다.

1897 부친과의 불화로 인해 부친이 충격을 받아 사망하고, 그후 베버도 신경증으로 고생하기 시작한다.

1898 병으로 대학에서 휴가를 얻었고 1903년 교수직을 사퇴했다.

1905 건강이 호전되어 연구 활동을 하며 베르너 좀바르트와 함께 《사회과학 및 사회정책》을 편집했으며, 이 잡지에 2회에 걸쳐 논문 「프로테스탄트 윤리와 자본주의 정신」을 발표했다.

1914 제1차 세계대전이 일어나자 50세의 나이로 군무를 지원하여 하이델베르크의 야전 병원에 근무하다가 곧 돌아와 빌헬름 2세의 전쟁 방침에 반대하는 투쟁을 전개했다.

1919 뮌헨 대학에서 사회학 및 사회경제사를 가르쳤다. 『직업으로서의 정치』, 『직업으로서의 학문』을 발표했다.

1920 6월 14일 폐렴으로 사망했다.

4강

개신교와 자본가

강의

이번에는 참 위험한 주제를 이야기하려고 합니다. 벌써부터 긴장이 되네요. 한국 사회에서 웬만하면 건드리면 안 되는 영역 중 하나인 종교 문제, 그것도 개신교 문제를 경제와 관련해서 이야기해볼까 합니다. 미리 말씀드립니다. 어떤 맥락에서도 특정 종교를 찬양하거나 폄하할 생각은 없습니다.

오늘의 주제는 한마디로 말하면 "기독교 국가들, 정확히는 개신교 국가들이 잘산다."라는 믿음에 대한 검토입니다. 일부긴 하겠지만 목사님들 중에서 예배 때 이렇게 설교하시는 분들도 있는 걸로 압니다. 이런 이야기를 믿지 않는 분들이 많으시겠죠. 혹은 신자라도 이런 이야기를 불쾌해하시는 분들도 있을 줄 압니다. 하지만 현실에서는 의외로 이런 생각이 적지 않게 퍼져 있는 듯합니다. 게다가 어떤 정치적 의미도 담고 있는 것으로 보입니다.

이런 사고방식의 원조로 꼽히는 사람이 바로 독일의 경제학자, 사회학자, 정치학자인 막스 베버입니다. 그의 역작인 『프로테스탄트 윤리와 자본주의 정신』이라는 책이 이 모든 신념에 확신을 불어넣는 토대가 되고 있습니다.

이 학문적 저작이 도대체 어떤 식으로 활용되고 있을까요? 한 경제신문에 실린 자본가동맹 상임부회장이란 사람의 칼럼을 보죠. "근래 우리나라에선 '자본주의＝탐욕'이라는 등식 아래 부를 죄악시하고 있다. 부자들에게 나누라고 강요한다. 그러나 베버가 말하듯이 기독교 국가들이 발전한 것은 금욕적 신앙생활에 기반해서 부를 축적시킨 덕이다. 물질적 풍요를 이루는 비결은 결국 절제하고 절약하는 소비 행위와 근면하고 성실한 근로를 통해 소득을 늘리는 것이다. 이는 국가에 대해서도 똑같이 적용된다. 생산성은 높이지 않고 복지 지출만 늘려서는 결코 풍요로운 사회가 될 수 없다." 정치적 의미가 함축돼 있다고 느끼시나요?

또 어떤 목사님은 성경적 경제 부흥이라는 칼럼을 쓰셨습니다. "기독교는 철저한 축복의 신앙이라서 하나님은 자녀들이 물질의 복을 받기를 원하신다."라고 하셨습니다. 물론 "자동으로 그 복을 받을 수는 없어서 십일조와 물질(헌금)을 내는 것이 축복을 받는 길이다."라고 덧붙입니다. 여기서 베버가 나옵니다. "베버의 주장처럼 교회가 성도들에게 올바른 경영 윤리와 물질관을 알려줘서 성경적 경제 부흥의 정보를 제공해야 한다."라고 했습니다. 베버가 들으면 뭐라고 할지 궁금하네요.

베버가 『프로테스탄트 윤리와 자본주의 정신』에서 도대체 뭐라고 했을까요? 베버는 초기 자본주의 발상지가 모두 개신교 지역, 그것도 칼뱅파 지역이었다는 데 주목합니다. 이 칼뱅파 교리의 특징은 신도들에게 매우 강력한 금욕주의를 요구한 것입니다. 그리고 구원의 확신을 위한 방법으로 자신의 직업 노동, 천직에 전념하라고 요구했습니다. 여기서 바로 물질적 부를 죄악시하지 않고 오히려 신의 뜻을 드러내는 신의 직분, 천직의 수행 결과로 보는 관점이 나왔습니다. 또 세속적으로 성공하되 성공으로 얻은 물질적 부를 사치스럽게 낭비하지 않고 축적해야 한다는 생각이 퍼졌습니다. 이것이 바로 베버가 말하는 세속적 금욕주의이고 자본주의 정신입니다. 자본주의의 가장 큰 특징은 바로 이윤 재투자에 의한 축적과 확대재생산인데, 이는 칼뱅주의 개신교의 세속적 금욕주의를 통해서 가능해졌다고 보는 것입니다.

하지만 베버는 자신의 연구가 개신교가 경제 발전에 유리하다는 취지로 쓰일까봐 매우 걱정했습니다. 자신은 어디까지나 초기 자본주의 발생을 다루었지 그 후의 발전 과정은 다루지 않았고, 개신교 특정 종파가 자본주의 발생 초기에 그런 역할을 수행한 것은 오로지 역사적 우연이었다고 강조합니다.

사실 베버의 주장에 대해서는 당대부터 현재까지 매우 많은 비판이 제기되어 왔습니다. 자본주의가 개신교가 아니라 가톨릭 지역인 이탈리아의 도시국가들에서 훨씬 일찍 대규모로 출현했고 자본주의 정신도 충만했다는 연구들도 꽤나 인정받고 있습니다. 이런저런 논란이 많습니다. 그러나 중요한 사실은 베버가 저 주장을 꽤나 조심스럽게 했다는 사실입니다. 그러니까 베버의 논지 자체는 왜 상당수 서유럽 가톨릭 국가들이 그렇게 부유한지, 왜 개신교를 믿는 아프리카 대륙의 나라들은 처참할 정도로 가난한지, 800만 신들을 모시는 일본은 왜 그렇게 잘 사는지 등의 현실과는 아무런 관련이 없습니다. 그런 식의 주장이야말로 베버가 가장 싫어했던 것입니다. 개신교 믿으면 잘살게 된다고 생각하는 사람들은 그렇게 생각해도 좋습니다. 사상의 자유, 표현의 자유가 있는 나라이니까요. 다만, 베버를 들먹이진 마시기 바랍니다. 베버의 책을 안 읽은 티가 확 납니다.

온건 모범생 좌파의 일생

김 막스 베버도 한국에서 상당히 오해를 많이 받고 왜곡된 분이라고 할 수 있겠네요?

조 1970~80년대 유신과 5공화국 독재 시절에 사상 통제로 좌파 서적들이 다 금지되었을 때 막스라는 이름이 엉뚱하게 '마르크스'와 혼동되어 수난을 겪기도 한 분이에요. 검열관들이 정말 무지했죠.

베버는 경제학자, 정치학자, 사회학자, 역사학자라는 이름에 걸맞게 다방면으로 깊은 연구를 한 분입니다. 당대 독일어권 경제학계에서는 최고봉이라는 명성을 떨치고 있었는데요. 하지만 이후에 신고전파 경제학이 주류가 되면서 베버가 속한 역사학파 경제학은 거의 명맥이 끊기게 됩니다. 경제학에서는 거의 가르치지 않죠. 오히려 사회학에서는 3대 대가 중 한 명으로 꼽고, 정치학에서도 매우 중요한 사상적 원천으로 인정받고 있습니다.

김 저도 좀 찾아봤는데, 베버의 개인사는 별로 알려지지 않은 것 같아요. 워낙 무미건조하게 사신 분이라 그럴까요?

조 네, 기본적으로는 선비 타입이라고 할까요. 반듯하시고.

김 그렇다고 해도 항상 순탄하게 살아갈 수만은 없잖아요? 인생이란 굴곡이 있게 마련인데요. 아버지와의 관계가 문제가 있었다면서요?

조 그렇죠. 아버지 콤플렉스에 시달렸습니다. 그랬기 때문에 더욱 모범생으로 살아야 한다는 강박관념이 있지 않았나 싶습니다. 베버의 아버지는 상당히 잘 나가는 사람이었습니다. 젊어서는 자유주의적이고 개혁적인 지식인이었습니다. 프로이센의 전제군주 제도를 개혁해야 한다고 생각했던 사람이었죠. 그랬기 때문에 마르크스와 유사하게 베버도 어릴 적부터 자기 집에서 개혁적인 인사들을 많이 접했죠.

문제는 베버가 보기에 아버지가 이중적 인물이었다는 점입니다. 입으로는 개혁을 외치고 똑바로 살아야 한다고 말하는데, 실제로 살아가는 방식은 그야말로 쾌락주의자로 보였죠. 또한 그렇게 프로이센 제국을 욕하던 사람이 1870년대에 독일이 프로이센 중심으로 통일되고 허울뿐인 제국 의회를 열자 재빨리 국회의원이 되어 황제 충성파로 변신했기 때문입니다. 이런 아버지의 모습은 어머니와는 대단히 대조적이었습니다. 베버의 어머니는 프랑스의 위그노라는 칼뱅파 개신교 가문 출신이었습니다. 신앙심도 깊고, 경건하게 살아간 분이죠. 베버는 이런 어머니의 영향을 상당히 많이 받았습니다. 그래서 프로테스탄트 윤리, 특히 칼뱅파의 윤리에 주목하게 된 데에는 이런 베버의 개인사가 작용했다고 보기도 합니다. 도덕적으로 반듯한 어머니를 어려서부터 따르다 보니 외가 쪽, 특히 외삼촌을 좋아했습니다. 반면 아버지에게는 경멸의 감정을 버리지 못했죠. 그렇다고 대놓고 반항한 것은 아니고 속으로 참고 살았습니다. 그러다가 장성해서 대학을 졸업하고 취업해서 결혼한 다음에는 다른 도시에서 살았습니다. 그러면서는 아버지와는 거의 연락을 끊습니다.

아버지는 그런 아들이 항상 못마땅했습니다. 자식이 남자답지도 못하고 인생을 즐길 줄도 모르고 권력욕도, 야심도 없다고 불만스러워했죠. 그러던 중에 아버지가 베버의 신혼집을 찾아갑니다. 아주 먼 거리였는데, 마차를 타고 찾아가요. 실은 아들이 보고 싶었을 텐데 여기서 생애 처음으로 베버가 아버지에게 대들었습니다. 속에 있던 말을 해버려요. 이중적이고 위선자라고 대놓고 비판했습니다. 아버지는 너무나 충격을 받았죠. 사는 방식은 맘에 들지 않았지만 그래도 주변에서 모두가 천재라고 인정하는 아들을 늘 자랑스러워했는데 그런 아들이 자신을 줄곧 경멸해왔다는 사실을 확인한 거죠. 얼마나 놀라고 속이 상했겠어요. 그래서 바로 돌아가요. 그리고 시름시름 앓다가 얼마 지나지 않아서 세상을 떠납니다.

일생에 딱 한 번 반항했는데 아버지가 세상을 떠난 겁니다. 이 황망한 상황에 맞닥뜨린 베버는 우울증에 시달립니다. 당시 대학에 재직 중이었는데, 베버를 아낀 대학 측에서 괜찮다고 만류했지만 베버는 지적 활동을 할 수 없는 상태라고 스스로 판단하고 대학을 사직합니다. 이후 몇 년간 연구 활동을 아예 멈춥니다. 너무나 고통스러워서 뭔가를 읽을 수조차 없는 상태였습니다. 5~6년 동안 지적 활동을 완전히 멈추는데 결국 초인적으로 이 우울증을 극복합니다. 그러고는 돌아와서 처음 쓴 책이 바로 『프로테스탄트 윤리와 자본주의 정신』입니다. 자기 전공 분야도 아니었는데, 바로 세계적 베스트셀러를 써냈습니다. 정말 대단한 양반이죠.

베버를 보면 이런 생각도 듭니다. 아버지에게 품은 불만을 너무 꾹꾹 묵혀두었다가 부자관계가 왜곡돼버렸어요. 그래서 부모 자식 관계를 포함한 어떤 관계에서도 사소하게 여겨지는 불만이라도 평소에 털어버려야지, 이런 식으로 참으면 좋지 않겠다는 생각이 듭니다.

김　참, 우리나라 부자지간의 문제도 걱정이 되네요. 모녀지간은 나중에 가장 좋은 친구가 된다고 하는데, 한국의 아버지와 아들들은 대화가 거의 없으니까요. 저도 아들이 둘인데, 얘기를 좀 해보려고 해도 얘기가 오래 진행이 안 돼요. "별 일 없냐?" "응, 없어." 이렇게 끝나버리죠. 대화가 정말로 중요한데…….

베버는 마르크스의 대척점에 서 있나

김　많은 사람들이 베버는 거의 우파, 또는 보수, 혹은 마르크스와 대척점에 선 인물이다, 라고 생각하고 있죠. 실제로는 어떤가요?

조　전혀 그렇지 않죠. 물론 베버는 일생에 걸쳐 그다지 적극적인 정치 활동은 하지 않았습니다. 전형적인 학자였습니다. 그런데 1차대전을 겪으면서 생각이 바뀌기 시작합니다. 이전까지는, 학자로서 정치 활동을 할 수는 있되 그런 입장을 학문에 투영해서는 안 된다는 가치중립성을 상당히 강조했습니다.

그런데 1914년 1차대전이 터지면서 생각이 바뀌기 시작합니다. 처음엔 전쟁을 지지했습니다. 어느 정도냐 하면 애국적 입장, 공적 봉사 차원에서 이미 젊을 때 다녀온 군대를 다시 지원하기까지 했습니다. 그러다 어느 순간 전쟁에 반대하는 입장으로 바뀌어요. 전쟁이 진행되면서 점점 전쟁의 추한 본질, 전쟁이란 수백만 명의 젊은이들을 희생시키는 대가로 지배자들이 벌이는 비극적 놀음임을 간파하고 반전으로 입장이 바뀝니다. 그런데 참 아이러니한 면이 있습니다. 당시 독일을 비롯한 유럽 여러 나라에 사회민주당이나 사회당이 있었습니다. 아직 공산당과 갈라지기 전이었죠. 이 사민당들이 공산당과 사민주의 계열 정당으로 분열하는 계기가 바로 1차대전에 대한 태도였거든요. 원래 전쟁에 대한 사회민주당의 입장은 프롤레타리아 국제주의에 따른 반전이었습니다. 자본가들이 노동자와 민중을 내세워 제국주의 쟁탈전을 벌이는 상황이라고 보았죠. 그러니 당연히 고립되었습니다. 전쟁이 났는데 지금 무슨 소리냐는 압력을 받습니다. 이런 과정에서 상당수 사람들, 특히 당내 우파들이 애국 전쟁, 조국 수호 등의 이야기를 하면서 전쟁 찬성으로 입장을 바꿉니다. 전쟁을 찬성한 사람들은 사민당으로 남고, 반대한 사람들은 이후 공산당으로 갈라서게 되죠.

그에 비하면 베버는 완전히 반대방향으로 나아갔습니다. 처음에는 전쟁에 찬성하다가 이후에 경험을 통해 사태를 양심적으로 바라보고 성찰한 끝에 반전으로 돌아섰으니까요. 사실 당시 반전 주장은 상당한 고립을 자초하는 행동이었습니다. 생각해보세요. 전쟁 중에 전쟁을 반대하면 이적행위로 몰리는 일이거든요.

결국 베버는 이런 상황에 문제의식을 느끼고 정치 활동이 필요하다고 여기게 되었습니다. 베버의 사고 전환의 계기를 보려면 전쟁 상황을 좀 살필 필요가 있습니다. 1차대전은 독일이 먼저 프랑스를 침공해서 싸우다 보니 줄곧 프랑스 영토에서 전투가 벌어지고 있었습니다. 참혹한 참호전이 독일 접경 프랑스 영토 안에서 끝날 줄 모르고 계속되고 있었습니다. 전쟁 후기가 되면 독일은 자원과 식량이 거의 바닥이 난 상태가 됩니다. 기아가 엄습하고 있었습니다. 독일 국경을 넘은 프랑스 군인은 한 명도 없었지만, 패전이 눈앞에 다가온 상태였죠. 이때 항구에 있던 수병들이 반란을 일으킵니다. 직전에 일어난 러시아혁명과 똑같은 양상입니다. 1917년 소비에트와 유사하게 반란을 일으킨 병사들과 농민들이 자발적으로 노동자병사평의회를 만들어 스스로 권력을 잡겠다며 봉기했는데, 이 열기가 1주일 만에 전국으로 퍼집니다. 황제 빌헬름 1세는 네덜란드로 도망갑니다. 이때 베버는 노동자병사평의회에 참여합니다. 굳이 얘기하면 소비에트에 참여한 겁니다. 물론 당연히 소비에트 자체는 좌파가 아니라 여러 세력들이 뒤섞여 있었죠. 그리고 임시혁명정부가 만들어졌는데, 베버는 독일민주당(공산당과는 다른 온건 좌파 정당)이라는 정당을 만들어서 상당히 정력적으로 일했습니다. 총선에도 출마하고 당의 대통령 후보로도 언급될 정도였습니다.

당시 패전 후에 바이마르 정부가 출범했는데, 베버는 바이마르 헌법(세계 3대 헌법 중 하나)의 기초 위원이기도 했습니다. 또 얼마 후에 수립된 사민당 정부가 베버에게 장관 자리도 제안했지만 이를 사양하고 학계로 돌아갑니다. 이때부터 '정치란 무엇인가.'라는 주제를 붙들고 본격적으로 말하기 시작했는데, 그만 스페인독감에 걸려 숨을 거두었죠.

김 결국 베버는 양심적 좌파 내지는 온건 좌파 정도로 분류될 수 있겠군요? 자본가동맹의 고위급 인사들께서 베버를 바라보는 맥락과는 완전히 다르네요.

조 그렇죠.

김 학문적 방법론과 관점에서 베버를 마르크스와 정반대였던 사람이라고 알고 있는 이들도 적지 않습니다. 예를 들면 마르크스는 토대가 상부구조를 규정한다고 했다면 베버는 상부구조가 토대, 즉 하부구조를 결정한다고 주장했다는 식인데요. 사실인가요?

조 베버를 잘 읽어보면 알 수 있습니다. 베버는 사실 마르크스의 역사유물론에 찬성하지 않았습니다. 그렇다고 해서 유물론이 완전히 틀렸다고 주장하지도 않았습니다. 베버가 『프로테스탄트 윤리와 자본주의 정신』의 핵심 논지를 마르크스의 역사유물론에 대비해서 풀어나간 것은 사실입니다. 마르크스는 하나의 생산양식에서 다른 생산양식으로 나아가는 이행의 원동력이 물질적인 것, 거칠게 말하면 경제적 구조의 변화이고, 문화적·정치적·정신적 측면은 이 경제적 토대에 의해 규정된다고 주장했지만, 베버는 그럴 수도 있고 아닐 수도 있다고 보았습니다.

이런 문제는 구체적·역사적으로 연구를 해봐야 알 수 있지 일반론으로 말할 수는 없다면서 이렇게 말합니다. 역사적으로 상당 부분 유물론이 맞는 경우도 있다, 하지만 최소한 자본주의 이행 과정에서는 종교윤리라는 정신적 요소, 상부구조적 요소가 더 큰 역할을 했다. 이러면서 덧붙이는 말이 중요합니다. '그러나 나는 마르크스의 역사유물론에 맞서는 역사관념론을 제창하려는 것이 절대 아니다.'

『프로테스탄트 윤리와 자본주의 정신』의 의의와 한계

김 다만 자본주의 이행 과정을 선도하던 사회들의 공통점을 찾다 보니까 개신교 윤리를 받아들인 사회들이 많았고, 그러니 종교적이고 윤리적인 요인이 영향을 미치지 않았겠느냐 하고 주장했군요. 법, 제도, 관습, 사상, 종교 등의 상부구조가 토대를 규정한다고 일반화하진 않은 거죠?

조 베버가 가장 경계한 것이 섣부른 일반화였습니다. 베버의 사회과학 방법론을 '이해의 사회학'이라고도 말하는데, 일반법칙을 세우려는 기계적 결정론을 지양하고 구체적 사건의 경과를 분석하고 의미를 이해하는 것을 사회과학의 목표로 삼았던 것입니다. 그러니 오늘날 자기 이론을 일반화하는 경향이 있다는 사실을 알면 펄쩍 뛸 거예요.

김 그런데 『프로테스탄트 윤리와 자본주의 정신』의 내용은 개신교 윤리가 자본주의 이행의 동인이라는 얘긴데, 이건 일반화 아닌가요?

조 자신이 검토했던 16세기에서 17세기, 서유럽의 일부 지역들에 한해서 그렇다는 것입니다. 베버는 일반화와는 조금 다르게 '이념형'이라는 방법론을 사용했고, 이 방법론이 가장 잘 적용된 연구가 바로 『프로테스탄트 윤리와 자본주의 정신』입니다. 당시 개신교에도 다양한 종파들이 있었는데, 각자의 가장 전형적인 특징들을 잡아냈어요. 이를테면 칼뱅파, 경건주의, 감리교 등의 전형적 특징과 당대 경제 상황의 상관관계를 추적하는 방식이었죠.

김 좀 더 구체적으로 설명해주실 수 있을까요? 칼뱅파의 어떤 특징이 자본주의경제를 낳았다는 건지…….

조 예, 그게 핵심이겠죠. 베버는 칼뱅 교리의 특징으로 이른바 예정조화설을 듭니다. 칼뱅의 예정조화설이란 인간의 구원은 절대자인 신에 의해 이미 결정되어 있다는 내용입니다. 이는 가톨릭과의 관계로 볼 때 매우 중요한 단절입니다. 가톨릭에서는 인간이 교회 제도 속에서 예수를 따르는 선행을 통해 구원받을 수 있다고 가르쳤거든요. 예수로부터 교회의 반석이자 천국의 수문장이라는 지위를 부여받았다고 간주되는 베드로를 초대 교황으로 인정하는 가톨릭은 교회라는 제도의 힘을 매우 강조하는 편입니다. 지금도 그렇지요. 반면 칼뱅이 보기에 가톨릭의 구원 교리는 절대자인 신의 결정이 인간의 행위에 의해 바뀔 수 있다고 간주한다는 점에서 잘못이었죠. 칼뱅의 예정조화설에서 모든 것은 창조주 신에 의해 이미 결정되어 있습니다. 우리들의 구원 여부까지 포함해서요. 매우 근본주의적인 관점이지요.

김 그럼 악인이 구원받을 수도 있겠군요.

조 그 점이 칼뱅 교리에서 가장 큰 논란을 불러일으켰습니다. 정확히 말한다면 피조물인 우리 인간은 구원받을지 어떨지 모른다는 게 정답입니다. 인간들의 눈에 아무리 선하게 산 사람이라고 할지라도 신의 계획에서는 구원에서 제외되어 있을 수 있습니다. 반대로 살인마가 구원받을 수도 있지요. 인간의 행위와 구원을 분리한 겁니다. 구원은 신의 소관입니다.

김 상당히 충격적이었을 듯합니다. 착하게 살아도 구원받지 못할 수 있다는 얘기니까요. 그건 그렇고, 예정조화설은 자본주의 정신하고 무슨 상관이 있나요?

조 사실 논리적으로는 아무 상관이 없습니다. 그래서 베버는 예정조화설과 세속적 금욕주의, 나아가 자본주의 정신 사이에는 아무런 논리적·필연적 관계도 없다는 점을 분명히 합니다. 근본적으로는 우발적 관계라는 얘기죠.

김 재밌군요. 우발적 관계라…… 조금 더 자세히 설명해주시죠.

조 선행을 해봐야 구원받는다는 보장이 없다는 칼뱅의 교리는 그를 따르는 신도들에게 큰 충격을 안겼습니다. 신앙이 사람들의 인생 전반을 규율하던 시절이었다는 사실을 이해해야 합니다. 신도들의 불안과 동요 앞에서 칼뱅도 무언가 대안을 내놓아야 했겠죠? 이런 상황에서 칼뱅이 제시한 설명이 이른바 구원의 표지로서 천직에서 성공하는 것입니다.

원래 그리스도교 전통에서 노동은 죄를 짓고 에덴동산에서 추방된 인간에게 부여된 천형이나 다름없었는데 칼뱅은 이런 개념을 바꿨죠. 천형임과 동시에 천직이라고 본 것입니다. 이제 직업 활동은 신의 영광을 드러낸다는 측면에서 성스런 지위를 얻게 됩니다. 그렇다면 이 직업 활동에서의 성공은 신이 그를 구원하기로 했다는 표지로 볼 수 있다는 것입니다.

김 와, 설득력이 있는데요. 하지만 애초에 인간이 구원 여부를 알 수 없다는 전제하고는 모순되잖아요?

조 맞습니다. 모순되죠. 베버도 그걸 지적합니다. 하지만 당시 사람들은 논리의 모순 여부를 따질 상황은 아니었나 봐요. 베버는 이런 설명이 논리적인 정합성은 약했지만, 상당한 '사회심리적 효과'를 봤다고 썼습니다. 논리적인 설명이라고 해서 꼭 대중들을 설득할 수 있는 것은 아니잖아요?

이제 칼뱅파 신도들은 구원을 위해 천직에 전념해야 합니다. 신이 주신 천직이니까 돈 좀 벌었다고 사치하면 안 됩니다. 번 돈은 다시 재투자해서 더욱 성공하도록 노력해야 합니다. 그래야 구원받았다고 확신하게 되거든요. 이렇게 해서 칼뱅파 신교에서는 가톨릭적인 종교적 금욕주의가 아니라 세속적 금욕주의가 확산됩니다. 소비가 아니라 축적이, 향유가 아니라 끊임없는 확대재생산이 경제활동의 목표가 되는 새로운 정신, 에토스가 성립하는데요, 베버는 이것을 자본주의 정신이라고 불렀습니다.

김 중세 가톨릭의 정신과는 달랐다는 말이네요.

조 그렇죠. 중세 가톨릭 세계에서도 상업자본주의는 꽤 발전했습니다만, 가톨릭에는 천직 개념도, 세속적 금욕주의도 없었지요. 그러니까 자연히 축적과 확대재생산을 지향하는 자본주의 정신이 발생할 수 없었고, 자본주의 체제도 성립하지 못했다는 것이지요.

김 제가 상식적으로 아는 바에 따르면, 자본주의는 르네상스기 이탈리아에서 조금씩 싹트기 시작해서 본격적으로 영국에서 꽃을 피우면서 산업혁명으로 나타나 급속히 뿌리내리기 시작하고, 이후 프랑스와 독일이 후발 주자가 되어 일반화되었습니다. 그런데 이탈리아와 영국, 프랑스가 개신교 국가는 아니지 않습니까?

조 이탈리아는 가톨릭의 본산이죠. 영국은 개신교 국가, 구체적으로는 성공회 국가였습니다만, 성공회 같은 경우는 가톨릭과 교리나 전례의 차이가 거의 없다고 하죠. 지금도 개신교 중에서 가톨릭과의 그리스도교 재일치 운동을 가장 적극적으로 펼치는 종파이고요. 프랑스 역시 중요한 가톨릭 국가죠. 물론 프랑스에도 칼뱅을 따르던 위그노라는 개신교파가 있긴 했지만 전쟁과 학살을 피해 유럽 전역으로 흩어졌죠. 이때 흩어진 사람들 중에 베버의 어머니 쪽 조상들이 있습니다. 재미있는 이야기를 하나 해드리자면, 스위스가 시계 산업으로 유명하잖아요? 특히 제네바가 유명하죠. 제네바, 불어로는 주네브인데요, 이곳은 불어 사용 지역이고 칼뱅도 여기서 활동하면서 종교개혁 운동을 했어요. 그런데 제네바가 시계 산업으로 유명한 이유가 프랑스 위그노 시계공들이 그쪽으로 많이 이주했기 때문이라고 해요. 개신교를 창시한 사람이 루터니까 독일은 압도적으로 개신교가 많은 나라일 거라고 생각하시겠지만, 역사적으로 보면 신도 수는 비슷했습니다. 몇 년 전 통계를 봤더니 개신교가 42퍼센트, 가톨릭이 38퍼센트이더군요.

김 그럼 '자본주의가 발전한 국가를 보니 거의 대부분 개신교 국가더라.'라는 명제는 실증적 근거가 부족한 주장이 아닌가요?

조 베버 입장에서도 할 말이 있습니다. 베버는 자본주의 발전 논리를 연구하진 않았습니다. 자본주의 성립 이후의 발전에 대해선 종교 이외에 정치적·지리적·역사적 요인, 나아가 유물론적 원인까지 모두 고려할 필요가 있다고 봅니다. 다만 초기 출발점이 어디였느냐를 보니까, 대표적으로 제네바(프랑스 위그노들이 이주한 지역), 플랑드르, 스코틀랜드, 이런 지역들인데 하나같이 칼뱅주의가 처음 전파된 (국가라기보다는) 지역들이라는 것입니다. 또 당대에도 상공 계급, 즉 자본가들 중에 개신교도가 많다는 사실도 지적합니다. 그러니까 베버의 관찰 단위는 국가가 아니고 지역이며, 계급입니다. (칼뱅파) 개신교 믿는 나라가 잘산다는 식의 주장은 베버하고는 아무 상관이 없죠.

김 그렇다면, 이러한 잘못된 대중의 믿음과는 별개로 조 교수께서는 사회학자로서 막스 베버의 주장에 동의하십니까?

조 사실 저는 이 문제를 실증적 차원에서 논할 자격이 있는 사람이 아닙니다. 서양사 자료를 직접 읽고 연구할 수 있는 것도 아니고요. 다만 베버에 대한 반론들을 살펴보면 이 또한 상당히 설득력이 있습니다. 좀 전에 말씀하셨지만 이탈리아만 해도 그래요. 이탈리아 르네상스기에 베네치아나 피렌체에서 일어났던 자본주의 시장경제의 수준이나 규모, 자본주의 정신의 충만도를 보면, 이후 자본주의가 발전한 개신교 지역과는 비교도 되지 않을 만큼 규모가 크고 성숙해 있습니다. 당시 일개 도시의 경제가 웬만한 국가보다 규모가 컸거든요. 가장 근대적인 의미에서 진취적이고 합리적인 자본주의적 관습이나 제도들, 부기를 비롯한 합리적 회계, 환어음을 비롯한 국제금융 기법 등이 다 여기서 발전했습니다. 그렇다면 칼뱅파가 주도하는 지역이 아니었어도 얼마든지 자본주의가 발전할 수 있었다는 주장도 성립하는 겁니다.

김 그런데 왜 이탈리아는 이후에 자본주의로 발전하지 못하고 개신교 국가들의 자본주의가 발전했을까요?

조 그걸 따져보기 전에 이탈리아의 발전 이후 개신교 국가들이 발전을 주도했다는 표현도 조금은 수정을 해야 할 겁니다. 이탈리아 발전 이후에 중심이 된 국가들이 반드시 개신교 국가도 아니었고, 칼뱅파 국가들은 더더욱 아니었기 때문입니다. 이탈리아 도시국가들의 쇠퇴 이후에 유럽 근대사에서 패권을 다툰 국가들이라면 포르투갈, 스페인, 네덜란드, 영국, 프랑스, 독일 등을 꼽을 수 있을 텐데, 이중 포르투갈, 스페인, 프랑스는 가톨릭 중심 국가들이고, 영국은 국교회(성공회)가 중심이었고, 독일은 가톨릭과 루터파의 세력이 서로 팽팽했습니다. 칼뱅파가 중심이었던 나라는 네덜란드 정도뿐입니다. 스페인 이후 잠시 패권을 쥐었던 네덜란드에서 칼뱅파가 북부에서 유사 국교의 지위를 누렸죠. 하지만 루터파, 재침례교파-메노나이트파 등은 물론이고 가톨릭도 적지 않았어요. 영국에서도 스코틀랜드를 중심으로 칼뱅교가 전파되었지만, 주류가 되지는 못한 채 탄압을 받았고 상당수가 아메리카 대륙으로 떠납니다. 한국 개신교도들 일각에서 (칼뱅파) 개신교를 믿어야 잘산다는 신념이 퍼진 데는 사실 미국의 영향이 크다고 봅니다. 한국 개신교는 미국의 절대적인 영향력 아래 형성되었으니까요.

김 그렇군요. 그럼 조금 고쳐서 질문을 해보죠. 그렇게 일찍 이탈리아에서 자본주의 정신이 충만하게 발전했는데, 막상 이탈리아는 자본주의 발전에 실패하고 다른 나라들이 성공한 까닭은 뭘까요?

조 여러 가설이 있지만 아무튼 종교와는 무관하다고 말합니다. 훨씬 간명하고 설득력 있는 설명들이 있거든요. 예를 들어 국제 정치경제, 또는 세계체계론 차원에서 설명해볼 수 있습니다. 당시 유럽의 동쪽에서

강대한 오스만투르크 제국이 성장하고 있었죠. 그 결과 동서교역을 통해 부를 축적하고 있었던 이탈리아 도시국가들의 교역로가 막혀버립니다. 1500년대 말 레판토 해전에서 유럽 연합군이 오스만투르크에 승리했음에도 불구하고 대세를 되돌리지는 못했죠. 또한 동서교역에서 불리한 처지에 있었던 포르투갈, 스페인이 아프리카 항로와 대서양 항로를 개척하면서 교역로의 중심이 대서양으로 바뀜으로써 이탈리아 도시국가들이 큰 타격을 입습니다. 네덜란드와 영국, 프랑스 등 대서양 연안국가들이 식민지 경영에 기반을 두고 이후 급속히 성장하는 데는 이런 사정이 있었던 것이죠. 결과적으로 이탈리아의 도시국가들은 자본주의 정신의 결여 때문이 아니라 이런 국제 정치경제 질서의 변동에 의해 더 이상 경제적으로 성장하기 어려웠다는 얘깁니다. 적어도 예정조화설보다는 이쪽이 더 합리적인 설명이 아닌가 합니다.

김 그럴듯하군요. 그런데 여기서 또 중요한 문제가 바로 '세속적 금욕주의', 쉽게 말하면 근면과 성실을 통한 절약과 저축 아닙니까? 마르크스는 이른바 시초축적을 말하면서 착취와 수탈을 설명했는데 베버는 다른 면을 말했거든요. 이렇게 되면 소위 자본가들 입장에선 순전히 자신들의 노력으로 부를 이뤘다는 주장을 뒷받침해줄 수 있는 베버의 관점을 좋아할 수밖에 없을 듯합니다.

조 그런 면이 있죠. 정치적 지향과는 별개로 베버의 연구가 그런 식으로 활용될 여지는 얼마든지 있습니다. 앞에서 말씀드린 대목만 보아도 그렇죠. 사실 베버는 학문적 연구와 정치적 입장, 당파성의 구별이 무척 중요하다고 강조한 사람입니다. 당파성에 치우쳐서 학문의 객관성을 그르쳐서는 안 된다고 생각했죠. 베버 입장에서는 오직 객관적 사실만 연구했다고 볼 수 있습니다.

김 어쨌든 결과적으로 베버는 자본의 축적과 탄생 과정을 너무 협소하게 바라본 것 아닙니까?

조 사실 베버의 전체 연구를 보면 그렇게만 보기엔 곤란합니다. 당장 『프로테스탄트 윤리와 자본주의 정신』만 해도, 자본주의 정신의 긍정적 역할만을 강조하진 않았습니다. 특히 노동자에게 가해졌던 가혹한 규율과 훈련도 분석하고 있습니다. 하지만 연구 주제가 자본주의 정신 쪽에 있다 보니 상대적으로 덜 강조한 것이지요.

사실 당대에 이미 그런 비판이 나왔습니다. 마르크스주의자들 외에도 여러 사람이 비판했습니다. 베르너 좀바르트(Werner Sombart)라는 경제학자가 있습니다. 베버와 아주 가까운 사이였고, 『사회과학과 정책 연구』라는 유명한 학술지와, 『경제와 사회』라는 중요한 전집도 같이 편집했던 분인데요. 좀바르트가 이렇게 의문을 제기합니다. 앞에서도 살펴본 이야기지만 자본주의는 무한 축적, 어마어마한 양의 판매와 구매를 기반으로 하잖아요? 베버의 금욕주의 명제에 의하면 자본가나 노동자 모두 자신의 직업을 소명이자 천직으로 받아들여서 검소하게 사는데, 그렇다면 누가 소비를 해서 경제 시스템을 돌리고 심지어 축적을 할 수 있느냐는 것입니다. 좀바르트는 더 나아가, 자본주의를 탄생시킨 것은 절대왕정 시기 귀족들과 교역을 통해 성장한 부유한 상인들의 어마어마한 사치와 향락이었다고 주장했습니다.

절대왕정 시대에는 국왕과 귀족, 부르주아들이 가신으로 있는 이른바 궁정사회가 정치의 중심이었죠. 이 궁정사회의 특징이, 각 집단들의 어마어마한 과시적 사치 경쟁이라는 것입니다. 동시에 불륜이 꽃피는 사회이기도 했고요. 불륜은 그야말로 궁정사회의 룰이었는데, 정부를 두는 행위가 당연시되었다고 합니다. 배우자와는 재산과 자녀 문제만 함께 결정하고, 사랑은 다른 사람과 한다.

김 아이섀도라는 화장품도 그때 만들어졌다면서요? 눈 밑을 일부러 시커멓게 해서 어제 좀 놀았다는 표시를 하려고.

조 그렇다고들 하더군요. 귀족들과 거상들이 애인들에게 터무니없이 값비싼 선물을 하는 경쟁이 붙었다고 해요. 좀바르트의 책을 읽어보면 좀 무시무시할 정도입니다. 이것이 하나의 관습이 되었다고 합니다. 결국은 궁정사회의 사치와 향락이 자본주의를 만들었고, 원동력은 '불륜'이라는 관습이었다는 거죠.

김 이렇게 본다면 베버의 경제학적 성취나 기여는 그다지 크지 않다고 볼 수 있지 않을까요?

조 솔직히 말해 소위 자본주의 이행론 측면에서 베버의 경제학 차원의 언급을 오늘날엔 중요하게 다루진 않는 듯합니다. 오히려 사회학적 성취, 어떤 의미에선 경제에 미치는 문화의 영향이라는 면을 중시하는 것 같습니다. 베버의 명제 자체는 사실 많이 반박이 되었습니다. 물론 아직도 옹호하는 사람들도 있지만요.

개신교 자본주의론보다 더 대담한 유교 자본주의론

김 문제는 지금 대한민국 사회에서 베버의 후계자, 아니 불효자들이라고 해야 할까요, 이런 사람들이 있다는 얘긴데요. 소위 '유교 자본주의'라는 이야기가 나온 지가 꽤 되었는데, 이건 베버로부터 빌려온 개념이라고 봐야 하지 않을까요? 우선 유교 자본주의가 무엇인지부터 한번 따져보죠.

조 유교 자본주의론이란 베버의 서구중심주의에 대한 반발에서 나왔습니다. 한마디로, 서양에 개신교 윤리가 있었고 이로부터 자본주의가 발전·성장했다면, 동양에는 유교문화가 있어서 유사한 역할을 했다는 주장입니다. 유교문화권에 속하는 일본, 한국, 대만, 홍콩, 싱가포르 등이 유례없는 경제적 성공을 거둔 이유가 어디 있는가를 유교문화를 통해 설명하려는 입장이지요.

그럼 이들이 말하는 유교문화의 특징이 뭘까요? 교육 중시, 학력주의, 혈연 중시, 대가족주의, 집단의식, 강한 문화적 동질감 들을 꼽을 수 있습니다. 교육에 대한 열성을 보자면, 유교 전통에서는 옛날부터 과거 시험이 있었고, 자녀 교육에 엄청난 투자를 해왔다는 거죠. 이를 통해 훌륭한 인적 자원을 길러냈다는 주장이고요. 혈연 중시, 대가족주의에 관해서는 좁은 범위의 가족만이 아니라 가문, 나아가 지연까지도 포함하는, 높은 결속력을 들고 있습니다. 집단의식의 경우도 서양의 개인주의와는 달리 기업 구성원들, 특히 노동자들이 자신의 권리만 주장하기보다는 회사가 먼저 잘돼야 한다는 생각으로 기업 경영에 적극 협조한다는 얘긴데, 여기엔 가족주의도 영향을 미친다고 봅니다. 회사를 가족처럼, 사장님을 가장처럼 생각하는 인식이, 몇몇 동아시아 국가들의 고도성장의 원동력이 되었다는 논지죠. 장유유서, 연공서열 의식도 마찬가지예요. 쉽게 생각해봅시다. 사장님들이 대체로 나이가 많잖아요? 유교문화에서 보자면 사장님을 자본가로 보기보다는 손윗사람으로 보고, 존경하게 된다는 것입니다. 또 노동자들 역시 나이 무시하고 능력으로만 평가하기보다는 연공서열에 따라 호봉제로 보상을 하다 보니, 더욱 회사에 충성하게 된다는 논리죠.

김 또 하나의 가족 같은 거죠? 그렇다면 자본주의는 유교국가에서 먼저 나타나야 하지 않았을까요?

조 그렇죠. 이 논리에서 참으로 이상한 점은, 유교문화에 서양의 개신교처럼 자본주의 정신과 맞닿는 부분이 있었다면 왜 유교가 번창하던 시절에는 자본주의가 성장하지 못했고, 거꾸로 유교가 쇠퇴한 현대에 이르러서야 자본주의가 발전했느냐는 거죠.

사실 유교 자본주의론에서 동아시아의 성공 요인으로 제시하는 학력주의, 대가족주의, 집단주의, 연공서열주의, 높은 동질감 등의 특징이 이전까지는 다수 서양 및 동양 학자들에 의해서 동아시아가 낙후한 원인들로 지적받던 요소들이었거든요. 이른바 근대화론이 맹위를 떨치던 1950~60년대에는 이런 요소들이 동아시아 후진성의 대표적인 원인들로 지탄받았습니다.

요즘은 이 유교 자본주의론이 국제 학계에서 별로 안 먹혀들고 있습니다. 1990년대 후반에 경제위기를 겪으면서 동아시아 국가들의 경제가 성장의 한계에 부딪히고 있으니까요. 동아시아 국가들의 성장이 지지부진하니까 설득력이 떨어지고 있지요. 대신 이른바 글로벌 스탠더드라고, 미국식 자본주의 체제가 표준이 되어 강요되고 있습니다. 그조차도 2008년 금융위기 이후에는 설득력이 떨어졌고요. 눈을 열어서 바깥 세상을 살피되 우리 자신의 평가 기준을 세워야 할 때라고 생각합니다.

김　그렇죠. 우리나라만 해도 IMF 이전과 이후가 완전히 다르잖아요. 가족주의가 '나부터 살자'로 다 바뀌지 않았습니까? '우리 힘드니까 넌 나가.'라고 하면서 맨 얼굴을 드러냈죠. 그런데 한편으로는 평생고용이라는 모델이 서구에는 별로 없었고, 일본에서 건너온 거라고 하잖아요. 그에 기반한 애사심이 회사를 키운 동력이 되었다는 주장도 있는데. 관련 사례로 도요타자동차도 언급되고요. 이런 특성이 순기능이 전혀 없다고 볼 수는 없지 않을까요?

조　그럼요. 순기능이 있을 수 있죠. 하지만 굳이 유교를 끌고 올 필요가 있을까요? 물론 회사가 그런 정책을 펼치고 사원들을 가족으로 대우하며 유교 이념을 활용할 수는 있어요. 그런데 사원들을 가족으로 대우하더라도 회사를 유교적으로 이끌지 않을 수 있고요, 또 똑같이 유교식 경영을 한다고 해도 망할 수도 있거든요. 그러다 망하면 또 한동안은 완전히 미국식 경영으로 돌아서고…… 이러잖아요. 이건 그냥 유교인가 아닌가를 떠나서 말장난이죠. 사실은 유교 말고 자본주의적으로 잘 적응할 수밖에 없었던 특수성을 훨씬 설득력 있게 설명하는 틀이 있습니다.

김　우리나라 같은 경우를 좀 더 깔끔하게 설명하면 어떻게 될까요?

권위주의적인 독재 정부의 동원 체제인가요? 저임금부터 시작해서 온갖 특혜에……

조 아주 여러 요인이 복합적으로 작동한 결과겠죠. 말씀하신 요소들을 흔히 발전주의 국가 프로젝트라고 하는데요. 세계 질서 차원에서 전략적인 자본주의의 쇼윈도를 만들 필요가 있었던 헤게모니 국가 미국의 영향이 무척 컸다는 점을 고려해야겠지요. 가만히 보면 앞에서 말한 동아시아의 다섯 나라(도시)들은 모두 냉전기 반공 전선의 최전방 기지였다는 공통점이 있습니다. 이런 점에서 선택된 면이 있고, 그래서 "초대에 의한 발전"이라는 표현이 있어요. 물론 이런 설명은 우리의 주체적 역량을 너무 폄하하는 표현이긴 해요. 한국 노동자들이 열심히 일했고, 국가도 나름의 역할을 했으니 이런 점 또한 중요하게 고려해야 합니다. 이 모두를 고려해야죠. 한편 발전하지 못한 나라의 국민들이 일을 열심히 안 했느냐 하면 그렇진 않거든요. 그것만 가지고 다 설명하기도 어렵고요. 세계체계 차원에서 헤게모니 국가에 의한 부의 재분배 과정에서 혜택을 입은 면이 있다는 점을 지적하고 싶은 것입니다. 그건 사실 우리 역량 밖의 문제거든요.

김 그렇다면 유교 자본주의론이 한때나마 유행했던 이유는 이른바 자본가에 대한 공세를 차단하기 위한 정치적 의도 때문이라고 볼 수도 있습니까?

조 좀 구별해볼 필요가 있을 것 같습니다. 원래 유교 자본주의론은 한국에서 먼저 나오지 않았고 주로 미국의 중국계 학자들이 제기한 주장입니다. 자본가 옹호가 목적이었다기보다는 신유교주의의 관점에서 유교의 가치를 현대적으로 적극 재해석하려 했던 것입니다. 좀 거칠게 말하자면 중국문화의 힘을 주목하자 정도였지요. 유교는 원래 중국에서 생겨났잖아요.

한국의 경우도 유사한 면이 있기는 하지만, 역시 정치적인 맥락도 무시할 수 없습니다. 그런 주장을 한 사람들이 애초에 정치적 의도를 가지고 있었는지는 알 수 없지만, 어쨌든 정치적 효과가 발생하니까요. 동아시아 발전의 원인이 이런 유교적인 가치들로부터 나왔으니 나쁘지 않다는 얘길 한 겁니다. 대표적인 것이 연고자본주의, 재벌들의 가족 경영인데, 동아시아는 이런 특징이 있어서 발전을 이끌었다는 식으로 귀결되지요. 일본도 그렇지만 대만도 전형적인 가족 기업 체제거든요. 한국의 재벌도 마찬가지죠. 또한 노사가 본질적으로 갈등한다는 것은 서구의 시각이고 노사는 가족이라는 시각이 동아시아 발전의 원동력이었다는 주장입니다. 연공서열주의도 묘한 정치적 효과를 발휘하죠. 평등이란 관념은 서구의 개인주의에 기원을 두는데, 반면에 동아시아의 봉건적 서열주의, 연고주의, 파벌 등이 발전에 더 적합하다는 정치적 의미가 담겨 있는 것입니다. 게다가 이를 주장한 일부 인사들은 노골적으로 뉴라이트 활동을 하기도 했죠.

김 사실 저는 그렇게 생각해요. 우리나라 기업에 가족주의가 있었나? 아니다. 오히려 가족의 메타포를 쓰려면 이렇게 표현할 수는 있겠죠. '계모가 서자 취급 하듯 바라봤다.' 무슨 대단한 가족이기에 걸핏하면 내쫓고 핍박합니까?

조 공감합니다. 하다못해 유교를 하려면 좀 제대로 했으면 좋겠다는 생각도 들지 않나요? 유교는 수직적 관계를 강조하지만, 대신 윗사람은 확실한 책임감을 가져야 하거든요. 가부장적인 아버지가 그렇지 않습니까? 권위로 누르지만, 너희들은 내가 다 먹여 살린다는 단호한 의지가 있잖아요. 그에 비하면 한국의 큰 기업들을 이끄는 사람들은 유교적 실천도 제대로 못하는 경우가 많죠.

제가 아는 학자 중에 유학을 정말 제대로 공부하신 분이 있는데, 이런 이야기를 정말 싫어해요. 유교에 대한 이런 통념들이 무척 잘못되었다고 합니다. 옛날 스승과 제자의 관계도, 대단히 수직적일 것 같지만 다산 선생을 보면 제자들하고 친구처럼 지냈다는 거예요. 오성 이항복하고 한음 이덕형은 역사에 남는 절친이지만, 사실은 이항복이 다섯 살 위예요. 그 정도 나이 차이에서는 서로 존대하고 친구로 지냈습니다. 그런데 요즘에는 젊은 분들이 빠른 몇 연생이라고 1, 2월에 태어난 대학 동기들하고 말을 놓느냐, 안 놓느냐로 곧잘 시비를 벌인다더군요. 후배들은 또 출생 연도가 같다고 선배 대접 안 하려고 해서 문제가 되기도 하고요. 같은 해 1월생하고 12월생은 나이가 같으니 친구가 되고, 12월생하고 다음 해 1월생이면 한 달 차인데 친구가 아니다? 이건 유교문화, 장유유서가 절대 아닙니다. 말도 안 되는 소리죠. 유교가 얼마나 합리적인 사상인데요.

김　그러니까요. 유교의 본고장인 중국만 해도 남녀관계가 상당히 평등하죠?

조　특히 강남 쪽, 그러니까 남부 지방이 더 그렇죠. 원래 전통은 항상 재발명되면서 옷을 갈아입거든요. 우리가 오늘날 알고 있는 유교문화가운데 상당수는 본래 유교와는 다릅니다. 현대에 들어와서 탄생한 잡탕문화랄까요. 빠른 연생 따지는 것처럼…….

김 아무튼 개신교, 유교 다 짚어봤는데. 자본주의의 탄생과 발전은 내부 메커니즘으로만 바라보면 안 되겠군요.

조 네, 큰 틀에서 세계체계의 변동도 잘 봐야겠죠. 한 나라가 감당할 수 없는 정세 변화가 큰 영향을 미친다는 점도 신중하게 생각해야 합니다.

김 자본주의는 분명 서유럽에서 발흥했습니다만, 모든 모델과 기준점을 서유럽에 놓고 판단해도 좋은 겁니까?

조 제가 오늘 가장 하고 싶은 이야기기도 합니다. 기본적으로는 베버를 이해하는 방향에서 이야기했지만, 비판적으로 본다면 베버의 질문 방식은 근본적으로 문제가 있습니다. 베버는 프로테스탄트 윤리만이 아니라 종교 연구를 더 깊이 진행합니다. 도교, 유교, 힌두교 등을 다 건드립니다. 특히 중국은 너무나도 현세적이고 합리적인 유교 윤리를 갖고 있었고 시장경제도 이미 충분히 발전해 있었다는 사실을 인정하거든요. 그러면서 질문을 던집니다. 서유럽과 비교해도 자본주의가 등장할 수 있는 토대가 충분히 갖추어져 있던 중국이나 이슬람에서는 왜 자본주의가 발전하지 않았고, 어째서 서유럽에서 발생했느냐.

김 그러니까 중세까지 중국이 최고의 문명국가 아니었습니까?

조 최고 문명국가들 중 하나라고 해야겠죠. 너무 중국만 강조해도 중국문화권에 있었던 한국의 입장에서는 에두른 자문화중심주의로 흐를 수 있으니까요. 이슬람도 굉장했잖아요? 인도는 18세기 무렵 자체적인 매뉴팩처 산업까지 꽤 발전했어요. 19세기에 영국의 식민지화가 진행되면서 오히려 탈산업화되죠. 북아프리카 지역의 문명 수준도 굉장했고요. 중앙아프리카 지역에도 상당한 수준의 제국과 왕국들이 있었습니다. 문명의 중심은 여러 곳에 있었습니다.

김 제가 도자기 다큐멘터리를 봤는데, 정화가 아프리카와 유럽과 교역하는 내용이 나오잖아요? 정말 대단하더라고요.

조 당대 최고의 상품이었죠.

김 최첨단 하이테크 산업이더라고요.

조 아편전쟁이 1840~42년에 벌어지잖아요? 1800년대 초반만 해도 유럽은 대중국 교역에서 언제나 적자를 봤어요. 불법 아편 판매도 적자를 메우기 위해 자행한 것이고요.

김 어쨌든 지금 세계를 지배하는 체제는 자본주의고, 자본주의의 발흥국은 서유럽이고, 자본주의가 가장 빨리 발달한 지역도 서유럽이다. 이것은 명확한 사실 아닙니까?

조 그럼요. 사실 차원에서 받아들여야죠. 물론 식민주의라는 반칙을 쓰긴 했습니다만, 서유럽이 경제적으로 자본주의라는 체제를 도입해 빨리 발전시켰죠. 이것이 사실이 아니라거나 잘못된 주장이라고 이야기해선 곤란할 것입니다. 반대로 일관되게 서양이 늘 앞선다고 이야기해도 문제일 테고요.

사실 베버의 방법론적 관점은 이렇게 보면 안 됩니다. 베버는 그야말로 역사적인 우발성을 강조하기 때문에 당시의 역사적 사실들을 정확히 연관지어 설명하려 했지요. 그럼에도 불구하고 베버의 질문 방식에는 서구중심주의가 깔려 있었죠. 서구를 하나의 표준으로 삼은 셈이거든요. 칼뱅주의의 사회심리적 효과와 자본주의 정신으로의 변모는 우발적인 현상이었지만, 서구가 아닌 다른 지역에서도 비슷한 사례가 있는가를 종교를 중심으로 연구했으니까요.

우리는 이런 문제들을 극복하기는커녕 "우리는 서구에 비해 무엇이 부족한가."라는 서구 중심의 질문을 반복하고 있어서 문제입니다. 후대의 적지 않은 베버 연구자들 역시 이런 질문을 던지는데, 사실 여기엔 서유럽에는 있었던 무언가가 다른 지역엔 없었다는 기본 인식이 깔려 있습니다. 결국 서구가 모든 것의 기준이 되어버리지요. 사실은 무언가가 부족했다기보다 서로 다른 것을 가지고 있었을 뿐인데 말이죠.

김　애덤 스미스, 마르크스의 이야기를 살펴볼 때와 마찬가지로 피상적인 수준에서 오해되고 왜곡되는 논의들이 너무 많다는 사실을 다시 한 번 깨달았습니다.

막스 베버의 서구중심주의

막스 베버의 『프로테스탄트 윤리와 자본주의 정신』은 자본주의 탄생의 원인을 다룬 저작으로도 유명한데, 서구중심주의적 사고방식의 전형을 제시하고 큰 영향을 미친 저작으로 중요하게 다룰 필요가 있다. 사실 베버의 문제의식 자체는 오히려 이쪽에 가까웠다. 이 책의 서문에서 베버는 서구와 비서구 사회의 차이를 두고 문제 제기를 하고 있다. 매우 길지만 축약해서 살펴보자.

> 근대 서구문명의 계승자라는 입장에서 세계사의 문제들을 연구하려 할 때 우리는 항상 다음과 같은 의문을 품을 수밖에 없다. 즉 어찌하여 세계적(보편적)인 의의와 타당성이 내포된 발전 방향을 지향했다고 할 수 있는 문화 현상이 마침 서구에서, 아니 오직 서구에서만 발생했는가.
>
> 오늘날 우리가 보편적으로 인정하고 있는 발전 단계에서 보면 과학은 서구에만 존재한다. 물론 경험적 지식, 세계와 인생 문제에 대한 성찰, 철학적·신학적인 심오한 생활 철학 등 요컨대 고도로 정밀화된 지식과 관찰은 다른 지역들, 특히 인도, 중국, 바빌론, 이집트 등지에도 없지 않았다. 그러나 바빌론을 비롯한 여타 지역의 천문학에는 그리스인들이 처음으로 이용한 수학적 기초가 결여되어 있었다. 또 인도의 기하학에는 합리적인 논증이 없었다. (……) 고도로 발전된 중국의 역사서술에는 투키디데스 같은 식의 방법론이 없다. (……) 비서구 지역들

은 엄격한 법학적 격식과 로마 혹은 로마법적인 훈련을 받은 서구 법률의 사유방식이 결여돼 있다. 뿐만 아니라 교회법과 같은 법률도 서구에만 있는 형태이다.

(음악과 건축, 회화 등에서도 마찬가지로 서구에서만 합리적 형태가 존재한다.) 중국에 인쇄물이 없지는 않았다. 그럼에도 불구하고 출판을 목적으로, 출판을 통해서만 존속이 가능한 인쇄물, 그중에서도 신문과 정기간행물은 서구에서만 출현했다. (……) 특히 서구에서 근대국가 및 근대 경제의 초석이 된 전문 관료가 그러하다. 이러한 관료들은 단초라 할 수 있는 관리들이 여기저기서 눈에 띌 뿐, 어떤 의미에서든 서구와 같이 사회질서를 구성하는 단계로 나아간 사례는 일찍이 없었다. (봉건국가도 서구에만 있었고, 의회, 내각, 당파, 헌법, 행정 또한 마찬가지였다.)

그뿐 아니라 우리의 근대 생활에서 운명을 결정할 정도의 위력을 발휘하는 자본주의와 관련해서 보아도 사정은 다르지 않다. 영리 욕구, 바꿔 말하면 화폐 취득 또는 가능한 한 많은 화폐 취득을 목적으로 하는 이윤 추구 자체는 자본주의와는 전혀 무관하다. (어느 시대, 어느 누구든 이런 욕구를 갖고 있다.) 서구는 특수한 의미를 갖게 되었으니, 종류, 형태 및 방향에서 여타 지역에서는 한 번도 성립한 적이 없는 자본주의가 탄생했기 때문이다. (……) 서구는 근대에 와서 이러한 성격 이외의 토지, 다른 지역에서는 한 번도 생성된 일이 없는, 완전히 새로운 형태의 자본주의를 발전시켰으니, 바로 형식상으로 자유로운 노동으로 구성되는 합리적, 자본가적 조직이다.

지금까지 인용한 어느 사례를 보더라도 서구 문화의 고유한 특질을 이루는 합리주의가 문제 되고 있음을 알 수 있다. (……) 무엇보다 우리가 문제 삼는 것은, 서구적 합리주의, 나아가 근대적인 서구합리주의의 고유한 특질을 인식하고 기원을 해명하는 일이다.

요컨대 베버의 문제의식은 보편적 중요성과 가치를 갖는 모든 현상이 오직 서구에서만 나타난 원인과 경과를 해명하는 것이었다. 그 핵심을 찾던 베버는 합리주의를 발견하는데, 당연히 그냥 합리주의가 아니라 서구의 합리주의이다. 달리 말하면 나머지 사회는 비합리적 사회로 정의되며, 나아가 서구 대 나머지(비서구)라는 구도가 정립된다. 좋은 속성들은 모두 서구에서 기원하며, 나머지 사회는 매우 발전한 문명들조차도 단초만 형성했을 뿐 서구와 같이 합리화의 길로 접어드는 데 실패했다고 평가한다.

심지어 베버는 인종주의적 편견조차 지니고 있었다. 아직은 인종적·유전적 요인을 측정할 수 있는 과학적 방법이 부재하기 때문에 조심스럽고 신중한 자세를 견지해야 한다고 말하면서도, 인종이라는 요인이 역사 발전에 영향을 미친다는 믿음 자체는 숨기지 않았다. 예컨대 흑인에 대한 편견은 확연했다. "흑인들은 공장 노동이나 기계 조작에 적합하지 않다. 강직증에라도 걸린 것처럼 갑자기 잠에 빠져버리는 일도 드물지 않기 때문이다. 인종 간의 구체적 차이를 분명히 보여주는 경제사의 한 사례인 것이다." 유럽인들의 우수성의 근본 원인 또한 유전 형질의 차이에 있다고 생각했다. 다만 아직은 연구가 불충분하므로 사회적·역사적 요인들을 연구하는 데 집중해야 한다고 생각했을 뿐이다.

베버의 이와 같은 서구중심주의는 당대 서구에서는 꽤나 널리 퍼져 있던 사고방식이었다. 베버는 이런 편견들을 학술 차원에서 문제화·체계화했고, 학문적 명성에 걸맞게 후대에 깊은 영향을 미쳤다. 무수하게 이질적인 세계의 지역들이 '비서구'라는 명칭으로 단일화되었고, 후진 지역으로 표상되었다. 비서구의 후진성은 서구 제국주의의 착취와 수탈 때문이 아니라 그들 자신의 비합리성에 기인한 특성으로 포장되었다.

긴 지배의 역사 속에서 수많은 식민지인들, 비서구인들이 이 서구중심주의 도식을 받아들이고 내면화했다. 적지 않은 식민지 지식인들이 자기 민족의 후진성을 탓하며 식민 지배에 맞서 저항하는 대신 의식 개혁, 정신 개조, 생활 개혁 운동으로 나아갔다. 춘원 이광수의 「민족개조론」은 그저 수많은 사례들 중 하나일 뿐이다. 대부분의 식민지들이 독립하게 된 1950~60년대에 베버의 사고방식은 근대화 이론이라는 틀을 통해서 전 세계로 확산되었다. 이제 소위 나머지 세계는 서구가 걸어간 길을 모범 삼아 부지런히 발걸음을 재촉하기만 하면 된다는 믿음이 더욱 확고해졌다.

오늘날 베버식의 서구중심주의는 수많은 비판에 부딪히고 있다. 우선 다른 세계의 역사에 대한 베버와 서구중심주의자들의 오해 혹은 무지에 대한 실증적 비판들은 수를 헤아릴 수 없을 정도로 엄청나다. 사례 하나만 보자. 이른바 수력 사회론-동양적 전제 사회론이라는 이론이 있다. 마르크스와 베버의 영향을 함께 수용한 카를 비트포겔(Karl Wittfogel)이라는 독일 학자가 펼친 이론인데, 요지는 관개농업을 수행하는 동양 사회는 관개 시설의 건설, 유지, 물 분배를 위해 국가가 전제정치를 펼 수밖에 없고, 결국 아시아인들은 본질적으로 자유로울 수도 진보적일 수도 없었다는 주장이다. 반면 관개가 필요하지 않아 농민들이 자유롭게 각자 물을 댈 수 있었던 유럽에서는 자유 관념이 발달했다는 것이다. 베버는 중국 북부의 경우 관개에 별로 의존하지 않았다는 사실 정도는 알고 있었기 때문에, 관개 시설 대신 운하 건설과 유지가 동양의 전제주의를 낳았다고 보았다.

현대의 연구들은 이런 주장들이 어처구니없는 무지의 소산임을 보여준다. 이집트를 제외하면 아시아에서 전적으로 관개에 의존한 사회 자체가 없었기 때문이다. 관개농업을 하는 사회는 모두 천수농을 함께 했다. 이후에 아시아 전역에서 관개가 실행되었을 때에도 물이 부족해서가 아니라 관개를 통해 식량 생산을 집약할 수 있었기 때문이다. 즉 관개는 전제주의라는 사회체제를 낳은 원인, 독립변수가 아니라, 특정한 사회체제가 낳은 결과, 종속변수에 불과했던 것이다.

이런 수많은 비판에도 불구하고 사고방식으로서 베버 식 서구중심주의는 아직도 굳건하다. 사실 베버를 비판한다고 나섰던 유교자본주의론 자체가 베버식 사고방식이 얼마나 막강한 영향력을 발휘하고 있는지를 여실히 보여주는 사례다. 베버의 결론에는 반대하지만, 방법론은 그대로 수용하고 있기 때문이다. 모든 학문과 사상이 마찬가지겠지만, 베버의 학문적 위대함과는 별개로 업적과 영향력이 미친 치명적인 문제들도 냉철히 인식할 필요가 있다.

더 읽을 거리

『프로테스탄티즘의 윤리와 자본주의 정신』
막스 베버, 김덕영 옮김, 길, 2010.

『프로테스탄트 윤리와 자본주의 정신: 노동의 이유를 묻다』
노명우, 사계절, 2008.

『막스 베버, 이 사람을 보라』
김덕영, 인물과 사상, 2008.

『역사학의 함정, 유럽중심주의를 비판한다』
제임스 M. 블로트, 박광식 옮김, 푸른숲, 2008.

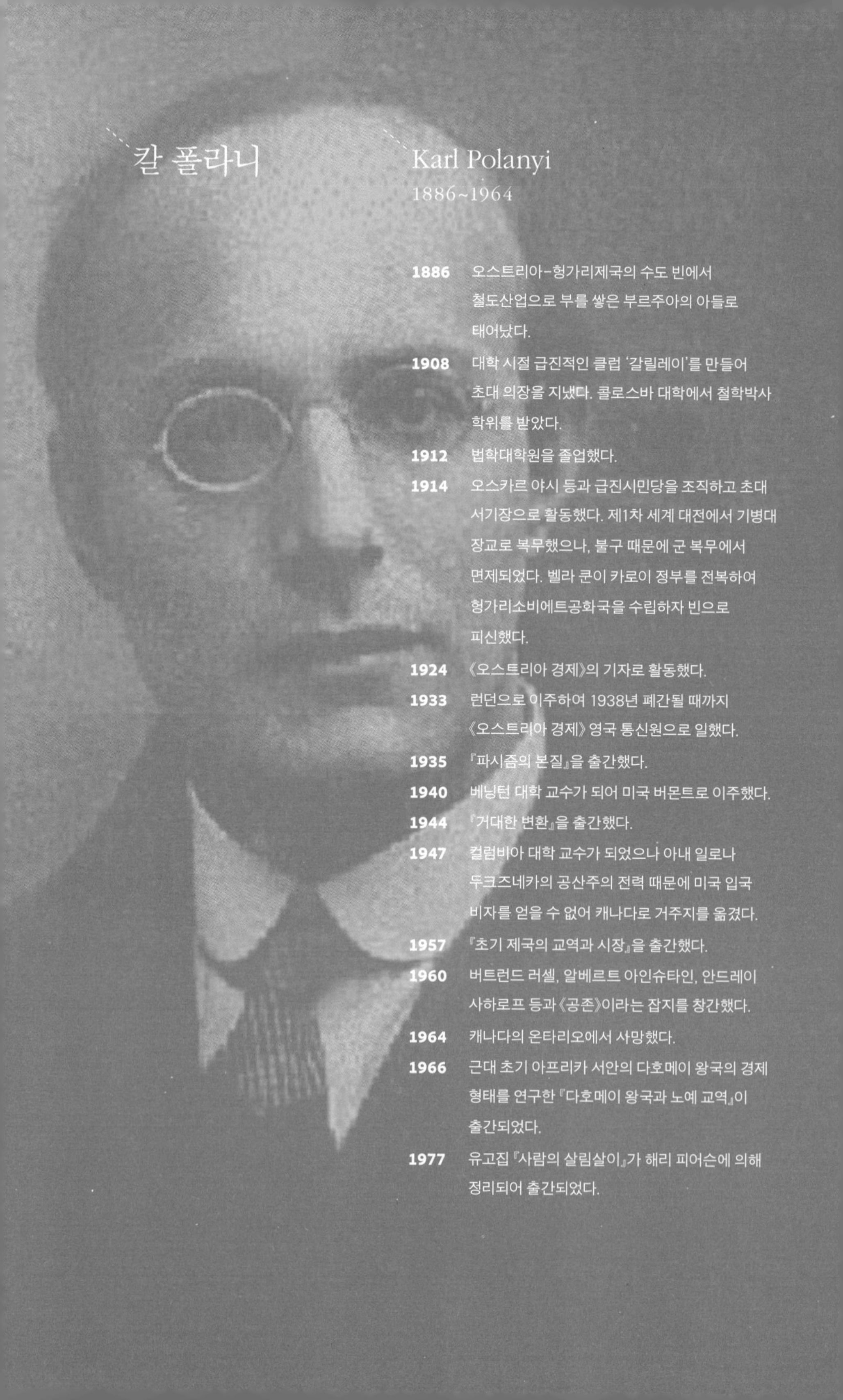

칼 폴라니

Karl Polanyi

1886~1964

1886 오스트리아-헝가리제국의 수도 빈에서 철도산업으로 부를 쌓은 부르주아의 아들로 태어났다.

1908 대학 시절 급진적인 클럽 '갈릴레이'를 만들어 초대 의장을 지냈다. 콜로스바 대학에서 철학박사 학위를 받았다.

1912 법학대학원을 졸업했다.

1914 오스카르 야시 등과 급진시민당을 조직하고 초대 서기장으로 활동했다. 제1차 세계 대전에서 기병대 장교로 복무했으나, 불구 때문에 군 복무에서 면제되었다. 벨라 쿤이 카로이 정부를 전복하여 헝가리소비에트공화국을 수립하자 빈으로 피신했다.

1924 《오스트리아 경제》의 기자로 활동했다.

1933 런던으로 이주하여 1938년 폐간될 때까지 《오스트리아 경제》 영국 통신원으로 일했다.

1935 『파시즘의 본질』을 출간했다.

1940 베닝턴 대학 교수가 되어 미국 버몬트로 이주했다.

1944 『거대한 변환』을 출간했다.

1947 컬럼비아 대학 교수가 되었으나 아내 일로나 두크즈네카의 공산주의 전력 때문에 미국 입국 비자를 얻을 수 없어 캐나다로 거주지를 옮겼다.

1957 『초기 제국의 교역과 시장』을 출간했다.

1960 버트런드 러셀, 알베르트 아인슈타인, 안드레이 사하로프 등과 《공존》이라는 잡지를 창간했다.

1964 캐나다의 온타리오에서 사망했다.

1966 근대 초기 아프리카 서안의 다호메이 왕국의 경제 형태를 연구한 『다호메이 왕국과 노예 교역』이 출간되었다.

1977 유고집 『사람의 살림살이』가 해리 피어슨에 의해 정리되어 출간되었다.

노동은 상품이 아니다

5강

강의

칼 폴라니는 헝가리 출신의 경제학자, 경제인류학자, 경제사학자, 정치경제학자입니다. 조금 낯선 이름이죠? 애덤 스미스나 카를 마르크스, 막스 베버에 비하면 확실히 좀 낯선 이름입니다. 하지만 폴라니는 지난 수십 년간 자본주의 시장경제를 비판적으로 보고 대안을 고민해온 사람들 사이에서는 가장 많이 거론된 이름 중 하나일 겁니다. 얼핏 보면 마르크스와 비슷해 보이지만 또 다른 시선으로 세상을 살핀 사람이죠. 경제가 시장에 지배당하면 어떻게 괴물이 되는지를 연구했습니다. 경제만을 추구하다 보면 인간의 삶이 얼마나 황폐하게 무너지는지를 보여준 사람. 본래는 결코 상품이 아닌 노동, 토지, 자본이 상품으로 바뀔 때 어떤 재앙이 닥치는지를 알려준 인물입니다. 경제적 가치를 넘어선 사회적 삶, 공동체적 삶의 중요성을 일깨워준 인물이지요.

1944년 미국 필라델피아에서 국제노동기구(ILO)의 제26차 총회가 열렸습니다. 거기서 루스벨트 미국 대통령을 포함한 세계 각국의 정부, 노동, 기업 부문의 대표들이 '필라델피아 선언'을 발표하는데 제1조가 이렇습니다. "노동은 상품이 아니다." 아무리 상품처럼 보여도 인간의 가장 본질적인 활동인 노동은 상품이 아니라고 외쳤던 것입니다.

하지만 오늘날 우리는 날마다 우리의 실존적 삶 자체인 노동이 상품으로 거래되고 있다는 점을 잘 알고 있습니다. 자본가들은 우리의 노동을 임금을 주고 구매하고, 상품을 사용하듯이 사용하며, 상품을 버리듯이 내다 버리고 맙니다. 우리는 최대한 비싼 값에 우리를 팔려고 스펙을 쌓고 포장하며, 버림받지 않으려고 발버둥을 치지요.

이 냉정한 현실을 주류 경제학은 생산요소 시장이라는 건조한 용어로 정리하고 있습니다. 생산된 상품이 거래·분배되는 시장이 생산물 시장이라면, 이 상품을 생산하기 위한 생산요소들인 노동·자본·토지가 거래되는 시장이 바로 생산요소 시장이라는 거죠. 그러니까 ILO에서 뭐라고 떠들든 주류 경제학 이론은 자본·토지와 함께 인간의 활동인 노동을 시장에서 거래되는 상품으로 간주하고 있습니다. 노동이 시장에서 거래되는 상품으로 간주되는 한, 노동 또한 다른 상품과 똑같이 취급될 때 가장 효율적으로 분배된다는 사고방식입니다.

필라델피아 선언과 주류 경제학의 괴리가 그저 이상과 현실의 괴리이기만 할까요? 선언이 있던 해인 1944년에 출판한 역작 『거대한 변환』에서 폴라니는 이 괴리의 역사적 발생 과정을 추적합니다. 이는 단지 이상과 현실의 괴리가 아니라, 경제적 욕망이 사회관계로부터 독립해 나간, 인류 역사상 매우 기이하고 특이한 비극적 전환에 의해 초래된 비정상적 사태라는 것이지요.

폴라니는 이렇게 묻고 답합니다. 상품이란 무엇인가? 무엇보다 팔려고 만든 것이다. 반대로 팔려고 만든 것이 아닐 경우 상품이 아니다. 공기는 상품이 아니죠. 그렇다면 노동, 토지, 자본도 결코 상품이 아닙니다. 부모가 자식을 팔려고 만드나요? 아니죠. 사랑하려고 낳았습니다. 자연 혹은 신이 토지를 팔려고 창조했나요? 아니죠. 토지는 자연 자체일 뿐입니다. 국가가 화폐를 팔려고 주조했나요? 아니죠. 가치를 측정하거나 순조로운 교환을 위해 만들었죠.

『거대한 변환』은 본래는 결코 상품일 수 없는 이 세 가지가 19세기 산업혁명이 진행되면서 어떻게 허구적 상품으로 변해가는지를 밝히고 이를 고발하고 있습니다. 노동시장, 토지시장, 자본시장이 성립하는 과정은 결코 자연스런 경제적 진화 과정이 아니라 국가에 의한 폭력적인 개입 과정이었습니다. 주류 경제학은 국가의 개입을 증오한다고 주장하지만, 주류 경제학이 칭송하는 시장경제는 사실 국가의 폭력적 개입의 결과로 성립했습니다. 또 이 과정은 본래는 인간 사회의 가치, 도덕, 관습 등에 묻혀 있던 경제가 독립해 나가 거꾸로 사회를 지배하게 된 과정이기도 하지요. 이런 시장을 폴라니는 자기조절시장이라고 부릅니다. 물건만 시장에서 사고 팔리는 것이 아니라 인간, 자연, 화폐가, 그래서 모든 것이 시장에서 사고 팔리는 시장의 유토피아가 등장한 것이지요. 폴라니는 이 시장 유토피아가 왜 근본적으로 불가능한지, 이를 실현하려는 노력이 얼마나 파괴적인지를 처절하게 고발합니다.

폴라니는 이 자본주의 시장사회에 맞서 우리 스스로 사회를 방어해야 한다고 주장합니다. 시장사회에 저항하는 힘은 우리들 자신, 즉 우리들의 사회적 공동성 속에 존재합니다. 이 악마의 맷돌 같은 거대한 힘에 맞서 아주 오래 전, 수백 년 전부터 노동자들은 저항해왔지요. 이제 더 나아가 경제에 사회적 가치를 투영하는 조치, 즉 모든 수준의 경제활동에 대해 경제민주화가 필요하다고 폴라니는 강력히 주장합니다.

폴라니는 경제학자입니다만, 결국은 사람으로 돌아가자고 주장합니다. 그의 생각을 한마디로 요약하면, 경제가 사람을 지배하는 괴물이 되도록 내버려두지 말자는 것이겠죠. 내버려두면 같이 괴물이 되니까요.

헝가리 최고의 살롱이 낳은 지식인

김 일반적으로 노동시장이라는 말이 참 자연스럽게 쓰이는데, 칼 폴라니는 이에 극력 저항한 사람이군요. 노동을 허구적 상품이라고 했다니 인상적입니다. 폴라니가 헝가리 출신이군요. 유럽에서는 변방이라고 볼 수도 있을 것 같은데, 그런 곳에서 위대한 사상가가 나왔네요.

조 어느 나라든 변방이라고 쉽게 말해선 안 되겠지만, 헝가리는 특히 그런 듯합니다. 제가 최근에 헝가리에 다녀와서 더욱 그런지도 모르겠지만요.(웃음) 폴라니가 다녔던 부다페스트 대학도 찾아가 봤습니다. 헝가리에서 가장 오래된 명문 대학인데, 1900년대에 이름을 두 번이나 바꿔서 찾기가 힘들었어요. 1950년대에 총장 지내신 분이 노벨상을 받아서 그의 이름을 따라 지금은 외트베스 롤랑드 대학교라는 이름으로 바뀌었더라고요.

폴라니는 1886년에 태어나 1900년대 초에 이 대학을 다녔습니다. 같은 시기에 이름만 대면 알 만한 대단한 사상가들이 부다페스트 대학에서 공부했습니다. 대표적으로 문예이론가 게오르크 루카치(György Lukács)가 있습니다. 루카치는 별명이 '세실 마마'였던 폴라니의 어머니와도 친했습니다. 폴라니의 어머니가 거뒀던 명민한 젊은이들 중 하나였죠.

김 폴라니 어머님이 하숙이라도 치셨나요? 어떻게 거두죠?

조 부다페스트에서 아주 유명한 지적 살롱을 운영하는 등 적극적으로 사회활동을 하신 분이었거든요.

김 한국 어머니의 치맛바람하고는 좀 성격이 다르네요.

조 또 지식사회학과 이데올로기론으로 유명한 칼 만하임(Karl Mannheim), 『문학과 예술의 사회사』를 쓴 아르놀트 하우저(Arnold Hauser)가 모두 폴라니와 동년배로 부다페스트 대학을 함께 다녔고, 서클 활동도 함께 했다고 합니다. 여기에 더해서, 아마도 자본주의에 대한 사회학적·철학적 해석 분야에서는 최고로 꼽히는 게오르크 짐멜(Georg Simmel)이 당시 부다페스트 대학 교수였습니다.

김 어떻게 이처럼 대단한 분들이 비슷한 시기에 한 곳에 모여 있을 수 있죠? 역사적인 우연인가요?

조 우리가 생각할 때는 변방처럼 여겨지는 헝가리 부다페스트에 이런 기라성 같은 사상가들이 같은 시기에 모여서 공부했다는 사실이 정말 놀랍죠? 여기에 중요한 시사점이 있는 것 같아요. 우선, 우리가 너무나 서유럽 중심으로 역사를 보아온지라, 헝가리는 동유럽 국가라는 이유로 너무나 경시해왔다는 생각이 듭니다. 사실 헝가리 사람들은 자신들을 동유럽이 아니라 중부 유럽 국가로 인식합니다. 실제 지리적으로 보아도 중부 유럽이지요. 저도 이번에 더 잘 살펴보게 되었는데요.

헝가리는 14~15세기엔 중부 유럽에서 가장 강력한 제국의 하나였습니다. 뿐만 아니라 유럽 문명사 차원에서도 상당히 중요한 역할을 했는데요. 당시 오스만투르크가 엄청난 기세로 서진했는데, 하마터면 유럽 전체가 함락될 뻔했습니다. 이것을 막아낸 나라가 헝가리였습니다. 헝가리가 결정적인 전투에서 오스만투르크에 승리하면서 유럽 전체를 구해냈을 때, 당시 교황이 전 유럽에 명령을 내려 모든 성당이 한날 한시에 종을 울리게 했다고 합니다. 헝가리에서는 지금도 그날을 기념해서 동시에 모든 성당의 종을 울립니다. 자신들이 유럽 전체를 구원했다는 자부심을 가지고 있기 때문이지요.

또 근대 역사를 보면 '오스트리아-헝가리 이중제국'이라는 명칭이 등장합니다. 이게 뭐였느냐 하면, 헝가리가 국력이 쇠퇴해서 오스트리아의 지배를 받게 됩니다. 오스트리아는 신성로마제국 황제라는 이름으로 중부 유럽의 패권국이 되었고요. 그런데 헝가리가 오스트리아의 지배를 받기는 했지만, 단순한 식민지 같은 상황은 아니었습니다. 1840년대에 굉장히 큰 독립투쟁이 벌어집니다. 오스트리아가 진압을 하긴 했는데 원천봉쇄하거나 계속 억압하기는 불가능했죠. 그래서 양측이 1860년대에 협정을 체결해서 헝가리에 사실상의 독립국 지위를 부여하고 '이중제국'을 만들어 헝가리인들이 의회도 만들고 내각도 만들 수 있도록 모든 결정권을 갖습니다. 왕만 오스트리아 왕을 섬기도록, 그러니까 사실상의 자치권을 주고 국가원수만 오스트리아가 차지하도록 했습니다. 이렇게 얘기하면 완전한 자치권을 얻은 식민지 국가 정도로 생각할 수 있는데, 자세히 들여다보면 당시 헝가리가 이중제국으로 지배하고 있던 지역이 오늘날의 우크라이나, 폴란드, 루마니아, 세르비아, 크로아티아에 이르고 심지어 오스트리아 일부까지 해당됩니다. 그러니까 식민지였지만 한편으로는 제국의 성격도 가지고 있었던 것입니다.

제국이니까 멋있다는 뜻이 아니고요. 이런 면에서 볼 때 헝가리 사람들은 상당히 국제적이고 넓은 시야를 가지고 있었고 사상과 문화, 예술을 꽃피울 만한 토대를 갖추고 있었다는 얘깁니다.

김 폴라니의 생애를 간단히 보니까, 헝가리 독립투쟁 이후에 태어나 청년 시절에 1차대전을 겪고 잠깐 민주화 맛을 보았으나 다시 파시즘에 맞닥뜨리고 공산화 과정을 거쳤으니까, 어마어마한 역사적 격변기를 관통했다고 볼 수 있겠네요?

조 그런 셈입니다. 물론 폴라니는 1920년대에 오스트리아로, 다시 1930년대에는 영국으로 망명하기 때문에 그후의 헝가리 역사를 직접 경험하지는 못합니다. 게다가 폴라니는 유대인이었습니다. 그럼에도 불구하고 헝가리인으로서 자기 정체성을 분명히 했습니다. 딸이 쓴 전기 등을 보면 폴라니는 자신이 헝가리인임을 잊지 않았다고 하고요. 실제로 1950~1960년대에 헝가리를 방문하기도 합니다. 본래는 영국 망명 후 미국으로 갔다가 다시 캐나다로 사실상 망명을 가서 거기서 숨졌는데, 태어난 지 꼭 100년 만인 1986년에 고국인 헝가리로 시신이 옮겨져 묻혔습니다.

김 결국 마지막 안식처는 고국이었군요. 아까 잠시 이야기했던 폴라니의 어머니 이야기를 해볼까요? 살롱을 운영하면서 루카치를 비롯한 당대의 지식인들을 많이 거뒀다고 하셨는데, 요즘 말로 하면 사교계의 마담이라고 할 수 있을까요?

조 그보다 훨씬 스케일이 컸다고 봐야 할 듯합니다. 이분은 러시아계였는데, 상당히 성격이 활달하고 낭만적이었다고 해요. 따뜻하고 인간에 대한 애정으로 가득했던 분이었다고 합니다. 살아온 과정에서 이런 점이 그대로 드러납니다. 일단 상당한 부잣집 안주인으로서(남편이 철도 사업으로 크게 성공했거든요.) 당대 지식인과 사상가들을 집으로 불러들여 밥도 먹이고 지적 토론을 벌이는 문화 공간, 즉 살롱을 운영했습니다. 특히 자신이 러시아계였던 만큼 망명 온 러시아 혁명가들도 많이 챙겼습니다. 대표적으로 레온 트로츠키(Leon Trotsky)와 각별한 사이였다고 합니다. 폴라니 입장에선 어려서부터 자기 집에 머물고 있던 트로츠키를 보면서 자란 셈이죠.

뿐만 아니라, 아이들 교육이 정말로 중요하다고 생각한 분이었어요. 당시 억압적인 아동교육의 문제를 직시하고 실험적인 아동교육 기관(유치원 등)을 직접 만들어 운영하고, 노동자 교육도 지원했습니다. 사상적으로 상당히 개방적인 분이어서 지그문트 프로이트(Sigmund Freud)에 심취했다고도 해요. 나중엔 스스로를 아마추어 정신분석학자로 생각하고, 그에 대한 논문도 쓰고(출판은 안 되었지만) 직접 상담 활동도 벌였다고 합니다.

김　이런 활동은 어쨌든 남편 돈으로 시작했겠군요? 남편하고 사이는 좋았습니까?

조　아들, 딸, 며느리(칼 폴라니의 부인) 등의 증언에 따르면 아주 이상적인 가정이었다고 해요. 아버지는 엄한 분이었지만 돈이 많기는 했어요. 철도 엔지니어로 시작해 나중엔 철도 사업으로 크게 성공해서 엄청난 돈을 벌었으니까요. 하지만 나중에 사업에 실패하게 되는데, 그냥 망한 정도가 아니라 쫄딱 망했어요. 폴라니가 대학에 들어가던 즈음입니다. 그런데 폴라니의 아버지가 도덕적으로 상당히 엄격한 분이어서 돈을 빼돌리지 않고 빚을 다 갚습니다. 남은 자산을 소액주주들의 투자금을 돌려주는 데 쓰고 집안은 완전히 파산했습니다. 그래서 폴라니는 삼촌 사무실에 나가서 일하면서 공부했고 형제들도 생계 전선에 나섰습니다. 이런 와중에도 폴라니 어머니는 위에서 언급한 일들을 계속 해나갔으니 단순히 돈 때문이라거나 유한마담이어서 그러진 않았다고 봐야 할 것입니다.

김 유한마담이라서 그런 활동을 벌이진 않았겠군요. 전에 다뤘던 마르크스도 그렇고 베버도 그렇고, 어려서부터 집에 당대 최고의 자유주의 지식인들이 많이 들락거리면서 어깨 너머로 들은 풍월에 영향을 많이 받았잖아요? 이게 상당히 중요한 듯해요.

조 그렇죠. 사실 폴라니 집안 사람들이 굉장히 똑똑해요. 동생인 마이클 폴라니(Machael Polanyi) 역시 매우 유명한 과학철학자입니다. 마이클의 아들이자 칼 폴라니의 조카인 존 폴라니(John Polanyi)는 노벨화학상을 받습니다. 칼 폴라니의 딸 또한 저명한 경제학자입니다. 하지만 오해하시면 안 돼요. '유전이야, 집안이 달라.'라고 생각하시기보다는 환경을 봐야죠. 폴라니 집안은 유별날 정도로 훌륭한 교육 환경을 갖추었다고 볼 수 있습니다. 어릴 때부터 아주 자연스럽게 지적인 분위기 속에서 생각을 가다듬고 이야기를 나눌 수 있는 환경에서 뛰어난 사상가들이 나오지 않았나 합니다.

김 저도 지금 중학생 아들 둘을 키우고 있는데, 그냥 집을 열어서 살롱을 할까요? 술을 비치해두고. 술 마음껏 마시는 대신 생떼는 부리지 말고 토론을 하라는 조건으로요. 사람들이 드나들면서 아이들이 감화를 받도록?

조 좋은 생각이십니다. 하지만 애들이 정말 좋아할지는 모르겠네요.(웃음)

김 폴라니의 부인은 볼셰비키였다고 하죠? 어떻게 된 건가요?

조 폴라니는 기독교 신앙을 줄곧 견지했습니다. 그러니까 급진적인 볼셰비키가 될 수 없는 사람이었죠. 그런데 1차대전이 끝난 후인 1919년 헝가리에서 볼셰비키 혁명이 일어납니다.

김 아, 볼셰비키 혁명이 러시아뿐만 아니라 다른 데서도 일어났군요?

조 그렇죠. 헝가리만이 아니라 독일에서도, 폴란드에서도 이 혁명이 일어나고 여기저기서 일어납니다. 우리나라에서는 1919년에 3·1운동이 일어나고, 중국에서는 5·4운동이 발발하잖아요. 일본에서는 1918년에 쌀 폭동이 일어났죠. 1917년을 전후한 시기는 전 세계적인 혁명의 시기였습니다. 헝가리에서도 루카치는 마르크스주의자가 되어 혁명에 열렬히 참여했고요. 하지만 폴라니는 혁명정부를 단호하게 비판하고 이에 맞섭니다. 그런데 이 정부가 불과 서너 달 만에 우익 군부 쿠데타에 의해 붕괴됩니다. 당연히 혁명에 참여했던 사람들은 모두 몸을 피합니다.

그런데 폴라니는 혁명을 비판했음에도 불구하고, 정권을 잡은 우익 군부로부터 어떤 박해를 받을지 알 수 없는 상황이었던 탓에 오스트리아 빈으로 망명을 갑니다. 바로 여기서 볼셰비키로서 혁명 정부에 열렬히 참여했다가 역시 망명길에 나선 여성, 이로나를 만납니다. 헝가리에 있을 때는 서로 얼굴도 모르고 반대편에 섰던 두 사람이었지만, 오스트리아에서는 둘 다 조국을 떠나온 외로운 망명객이었습니다. 이런 감정으로 인해 둘이 엮이게 된 것이죠.

그런데 폴라니는 한참 뒤이긴 하지만 아내의 이력 때문에 고생을 좀 합니다. 오스트리아에서 파시즘이 득세하자 폴라니는 영국으로 옮겨서 잡지 기고와 노동자교육협회의 강의를 하면서 생활합니다. 이때의 강의가 역작 『거대한 변환』의 밑바탕이 되지요. 그러다가 2차대전이 끝난 후에 미국으로 건너가서 1947년부터 컬럼비아 대학에서 가르치게 되는데요, 여기서 문제가 발생합니다. 당시는 미국에 매카시즘의 광풍이 몰아치던 시절입니다. 찰리 채플린도 시달림을 받아 다시는 미국 땅을 밟지 않겠다며 떠났고, 그 유명한 아인슈타인조차 청문회에 출석해서 사상 검증에 임하라는 요구를 받던 시절 아니었습니까? 이런 상황이니 폴라니 부인의 젊은 시절 볼셰비키 전력이 문제가 된 것입니다. 결국 폴라니는 캐나다로 이주한 뒤 수년 동안 캐나다와 미국을 오가면서 강의를 하다가 결국은 아예 캐나다에서 자리를 잡습니다. 이렇게 캐나다로 완전히 넘어갔을 때는 이미 정년을 넘긴 나이였죠. 그래서 끝내 대학의 정교수가 되어본 적이 없습니다. 상당한 명성이 있었음에도 불구하고 말이죠. 이후 캐나다 정부는 대규모 펀드를 조성해서 폴라니가 지휘하는 협동연구를 지원해 훌륭한 저작을 생산하도록 도왔습니다.

김 부인하고 관계는 어땠다고 합니까?

조 폴라니에 관한 전기적인 기록은 대부분 부인이 남긴 거예요. 부인이 남긴 기록을 딸이 정리했지요. 이걸 보면 부인이 정말로 폴라니를 사랑했다는 사실을 알 수 있죠. 자기 남편이 얼마나 진심으로 인간의 삶을 걱정했고, 얼마나 큰 고통을 받았고, 얼마나 열심히 싸워왔는지 절절하게 설명하거든요.

노동의 상품화는 파시즘의 원인

김 이제부터 폴라니의 역작 『거대한 변환』을 중심으로 그의 경제사상을 본격적으로 짚어보겠습니다. 가장 인상 깊고 어찌 보면 출발점이 되는 명제가 바로 '노동은 결코 상품이 아니다.'인데, 맞는 말 같으면서도 한편으로는 무기력하게 들립니다. 어떤 내용인지 풀어볼까요?

조 상품이란 과연 무엇인지부터 생각해보죠. 우선, 경제학 개론 수준에서 가장 기초적인 개념 중 하나로 경제재라는 개념이 있습니다. 공기나 햇빛처럼 희소성이 없고 인간의 노동력이 투입되지 않은 재화를 비경제재라고 하는데, 이 비경제재는 재화나 상품이 될 수 없고 당연히 경제학의 분석 대상이 되지도 않습니다. 경제재는 이와 반대 개념이죠. 결국 인간의 노동을 투여하고 어느 정도 희소성 있는 경제재만이 상품이 될 수 있습니다. 그런데 여기서 왜 노동을 투여하느냐는 질문이 나올 수 있습니다. 대답은 '팔기 위해서'입니다. 즉 팔지 않겠다는 생각으로 만든 물건은 상품이 아닙니다. 예컨대 집에서 나무토막을 집어 들고 시간과 노동력을 투입해 목각인형을 만든 뒤에 진열장에 올려놓고 구경만 한다면, 그건 상품이 아닙니다. 오히려 자신을 위한 예술작품이죠.

하지만 똑같은 목각인형을 어떤 장인이 사람들에게 팔기 위해서 깎아 만든다면 상품이 됩니다. 비록 사람들 마음에 안 들어서 팔리지 못할지라도요. 결국 상품이냐 아니냐를 가르는 결정적인 기준은, 팔기 위한 것이냐 스스로 즐기거나 소비하기 위한 것이냐라는 얘깁니다.

그렇다면 노동은 어떨까요? 태어난 아이는 곧바로 노동을 할 수가 없습니다. 열 살은 넘어야 노동을 할 수 있죠. 하지만 어떤 부모도 노동시장에 아이를 팔기 위해서 낳아 키우지는 않습니다. 이런 의미에서 노동력은 애초부터 상품이 아니라는 것입니다.

김 물론 노동시장에 내다 팔기 위해 자식을 키우는 부모는 없죠. 누가 그러겠어요. 하지만 노동시장에서 자식의 상품성을 높이기 위해 온갖 스펙을 쌓아주려고 애쓰지 않습니까? 어려서부터 학원으로 돌리고…….

조 이 부분에 대해서 폴라니는 명쾌하게 대답합니다. 한마디로, 노동은 본래 상품이 아니었고 상품일 수도 없었으나 현대 시장경제 체제가 노동을 상품으로 만들었다고요. 하지만 이런 상황이 결코 유지될 수 없고, 이를 유지하려고 하는 순간 우리 사회는 파멸로 치달을 거라고 주장합니다.

김 그런데 또 하나 궁금한 게 있어요. 만약 내가 집 앞에 작은 밭뙈기를 갖고 있어서 농사 지어 가족들과 먹고산다면, 이 경우 팔기 위한 노동이 아니니까 상품이 아닙니다. 그러나 밭이 없고 가진 거라곤 몸뚱어리밖에 없을 때, 그러니까 생산수단이 없을 때, 노동력을 시장에 내다 파는 것 아닙니까? 결국 노동이 애초에 상품이 아니었다는 말이 추상적으로는 옳을 수 있지만, 이미 지구상의 거의 모든 사람들이 생산수단으로부터 유리된 노동자인 오늘날 노동력은 상품이 될 수밖에 없지 않겠습니까?

조 맞습니다. 폴라니는 이 점을 정확히 지적하면서, 이로 인한 무서운 결과를 고발했는데 그것이 공황과 파시즘의 대두였습니다. 『거대한 변환』이 출판된 1944년은 파시즘의 참극이 정점을 찍을 때였는데, 폴라니가 이때 한마디 합니다. "파시즘이라고 하는 이 거대한 비극의 원인을 찾기 위해선 19세기 초 영국의 리카도에게 돌아가야 한다." 바로 자유시장경제를 옹호했던, 노동을 포함한 모든 것을 시장에 맡기자고 했던 자유주의 정치경제학의 정립이 바로 파시즘의 근본 원인이었다는 거죠.

김 좀 더 풀어주세요. 노동의 상품화와 파시즘이 어떤 관계가 있나요?

조 소위 시장중심주의는 강력한 가설을 갖고 있습니다. 바로 폴라니가 말하는 '자기조절시장'인데요. 우리의 모든 소득이 시장에서 나온다면, 시장은 어떤 정치·사회적 개입 없이도 자기 완결적으로 유지된다는 것입니다. 쉽게 말해 시장만능주의죠. 이때 말하는 모든 소득이란 이윤, 임금, 지대입니다. 그런데 내 집 앞의 밭에서 자급자족적 농사를 짓는 경우에 얻는 소득은 임금이 아니라는 점은 이미 얘기했습니다. 또 폴라니가 말했던 중세 초기의 길드와 같은 자영업 조합 내에서 발생하는 소득도 자본주의적인 의미의 임금은 아닙니다. 왜냐하면 내부 협약이나 관습에 따라 도제는 얼마, 직인은 얼마, 장인은 얼마라는 식으로 소득 수준이 정해져 있었는데, 이것은 이른바 노동시장의 수요-공급에 따라

정해지는 임금과는 다르기 때문입니다. 오히려 공동체 질서에 따른 소득이죠. 토지에서 나오는 소득인 지대의 경우도 마찬가지입니다. 봉건제에서 전통적 의미의 지대는, 토지 소유자인 영주가 농민에게 일을 시키고 생산물 중의 일부를 자신이 갖는 것이었습니다. 시장에서 결정되는 것이 아니었죠.

김　제가 찾아보니까 폴라니가 '영혼'의 문제를 많이 언급했다고 하는데, 한마디로 소외된 노동 이야기 아닌가요? 이를테면 아까 밭에서 농사짓는 예를 들었지만, 소작농이라고 하더라도 배추를 심을 것이냐, 상추를 심을 것이냐, 마늘을 심을 것이냐, 이런 계획을 하고 꿈을 꾸고 전 과정에 걸쳐 주체적으로 결정하니까 소외된 노동이 아니라 영혼이 있는 노동이라고 이해해도 됩니까? 반면에 현대의 노동은 생산과정의 전 과정에 개입할 수 없고, 일부 기계적인 작업만 하게 된다는 의미로?

조　네, 그렇게 볼 수도 있겠네요. 하지만 좀 전에 하신 말씀은 폴라니보다는 마르크스의 청년기 사상과 좀 더 흡사해 보입니다. 폴라니에게 영혼의 문제는 이와 겹치면서도 조금은 차이가 있습니다. 폴라니는 인간들이 수행하는 각기 다른 경제활동을 통합하는 경제 통합 원리라는 개념을 제시하는데요, 자급자족, 호혜, 재분배, 그리고 시장 교환, 이렇게 네 가지입니다. 자급자족은 가족 안에서 하는 거니까 제외한다면 나머지 세 가지는 모두 타인과의 관계 속에서 이루어지는 경제활동이죠. 이중에서 호혜와 재분배는 기본적으로 사회적인 행위이며, 타인에 대한 존중이나 고려, 공동체의 유지 등이 동기가 됩니다. 호혜는 물론이지만 재분배 또한 재분배하는 중앙의 권력(추장에서부터 국가에 이르기까지)에 대한 인정이나 존경, 공동체의 유지 등이 동기가 됩니다. 하지만 시장 교환은 그렇지 않다는 얘기죠. 교환하는 상대방이 아니라 교환하는 상품이 중요하고, 여기서 얻는 이득이 절대적인 동기가 되는 경제활동이죠. 그러니 여기서는 '영혼'이 작동할 수가 없는 것입니다.

그런 면에서 폴라니의 사유는 인간주의적입니다. 민주주의가 경제의 핵심 요소라고 강조하는 것도 이런 맥락이고요. 폴라니에게서 경제는 단순히 효율성의 차원을 넘어선 무엇이었습니다. 폴라니는 영혼, 인간성, 민주주의의 문제를 강조합니다. 폴라니가 볼 때, 인간의 경제생활 자체가 사회적·문화적 행위이자 개인의 가치를 실현하는 행위였습니다. 그런데 산업혁명 이후의 자본주의 시장경제는 모든 것을 경제적 동기에 종속시켜버렸습니다. 이에 따라 효율이 지상목표가 되었는데 바로 이것이 폴라니가 말한 형식경제학입니다. 이 형식경제학에서는 오로지 조금 투입해서 많이 산출하는 것만이 목표가 됩니다. 이 과정에서 인간은 자신의 정체성을 파괴당하게 된다는 것입니다.

김 그럼 아까 한 이야기로 돌아가서 파시즘은 어떻게 되는 거죠?

조 그러니까 좀 전에 말한 대로 모든 소득이 시장에서 획득된다면 '자유 시장 경제가 가능하다.'는 것이 바로 폴라니가 바라보는 19세기 유토피아, 즉 시장유토피아의 주장이죠. 폴라니가 보기엔 이는 애초에 불가능한 유토피아였고, 따라서 이걸 달성하려다 보면 파괴적인 문제가 발생하게 마련이었습니다. 폴라니가 말하는 소위 '100년 평화'는 유럽에서 1815년 나폴레옹 전쟁부터 1914년 1차대전 발발 직전까지를 가리키는데요. 이 시기에 마치 자유주의의 꿈이 실현된 듯했지만, 결국 인류가 상상할 수조차 없었던 1차대전이라는 대재앙, 그리고 대공황, 파시즘으로 귀결되었다는 것입니다.

지금 이야기하는 주제가 '노동의 상품화가 어떻게 파시즘과 연결되었는가.'와 관련이 있으니 여기에 집중해서 이야기를 해보죠. 노동의 상품화, 즉 노동시장의 탄생은 즉각 실업의 탄생을 의미합니다. 이는 주류 경제학에 자연실업률이라는 용어가 있는 것만 보아도 알 수 있죠. 아시다시피 농민들이 토지를 떠나 도시 노동자가 되는 과정은 실업이라는 극심한 고통을 동반한 과정이었습니다. 일자리를 얻더라도 실업의 공포는 언제나 노동자와 가족들을 위협합니다. 노동자가 영혼을 가진 인간인 이상 당연히 이에 저항하겠죠. 이런 움직임들을 폴라니는 '사회의 자기방어'라고 부릅니다. 시장에 의해 파괴되는 사회 질서를 복구하려는 움직임이죠. 문제는 이 자기방어 운동이 꼭 긍정적이지만은 않다는 데 있습니다. 이런 움직임에는 사회주의, 뉴딜정책 등도 있었지만, 실업자들의 분노를 에너지로 삼은 파시즘도 있었던 것이지요. 사실 이 시기에 파시즘은 단지 독일과 이탈리아, 일본 등의 사조만은 아니었습니다. 세계사적인 사조였거든요.

사회적 경제의 원조

김 파시즘이 단순한 정치체제가 아니라는 뜻이군요. 자유주의 시장경제의 근본 모순이 파시즘을 불렀고, 이 모순의 핵심이 노동의 상품화라는 이야기죠. 그런데 제가 너무 현실에 연연하는지 모르겠습니다만,

옮건 그르건 이미 노동은 상품화되어버렸지 않습니까? 이미 현실을 부정하거나 과거로 되돌릴 수는 없는데, 그런 이야기가 무슨 의미가 있는지요?

조 네, 그래서 폴라니에 대해서 '다소 복고풍이다'라는 비판이 나옵니다. 『거대한 변환』에서는 그런 면이 좀 덜하지만, 나중에 한 작업, 예를 들면 『초기 제국에서의 교역과 시장』에서 폴라니는 고대까지 거슬러 올라가거든요.

김 원시공산주의 사회까지 가는 겁니까?

조 거기까진 아니고요, 고대의 메소포타미아, 아시리아, 그리스까지 거슬러 올라가서 경제인류학 내지는 경제사 연구를 진행합니다. 이 작업의 핵심은, 인류가 현재와 같은 자본주의 경제체제가 아닌 다른 시스템으로도 잘 살아갈 수 있었음을 보여주는 것이었습니다. 매우 정교한 시스템으로 거대한 문명을 잘 이끌어 나갈 수 있음을 보여주려 했죠.

이런 작업은 '아, 우리가 다른 식으로도 살 수 있구나.'라는 깨달음을 주고, 인간에게 상상력을 불러일으킨다는 점에서 의미가 있습니다. 역사는 미래를 비추는 거울이라는 측면에서도 중요한 작업이고요. 하지만 지금 말씀하신 대로, '그래서 어쩌자는 것이냐?'라고 물으면 좀 답답하긴 합니다. 사실 미래의 대안으로 받아들이기엔 부족한 면이 있고요.

물론 폴라니가 그렸던 대안이 있습니다. 바로 노동조합, 산업결사체, 협동조합, 사회주의적 지방자체단체들에 의한 민주적 사회주의 경제입니다. 폴라니는 현실 사회주의국가처럼 죄다 국유화해서 계획하고 지시하는 사회주의와는 명백히 선을 긋습니다. 그는 철저한 민주주의자였죠.

김 제가 사실 원작은 못 보고 축약본을 봤는데, 폴라니의 기계적 대공업 비판을 보니까 장자가 떠오르더라고요. 두레도 떠오르고요. 한국 사회에서 두레는 아주 기본적인 마을의 운영 원칙이자 생활 자체였잖아요. 조합의 원형이라고 볼 수 있지 않습니까? 폴라니가 꿈꾸었던 것과 비슷하다고 볼 수 있습니까?

조 네, 비슷합니다. 아까 말씀드린 '경제 통합 원리'를 다시 생각해보죠. 오늘날 학계에서 아주 다양하게 수용되고 있는 개념인데요. 경제생활이란 혼자서는 할 수 없고 생산과 소비, 유통 등을 담당하는 수많은 사람이 시스템으로 엮여야 가능하잖아요? 시장 교환이란 바로 그런 시스템 가운데 하나일 뿐이라는 것입니다. 즉 분산된 사람들의 노동이 전체 시스템으로 통합되는 원리가 존재한다는 거예요.

이것이 폴라니가 경제사 연구를 통해 밝혀낸 매우 훌륭한 업적인데, 그중의 하나가 '호혜'입니다. 호혜에 의존한 경제란, 서로 선의에 기반해 내가 이만큼 주면 너도 이만큼 주는 방식입니다. 그런데 시장 교환이 아니라 일종의 선물의 주고받음이라는 것이죠. 과거 우리나라의 두레나 품앗이도 이런 형태로 볼 수 있습니다.

김 그럼 사회적 경제론의 원조를 폴라니라고 봐도 됩니까?

조 원조 중의 한 명이라고 봐야겠죠. 폴라니도 영향을 받았던 19세기의 로버트 오언(Robert Owen)의 경우 이상적인 공장이나 공동체 경제를 운영하려 했었고, 생시몽(Saint-Simon)이나 샤를 푸리에(Charles Fourier), 표트르 크로포트킨(Piotr Kropotkin) 같은 사람들이 오늘날의 사회적 경제 논의에서 중요한 지적 원천이 되고 있습니다.

김 오언, 생시몽, 푸리에, 아주 유명한 사람들이죠. 그런데 마르크스주의자들은 이런 논의를 '공상'이라고 불렀지 않습니까?

조 마르크스주의자들 입장에서는 그렇죠. 이 사람들이 어떤 면에서 시대적 한계를 드러내기도 했고요. 그런데 폴라니의 경우를 보면 조금 다릅니다. 그는 20세기의 인물이고, 이미 현실 사회주의가 작동하던 시절에 활동하던 인물이니까요. 폴라니는 '계획' 자체를 부정하진 않았습니다. 1920년대 오스트리아에서 매우 유명한 '사회주의 계산 논쟁'이 벌어졌습니다. 사회주의에서 어떻게 계획이 가능한지, 시장 대신 계획으로 어떻게 수요와 공급을 맞출 수 있는지를 두고 당대의 주요 경제학자들이 논쟁을 벌였고 폴라니도 이에 참여했습니다.

폴라니는 1920~1930년대에 서구에서 영국의 《이코노미스트》와 쌍벽을 이루던 《오스트리아 경제》의 주요 편집진이자 필자였습니다. 여기에 수백 편의 경제 기사를 쓰고 논쟁을 벌인 인물이죠. 피터 드러커 같이 미국 경영학의 아버지로 불리는 인물도 젊은 시절에 폴라니에게 감명을 받아서 친분을 쌓았을 정도였습니다. 그러니까 폴라니가 아무리 낭만적이고 복고적인 면이 있다고 해도, 실물경제를 전혀 모르는 탁상공론을 늘어놓는 사람은 절대 아니었다는 겁니다.

폴라니는 당대의 논쟁 속에서 계획의 단위가 과연 무엇이 되어야 하는가를 실질적으로 고민했습니다. 폴라니는 국가 수준에서의 계획은 불가능하다고 봤습니다. 오히려 조합, 그리고 조합들이 모인 지방자치체, 커뮤니티 수준에서 계획이 가능하다고 본 것입니다. 따라서 이런 수준에서 계획이 작동하기 위해서는 각 단위에서 민주주의 원리가 관철되어야 하고 이 점이 대단히 중요하다고 강조했습니다.

문제는 다시, 민주주의

조 계획을 이야기하지만, 주체가 국가, 당이 아니고요. 조합 경제가 아주 중요합니다. 요즘 협동조합 이야기 많이 나오죠? 크고 작은 조합들이 있는데, 이 경우 작은 조합을 말하는 거예요. 이를 테면 서울만 해도 너무 크죠. 인간관계를 맺을 수 있는 규모의 지역 커뮤니티, 공동체를 기반으로 한 조합이 주체가 되는 경제를 대안으로 생각했습니다.

김 사회라고 하는 개념이 조금 감이 오네요. 시장, 국가와는 다른, 그 바깥에 있는 사회. 생협이 그렇죠? 엄청나게 많지는 않은 조합원들이 있고, 1년이 지나면 대략 조합원들의 총소비량이 나오니까 생협에서 생산자와 계약을 맺고 주문 생산을 하는.

조 예, 그렇게 생각하시면 됩니다. 그래서 폴라니에게는 '조망'이라는 개념이 매우 중요합니다. 그는 조망을 외적 조망과 내적 조망으로 구별합니다. 외적 조망이란 중앙집중적으로 조직된 경제, 즉 관리경제 모델에서 포괄적으로 수요와 공급을 맞추려는 시도라고 할 수 있습니다. 폴라니는 이게 불가능하다고 봤습니다. 경제는 비행기에서 순식간에 파악할 수 있는 경치같이 간단한 자연현상이 결코 아니라고 생각한 거죠.

반면 실제 거시경제는 인간의 필요욕구와 노고, 그리고 생산수단으로서의 노동력을 포함한 다양한 생산수단들로 이루어져 있다고 보았습니다. 여기서 물질적이고 객관적인 실체들인 생산수단의 경우 외적 조망을 통해 중앙에서 계획을 세울 수 있지만, 인간의 필요욕구와 노고처럼 내면적인 심리 현상의 경우 그렇지 못하다는 얘깁니다.

김 잠깐만요. 인간의 노동력하고 노고가 어떻게 다르죠? 비슷하게 들리는데요.

조 안 그래도 말씀드리려고 했습니다. 주류 경제학이든, 마르크스주의 정치경제학이든 인간의 노동은 객관적으로 실체와 성과를 측정할 수 있습니다. 주류 경제학에서는 노동시장에서의 임금이, 소위 정통 정치경제학에서는 투하 노동시간이 그 역할을 합니다.

김 마르크스 이야기할 때 나왔던 단순노동, 복잡노동 등이 이와 관련된 개념이겠군요.

조 예, 그렇죠. 그런데 폴라니는 투하된 노동시간, 달성된 생산 목표량, 지불된 임금 등은 노동자가 지출한 노고의 실제 양을 측정하는 데 미흡하다고 보는 겁니다. 왜냐하면 노고는 훨씬 더 복잡하고 심지어 내면적인 요소들과 관련되기 때문입니다. 예를 들어 노동자의 나이, 부양가족의 숫자, 기술 수준, 작업의 위험도, 노동자의 책임감, 노동과정의 특이성 등이 노고에 영향을 미칩니다. 겉보기, 즉 외적 조망을 통해서는 같은 시간 동안 같은 강도로 일한 것처럼 보여도, 들인 수고, 고통의 양이라는 측면에서 보면 다를 수 있다는 뜻이죠.

이런 요소들은 중앙에서 측정할 수가 없습니다. 가까이서 함께 일하는 사람들만 알 수 있죠. 그래서 이런 단위의 민주주의가 가장 중요하다는 겁니다. 우리가 알고 있던 현실 사회주의와는 계획의 원리가 전혀 다릅니다. 얼마나 필요한지, 얼마나 공급이 가능한지는, 실제로 사용자들이 각 커뮤니티 수준에서 토론과 투표 등을 통해 민주적으로 정합니다. 토론을 대단히 중시하지요. 이렇게 해도 다소 차질이 있을 수 있는데 이럴 경우 이듬해에 오류를 보정해가는 식으로 운영하는 것입니다.

김 아, 이해가 갑니다. 그런 점에서 실제로 받아야 할 보상에도 차이가 생길 수 있다는 말이군요.

조 정확히 그렇습니다. 이건 필요욕구의 경우도 마찬가지입니다. 중앙계획 체제라면 통계학적으로 처리하겠지요. 작년에 이런저런 효용을 가진 재화가 이 정도 사용되었으니까, 인구증가분에 목표 성장치를 더하면 당해 연도의 수요가 나온다는 식으로요. 하지만 필요욕구는 내면적인 거라서, 밖으로 드러나는 재화의 용도, 효용과는 또 다르죠. 효용이 똑같은 텔레비전이라도 모델들 사이에 선호도가 얼마나 차이가 납니까? 이런 것은 우리 내면의 욕구에 근거하기 때문에, 외적 조망을 통한 중앙 계획으로는 충족시킬 수 없다는 얘깁니다.

김 그럼 폴라니가 주목하는 내적 조망이란 결국 경제민주화인가요?

조 예, 그렇습니다. 위로부터, 외부로부터 부과되는 계획이 아니라 아래로부터, 내부로부터 성립하는 계획이야말로 참된 인간의 욕구들을 충족시킬 수 있다는 주장입니다. 노동조합, 산업결사체, 협동조합, 사회주의적 지방자치체들이 이런 내적 조망의 기관들이 되는 것입니다. 예를 들어 노동조합은 노동자들의 시장임금을 협상하는 조직일 뿐만 아니라, 노동자들이 수행한 노고를 평가할 수 있는 동료들 간의 협력 기관이 되어야 한다는 말이지요. 생활협동조합은 조합원들의 욕구와 물품들을 생산자조합에 전달하는 기관이 되어야 할 테고요. 기업들이 모인 산업결사체는 산업 차원에서 필요한 물품들을 파악하고 정보를 공유하고 토론을 통해 생산량을 조절할 수 있을 것입니다. 사회주의적 지방자치체들은 지역의 공적인 수요들을 민주주의적 자치 원리에 의거해 조달할 수 있겠지요.

김 굉장히 좋은 이야기인데, 우리 현실에서 너무 먼 이야기로 들리기도 하네요.

조 그럴 수도 있지만, 폴라니는 이런 시도들이 사회주의가 실현된 다음, 먼 미래에 수행되어야 할 일로 보지 않았습니다. 당장은 완벽하게 실현할 수 없을지라도 지금부터 자본주의 체제 내에서 이를 실현하도록 투쟁해야 한다고 보았지요.

김 듣다 보니 당장 이런 생각이 듭니다. 그런 방식이라면 조합에 소속된 소규모 개인들에겐 좋은 일이겠지만, 체제 전체의 변화와는 무관하게 '우리들끼리'라는 식의 국부성을 띠지는 않을까 합니다.

조 그런 단점이 있을 수도 있겠네요. 사실 폴라니의 이론에는 전체 사회 개조를 위한 변혁론 혹은 이행론이 불충분한 점이 있습니다. 그렇다고 해서 폴라니가 순진무구하게 각 부문에서 열심히 노력하다 보면 좋은 세상이 온다고 생각하진 않았습니다. 그럴 리가요. 폴라니는 사회주의 정당의 필요성 및 정치적 지도력의 중요성 또한 강조하고 있습니다. 다만 철저히 민주적으로 조직된 노동자 정당이어야 한다는 점을 상당히 강조합니다. 이 점이 정통 마르크스주의자들과의 차이랄까요?

김 폴라니의 말대로 국가 차원에서 경제 전체를 계획으로 운영하기는 불가능할 듯합니다. 그런데 예컨대 농업 분야의 쌀과 같은 경우엔 가능하지 않을까요?

조 식량의 경우는 내년이라고 식성이 갑자기 바뀌거나 늘고 주는 게 아니니 수요 예측은 용이합니다. 하지만 공급 예측은 어렵죠. 기후처럼 예측하기 매우 어려운 요인들이 작용하니까요. 그럼에도 불구하고 산업정책의 측면에서 보면 꽤 많은 나라들이 농업과 같은 전략적 분야에서는 계획경제적 정책을 실시하고 있습니다. 생산량을 늘리거나 줄이도록 유도하는 정책을 실시하지요. 보조금을 지급한다든지, 허가제를 실시한다든지, 다양한 방식을 채택합니다. 우리나라에서는 쌀의 경우 그런 면이 있죠. 지금은 쌀 직불금이라는 형태로 상당히 완화되었지만, 이전의 수매 제도를 보면 상당히 계획경제적인 요소가 있어요. 국가가 일정한 몫을 이미 '계획'이라는 형태로 수매해주는 방식으로 운영했던 것이죠. 수매가 자체는 시장기제를 활용하는 것이지만, 이를 결정할 때는 장기적인 식량 생산 계획과 정책 고려가 있었죠. 계획적인 공급 조절책이었던 겁니다.

김 좀 정리해보자면, 폴라니는 현존 사회주의처럼 국가 차원에서 모든 것이 계획되고 통제되는 시스템은 불가능하다고 보았고, 밑바닥에서 자발적으로 생성되는 소규모 경제 공동체가 민주주의 운영 원리를 갖춘 상태로 운영하는 계획경제는 가능하고 바람직하다고 보았군요. 바로 이것을 시장과는 다른 의미에서의 '사회'라고 보았다는 얘기죠?

조 정확히 말하자면 '사회 속에 묻힌 시장경제'라고 할 수 있겠네요. 폴라니가 시장을 완전히 부정하진 않았습니다. 경제 통합 원리 가운데 하나로서 엄연히 시장 교환 원리도 작동한다고 말합니다. 하지만 시장 교환 원리는 호혜나 재분배 등의 다른 경제 통합 원리에 종속된 형태로, 다시 말해 사회적 가치나 공동체 통합에 복무하는 형태로 작동할 경우에만 인류 사회에 유익하다고 본 것입니다. 따라서 앞으로도 호혜의 경제나 국가·공동체의 재분배가 잘 작동하지 않는 분야에서는 시장 원리가 부분적으로 작동할 수 있다고 해석할 수 있겠지요.

김 아까 예를 들었던 생협 이야기를 다시 해볼까요? 생협에서 주문생산을 하는데, 이에 따라 농민들은 노동을 하잖아요? 이때의 노동은 어떤 성격을 띠는 노동입니까? 상품화에서 다시 이탈된 노동이라고 볼 수 있을까요?

조 상품화에서 이탈되었다는 표현, 좋군요. 한편으로 자기 자신을 위하고 다른 한편으로는 자신의 생산물이 타인에게 도움이 되는 형태의 노동이니까, 폴라니의 입장으로 보자면 본래 가치를 획득한 노동이라고도 말할 수 있을 듯합니다.

이 주제를 또 다른 의미에서 보면 이렇습니다. 사실 폴라니에 대해서는 경제체제의 관점에서 볼 때 미래지향적이기보다는 오히려 낭만적이거나 복고적이지 않나 하는 차원의 비판도 있습니다. 물론 반대로 미래지향적이었다고 해석하는 사람들도 있지만요. 왜냐하면 폴라니와 제자들이 함께 연구한 중세와 고대의 상품화되지 않은 노동이란 한편으로는 공동체 속에서 수행되는 노동이었지만, 다른 한편으로는 늘 공동체 내의 차별적인 신분 질서 속에서 행해지는 노동(길드의 사례처럼)이기도 했습니다. 도제부터 장인까지 권위적이고 수직적인 구조 속에 있잖아요. 이 속에는 장인이 도제를 책임지고 먹여 살리는 봉건적 온정주의도 포함되어 있지요. 하지만 폴라니가 이런 방식으로 돌아가자고 주장하진 않았습니다.

김　여기서 궁금한 게요. 조합경제를 일종의 계획경제라고 볼 때, 조합경제 속에서 이윤이 발생할 수 있지 않습니까? 그러면 배분 문제로 내부 갈등이 발생할 수 있지 않을까요? 과거에는 신분제에 따라 오히려 갈등이 제어될 수 있었지만(옳다는 의미는 아닙니다.) 그런 원칙이 없는 수평적·민주적 조직이라면 오히려 균열, 마찰의 요소가 많을 듯한데요? 현실적으로 더 어려운 일이 아닐까요?

조　두 가지 논점이 섞여 있으니, 나누어서 이야기해보죠. 우선 조합경제 자체가 계획경제인 것은 아닙니다. 조합들이 시장경제 속에서 경쟁하면 그건 시장경제일 뿐이죠. 문제는 민주적 계획경제 아래 활동하는 조합들에서 이윤들이 발생하는 경우겠지요. 충분히 그런 문제가 생길 수 있죠. 그런 문제야말로 민주주의의 숙제일 테고요. 해결할 수 있는 방법도 민주주의밖에 없지 않습니까?

김 물론 민주적으로 조정과 타협을 해야겠죠.

조 사실 지금도 협동조합들에 그런 문제들을 제어할 수 있는 장치가 있습니다. 협동조합의 7대 원칙에는 협동조합들 사이의 협력과 지역사회에 대한 기여가 포함되어 있고요, 법에 의해 협동조합의 잉여금 중에서 조합원에 대한 배당 지급은 제한되어 있습니다. 단지 조합원들끼리 잘살자고 협동조합을 하는 것은 아니니까요.

이런 원칙을 지키면서 대규모로 성공적으로 운영되는 협동조합들도 상당히 많거든요. 인류가 처음 사회주의로 나아갈 때에는 모델이 없지 않았습니까? 마르크스 이야기도 나왔지만, 맨땅에 헤딩하다가 비극으로 끝났는데요. 지금은 경험이 많이 생겼죠. 실패의 경험도 있고, 일부 성공적인 사례도 있습니다.

이런 사회적 경제를 운용한다고 할 때 계획이 가능한 단위의 문제, 그리고 적용 원리로서 내적 조망과 민주주의의 문제, 또 하나 더해서 기술적인 문제 들이 있을 텐데, 세 가지 차원에서 이전보다 여건이 훨씬 더 나은 상황이죠.

김 기술적 문제는 무엇입니까?

조 아주 간단히 말하면 수요와 공급에 대한 정보를 처리하고 계산하는 문제, 요즘 식으로는 컴퓨팅의 문제인데요. 정보통신 기술이 비약적으로 발전했으니까요. 동네 구멍가게들조차 POS(Point of Sale, 판매 시점) 관리 시스템 속에 통합되어 있죠. 바코드 찍을 때마다 실시간으로 파악이 됩니다. 반면 소련의 경우를 보면 이 인프라가 매우 낙후돼 있었습니다. 1985년까지도 전화 보급률이 23퍼센트에 불과했으니까요. 계획경제

사상에도 문제가 많았지만, 기술적 여건도 극도로 열악했습니다. 폴라니도 사실 통계학적 분석이 중요하지 않다고 보진 않았습니다. 다만 거기에 매몰되는 상황을 경계했고요. 물론 기술중심주의로 오해를 받을 수 있으니까 너무 강조하면 안 될 것 같습니다.

김　다시 여쭤볼게요. 여전히 의문이 남아요. 그렇다면 계획경제에서는 이윤이 배제되나요? 이윤이 있다면 배분 문제로 갈등이 생길 수 있고, 결국 폴라니가 비판했던 시장경제의 악습을 고스란히 반복하지 않겠습니까?

조　자본가가 노동자를 착취한 결과로 발생하는 자본주의적 의미에서의 이윤은 계획경제에서는 사라지겠죠. 하지만 당장의 수요 이상의 잉여라는 의미에서라면 얼마든지 발생할 수 있고, 또 있어야 합니다. 욕구의 성장이 있는 한 경제성장을 위한 투자 재원이 필요하고, 예측할 수 없는 변동에 대비하기 위한 사회적 준비 기금의 확보도 필요합니다. 그러니까 당장의 직접적 수요 이상의 잉여 창출은 계획경제에서도 반드시 필요한 것입니다.

역시 문제는 이 잉여를 어디에, 어떻게 사용할 것인가라는 문제일 것입니다. 현재의 소비를 위해서 분배를 늘릴 수도 있겠고, 미래를 위해서 축적하는 쪽으로 갈 수도 있을 겁니다. 또 부문간 갈등의 소지도 있습니다. 예를 들어 20세기 사회주의 건설 초기에는 공업 건설을 위해서 농업 부문의 잉여를 공업 부문으로 돌렸습니다. 농업을 희생시킨 거죠. 이처럼 갈등의 가능성은 계획경제에도 상존합니다. 다만 그 갈등이 시장경제의 악습과 같은 유형은 아닐 거라는 뜻이죠.

바로 그렇기 때문에 민주주의가 중요하다고 말씀드리고 싶습니다. 우려하신 것처럼 잉여가 발생하면 갈등의 소지가 있게 마련입니다. 그렇기 때문에 잉여를 어떻게 사용할 것인가를 결정하는 권력의 문제가 중요합니다. 이 권력을 최대한 낮은 수준에서부터 민주화하는 것이 결정적인 요소가 됩니다.

옛 사회주의는 어느덧 당이 권력을 독점하게 되었습니다. 사실 민주주의 실천의 역사가 일천했던 동구권 사회주의 정당들에서는 아래로부터의 민주주의 실현에 대한 치열한 신념이 부족했던 것이 사실입니다. 하이에크 같은 자유주의 경제학자는 이런 당 독재를 계획경제의 필연적 결과로 보았지만, 폴라니의 시각에서 본다면 하이에크의 대안은 그저 시장독재 찬양론일 뿐입니다. 민주적 계획이야말로 당 독재와 시장독재에 대한 참된 대안이 됩니다.

협동조합 이야기로 돌아가 보면, 협동조합은 1인 1표제에 근거한 민주적 통제를 핵심 원리로 삼고 있습니다. 이를 거부하는 순간 더 이상 조합이 아니게 됩니다. 그냥 기업이거나 주식회사지요. 1인 1표 체제에서 출자액과는 상관없이 민주적 원리에 따라 구성원 모두가 주인인 시스템입니다.

이와 관련해서 마르크스가 언급한 내용이 있습니다. 아까 마르크스가 오언 등의 논의를 공상적이라고 비판했다고 하셨는데요, 마르크스는 혁명 없이 사회를 변혁할 수는 없다고 생각해서 이런 취지의 비판을 했습니다. 그러나 협동조합에 대해서는 상당히 높이 평가했습니다.

『자본론』 3권에서 마르크스는 이렇게 말합니다. 협동조합 역시 자본주의 체제 내부에 존재하는 한 이윤이 발생하게 돼 있고, 이는 곧 누군가 착취당한다는 이야기라고요. 그런데 이 경우의 착취는 '자기 착취'라고 규정합니다. 자기가 이 기업의 주체이니까요. 자본가에게 뺏기는 게 아니죠. 마르크스도 이런 사례들을 보며 고민을 했던 거예요. "아, 이게 뭐지?" 하면서요. 그러면서 내린 결론이, 바로 이거야말로 사회주의로의 이행에서 우리가 가장 중요하게 여기는 사회적 형태를 미리 보여준다는 것입니다.

김　자기 착취의 결과물이다? 결국 이걸 어떻게 활용하고 분배하느냐가 성패를 좌우하겠군요.

조　네, 저는 마르크스도 이 점을 의식했고, 폴라니는 대단히 강조했다고 보는데요. 그래서 조합과 지역 차원에서 작동하는 민주주의의 문제를 강조한 것입니다. 민주주의가 효율의 이름으로 사라지는 순간, 더 많은 이익을 남기겠다는 욕망에 포획되는 순간, 조합이 망하고 계획경제도 몰락하겠지요.

김　협동조합이라든지 사회적 기업 등에 대해 요즘 많은 이야기들이 나오고 있는데요. 폴라니 이야기를 듣다 보니 결국 사회, 공동체 차원에서 모든 문제를 해결해야겠군요. 조합 경제, 사회적 경제가 어떤 고민 끝에 나온 개념인지 좀 정리가 된 것 같습니다. 이에 대해서는 또 설명할 기회가 있겠지요?

조　예, 당연히 그럴 생각입니다. 우리의 미래가 걸린 문제니까요.

인간 욕망의 무한성이라는 신화를 해부하다

칼 폴라니는 경제인류학을 개척한 인물 중 한 명이다. 인류학은 본래 인간학이라는 뜻을 갖고 있는 만큼 폴라니 역시 경제의 영역에서 우리 인간이 어떤 존재인지를 규명하는 데 평생을 바쳤다. 이 작업에서 특히 주력한 것이 우리 인간의 욕망이 무한하다는 주류 경제학의 인간 본성론에 대한 비판이다.

주류 경제학의 가장 기본적인 명제 중 하나가 이른바 '희소성' 명제다. 경제적으로 우리의 욕구를 충족시켜주는 재화나 서비스는 언제나 우리의 욕망의 크기에 비해 희소하다는 것이다. 그래서 희소하지 않고 무한히 존재하는 재화들, 예컨대 햇빛 같은 것들은 경제재가 아니며, 경제학에서는 아예 다루지도 않는다. 경제학의 대상이 되는 한 모든 재화와 서비스는 아무리 풍부하다고 해도 항상 부족한 것으로 정의된다. 왜냐하면 우리의 욕망이란 채워도 채워도 영원히 채워지지 않는 무한한 그릇 같은 것으로 간주되기 때문이다. 그래서 주류 경제학은 스스로를 '무한한 욕망과 희소한 자원 사이에서 욕망의 최대 만족(효용 극대화)을 위한 최적의 선택에 관한 학문'으로 정의한다.

여기서 잠깐 유럽에서 전해 내려오는 민담 한 토막을 살펴보자. 가난한 농부 앞에 홀연히 요정이 나타나, 소원 세 가지를 들어주겠다고 제안한다. 신이 난 농부는 요정에게 실컷 먹을 수 있도록 많은 음식을 달라고 빈다. 그 사실을 안 농부의 아내가 음식 따위나 빌었다고 욕을 퍼붓는다. 화가 난 농부가 "소시지가 마누라 코에 붙었으면 좋겠다"고 투덜대자, 두 번째 소원이 실현된다. 소시지가 아내의 코에 달라붙은 것이다. 결국 마지막 소원으로 농부는 아내의 코에서 소시지를 떼달라고 빌 수밖에 없게 된다. 아, 어리석고 불쌍한 농민이여……

미국의 역사학자 로버트 단턴(Robert Danton)이 유명한 저서 『고양이 대학살』에서 들려주는 사례다. 이 저서는 유럽 민담 분석을 통해 매우 재미있는 이야기들을 들려주고 있다. 수많은 민담들에서 대개는 농부인 가난하고 평범한 주인공에게 어느 날 갑자기 램프의 요정 같은 마술적 존재가 나타나 소원을 들어주는 장면이 등장한다. "요술 막대기, 반지, 혹은 초자연적인 은인이 생겼을 때, 농민 주인공에게 처음으로 떠오르는 생각은 언제나 음식이다. 그는 음식을 주문하면서 어떤 상상력도 발휘하지 못한다. 그는 단지 일상적인 음식을 먹을 뿐이고 그것은 언제나 똑같은 평범한 농민들의 식사다. (……) 한 가지 사치가 명확하게 드러나며 그것은 고기다. 양껏 먹는 것, 식욕이 고갈될 때까지 먹는 것이 농민들의 생각 속에 어른거리던 일차적인 즐거움이었다." 평범한 농민들의 수백 년에 걸친 일상생활과 상상력이 축적된 민담에서 농민들의 욕망은 언제나 충분한 음식이었던 것이다.

농민들 앞에 초자연적으로 등장한 요정이나 요술 막대기의 현대판은 로또 당첨일 것이다. 로또에 당첨되면 무엇을 할까를 고민하는 현대 한국인들 중 배가 터질 때까지 음식을 먹겠다고 생각하는 사람이 과연 있을까? 죽을 때까지 원금만으로도 충분히 먹고살 수 있으니까 집 안 금고에 넣어두고 매달 꺼내서 쓰겠다는 사람조차 없을 것이다. 수많은 사치재 소비와 원금을 불릴 방법으로 고민의 크기가 무럭무럭 자랄 것이다. 현대인의 시각에서 볼 때 옛 농민들의 터무니없이 단순하고 소박한 욕망은 이해가 되지 않지만, 거꾸로 그들의 시각에서 보자면 현대인의 이 엄청난 욕망의 크기 또한 이해할 수 없을 것이다. 가늠할 수 없는 무한한 욕망의 크기, 그것은 민담의 황홀한 판타지 세계에서조차 낯선 생각이었다. 이는 결코 인류의 보편적인 본성이 아니다.

미국의 경제인류학자 마셜 살린스(Marshall Sahlins)는 『석기시대의 경제학』에서 역설적으로 수렵채집 사회야말로 '풍요로운 원시사회'라고 지적하고 있다. 원시사회는 적게 일하고 많이 노는 사회였으며, 원하는 만큼 소비하는 사회였다는 것이다. 도대체 이게 말이 되는 소린가? 그런데 내용을 들여다보면 그럴 법도 하다. 사실 경제적 행복, 즉 효용의 만족이라는 것은 애초에 욕망의 크기에 반비례하기 때문이다. 욕망이 클수록 만족도는 낮아지고, 욕망이 작으면 만족도는 높아진다. 원시사회는 욕망의 크기 자체가 사회의 한계에 의해 매우 제한되어 있다. 원시인들은 충분한 풍요를 누릴 만큼 많이 가지고 있었기 때문이 아니라, 욕구하지 않았기 때문에 행복했다고 볼 수 있다.

왜 그들의 물욕이 그토록 적었는가를 이해하려면 사회적 맥락을 들여다보아야 한다. 원시사회는 수렵채집 사회로서 끊임없이 이동해야만 하는 사회였다. 많은 양의 재산은 이동에 장애가 되는 쓸모없는 물건이고, 오히려 부담일 수밖에 없었다. 즉 자신들의 사회에 적응하기 위한 일종의 문화적 적응 수단으로 재화에 대한 욕구가 근본적으로 제한되었던 것이다. 원시인들은 며칠 동안의 이동을 통해 큰 짐승을 잡으면, 다음 며칠 동안을 위해 약간을 남겨놓은 다음 배불리 먹었다. 그리고 푹 쉬었다. 채집과 수렵이 항상 가능하진 않았기 때문에 당연히 상당 시간 동안 놀아야 했다.

현대로부터 멀리 떨어지지 않은 과거, 즉 산업사회 직전의 농경사회에도 비슷한 면이 있다. 영국의 유명한 역사학자 E. P. 톰슨(E. P. Thompson)은 17~18세기 영국 농민의 생활에 대한 연구에서 농민들의 연간 노동일수가 기껏해야 180일 내외였음을 밝혀냈다. 1년 365일 중 절반을 놀았다는 말이다. 장인과 직공들도 마찬가지였다. 주문을 받으면 최대한 미루다가 납품기일이 다 되면 그제야 미친 듯이 일을 했다. 보통 1주일의 절반을 놀았다. 독일의 사회학 대가인 막스 베버는 자본주의가 본격적으로 성립하려면 추가 노동을 하고서 더 많은 임금을 받으려는 새로운 종류의 노동자가 반드시 등장해야 한다고 분석했다. 아직 자본주의 시장경제가 본격화되기 전, 독일의 노동자들은 더 많은 임금과 더 많은 휴식시간 중 후자를 선택했다. 더 많은 임금을 받아봐야 더 소비할 것도 없고, 투자할 데도 마땅치 않았기 때문이다. 우리는 지금 인류 역사상 가장 많은 일을 하는 시대에 살고 있다. 우리 한국인들은 세계에서 가장 긴 시간 일을 하고 있다. 그러고도 항상 부족하다고 불평하고 있다. 어쩌다 이렇게 되었을까?

사실 한국에서도 일제 시대나 1970년대 새마을운동 당시에 조선총독부나 유신 정권이 농민들을 비판하면서 가장 많이 한 말이 긴긴 농한기를 쓸데없이 논다는 것이었다. 여러 학자들, 관료들이 농민이 가난한 것은 지독한 게으름 때문이라고 진단하고 선전했다. 그러나 이 게으름은 전통적인 농경사회에서는 너무나 당연한 일이었다. 농민들은 부업을 통해 추가 소득을 올리려는 동기가 없었다. 그래봐야 수요도 판로도 없었던 탓이다. 혹 그런 수요가 있어서 돈을 벌어봐야 살 만한 것도 마땅치 않았다. 값비싼 사치품도 많지 않았지만, 전통적인 위계질서와 규범이 살아 있는 농촌공동체에서 비싼 사치품을 사봐야 자랑하기도 쉽지 않았다. 오히려 비난의 대상이 되기 좋을 뿐이다. 토지를 산다면 좋은 재투자가 되겠지만, 신분제가 여전히 살아 있는 농경사회에서 토지 구입은 그저 돈만 있다고 되는 일은 아니었다. 더 많은 토지를 경작한다는 것은 소작농을 부리는 지주가 된다는 얘긴데, 어차피 뻔히 서로 다 알고 지내는 한 동네에서 평민이 같은 평민을 소작농으로 부리기가 쉬울 리가 없었다. 그러니 농민들의 욕구는 단지 올해 한 해 배고프지 않고 먹을 수 있을 만큼만 생산하는 것, 즉 자급자족이었다. 그러니 전통사회의 농민에게 욕망의 무한성 같은 개념은 도저히 이해할 수 없는 것이다. 저축-축적과 재투자라는 개념 자체가 발생할 수 없는 상황이었다.

그렇다면 다시 한번 생각해보자. 과연 우리의 욕망은 무한한 것일까? 맛있는 냉면을 먹고 싶은 경우를 생각해보자. 보통 사람이라면 한 그릇이면 충분하고 웬만큼 식성이 좋은 사람이라도 두세 그릇 먹으면 충분할 것이다. 한계를 넘으면 그 다음부터는 오히려 고통이 될 것이다. 식욕은 한계가 뻔하다. 그렇다면 다른 소비재를 생각해보자. 구두 같은 사치재를 갖고 싶은 경우라면? 구두를 더 산다고 해서 고통으로 바뀌지는 않겠지만, 그렇다고 해서 무한할 리는 없다. 예전 필리핀의 악명 높은 독재자 마르코스의 부인이던 이멜다는 명품 구두 3000켤레를 갖고 있었다 해서 화제가 되었지만, 3000켤레라고 해도 무한대에 비하면 결국 0에 수렴한다. 이처럼 구체적인 재화에 대한 욕망은 아무리 크다 한들 크기가 사실상 정해져 있다.

그런데 욕망의 대상이 구체적인 재화가 아니라 어떤 재화라도 구매할 수 있는 화폐라면 어떨까? 화폐 자체는 사실 아무것도 아니지만, 우리는 현대사회에서 화폐로 사실상 거의 모든 것을 살 수 있다. 이 화폐에 대한 욕망은 로또 당첨의 꿈에서도, 재벌들의 아귀다툼에서도 볼 수 있듯이 사실상 무한해 보인다. 그렇다면 경제학에서 말하는 무한한 욕망은 결국 재화에 대한 욕망이 아니라 화폐에 대한 욕망이라고 해야 하지 않을까?

그런데 만약 화폐를 가지고 살 수 있는 재화가 제한되어 있다면 어떨까? 경제인류학 분야에서 칼 폴라니와 그의 동료, 제자들이 이룩한 중요한 성과 중 하나는 어느 지역에서건 원래 화폐는 무엇이든 살 수 있는 무소불위의 교환수단이 아니었다는 사실을 밝혀냈다는 점이다. 무엇이든지 살 수 있는 화폐, 어떤 목적에도 사용할 수 있는 화폐, 즉 전목적적 화폐라는 개념 또한 역사적 과정을 거치면서 등장한 근대 시장경제(자본주의)의 발명품이다.

경제학에서는 흔히 화폐의 용도로 다음 네 가지를 제시한다. (채무에 대한) 지불수단, (특정 재화의 가치를 표현하는) 가치척도의 수단, (상하거나 소멸되는 재화의 가치를 대신해서 장기간 유지하게 해주는) 가치저장의 수단, (재화와 재화를 교환할 수 있게 해주는) 교환의 매개수단이다.

화폐의 출현 과정에 대한 역사적 연구들에 따르면 최초의 화폐는 채무에 대한 지불수단으로 등장했다. 특히 (국가)권력에 대한 채무, 즉 조세의 지불수단으로 등장한 것이 화폐였다. 그래서 화폐는 처음부터 국가권력의 통제를 받으며 등장한 것이다. 이후 화폐는 점차 사용 목적이 확대되었지만, 중요한 것은 용도에 따라 다른 종류의 화폐가 사용되었다는 것이다. 폴라니 그룹의 연구에 따르면 고대 바빌로니아에서는 은이 계산화폐로, 대맥은 지불수단으로, 석유와 양모는 교환수단으로 사용되었다. 이런 상황에서는 특정한 용도의 화폐를 아무리 많이 축적해봐야 다른 용도로는 사용할 수가 없다.

멀리까지 갈 필요가 없이 조선을 보아도 사정은 다르지 않다. 정부에 대한 지불수단으로 조선 초기에는 가치를 쌀의 양으로 표기한 지폐인 저화를 사용했다. 이후 면포(정포)와 미곡으로 변화했다. 그래서 삼정 중 군정의 경우는 면포(군포)로, 전정(토지세)과 환곡은 수확물인 미곡으로 지불했다. 한편 가치의 척도는 미곡이었다. 그래서 저화의 가치를 쌀의 양으로 표기했던 것이다. 한편 교환의 매개로는 초기에는 올수나 길이가 정포에 못 미쳐서 가치가 떨어지는 추포, 쌀 등을 쓰다가 후기가 되면 금속화폐인 상평통보를 사용했다. 가치저장의 수단은 좀 더 복잡한 면이 있다. 우선 면포와 미곡은 장기 저장이 곤란하다는 문제가 있었다. 그래서 화폐가 등장했지만, 교환경제가 활성화되지 않은 상태에서는 큰 의미를 부여하기는 어려웠다.

예를 들어 조선 후기에 시장 거래를 잘 해서 돈을 많이 번 상인이 있다고 하자. 그는 상평통보를 많이 가지고 있다. 하지만 상평통보가 아무리 많아도 그것으로 세금을 낼 수는 없다. 세금을 내려면 결국 미곡이나 면포를 시장에서 사야 했다. 그런데 가치의 척도는 미곡이었다. 상평통보의 가치는 미곡의 가치에 좌우되었기 때문에 결국 미곡이 가장 중요하지만, 미곡 자체는 오랫동안 저장하기 어렵다. 어떻게 해도 화폐의 축적을 통한 거대 자본 축적은 매우 어렵다. 가장 중요한 것은 결국 미곡을 많이 생산할 수 있는 토지였는데, 토지 자체는 이미 신분사회의 장벽에 의해 소유권 변동이 제한되어 있는 상황이었다. 이런 상황에서 화폐에 대한 무한한 욕망은 그다지 설득력 있는 이야기가 아니다. 그러므로 우리의 무한한 욕망을 탄생시킨 주요한 원인은 바로 전목적적 화폐의 등장이라고 할 수 있다.

이렇게 용도에 따라 다른 기능적 화폐가 사용되던 상황에서 전목적적 화폐로의 변화 과정이야말로 자본시장의 탄생 과정과 맞물려 있다고 할 수 있다. 특히 화폐의 실물적 가치가 전혀 없는 지폐(은행권, 그리고 이후 중앙은행권)의 성립과 유일 화폐로의 정립은 화폐의 용도 제한 철폐에 결정적인 사건이었다.

물론 이 전목적적 화폐의 등장은 저절로 일어난 현상이 아니다. 이는 본문에서 살펴본 세 가지 허구적 상품의 등장 과정과 맞물린 현상이었다. 다시 말하면 모든 것이 상품이 되어 심지어 토지, 화폐, 인간마저 화폐로 살 수 있고, 그 결과 우리의 모든 소득이 화폐로 지불되는 화폐경제의 전면화와 함께 나타난 현상인 것이다. 모든 것이 돈으로 살 수 있는 상품이 되는 과정과, 돈이 무엇이든 살 수 있는 전목적적 화폐로 변하는 과정은 함께 진행된 역사적 과정의 양면이었다. 우리는 이 역사적 과정의 자식으로서 오늘날 무한한 욕망을 가지고 있는, 영원히 만족할 수 없는 비극적 존재로 간주되고 있다. 하지만 폴라니와 동료들의 연구는 이 비극이 인류의 긴 역사에 비춰보면 그저 잠시 동안의 에피소드일 수도 있음을 알려준다.

더 읽을 거리

『거대한 전환: 우리 시대의 정치·경제적 기원』
칼 폴라니, 홍기빈 옮김, 길, 2009.

『사람의 살림살이』
칼 폴라니, 박현수 옮김, 풀빛, 1998.

『아리스토텔레스, 경제를 말하다』
홍기빈, 책세상, 2001.

『칼 폴라니의 경제사상』
J. R. 스탠필드, 원용찬 엮어옮김, 한울아카데미, 1999.

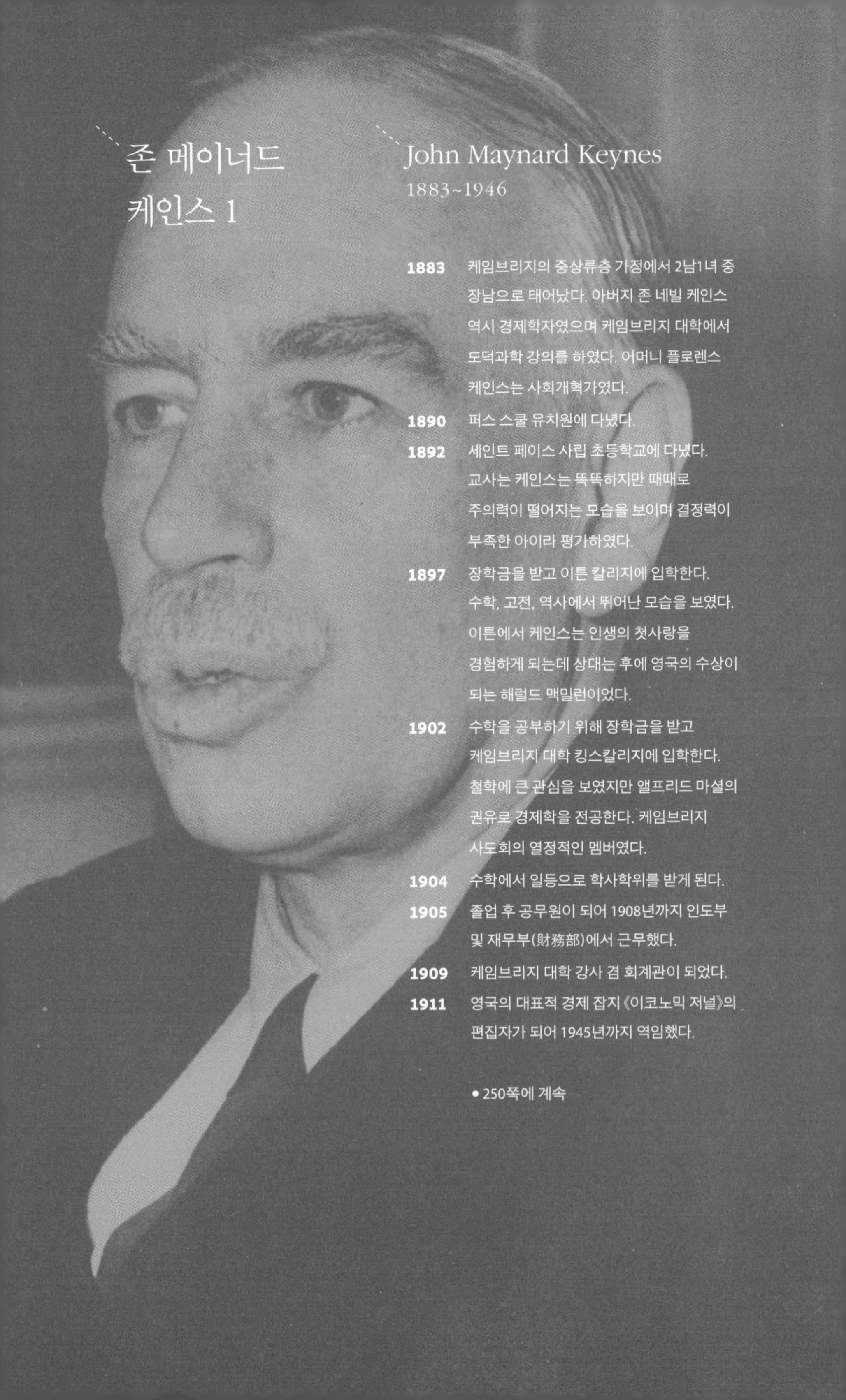

존 메이너드 케인스 1

John Maynard Keynes

1883~1946

1883 케임브리지의 중상류층 가정에서 2남1녀 중 장남으로 태어났다. 아버지 존 네빌 케인스 역시 경제학자였으며 케임브리지 대학에서 도덕과학 강의를 하였다. 어머니 플로렌스 케인스는 사회개혁가였다.

1890 퍼스 스쿨 유치원에 다녔다.

1892 세인트 페이스 사립 초등학교에 다녔다. 교사는 케인스는 똑똑하지만 때때로 주의력이 떨어지는 모습을 보이며 결정력이 부족한 아이라 평가하였다.

1897 장학금을 받고 이튼 칼리지에 입학한다. 수학, 고전, 역사에서 뛰어난 모습을 보였다. 이튼에서 케인스는 인생의 첫사랑을 경험하게 되는데 상대는 후에 영국의 수상이 되는 해럴드 맥밀런이었다.

1902 수학을 공부하기 위해 장학금을 받고 케임브리지 대학 킹스칼리지에 입학한다. 철학에 큰 관심을 보였지만 앨프리드 마셜의 권유로 경제학을 전공한다. 케임브리지 사도회의 열정적인 멤버였다.

1904 수학에서 일등으로 학사학위를 받게 된다.

1905 졸업 후 공무원이 되어 1908년까지 인도부 및 재무부(財務部)에서 근무했다.

1909 케임브리지 대학 강사 겸 회계관이 되었다.

1911 영국의 대표적 경제 잡지《이코노믹 저널》의 편집자가 되어 1945년까지 역임했다.

• 250쪽에 계속

저축에 저주를

6강

강의

오늘은 존 메이너드 케인스에 대해 이야기합니다. 정말 유명한 경제학자죠. 아마도 20세기를 대표하는 경제학자를 한 명만 꼽으라면 케인스를 선택해야 할 것입니다. 그는 자본주의에 저주의 심판을 내린 카를 마르크스가 사망했던 1883년 영국에서 태어났습니다. 마르크스의 예언대로 자본주의가 희대의 공황으로 위기에 처해 있을 때, 케인스가 자본주의의 구원자로 등장했으니 참 묘한 인연이네요. 한때는 우파 공화당의 닉슨 대통령이나 신자유주의 사조의 대부 격인 프리드먼조차 "우리는 모두 케인스주의자다."라고 말했을 정도로 엄청난 영향력을 발휘했죠. 신자유주의가 맹위를 떨친 지난 몇 십 년간 그저 흘러간 옛 인물 정도로 치부되기도 했지만, 2008년 금융위기 이후 가장 뜨겁게 재평가되고 있는 사상가이기도 합니다.

사실 케인스와 케인스주의를 가장 싫어하고 비판한 사람들은 마르크스주의자들이 아니라 바로 우파, 자유주의자들, 경제학적으로는 시카고학파 또는 통화주의자들입니다. 오늘날 경제학의 주류라고 할 수 있죠. 그들이 보기에 케인스는 빨갱이였습니다. 심지어 케인스의 쾌락주의적 사생활까지 비난했죠. 아직도 주류 경제학자들 중에는 정말 케인스를 싫어하는 사람들이 제법 많은 것 같습니다.

오늘은 케인스의 폭넓은 사상 중에서도 특히 유동성 선호, 유동성 함정 같은 개념을 중심으로 이야기를 풀어볼까 합니다. 케인스는 정통파, 신고전파 경제학자들이 믿고 있던 자유방임 시장의 완벽성에 대한 신념을 분쇄했습니다. 1930년대 미증유의 대공황은 정말 파괴적이었죠. 완벽하게 작동해야 할 시장이 갑자기 거대한 시궁창에 빠져버린 겁니다. 케인스는 이런 갑작스런 공황의 발발에는 합리적인 개인의 미래 예측이 아니라 군중들의 비합리적인 심리 상태가 작용했다고 보았습니다.

신고전파 경제학자들이 철석같이 믿고 있던 세이의 법칙이라고 있습니다. "공급이 수요를 창출하니까 상품이 안 팔리는 일 따위는 없다." 정도로 요약되는 주장입니다. 왜 그렇게 생각한 걸까요? 모든 생산자는 소비자이기도 합니다. 원료를 사는 만큼 곧 누군가의 소득이 발생하죠. 생산자가 만들어 파는 만큼 다른 사람 손에 그 생산자가 지불한 화폐가 이미 들어가 있다는 겁니다. 이 연쇄 과정 전체를 계산해보면 결국 생산을 위한 나의 지출은 타인의 소득과 같아지고, 이 소득으로 소비를 할 테니 결국 공급과 수요는 어디서나 맞아떨어지게 되어 있다는 거죠. 가계의 저축과 기업의 내부 유보에 의해서 이 과정이 교란될 수도 있지만, 그 오차는 이자율 변동에 의해서 완벽하게 교정됩니다. 정말 멋진 세상이죠. 그런데 현실은 대공황이었습니다. 왜 이런 걸까요?

공상하지 말고 제발 좀 현실적으로, 생각이란 걸 좀 해보자고 케인스는 제안합니다. 실제로 경제는 주기적으로 불황, 공황에 빠지고 있으니까요. 케인스는 시장이 합리적인 개인들의 단순 총합이 아니라 모방하는 비합리적 군중들로 이루어져 있다고 생각합니다. 여기서 중요한 점은 효용 극대화나 이윤 극대화 같은 수학적 계산, 합리성이 아니라, 경제가 어떻게 될 것 같다는 식의 믿음이라고 케인스는 말합니다. 그런데 이 믿음은 꼭 합리적이진 않고, 때로는 질병처럼 전염되기도 합니다. 사람들은 자기 계산에 입각해서 판단하고 행동하는 개인이 아니라 타인의 판단을 보고 행동하는 존재니까요. 호황과 활황은 긍정적 믿음이 전염되는 상황이죠. 그럴 때 사람들은 부나방처럼 불을 보고서도 달려듭니다. 공황은 반대죠. 아무리 물건 값이 싸져도 소비자는 구입하지 않고, 아무리 이자율이 떨어져도 기업은 투자하지 않습니다. 신고전파 경제학의 합리성 가정은 여기서 완전히 박살나고 맙니다. 군중심리에 휩쓸린 사람들에게 아무리 합리적으로 판단하라고 해봐야 소용이 없는 것입니다.

케인스는 사람들의 이런 성향 자체를 냉정하게 인정했습니다. 이런 군중심리는 어리석은 것이지만, "군중에 대항하여 바른 말을 하기보다는 군중과 함께 오류에 빠지는 편이 낫다."고 생각했습니다. 그래서 정부가 개입해야 한다는 것입니다. 어떤 이유에서든 부정적인 믿음이 퍼져서 가계가 소비를 줄이고 기업이 투자를 줄일 때, 다시 말하면 돈 자체에만 완전히 집착할 때 정부는 우선 통화정책을 써야 합니다. 금리를 낮춰서 시중에 돈을 풉니다. 돈 쓰기 쉬워지니까 소비가 살아나고 투자가 늘어나겠죠. 하지만 안 먹힐 때도 있습니다. 사람들이 아예 공포에 빠져 있을 때죠. 바로 유동성 함정입니다. 정부가 푼 돈이 다 지갑과 금고로 들어가 버립니다. 현금 확보가 일종의 신앙이 되는 상황이지요. 이때는 정부가 직접적인 재정정책을 사용해야 합니다. 정부가 직접 사업을 일으키고 세금을 낮추고 보조금을 지급하는 방식으로 경제에 개입해야 합니다. 사람들은 소득이 들어오니까 소비를 하고, 기업은 세금이 낮아지고 매출이 늘어나니까 투자를 하고,

노동자들을 고용하게 되면서 경제는 살아나게 됩니다. 펌프로 물을 길어 올리기 위해 마중물을 붓는 격이라고 생각하시면 됩니다.

케인스는 돈을 축적하는 행위를 경멸했습니다. 돈벌이 자체를 싫어한 사람은 절대 아닙니다. 케인스는 경제학자들 중에서 거의 최고 수준이라는 평을 들을 정도로 재테크의 귀재였거든요. 하지만 그가 찬미한 돈벌이는 쾌락과 현실의 욕구를 충족하기 위한 돈벌이였습니다. 그래서 케인스는 버는 만큼 엄청나게 썼습니다. 반면 혐오한 돈벌이는 소유물로서 돈을 사랑하는 행위였습니다. 축적을 위한 축적, 돈을 벌기 위한 돈벌이는 "구역질나는 병적 상태"이고, "범죄적 성향과 질환의 성격을 보여주기 때문에 정신병 전문가에게 맡겨야 한다."라고까지 주장했습니다. 역작 『고용, 이자, 화폐에 관한 일반이론』의 마지막 대목에서는 소유물로서 돈을 사랑하는 계급인 금리생활자들을 안락사시켜야 한다고 주장합니다. 바로 이런 맥락에서 개인의 저축이나 기업의 현금 보유, 긴축정책 따위를 매우 비판적으로 바라본 것입니다. 케인스는 오로지 버는 데만 집착하는 경제활동을 오늘의 즐거움을 희생해서 내일의 풍요를 기약한다는 피가학적, 마조히즘적 정신병에 비유했습니다. 그 결과 경제가 파괴된다고 주장했습니다. 반면 오늘을 즐기고 삶의 창조성과 쾌락을 마음껏 누리기 위해 경제생활을 할 때 비로소 우리는 경제와 삶, 두 마리 토끼를 모두 잡을 수 있다는 것입니다. 어떤가요, 매력적이지 않나요?

지금 당장의 쾌락을 사랑한 천재

김　제가 전에도 말씀드린 내용인데, 경제학자 치고 주식 잘하고 돈 벌어본 사람 없다고 하잖아요. 그런데 케인스는 예외였군요. 어디선가 보니까, 케인스는 아침에 침대에서 밥상 받고 신문 읽으며 어제의 주식시장이 어땠는지 살펴보는 일로 하루를 시작했다고 해요. 물론 케인스를 욕하려는 이야기는 아닙니다.

이 케인스라는 사람에 대해서 제가 학교 다닐 때 배운 내용은 아주 단순했어요. 1930년대 대공황이 왔고 미국에선 뉴딜정책을 썼고 수정자본주의가 등장하고 혼합자본주의로 흘러가는데, 이런 흐름의 발원지 격인 사람이 바로 케인스였다고요.

우선 케인스에 대해서도 인물 탐구부터 해봐야겠습니다. 자유주의자들이, 마르크스주의자들보다 이 케인스라는 사람에게 더 큰 반감을 품었던 이유는 뭔가요?

조　일단은 정부 개입을 옹호했던 사람이니 자유주의자들이 싫어할 수밖에 없겠죠. 게다가 한동안 케인스의 예측이 거의 다 맞아떨어진 적도 있었으니까요. 예를 들어 1963년쯤 미국 경제가 불황 조짐을 보이던 시기에, 케인스학파가 장악하고 있던 미국 경제학회에서 케인스의 '승수효과'를 적용해서 금리를 얼마쯤 내리면 되겠다고 조언했고 이를 적용했더니 경제가 회생한 일도 있었을 정도였습니다. 자유주의 진영에서 보기엔 잘못된 방식인데, 실제로는 정확하게 맞아떨어지니까 밉기만 했던 것이죠. 여기에 더해서 케인스의 쾌락주의적 사생활과 돈까지 잘 벌었던 수완도 마음에 들지 않았던 것입니다.

김 케인스가 말년에 그런 이야기를 했다면서요? "더 많은 샴페인을 마시지 못해 아쉽다."라고요. 삶을 상당히 즐겼다는 이야기인데요. 돈을 벌기 위한 돈벌이는 극히 혐오했으면서 돈벌이는 곧바로 소비로 이어져야 한다고 생각했던 사람이라는 차원에서 이해해야겠군요.

조 그것이 바로 정확히 '도덕철학적 관점'에서의 쾌락입니다. 왜 자신의 욕망이나 즐거움을 희생하면서 살아야 하느냐는 물음을 던진 거예요. 그것은 일종의 사기라는 얘기죠. 또 케인스는 예술을 좋아했습니다. 당시에 돈을 많이 벌어서 피카소, 세잔, 마네, 마티스 등 유명 화가들의 그림을 사서 모았고요.

김 오, 그럼 전두환 씨하고 동급이네요? 검찰이 뒤졌는데 그림이 많이 나왔다면서요?

조 케인스는 부정하게 모은 돈으로 그림을 사지 않았으니 크게 다른 얘깁니다.(웃음)

김 인물 탐구를 할 때마다 어린 시절 이야기를 하는데요. 케인스 같은 경우에도 부모 이야기를 하지 않을 수가 없죠? 평범한 부모들은 아니었잖아요?

조 케인스의 아버지는 영국의 최고 명문 케임브리지 대학 교수였습니다. 저명한 수학자이자 논리학자, 경제학자였습니다. 케인스의 학업에 끊임없이 관여하면서 관리했습니다. 어머니는 더욱 대단한 분이었습니다. 자선활동은 물론이고, 영국 여성노동조합을 창설하고 전국여성회의 의장을 거쳐 1930년대에는 케임브리지 시장까지 역임했습니다. 사회활동의 폭으로 보자면 어머니 쪽이 더 넓었던 셈이죠.

이런 환경에서 성장하면서 케인스는 이튼 스쿨, 케임브리지 대학을 졸업할 때까지 엘리트 코스를 거쳤습니다. 엘리트 청소년들 중에서도 워낙 천재로 유명했고 언제나 최우등생이었기 때문에, 그야말로 어마어마한 지식인 인맥을 쌓아갈 수 있었습니다.

김 이튼 스쿨이라고 하면 귀족이나 부자의 자제들이 가는 소위 귀족학교의 원조이지 않습니까?

조 그렇게 봐야죠. 이튼, 해로, 러그비 같은 학교들이 지금도 있죠. 이튼과 케임브리지는 1400년대에 함께 세워졌습니다. 자매학교지요.

김 우리나라로 치면 'KS 마크' 정도 되겠군요. 케인스는 옛날 기준으로 '경기고-서울대'라는 엘리트 코스를 밟았고요.

조 그냥 엘리트 코스를 밟은 정도가 아니라 항상 최우등으로 통과했습니다. 그냥 공부 잘하는 정도가 아니라 선생님들이 "야, 천재 났네!"라고 감탄하는 수준이었어요.

김 갑자기 왜 친화도가 상실되는 느낌일까요? 위화감도 느껴지고 말이죠. 혹시 이 사람도 어릴 때부터 사교육, 과외를 많이 받지 않았을까요?

조 하하, 뭐 그러진 않았고요. 사실 케인스의 경우는 아버지가 케인스가 졸업할 때까지, 심지어 졸업 이후까지 전반적으로 관리했습니다. 그냥 이래라 저래라 한 게 아니라, "넌 지금 무엇을 공부하고 있느냐?", "넌 이것에 대해 어떻게 생각하느냐?" 하는 물음들을 던지면서 성찰을 유도했다고 해요. 또 아버지 자신이 케임브리지 출신이라 케인스를 가르치는 선생들 대부분이 자기 동료들이었거든요. 그러니까 아버지이자 학문적 스승으로서, 아들이 어떤 사람이 될까를 두고 끊임없이 듣고 조언하면서 편지를 남겨뒀다고 합니다.

김 그게 조언일까요 아니면 참견일까요? 이를테면 "야, 너 성적표 한 번 가져와 봐라." 이런 건가요?

조 뭐, 굳이 따지자면 그런 것이었을 텐데(웃음), 그런 과정이 토론이었던 거죠.

김 그럼 케인스는 굉장한 '파파보이' 아닙니까?

조 그렇게 보긴 어려울 것 같습니다. 케인스는 상당히 조숙한 편이었고, 이미 이른 시절부터 독립적인 성향이 강했습니다. 그래서 결국 아버지나 자신을 아꼈던 교수들의 말을 듣지 않게 됩니다. 케인스는 수학의 천재였습니다. 그래서 아버지는 케인스가 수학을 계속 전공하길 원했죠. 하지만 케인스는 대학을 졸업할 무렵엔 수학에 흥미를 잃고 공부를 소홀히 하게 됩니다. 그래서 졸업 성적이 12등이었습니다. 우리 기준으로는 우수한 성적이지만 주변 사람들이 볼 때는 "아니 이게 무슨 일이냐?" 하고 놀랄 만큼 케인스에게는 어울리지 않는 성적이었습니다. 그런가 하면, 케인스는 학부 시절에 앨프리드 마셜(『경제학 원론』을 체계화하고 '차가운 이성, 뜨거운 가슴'이라는 말로 유명한 신고전파 경제학의 대부)에게 경제학 수업을 고작 8주 수강했는데, 경제학 공부는 이게 전부였습니다.

김 네? 경제학 공부는 그게 전부라고요? 그래놓고서 20세기를 대표하는 경제학자가 됐어요?

조 사실 케인스는 워낙 취미가 다양하고 하고 싶은 일도 많아서 오만 가지 일을 하면서 살았는데, 이 가운데 경제학 연구에 투자한 시간이 가장 적었을 거라고들 합니다.

김 이거, 갑자기 다루기 싫어지네. 위화감도 정도가 있지, 그냥 천재라는 얘긴가요? 조 교수님은 천재가 있긴 있다고 보십니까?

조 있다고 생각하죠. 다만 그런 천재를 우상화하는 것은 옳지 못하다고 보고요. 사실 제가 천재가 아니기 때문에 어떤 사람이 진짜 천재인지는 알 길이 없죠. 그러나 당장 현존하는 천재는 알아볼 길이 없어도 많은 시간이 흐른 뒤에 여러 사람이 보았을 때 천재였다고 인정하는 인물은 있을 수 있다고 봐요.

김 케인스가 이튼과 케임브리지를 다니면서 맺었던 친구 관계, 인맥은 어땠는지요?

조 우리가 이름만 듣고 알 만한 사람으로는 우선 과학철학자로 유명한 버트런드 러셀(Bertrand Russell)과 알프레드 노스 화이트헤드(Alfred North Whitehead)가 있습니다. 이런 사람들과 함께 케임브리지에서 '사도회' 멤버로 활동했는데요. 자기들이 예수의 사도 같은 존재라고 자처하는, 그야말로 잘난 체하는 학생들끼리 만나는 모임이었습니다. 케인스는 고등학교 때부터 워낙 유명했기 때문에 신입생 때 바로 멤버로 뽑힙니다. 이 멤버들이 주축이 되어 대학 졸업 후에도 블룸스버리라는 클럽을 결성하는데요, 여기에는 작가 버지니아 울프(Virginia Woolf), 시인 T. S. 엘리엇(T. S.Elliot) 등이 있었습니다. 이외에도 20세기 최고의 언어철학자인 루트비히 비트겐슈타인(Ludwig Wittgenstein)과도 친밀히 교류했죠. 같이 놀았던 사람들 수준이 대충 이랬습니다. 사실 이들의 성향은 상당히 유사했어요. 당시 영국은 빅토리아시대 이래 극단적인 금욕주의와 집단주의가 횡행하고 있었는데 이에 극도로 반감을 품었던 사람들입니다. 당시의 금욕주의가 어느 정도였냐면, 곡선으로 만들어진 피아노 다리가 성적 욕망을 자극할 수 있다면서 덮개를 씌우기까지 했습니다.

김 엥? 그게 왜 성적 욕망을 자극하죠? 여성의 신체 라인을 표상한다는 건가요? 아니, 그런 생각을 하는 사람이 이상한 사람 아니에요? 그때도 박정희 시대와 비슷한 분위기가 있었군요. 진짜 뭐 눈에는 뭐밖에 안 보인다더니.

조 그렇죠. 자유주의적 지식인들이라면 숨이 막힐 상황이지요. 그런 분위기를 혐오하면서 개인의 자유와 미학적 아름다움을 추구하고 반기독교적인 저항 코드를 가진 인물들끼리 어울렸습니다. 그러면서도 이를 민중과 함께 나누기보다는 엘리트 지식인들끼리만 공유했지요. 그래서 이들의 자의식은 굉장히 강합니다. 우리가 접할 수 있는 대중문화 속에서 이 사람들 분위기를 조금 엿보려면, 「디 아워스」라는 영화를 보면 됩니다. 메릴 스트립과 니콜 키드먼이 나오는 영화인데요. 버지니아 울프를 주인공으로 삼아 그녀의 가장 중요한 소설 중 하나인 『델러웨이 부인』의 여러 장면을 왔다 갔다 하면서 당대 사회의 관습과 도덕을 엿보는데, 첫 장면이 울프의 자살입니다. 극도의 지적인 감수성과 강박관념 속에서 일종의 허무를 안고 있던 당대 지식인들이었죠. 그런데 케인스는 이들과 함께 어울리면서도 조금 달랐습니다. 이들이 대부분 시대를 냉소하며 개인주의 성향을 고수했던 반면, 케인스는 엘리트로서 공공에 대한 봉사는 당연하다는 사고방식을 가지고 있었고 실제로 정부 일에 여러 차례 참여했습니다.

김 그 이야기를 하기 전에, 케인스는 쾌락주의자였지 않습니까? 구체적으로 어떻게 놀았나요?

조 이때의 쾌락은 무절제한 방종이 아니고요, 한마디로 번 돈은 아낌없이 쓰겠다는 식이랄까요. 케인스는 거금을 들여 당대의 명화들을 구입하고, 귀한 고서들을 소장하고, 연극도 상당히 좋아해서 실제로 극단까지 만들어 운영했습니다. 연극을 보고 직접 출연하기도 했고 토론을 굉장히 좋아했습니다. 게다가 케인스는 동성애자, 양성애자였고, 개방적인 성생활도 즐겼습니다.

김 그런데 케인스는 결혼하지 않았습니까?

조 사회적 시선 때문에 어쩔 수 없이 결혼을 한 것은 아니고요. 실제로 아내를 사랑했다고 합니다. 정확히는 양성애자였는데 독신일 때는 동시에 여덟 명 정도의 파트너가 있었다고 합니다. 물론 늘 여러 명을 만나진 않았고요, 자기가 진심으로 좋아했던 동성 파트너도 있었는데요. 그에게 차인 뒤에 절절한 심경을 남긴 편지를 보면 "내가 좋은 사람이었다고만 기억해줘도 고맙겠어." 같은 좀 찌질한 표현도 나옵니다. 천재에게도 이런 면은 있는 거죠(웃음).

김 그런데 케인스의 경우 정부 일에 참여했다는 점이 훗날 자신의 경제학 이론을 정립하는 데 소중한 자산이 되었다고 봐야겠죠?

조 그렇습니다. 정부가 중요한 역할을 할 수 있다는 점을 케인스는 1차 대전 이후 베르사유 조약 체결을 위해 영국 대표로 참여하면서 깨달았습니다. 전후 배상 문제와 유럽 경제 복구 방안을 놓고 벌어진 논쟁에서 케인스가 두각을 나타냅니다. 이때 프랑스가 제기하고 영국이 동조해서 독일에 막대한 전쟁 배상금을 물렸는데, 케인스는 이를 강력하게 비판합니다. 독일이 감당할 수 없는 액수이고, 나아가 새로운 전쟁으로 귀결될 수밖에 없다고 주장했죠. 그럼에도 케인스의 주장이 받아들여지지 않고 독일에 대한 징벌적 배상금이 부과되고 맙니다. 케인스가 베르사유 조약이 정말 잘못됐다는 점을 경제학적으로 밝힌 『평화의 경제적 귀결』은 유럽과 미국에서 수십만 부가 팔렸습니다. 당연히 국제적인 명성도 얻었지요. 이 과정에서 케인스는 정부의 판단에 따라 전쟁이냐 평화냐의 문제까지 결정될 수 있다는 점을 깨닫게 됩니다.

대중과 함께 오류에 빠져라

김 케인스의 생애는 다음 강의에서 조금 더 알아보도록 하고요. 일단 유동성과 관련한 케인스의 이론을 살펴볼 텐데, 앞서 잠깐 언급했던 '세이의 법칙'과 이에 대한 케인스의 해석을 짚어볼 필요가 있겠죠?

조 그렇습니다. 프랑스 경제학자 세이가 말한 법칙은 한마디로 '공급은 항상 수요를 창출한다.'입니다. 신고전파 경제학자들의 이론적 토대이고, 이에 따라 신고전파 경제학자들의 사고에는 '공황'이 존재할 수 없었습니다. 공황이란 한마디로 수요와 공급이 대규모로 일치하지 못하는 상황이니까요.

이 사고 체계는 이렇게 정리할 수 있습니다. 생산을 하기 위해선 원료와 노동력을 사야 합니다. 생산과정이란 먼저 돈을 푸는 과정이라는 얘기죠. 그러면 원료를 판 사람의 수중에 돈이 들어가 있고, 임금을 받은 노동자들 손에도 돈이 쥐여져 있습니다. 그런데 현재 생산을 하는 자본가가 생산한 물건을 이 사람들에게 파는 것은 아닙니다. A 제품을 생산한 자본가는 B 제품의 원료를 판 사람에게 물건을 팔고 B 제품을 생산한 자본가는 C 물건을 생산하면서 임금을 번 노동자에게 물건을 파는 식인데, 결국은 모두가 연관되어 있고 '총지출=총소득'으로 정리된다는 얘깁니다.

얼핏 들으면 그럴듯합니다. 그런데 여기서 교란 요인이 발생합니다. 사람들은 들어온 돈을 깨끗이 다 써버리지 않고 조금씩 남겨 저축도 합니다. 이렇게 되면 만들어놓은 제품들 중에 안 팔리는 경우가 생깁니다. 기업도 마찬가지입니다. 이윤을 모두 재투자하진 않고 일부는 쌓아두니까요.

김 그런데 저축을 하면 돈이 은행으로 들어가고, 은행은 다시 돈을 굴려야 이익이 발생하니까 기업에 대출하고 기업은 다시 그 돈으로 투자하지 않습니까? 그렇게 보면 세이의 법칙이 맞을 것도 같은데요?

조 그렇습니다. 세이의 법칙은 이자율 변동을 통해 이 부분을 설명하죠. 소비가 줄고 저축이 늘어난다면, 수요-공급의 법칙에 의해 자연스레 이자율이 떨어지게 됩니다. 그러면 이자율이 낮아지니까 가계는 저축을 줄이는 대신 소비를 늘리겠죠. 기업은 돈을 더 많이 빌려서 투자를 늘려 원료를 사고 노동자들을 더 고용하고 임금을 지급합니다. 그리하여 애초에 발생했던 소비 축소의 문제가 해소된다는 것입니다. 소비가 너무 많아져 저축이 줄어드는 경우에는 이와 반대 메커니즘이 작동한다고 합니다. 이렇게 수요와 공급은 항상 균형이 맞게 되어 있으니 외부에서 개입할 필요가 없습니다. 그런데 정말 이렇게 딱딱 맞아떨어질까요?

여기서 간과된 문제가 있습니다. 단도직입으로 말하겠습니다. 케인스는 가계의 저축을 결정하는 요인은 이자율이 아니라 소득 수준이라고 일갈했습니다. 실업과 같은 이유로 가계의 소득 수준이 낮은 상태라면 아무리 이자율이 올라봐야 저축은 늘어나지 않고, 따라서 투자도 늘지 않으니 다시 소득 수준도 높아지지 않습니다. 위에서 본 자동적인 균형 작용이 일어나기는커녕 악순환만 반복된다는 것입니다.

이걸 공황 국면에서 생각해보죠. 공황이 닥치면 사람들은 소득이 크게 줄어서 저축은커녕 소비도 제대로 할 수 없는 상황에 처하는데 이럴 때 과연 이자율만 높이면 저축이 늘겠느냐는 것입니다. 이자율이 아무리 높아도 저축을 할 수가 없습니다. 그래서 사람들의 구매력을 높여주는데, 이것이 바로 케인스가 말한 유효수요라는 유명한 개념입니다.

케인스는 이런 상황이 발생하는 원인, 즉 사람들이 왜 어떤 때는 갑자기 소비를 하지 않고 저축을 하려 드는지, 혹은 기업들이 왜 어떤 때는 갑자기 투자를 하지 않고 내부 유보금을 쌓아두고 움츠러드는지(유동성 선호)에 대해서는 별 관심이 없었습니다. 케인스가 보기엔 이유가 너무나 다양할 거라는 얘깁니다. 나름대로 공황의 원인을 일반화해서 정리했던 마르크스나 하이에크와는 대비가 되죠? 그런데 케인스는 이런 고민을 쓸 데 없는 짓으로 치부하는 경향이 있었고, 경제학은 그런 추상적인 일반론을 다루기보다는 구체적인 문제를 해결해야 한다고 생각했습니다. 따라서 공황의 원인이 무엇이든 간에 그런 상황에서는 사람들의 심리가 비합리적으로 바뀔 수 있다는 사실이 중요하다고 주장합니다.

김　케인스가 말한 비합리성이란 어떤 내용인가요?

조　예컨대 우리도 겪었던 구제금융 사태를 돌아볼까요? 이론적으로만 분석하면, 당시 상황에서는 주식에 투자하거나 집을 사면 훗날 반드시 대박을 칠 수 있다는 생각이 합리적일 수 있었습니다. 집값이나 주가가 정말 바닥이었기 때문이죠. 그러나 이런 합리적 기대보다 더 지배적이었던 요소는 공포였습니다. 바닥 밑에 지하실이 기다리고 있을 거라는 공포가 엄습한 시절이었죠.

그때 중요한 것은 내 판단보다 남들의 행동이었습니다. 그런데 사람들은 모두 두려움 때문에 현금을 손에 쥐고 있었습니다. 이론적으로 이 경우에 경제는 더 위축됩니다. 기업은 투자를 안 하고 사람들은 소비를 안 해서 마이너스 승수효과가 나타나니까요. 물론 이런 와중에도 극소수는 투자에 나섰지만 그 정도로는 흐름을 되돌릴 수가 없었죠. 결국 정부의 대대적인 공적자금 투입으로 시장 분위기를 반전시켰습니다. 반대로 호황을 거쳐 활황이 올 때도 마찬가지입니다. 원론적으로 '거품'을 경고하는 목소리가 나오지만 한 번 분위기가 뜨면 거의 모든 사람이 부나방처럼 부동산이든 주식이든 자산 투자에 올인하는 모습이 연출됩니다.

김 그러면, 조금은 비과학적인 이야기일 수 있지만, 다른 사람들하고 거꾸로 하면 혹시 돈을 좀 벌 수 있지 않을까요? 남들 집 안 살 때 집 사고, 남들이 주식시장에 등 돌렸을 때 주식 사는 식으로요?

조 그 타이밍을 제가 알면 여기 이렇게 앉아 있지는 않겠죠.(웃음)

김 그렇죠, 타이밍. 그게 안 되니까 늘 문제일 수밖에요. 과거 김대중 정권 말기에 전세대란이 온 적이 있었어요. 지금도 전세대란이지만 그때도 상당했거든요. 월세 아파트를 알아보러 갔는데 20평대가 보증금 2000만 원에 월세 45만 원 정도였어요. 부동산에서는 매매가가 9000~9500만 원인데 이 부근에 뭐도 오고 뭐도 들어선다면서 절더러 그 아파트를 사라는 거예요. 저는 그런 요소들은 이미 가격에 다 반영되지 않았느냐, 지금은 이미 끝물인데 이걸 왜 사냐고 잘난 척 좀 하면서 부동산 아저씨를 비웃고 과감하게 월세로 들어갔습니다. 그런데 석

달 뒤에 그 아파트 매매가가 2억 원까지 뛰었어요. 저는 분명히 나름 합리적인 선택을 했는데 말이죠.

조　**흔히 주식투자할 때 '무사어팔'이라는 말 쓰지 않습니까? 큰 욕심 내지 말고 무릎에서 사서 어깨에서 팔라는 얘긴데요, 문제는 어디가 무릎이고 어디가 어깨인지 알기가 너무너무 어렵다는 것입니다.**

김　너무 샛길로 빠졌군요. 자, 그래서 이자율에 따라 사람들이 저축하고 기업이 투자하는 것이 아니라 결국은 소득 수준, 정서적 공포감, 미래에 대한 믿음(불신)에 따라 움직이는데, 이게 꼭 합리적인 행동은 아니라는 말이군요.

제가 최근에 데이터를 보니까, 우리나라 45개 재벌 그룹의 사내 유보금 총합이 300조 원이 넘는데, 이 수많은 기업들도 미래에 대한 불확실성 때문에 돈을 묵혀두고 있겠죠? 대통령이 청와대에 이 사람들 불러다 밥 한 끼 먹이면서 투자 좀 하라고 해봤자 소용없을 듯합니다.

조　**그래서야 돈을 풀겠습니까? 정권은 유한한데요. 뭐, 한두 번 겪어본 일도 아닐 테고요.**

김　조금 투자하는 시늉만 하다가 말겠군요. 바로 이런 지점에서 세이의 법칙은 무너지는 것이군요. 그렇다면 1930년대 대공황 얘기를 더 구체적으로 해보죠. 당시 공황의 원인도 케인스가 주장한 측면들이 작용했다고 봐야 합니까?

조　**조금 전에도 말씀드렸지만 케인스는 공황의 원인에는 큰 의미를 부여하거나 별다른 분석에 나서지 않았습니다. 다만 공황의 특징에 대**

한 판단, 즉 과소 투자와 과소 소비라는 현상을 두고 판단했습니다. 마르크스가 말한 신용팽창이나 하이에크가 말한 호황기의 과잉 투자 같은 '구조적인' 원인에 집착하지는 않았다는 뜻입니다. 오히려 당대에 발생한 불황 또는 공황에 어떤 처방을 내릴 것인가에 집중했습니다. 1929년 10월 미국의 주가 폭락 사태로 시작된 공황의 진행 과정과, 당대의 정부들, 경제학자들이 우왕좌왕했던 상황을 보면서 많은 것을 배웠죠. 이후 1936년 『고용, 이자 및 화폐에 관한 일반이론』을 내놓을 무렵이면 나름의 일관된 처방을 내놓게 됩니다.

통화정책과 재정정책, 하려면 확실하게

김 아까 정부가 쓸 수 있는 정책 수단으로 통화정책과 재정정책을 말씀하셨죠? 그게 해법입니까?

조 당시 대공황 초기만 해도 케인스는 재정정책은 생각하지 않았고 금리를 낮추는 통화정책을 주로 언급했습니다. 물론 재정정책도 언급을 합니다. 그런데 이때 말하는 재정정책은 사실은 정부가 직접 공공사업을 일으키는 방식이 아니었습니다. 돈을 좀 풀라는 얘기였죠.

김 예컨대 지난 MB 정부와 지금 박근혜 정부가 불황이니 1년 예산 가운데 60퍼센트를 상반기에 집행하고 추경 편성한다고 했는데, 뭐 이와 유사한 것이네요?

조 네, 그렇습니다. 그래서 케인스는 영국과 미국 정부에 대해 금리를 낮추고 재정적자를 감수하라고 공개적으로 조언합니다. 특히 영국에서는 경제자문위원회 위원장을 맡기도 했어요. 그런데 문제는 정부들이 받아들이지 않았습니다. 이건 당대 상황을 좀 이해할 필요가 있습니다.

당시의 정부들은 자유방임주의 경제사상의 토대 위에서 금본위제를 거의 신앙 수준에서 고수하고 있었습니다. 이건 건전재정, 건전통화에 대한 엄청난 신앙과도 맞물린 문제인데요. 이런 신앙이 너무나 강해서 당시 정부들은 적자예산 편성에 극도의 공포심을 갖고 있었습니다.

김 금본위제라면 금이 화폐가치의 기준이 되는 제도를 말하는 거죠? 그런데 이게 왜 자유방임주의 경제사상과 연결되는 겁니까?

조 한마디로 금본위제를 하면 정부가 개입하지 않아도 화폐에 대한 신뢰가 높아지고 국제수지도 저절로 균형을 이루게 된다는 발상입니다. 금본위제 아래서는 금과 각국 화폐의 교환 비율이 정해져 있고(그러니까 금 1온스는 몇 파운드, 몇 달러라는 식으로), 화폐 발행은 확보한 실물 금만큼만 할 수 있습니다. 금이 없으면 종이돈을 마구 찍을 수가 없지요. 그래서 인플레이션이 일어나기 어렵습니다. 달리 말하면 화폐에 대한 신뢰가 높아지게 되죠.

무역의 경우도 마찬가지입니다. 어떤 나라가 장사를 잘못해서 무역수지 적자가 났다고 생각해보죠. 그럼 결제대금으로 금이 유출되니까, 국내에서는 금이 줄고 그만큼 물가가 내려갑니다.(실제로는 금 수송의 비용과 위험 때문에 대부분 위체를, 즉 오늘날의 환어음을 발행하고 국제결제은행 계좌에서 상계했다.) 그럼 이 나라 상품의 가격경쟁력이 높아져서 수출이 늘고, 따라서 무역수지도 균형을 회복하게 됩니다. 흑자를 보는 경우에는 역의 메커니즘을 거쳐서 역시 균형을 이루게 됩니다. 이론적으로만 보면 국가 간 무역수지가 자동적으로 균형을 이루니 절대로 정부가 개입할 필요가 없다는 거죠.

김　굉장히 그럴듯하네요. 그럼 도대체 뭐가 문제인가요?

조　내버려둬도 균형이 회복되지 않는 상황이었어요. 경기침체는 점점 더 심각해져서 거대한 함정 속으로 빠져 들어가고 있었죠. 그럼에도 불구하고 각국 정부는 금본위제 아래서의 건전재정 고수를 위해 예산 팽창을 거부했습니다. 정부 개입은 절대로 안 된다는 것이 당대의 상식이었으니까요. 그래서 케인스는 무엇보다 각국 정부에 "금본위제에서 탈피하라"는 충고를 했습니다. 그런 다음에 "화폐 발행을 늘리라"는 것이었죠. 금본위제를 고수하면 세계가 망한다는 얘기였습니다. 그러나 각국 정부는 말을 듣지 않았습니다. 들어도 찔끔찔끔 들었고요.

케인스주의 진영에서 정부 개입을 요구하는 학자들이 항상 하는 이야기가 있습니다. 정부 개입(이를테면 구제금융) 자체가 중요한 것이 아니라 확실하게, 즉 신속하고 과감하게 개입해야 한다는 것입니다. 그래야 시장의 참여 주체들에게 확실한 메시지를 던질 수 있기 때문이죠. 심리 전환이 중요하다는 얘깁니다. 이런 면에서 많은 정부가 계속 때를 놓치곤 했습니다. 우왕좌왕하거나, 했다가 말았다가 하거나……. 미국 정부가 대표적이었습니다. 우리가 흔히 루스벨트 대통령 시기에 뉴딜정책을 펼침으로써 공황을 극복했다고 알고 있지만 꼭 그렇지만도 않습니다. 루스벨트 대통령이 했던 공공사업 등은 사실 후버 대통령 시기에 이미 시작된 것들도 적지 않았거든요. 케인스주의 경제학에 따라 거대 플랜을 펼친 것이 아니라, 조언들이 들려오니 뭐라도 해야겠기에 마지못해 한 일들이 적지 않았습니다.

루스벨트도 처음엔 건전재정을 표방하고 균형예산을 시도합니다. 그런데 도저히 안 될 것 같아서 뉴딜정책을 했는데 실제로 경제가 좋아졌습니다. 하지만 개인적으로 건전예산에 대한 강력한 믿음은 버리지 않았죠. 1936년쯤이 되면 루스벨트는 균형예산으로 돌아갑니다. 요즘 식으로 말하면 출구전략을 쓴 겁니다. 그랬더니 1937년이 되면서 경제가 거의 대공황 수준으로 다시 꼬꾸라집니다. 이런 과정을 거치면서 "아, 이래선 안 되겠구나." 하는 깨달음을 얻었고, 이 과정에서 케인스는 그야말로 전투를 치른 것입니다.

김 그렇다면 통화정책만으로 이야기하자면 미국 버냉키 체제 연준의 제로금리라든가 일본이 지금 엔화를 마구 찍어내는 것도 결국은 같은 맥락에 있다고 볼 수 있겠네요. 그래서 시장에서 유동성을 늘리는 조치가 역사적으로 효과가 있었습니까? 일반적으로 재정정책과 결합된 형태로 나타나지 않았나요?

조 케인스가 항상 재정정책을 쓰라고 말하진 않았습니다. 재정정책은 최악의 상황에 처했을 때, 다시 말하면 유동성 함정에 빠져버렸을 때 동원하는 마지막 수단이라고 말합니다. 그런 상황에 처하기 전에는 통화정책으로 해소해야 한다는 얘기였습니다. 호황의 끝에서 사람들의 소비가 줄어드는 조짐이 나타나는 순간에 정부가 개입해서 통화정책을 실시해야 한다는 것입니다.

김 국가 재정을 투입해서 일자리를 늘리고 소득도 늘리고 이 소득의 결과가 시장으로 돌아가 소비를 늘리는 메커니즘은 교과서적인 모델인데, 과거 우리나라로 따지자면 토목사업에 적용되지 않았습니까? 길 닦고 다리 놓고 말이죠. MB가 4대강 사업을 그렇게나 밀어붙였던 맥락도 이런 발상인데요. 그런데 요즘 토목사업의 경우는 시장으로 환류가 안 된다는 이야기가 많습니다. 대부분 기계화되어 있는데다 현장 노동자들도 다수가 이주 외국인들이고요. 크게 봤을 때, 재정정책의 한계도 분명하지 않습니까?

조 그렇긴 합니다만, 쉽게 말하기 어려운 면이 있습니다. 1963년 미국의 사례처럼 케인스주의적 처방이 정말 기가 막히게 맞아떨어진 경우가 있었습니다. 1987년 블랙먼데이 사태 때에도, 당시엔 이미 신자유주의로 넘어간 시절이었음에도 케인스식 처방을 썼습니다. 그런데 문제는 계속해서 케인스주의에 기반한 처방을 쓰기가 어려워지는 이유가 있다는 것입니다. 정부의 재정적자가 계속해서 커지고 있거든요. 그런데 이런 상황은 원론적으로는 케인스 모델에선 일어날 수가 없는 일입니다. 국가 개입으로 경기가 호전되면 선순환이 일어나서 세금이 늘어나 흑자재정이 가능해지고 재정적자를 보충하는 것이 정상 수순이기 때문입니다. 이렇게 되면 다시 문제가 생겼을 때 적자재정을 펼 수 있는 재정 여유를 갖추게 되는 거죠.

그러나 1970년대 이후의 세계경제는 '지속적인 불황'에서 헤어나지 못했습니다. 케인스주의 처방을 써도 효과를 보기 어려웠지요. 1990년대 이후 일본의 '잃어버린 10년'도 그런 사례죠. 사실 일본도 적극적인 통화정책과 재정정책을 죄다 썼지만, 완벽한 유동성 함정에 빠져버려 아무리 정부가 돈을 풀어도 사람들이 소비를 하지 않고 저축을 했죠. 소비장려금을 지급했는데도 그걸로 저축을 했고, 나중엔 현금은 안 되겠다며 상품권 형태로 지급하기까지 했습니다.

이 같은 유동성 함정은 상당히 많은 변수들로 인해 나타났습니다. 1970년대 오일쇼크라든가 미국에서 금본위제를 폐기한 후 달러가 기축통화로 바뀐 문제 등이 있었습니다. 또한 자본주의적 산업이 성장의 모멘텀(소위 신성장 동력)을 찾지 못한 문제 등이 겹친 결과였습니다.

김 그래서 제가 드리는 질문도 이렇습니다. 재정정책을 펴는 것은 좋은데, 재정을 어디에 투입하느냐를 볼 때 지금까지는 구식 사고를 버리지 못하고 있었다는 겁니다. 박근혜 정부가 어떻게 할지는 잘 모르겠지만, MB정부를 보면 말 그대로 삽질에다가 재정을 쏟아부었는데 시장경제나 국민의 호주머니로 환류되지도 않았고, 22조 원이 버려지다시피 하지 않았습니까? 말씀하신 신성장 동력과 직결되는 문제 같아서 여쭤보는 겁니다.

조 재정을 어디에 투입할 것인지는 매우 중요한 문제입니다만, 그건 다음 시간에 더 깊이 논하기로 하고요. 일단 중요한 포인트는 사회적 합의가 가능한 분야여야 한다는 것입니다. 4대강 삽질은 거기서부터 에러죠. 케인스주의는 정치적인 합의·타협을 매우 중시합니다. 경제와 정치는 별개가 아니니까요. 그와는 별도로 신성장 동력 문제는 사실 가장 근본적인 문제이기도 하죠. 경제학자들은 어떤 면에서는 산업정책과 관련된 문제들에는 관여하지 않으려고 합니다. 그런데 마르크스주의 영향을 받은 세계체계론에서는 이 부분을 상당히 중요하게 바라봅니다. 이매뉴얼 월러스틴(Immanuel Wallerstein)이나 조반니 아리기(Giovanni Arrigi)가 이 분야의 유명한 학자들인데요. 이 입장에선 자본주의가 펼쳐지는 각 단계에서 중심 산업이 무엇이었느냐를 상당히 중요시합니다. 그러니까 자본주의경제에서는 성장과 쇠퇴의 사이클들이 반복되는데, 이 사이클들을 지배하는 헤게모니 국가와 성장 동력이 된 중심 산업을 주목합니다. 즉 성장 사이클로 향할 때는 어떤 중심 국가와 중심 산업들이 성장하면서 수없이 많은 파생 산업들을 일으키지만, 반대로 쇠퇴 사이클로 향할 경우에는 산업 자체가 성숙하면서 이윤율도 낮아지고 이를 중심으로 편제된 국제질서도 흔들리는데, 바로 지금이 그런 상황이라는 것입니다. 아직 답이 없는 상황이고요. IT나 BT(생명공학)가 답이 되지 않겠느냐는 생각을 하기도 했지만, 아직은 뚜렷한 전망이 보이지 않죠.

김 김대중 정부 때 그렇게 했다가 부작용이 엄청났죠. 사실 어찌 보면 우리 정부도 그 지점에서 멈춘 채로 해답을 못 찾고 있는 것 같아요. 교수님은 '창조경제'가 뭔지 아시겠어요?

조 아뇨, 제가 그리 창조적이지 못한 사람이라서요.(웃음)

김 저는 나름 창조적인 사람인데도 뭔지 모르겠어요.(웃음) 그러니까 결국은 정부가 답을 못 찾고 있는 거죠. 케인스의 통화정책, 재정정책 다 좋은데, 과연 재정을 어디에 투입할 것이냐를 결정하는 쪽은 정부이고, 정부가 헛발질을 하면 다 소용없는 일이잖아요?

조 그렇습니다. 케인스주의에서는 정부가 가장 중요한 플레이어여서 정부가 대단히 유능해야 합니다. 쉽게 말해서 정부는 '불황이 시작됐구나. 이때 통화정책을 쓰자', '앗, 유동성 함정에 빠진 듯하다, 그럼 재정정책을 쓰자', '빠져나오는 것 같으니 정책을 거두자', 이런 식으로 필요한 모든 판단과 실행을 해야 하는 주체입니다. 그러니 정부가 대단히 유능해야 할 뿐만 아니라 정치적 당파싸움에 휘말리지 않아야 합니다. 또한 국민들과 경제 주체들에게 광범위한 신뢰를 받아야만 합니다.

사실 쉽지 않은 일입니다. 이런 면에서 볼 때 실제로 케인스는 정부를 상당히 신뢰한 경제학자였던 반면 하이에크는 대단히 불신했던 학자였습니다. 철학적인 차이도 있겠지만 두 사람이 실제로 겪은 정부가 너무나 달랐기 때문이기도 할 것입니다. 케인스가 겪은 영국 정부는 비록 삽질도 하고 틀리기도 했지만 기본적으로 국민들의 신뢰를 받았고 관료들도 상당히 유능했습니다. 반면 하이에크가 체험한 오스트리아 정부는 1차대전에서 패하고 하이퍼인플레이션을 겪는 등 극도로 무능하고 불신을 받았습니다. 분명한 것은, 정부가 하이에크의 말처럼 언제나 엉망이진 않겠지만 케인스의 말처럼 언제나 유능할 수도 없다는 점이죠.

이 이야기는 다음 시간에 구체적으로 할 예정입니다만, 그러니까 정부가 경제 상황을 그때그때 판단해서 개입하려고 하다가 오판할 개연성은 언제나 있죠. 이런 문제를 해결할 수 있는 대안이 바로 제도적인 방법, 소위 사회복지 제도입니다. 대표적으로, 매우 높은 누진세율과 광범위한 복지 수당의 지급입니다. 이 두 가지 제도가 튼튼하게 자리를 잡은 국가에선 정부가 경기변동 상황을 정확히 판단해서 특별히 개입할 필요가 별로 없다는 것입니다. 왜일까요? 예컨대, 불황이 닥치면 사람들이 실직을 하거나 소득이 줄어듭니다. 그런데 누진세율을 높게 책정해둔 국가에선 소득이 줄어들면 자연스럽게 세금도 대폭 줄어듭니다. 자동으로 보조금을 지급하는 효과가 나타나지요. 또한 광범위한 수당 제도가 확립되어 있으면, 실직당하는 순간 수당이 나옵니다. 역시 정부가 따로 공공사업을 벌이는 등의 정책을 고민할 필요가 없습니다. 이런 식으로 제도를 통해 경제 상황의 안정을 기하면 국민들이 유동성 함정에 빠지지 않게 된다는 것입니다.

김 아주 좋은 말씀이신데, 과연 우리나라에서도 도입이 가능할까요?

조 아무튼 이런 메커니즘이 나름 잘 작동하면 사회복지국가가 꽤나 견실하게 운영되고, 경기변동을 훨씬 덜 탄다는 얘기죠. 물론 실제 작동 상황은 이보다 훨씬 복잡합니다만.

김 그런 정책이 바로 완충 기제겠지요.

조 네, 케인스는 어차피 자본주의에서의 경기변동은 불가피한 운명이라고 봤거든요.

장기 불황 시대, 케인스의 한계

김 그런데, 아까 자유주의 주류 경제학자들이 케인스를 굉장히 싫어했다고 하셨잖아요? 그런데 케인스는 마르크스와는 완전히 다른 사람이잖아요. 오로지 자본주의에 문제가 발생하면 어떻게 땜빵할 것인가에 골몰한 사람 아닌가요?

조 그렇습니다. 케인스는 자본주의가 훨씬 훌륭한 체제라고 생각했고요. 자본주의에서 발생하는 불황과 공황도 이를테면 암 같은 것이라고 생각하지 않았어요.

김 그저 감기 정도?

조 그렇습니다. 불가피하게 발생하는 일이라고 생각했고, 또 이걸 완전히 없애야 한다고 보지도 않았어요. 어떻게 하면 진폭을 최소화하느냐에 집중했지요.

김 그런데 주류 경제학자들은 케인스를 왜 싫어했습니까? 결국 시장만능주의를 부정하고 정부 개입의 길을 터줬다는 겁니까? 저로서는 그 사람들 심사를 이해할 수가 없네요. 아니, 자기들이 숱한 공황들을 봐 왔으면서도 안 바뀌요? 거의 신앙이 되어 있는 겁니까?

조 세상이 참 그렇습니다. 현재도 진행 중이랄 수 있는 2008년 금융위기를 우리가 직접 목격하지 않았습니까? 시시각각 전해지는 보도를 보면서 전 세계가 망하는 듯한 위기감에 휩싸였고요. 미국에선 공화당이 선거에서 패배하고 월스트리트 자본들도 꿀 먹은 벙어리가 되었잖아요. 그런데 벌써 미국 우파 쪽에서 이런 얘기가 나옵니다. 민주당을 포함한 저쪽 진영에서 너무 규제를 많이 해서, 너무 시장에 많이 간섭하려 들어서 금융위기가 왔다.

우리나라도 IMF를 겪었잖아요. 정권이 바뀌었죠. 이쪽에서도 한동안은 이전 집권 세력, 기득권 세력들이 숨을 죽이고 있었죠. 대중들이 분노하고 있었으니까요. 하지만 조금 지나서 큰 고비를 넘기고 나니까, 노조가 발목을 잡아서, 당시 야당이던 민주당이 개혁법안을 빨리 통과시켜주지 않아서 위기를 맞게 되었다는 소리가 다시 나왔죠.

김 그런 분들에게 항상 문제는 두 가지죠. 집단이기주의에 사로잡혀 있는 노조와 민생을 내팽개치고 정쟁을 일삼는 정치권이 항상 문제라는 식이죠.

조 그런 이야기야말로 이데올로기 투쟁이고 선동이죠. 특정 개인에 관한 얘기라 좀 그렇지만 그분도 공인이니까 해보죠. 우리나라 1등이라는 신문의 경제부장 대우라는 사람이 2008년 금융위기 직전에 '월스트리트로 가는 고속도로를 닦자'라는 제목으로 산업은행으로 하여금 리먼브러더스 사를 인수하게 하자는 내용의 칼럼을 썼어요. 아시다시피 리먼브러더스의 파산은 바로 2008년 금융위기의 상징적인 사건이었죠. 리먼브러더스가 매물로 나온 것 자체가 금융위기의 신호였죠. 그런데 리먼브러더스를 인수하면 월스트리로 가는 고속도로를 닦는 거라면서, 최선진 금융 기법을 배워서 한국이 다음 세대 고부가가치를 낳는 산업을 통째로 얻어낼 수 있다는 주장을 펼쳤습니다.

김 그러니까 우리 언론의 수준이란 것이, 당시 1등 신문의 경제부장 대우라는 사람은 리먼브러더스 인수하자고 헛발질을 하셨고, 일개 무명 네티즌이던 미네르바는 그러면 안 된다고 경고하다가 감방에 갔고요. 대한민국이 뭔가 뒤집힌 사회예요.

조 사실 뒷이야기가 더 재미있습니다. 이분이 몇 달 뒤에 다시 칼럼을 쓰셨어요. 금융위기 직전에는 본인을 포함해서 모두가 판단을 잘못했다는 식으로 물귀신 작전을 펼친 다음, 이 위기의 '끝이 어딜지 모르겠다.'는 식으로 한탄을 늘어놨어요. 리먼브러더스를 인수하자던 첫 번째 칼럼이 워낙 악명이 높았기 때문에 사람들이 '이분, 이제 앞으로는 좀 조심하겠구나.' 하고 생각했죠. 그런데 이제 미국이 천문학적 돈을 푸는 양적완화 정책을 쓰면서 뒷수습이 진행됐는데, 이 과정에서 영국의 바클레이스 은행(프리미어리그 메인 스폰서)이 리먼브러더스를 인수했어요. 그리고 흑자가 났죠. 그러자 이 경제부장이 다시 한번 칼럼을 썼습니다. 거봐라, 내가 인수하자고 할 때 했으면 얼마나 좋았겠냐 하고요. 참, 어처구니가 없죠. 그때 한국이 인수를 했으면 회생은커녕 어쩌면 국가부도 사태까지 갔을지도 모릅니다. 이런 것은 근본적으로 이데올로기 투쟁입니다. 물론 우리는 객관적인 사실을 냉철하게 직시해야죠.

김　그런 예견이라면 저도 할 수 있겠네요. 언젠가 지구의 전체 인구가 줄어들 겁니다 하고요.

조　바로 그런 맥락에서 케인스가 유명한 말을 했지요. "우리는 장기적으로는 모두 죽는다." 케인스가 자유방임주의자들과 논쟁하면서 했던 말입니다. 당시 하이에크 같은 자유방임주의자들은, 공황은 호황기의 과잉 투자로 발생하기 때문에 정부가 개입할 필요가 없으며, 가만히 놔두면 시장이 알아서 과잉을 해소할 것이라고 말합니다. 이에 대해 케인스는, 태풍이 몰아치고 있는데 이 또한 지나가리라, 지나가고 나면 잔잔해지리라, 하고 읊조리는 게 말이 되느냐고 반문합니다. 그런 시각이라면 "우리는 장기적으로는 모두 죽는다."는 말도 진리죠. 하지만 그건 하나마나 한 이야기라고 일갈합니다. 지금 당장 우리가 무엇을 어떻게 할 것인가, 이 점이 중요하다는 겁니다.

김 등산 가는 사람을 보면서 "어차피 내려올 건데 왜 올라갑니까?"라고 물었더니 "그럼 뭐하러 살아요? 어차피 죽을 텐데."라고 반문했다잖아요. 그럼에도 케인스의 시대와는 달리 지금은 복합 불황의 시대, 장기 불황의 시대라고 볼 수 있고, 이에 따라 통화정책과 재정정책이 맞아떨어지는 경우가 많지 않은데, 그렇다면 케인스의 이론이 이제는 수명을 다했다고 볼 수 있을까요?

조 간단하게 말하긴 어려울 것 같습니다. 사실 케인스는 자본주의가 사회주의보다 효율적이고, 불황이란 치유할 수 있는 질병이라고 봤는데, 이런 생각 자체는 조금은 설득력이 떨어진 상황이라고 볼 수 있겠습니다. 물론 그렇다고 반대편 처방인 자유방임주의가 설득력이 있다는 말은 더더욱 아닙니다. 대안이 없기로는 그쪽이 더 심각하니까요.

김 그러니까 통화정책이나 재정정책으로 자본주의의 문제점을 치유할 수 있다는 발상이 과거엔 어떤 이유 때문이든 먹혔다고 하더라도, 경기 사이클이 불확실하고 불황이 장기화하고 복합화되는 이런 시기에는 약발이 들지 않는 상태잖아요. 그렇다면 케인스의 처방은 지금은 틀렸다고 딱 잘라 말하긴 어렵다 하더라도 상당 부분 현실과 유리되어 있다는 지적은 할 수 있겠군요?

조 케인스의 이론이 설득력이 떨어진 것은 사실이지만, 그렇다고 해서 정책 집행자들이 선택할 수 있는 다른 대안이 있는 상황도 아닙니다.

미국이 계속해서 양적완화를 하면서도 출구전략을 시사하고 있는데 이 역시 기본적으로는 케인스 이론에 기반을 둔 것이니까요. 어쩌면 케인스가 말했던 것처럼 이런 방식을 쓰면서 현재의 어려움을 극복할 수도 있겠죠. 이런 방법으로 과거 케인스의 생각처럼 자본주의 경기의 주기적 변동을 평준화하면서 장기 상승을 끌어내야 하는데, 현실은 케인스식 처방을 쓰기 위해서 정부가 감당하기 힘든 수준의 재정적자를 쌓아가고 있다는 것입니다. 여기엔 상당히 복잡한 변수가 얽혀 있습니다. 정부와 통화에 대한 신뢰의 문제는 기본이고, 더 나아가 케인스가 설계했던 브레턴우즈 체제, 즉 2차대전 이후의 국제 통화 제도와 자유무역 체제의 틀 자체가 흔들리고 있다는 점입니다. 결국 세계경제 질서를 새롭게 구축해야 하는 상황이고, 이런 면에서 본다면 케인스의 사상 역시 어느 정도 한계에 다다른 상태라고 할 수 있겠습니다.

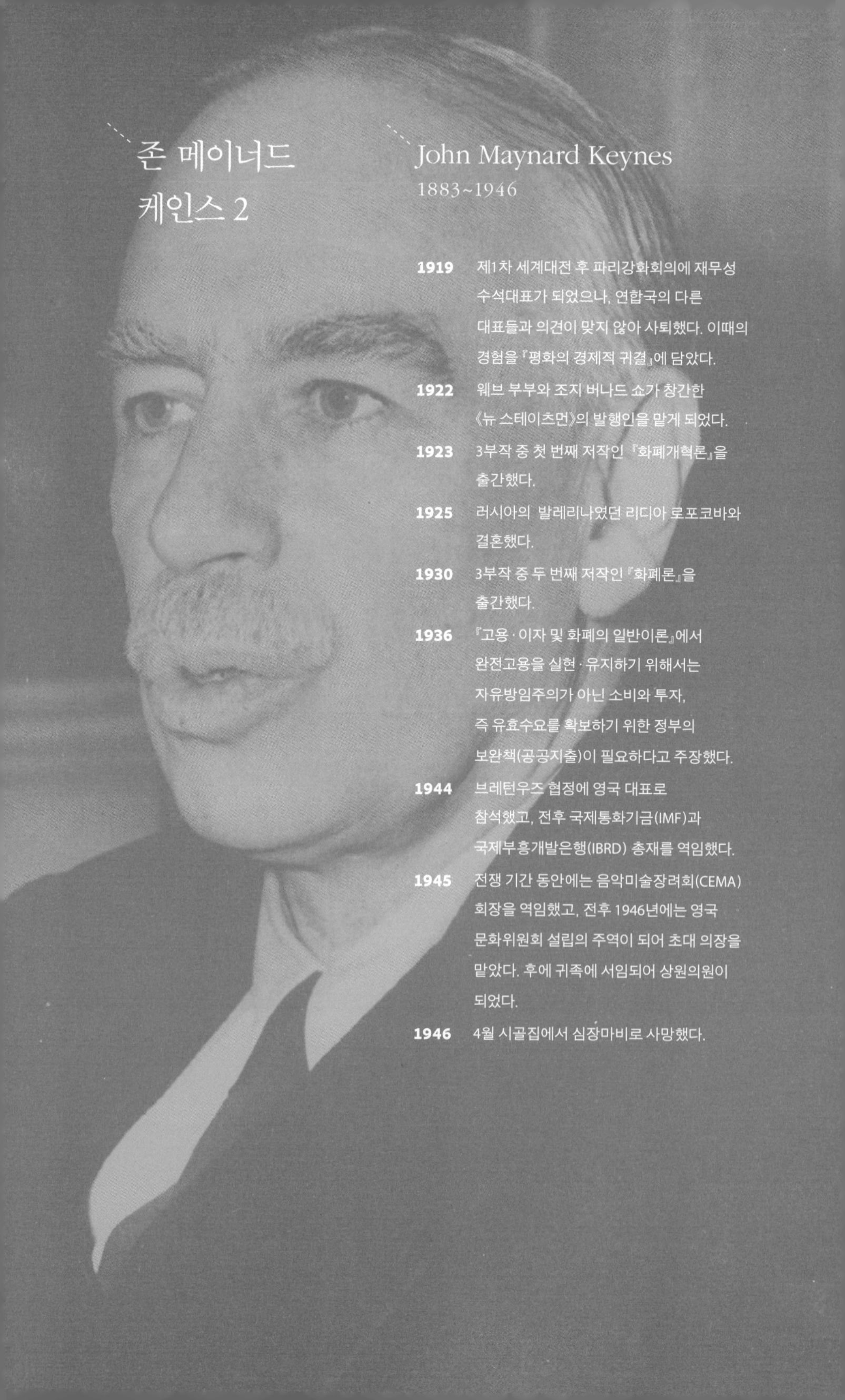

존 메이너드 케인스 2

John Maynard Keynes
1883~1946

1919 제1차 세계대전 후 파리강화회의에 재무성 수석대표가 되었으나, 연합국의 다른 대표들과 의견이 맞지 않아 사퇴했다. 이때의 경험을 『평화의 경제적 귀결』에 담았다.

1922 웨브 부부와 조지 버나드 쇼가 창간한 《뉴 스테이츠먼》의 발행인을 맡게 되었다.

1923 3부작 중 첫 번째 저작인 『화폐개혁론』을 출간했다.

1925 러시아의 발레리나였던 리디아 로포코바와 결혼했다.

1930 3부작 중 두 번째 저작인 『화폐론』을 출간했다.

1936 『고용·이자 및 화폐의 일반이론』에서 완전고용을 실현·유지하기 위해서는 자유방임주의가 아닌 소비와 투자, 즉 유효수요를 확보하기 위한 정부의 보완책(공공지출)이 필요하다고 주장했다.

1944 브레턴우즈 협정에 영국 대표로 참석했고, 전후 국제통화기금(IMF)과 국제부흥개발은행(IBRD) 총재를 역임했다.

1945 전쟁 기간 동안에는 음악미술장려회(CEMA) 회장을 역임했고, 전후 1946년에는 영국 문화위원회 설립의 주역이 되어 초대 의장을 맡았다. 후에 귀족에 서임되어 상원의원이 되었다.

1946 4월 시골집에서 심장마비로 사망했다.

삽질과 수정자본주의

7강

강의

오늘은 케인스를 두 번째로 살펴보는 시간입니다. 지난 시간에 큰 틀에서 케인스주의 경제학의 기본 사상을 살펴봤습니다. 오늘은 케인스의 생각이 실제 세계에서 어떻게 적용되었는지, 특히 제2차 세계대전 이후 세계경제의 변화와 사회복지국가의 성장·위기·변화와는 어떻게 연결되었는지를 알아보겠습니다. 오늘의 핵심은, "케인스주의도 좋지만 전쟁이나 삽질이 만능은 아니다."라고 요약할 수 있겠습니다.

1930년대 세계 대공황은 뉴딜정책이나 사회보장 제도 같은 정부의 적극적인 재정정책에 힘입어 어느 정도 극복되었습니다. 그러나 대공황의 완전한 극복에는 제2차 세계대전이 절대적인 영향을 미쳤습니다. 전쟁이 나자 사실상 정부에 의한 통제경제가 실시되었습니다. 총동원 체제가 들어선 것이죠. 적국과 총력전을 벌이는 상황에서 생산 설비를 놀리는 일 따위는 있을 수 없었고, 여성들까지 일해야 할 정도로 일손이 모자라다 보니 실업도 사라졌습니다. 전쟁을 거치면서 정부는 최대의 투자자이자 구매자로서 경제에 깊숙이 개입하게 된 것이죠.

전쟁은 미국과 연합국의 승리로 끝났습니다. 이제 정부가 평시처럼 돌아가서 지출을 대폭 줄이면 어떻게 될까요? 모두의 눈에 사태가 명확해 보였죠. 감당할 수 없는 불황이 도래할 것이 불을 보듯 뻔했습니다. 게다가 좌우를 막론하고 각국 정부는 전쟁 수행에 적극적으로 협력하고 희생한 노동자계급, 민중의 요구를 외면할 수도 없었습니다. 게다가 동유럽과 중국이 공산화되고, 서유럽에서 좌파 사상이 폭넓은 지지를 얻어 기존 체제를 위협하는 상황이었습니다.

케인스주의에 기반한 소위 수정자본주의는 이렇게 탄생하게 됩니다. 2차대전 이후 정부 지출의 확대와 경제 개입, 이를 통한 고용 확대와 소득의 유지는 선택의 문제가 아니라 필수가 되었습니다. 좌파와 우파 사이의 문제가 아니었던 것입니다. 예를 들어 전후 서독에서 라인 강의 기적을 이끌면서 이른바 사회적 시장경제의 틀을 놓은 정부는 우파 기민당 정부였습니다. 영국 보수당 정부도 마찬가지였죠. 보수 정당에 이어서 정권을 잡은 각국의 사민당은 복지의 대상을 확대하여 보편적 복지로 나아가는 길을 마련했고, 적극적 노동시장 정책을 도입하는 등 사회복지국가의 기틀을 더욱 확고하게 다졌습니다. 이런 점에서 이 무렵 케인스주의에 기반한 사회복지국가는 특정 정파의 이데올로기적인 목표가 아니라, 전후 자본주의의 공통된 지향이었습니다. 복지 비용은 자본주의의 체제 유지 비용으로서, 깎을 수 없는 필수 비용으로 받아들여졌습니다. 바로 이런 맥락에서 우파 공화당의 대통령이던 닉슨이 "우리는 모두 케인스주의자다."라고 말할 수 있었죠.

1950년대와 1960년대를 거치면서 자본주의는 역사상 최고의 성장률을 과시했고, 서구 대중들은 사실상 인류 역사상 최초로 생애 전체에 걸쳐 상당한 물질적 풍요와 생활 안정을 경험하게 됩니다. 출생에서부터 사망에 이르기까지 국가가 시민들의 삶과 고용을 보편적으로 보장하는 복지체제가 들어섰습니다. 이 체제는 장기간에 걸쳐서 고성장을 달성합니다. 학자들은 이 기간을 자본주의의 황금기라고 부릅니다.

황금기는 1970년대 초에 종결됩니다. 잠시 역사를 살펴볼까요? 2차대전의 종결이 얼마 남지 않은 1944년에 맺어진 브레턴우즈 협정에서 미국은 초국가적 준비통화를 마련하자는 케인스의 의견을 무시하고 자국통화인 달러를 새로운 기축통화로 만듭니다. 달러는 순금 1온스당 35달러의 가치를 갖고, 미국 정부는 달러를 발행하는 만큼 금을 보유함으로써 달러의 가치를 유지한다는 원칙이 세워집니다. 다른 나라의 화폐들은 믿을 수 있는 패권국가 미국의 달러 대비 환율을 통해 가치를 유지하게 됩니다. 미국이 혼자서 대장 노릇을 하겠다는 것이었습니다. 케인스는 이 제안에 반대했습니다. 특정 국가의 화폐도 안 되고, 금본위제로의 복귀도 안 된다고 주장했습니다. 대신 방코라는 새로운 기축통화를 만들자고 제안합니다. 국제중앙은행이 관리하는 초국가적인 준비통화를 만들어서 국가 사이의 통화 결제 문제를 해결하자는 제안이죠. 양차대전을 통해 증명되었듯이 특정 국가의 이해관계 때문에 국제무역 및 금융 질서가 무너져서는 안 된다고 믿었던 것입니다. 그러나 헤게모니를 쥔 미국이 달러를 밀어붙였습니다.

달러가 기축통화가 되자, 국제결제와 외환 안정성을 도모하기 위해 달러의 수요가 급증했죠. 여기에 베트남전쟁은 달러 신뢰도 하락에 결정적 역할을 했습니다. 미국은 이 부도덕한 전쟁을 수행하기 위해 밑 빠진 독에 물 붓기 식으로 돈을 찍어내기 시작했고, 찍어낸 돈들은 서유럽을 포함한 각국으로 유입되면서 물가 상승 압력을 일으키게 됩니다. 이제 엄청나게 풀린 달러(유로달러라고 부릅니다)의 신뢰성이 문제가 됩니다. 미국 정부에 태환을 해줄 수 있을 만큼 충분한 금이 없을 거라는 불신이 퍼지자 금 태환 요구가 빗발치죠. 마침내 1971년 닉슨 미국 대통령은 금 태환 정지를 선언합니다. 달러, 그리고 달러와 연동된 모든 나라의 화폐들이 그저 종잇조각이 되어버린 것입니다. 미국 정부는 달러를 마음껏 찍을 자유를 얻었고, 그만큼 세계는 인플레이션에 시달리게 됩니다. 달러의 가치가 떨어지자 유로달러의 중요한 수요자인 석유수출국기구(OPEC)는 급격한 유가 인상으로 대처하게 됩니다. 오일쇼크가 닥친 것입니다. 유가가 급등하니 인플레이션 압력은 더욱 거세졌습니다. 중앙은행들은 독립성을 얻어가면서 인플레이션 퇴치를 위해 고금리, 긴축 정책을 펴기 시작합니다.

이렇게 되자 케인스주의 처방은 더욱 효과를 잃게 됩니다. 원래 케인스주의는 불경기에는 인플레이션을 감내하면서 유동성 확대 정책을 펴야 하는데, 중앙은행들이 반대 정책을 펴기 시작했으니까요. 경제정책의 큰 틀이 우왕좌왕하고 인플레이션이 지속되면서 경기도 후퇴하는 이른바 스태그플레이션이 구조화되기 시작합니다.

이후 1980년대를 거치면서 영국의 대처와 미국의 레이건이 선도한 자본의 반격, 신자유주의의 공세가 대대적으로 전개됩니다. 케인스주의는 이렇게 전성기를 마감했습니다.

언젠가 케인스는, 처방에 일관성이 없다는 지적에 이렇게 대답했다고 합니다. "나는 정보가 바뀌면 결론을 바꿉니다. 당신은 그렇게 하지 않는다는 말입니까?" 케인스의 말을 새겨들어야 합니다. 2차대전 때처럼 전쟁이 항상 경기를 일으켜 세울 리는 없습니다. 이 점은 2차대전과는 달리 명분도 없고 사회적 지지도 받지 못했던 베트남전쟁이 잘 보여주었지요. 삽질도 마찬가지입니다. 케인스는 이미 2차대전이 시작될 무렵부터 전쟁을 통한 과도한 재정 팽창을 우려하고 경고한 바 있습니다. 하지만 자본주의의 헤게모니 국가 미국의 정치인들은 몰랐나 봅니다. 전쟁으로 재미 보는 행운은 한 번으로 충분했다는 사실을. 한국의 상당수 정치인들도 여전히 모르고 있습니다. 삽질이 항상 대안은 아니라는 것을.

병역 면제와 인종주의 발언 논란

김　케인스의 개인사를 더 짚어보겠습니다. 케인스는 병역 거부자였는데, 양심에 따른 병역 거부였습니까, 공포에 따른 병역 거부였습니까?

조　당시 케인스의 절친한 친구들(사도회, 블룸즈버리 클럽 멤버들) 대부분이 병역 거부를 했습니다. 케인스 역시 기본적으로는 같은 인식을 갖고 있었다고 봐야죠. 친구 중의 한 명이 재미있는 이야기를 했습니다. "이 나라의 신체 건강한 지식인들이라면 누구나 병역에 참여할 의무가 있다. 하지만 지식인들 가운데 신체 건강한 이들이 얼마나 되겠는가?"(웃음) 병역 의무의 신성화에 대한 일종의 야유였던 것이죠.

김　이런 사람들, 우리나라 와서 한 번 살아보라고 하세요. 과연 어떤 대접을 받게 되는지.

조　그런데 케인스는 이런 친구들과는 조금 생각이 달랐다고 합니다. 다른 친구들은 평화주의 관점에서 전쟁을 반대했다고 해요. 즉 이 전쟁은 제국주의 전쟁이고 여기 나가서 목숨을 버려봐야 아무런 애국적 가치도 없다는 입장이었습니다. 반면 케인스는, 자신의 병역 거부가 평화주의가 아니라 자유주의에 기반한 행동임을 상당히 강조했습니다. 쉽게 말하면 어떤 개인도 근본적으로 전쟁에 참전하지 않을 권리가 있으며, 이에 대해서 이유를 물어선 안 된다는 것이었습니다. 반전 평화주의보다는 양심의 자유를 강조한 거라 할 수 있죠.

김 뭐, 그런 자유주의라면 저도 지지합니다. 그런데 케인스는 전쟁 중에 정부에서 일하지 않았습니까?

조 재무성에서 일했습니다. 게다가 맡은 업무가 전쟁 자금 조달이었습니다. 그랬기 때문에 징집영장이 나오지 않았습니다.

김 그럼 병역 거부가 아니라 병역 면제 아니에요?

조 네, 그렇다 보니 친구들과의 관계에서 묘한 기류가 형성됩니다. 친구들이 보기엔, 자기들은 병역 거부를 명시적으로 선언하고 군대에 가지 않았는데 케인스는 사실상 전쟁 업무에 종사하고 있었거든요. 케인스 입장에서도 좀 난감했고요. 그래서 사실은 가만히 있어도 군대에 가지 않을 수 있었는데 일부러 양심적 병역 거부 선언을 하게 됩니다. 병역 관련 업무를 하면서 병역 거부 선언을 하다 보니 당연히 기소가 되었고 재판까지 받게 됩니다. 그런데 재미있게도 재판부가 기소를 기각해버립니다. 사실상 전쟁 관련 업무에 종사하고 있으니 재판 자체가 성립하지 않는다는 논리였죠.

김 결과적으로 재판부가 대체복무를 인정했군요? 재무부에서 잘리지는 않았고요?

조 네, 잘리지 않았죠. 결과적으로 국가는 케인스가 전쟁에 종사하고 있다고 판단했으니, 케인스 입장에서도 묘한 상황이긴 했지요. 그렇기 때문에 종전 이후에 배상 문제를 다루는 영국 대표단의 일원이 될 수 있었습니다.

김 양심적 병역 거부자가 정부 대표단의 일원이 되었군요. 자, 지난 시간에 케인스가 동성애자였다고 했는데, 나중에 여성과 결혼까지 했으니 양성애자로 볼 수도 있다는 말도 했고요. 정확히 뭐가 진실입니까?

조 엄밀히 보자면 케인스의 여러 전기를 통해 케인스는 동성애자로 알려져 있습니다. 그런데 이후에 아내가 되는 여성을 만나면서 자신에게 본래 이성애적 취향도 있음을 발견하게 된 것으로 보입니다. 이렇게 결혼을 한 후에는 직접 성관계도 하는 동성애는 하지 않았다고 합니다. 그럼에도 불구하고 결혼 생활 와중에 친구들과의 파티에서 다른 남성과 격렬한 키스를 하는 장면을 부인이 목격한 일도 있었다고 합니다. 그러자 부인이 케인스에게, 너무 욕망을 억누르지 말고 표현하면서 살라고 이야기했다네요.(웃음)

김 굉장한 여성이군요. 부인이 러시아인이었다면서요? 어떤 사람이었나요?

조 러시아 발레리나 출신의 리디아 로포코바라는 여성이었습니다. 케인스를 만나기 전에 이혼 경력이 있고 화려한 스캔들이 많았던 개방적 여성이었는데, 결혼 이후엔 남편에게 정말 헌신했고, 어떤 스캔들도 없이 잘 살았다고 합니다. 또 재미있는 일화는, 두 사람이 그렇게 담배를 좋아했대요. 집 안 한쪽 벽에 둘이서 담배 피우고 있는 그림을 그려서 붙여놓기도 했을 정도로요.

김 그런데 케인스의 경우 재테크에 능했으면서도, 속된 말로 상당히 '짰던' 사람으로도 알려져 있지 않습니까? 어느 정도였나요?

조 친구였던 버지니아 울프가 남긴 일화가 있습니다. 초대를 받아서 케인스의 집에 갔더니 가금류 고기가 나왔는데 초대받은 사람은 열한 명이었건만 갈비는 겨우 세 대가 나왔다고 합니다. 뭐 다들 아시겠지만 전임 MB 각하께서도 보신탕집에 여러 명이 가도 2인분만 주문하셨다고 하잖아요? 이 점에 관해선 케인스가 한 수 위였습니다.(웃음) 하지만 케인스는 살아생전에 기부도 많이 했다는 점을 감안해야겠군요.

김 그럼 어떻게 봐야 하나요? 갈비 여덟 대를 아껴서 기부를 했습니까?

조 나름 검소한 면도 있고, 또 그런 생활을 하면서 기부도 많이 하고, 아낌없이 투자하고, 값비싼 예술품도 많이 수집했다, 이 정도로 정리하죠. 하지만 분명히 인색한 구석이 있었는데, 그래선지 버지니아 울프는 케인스를 그다지 좋아하진 않았다고 합니다. 친구들 대부분은 당시 체제에 상당히 냉소적인 태도를 보였죠. 케인스는 그에 공감한다고 하면서도 정부가 부르면 꼬박꼬박 달려갔기 때문에 이런 점도 마음에 안 들어 했고요. 한마디로 스타일이 좀 달랐다고 본 것이죠.

김 버지니아 울프 입장에선 케인스를 기회주의자나 세속주의자, 출세주의자 정도로 볼 여지가 있군요.

조 출세주의라고 하기는 좀 뭣한 것이, 케인스는 케임브리지 대학의 경제학 교수 자리도 끝내 사양했거든요. 사실 케인스에 대한 버지니아 울프의 태도는 그의 아내 리디아 때문에 빚어진 측면도 있습니다. 케인스는 러시아 발레리나 출신으로 교양이 조금 떨어지는 아내를 있는 그대로 받아들였지만, 블룸즈버리의 교양 넘치는 친구들은 그녀를 상당히 무시했던 것 같습니다. 자신들의 교양에 대한 오만이 하늘을 찌르는 사람들이었거든요.

리디아가 교양이 부족하다 보니 편견도 많았다고 합니다. 케인스 친구들과 어울리는 자리에서 리디아는 '유대인', '깜둥이' 같은 경멸적 표현이나 차별의식을 여과 없이 드러내기도 했다고 하니까요. 케인스 친구들은 나름 지식인인데다 급진주의 성향이 있어서 인종차별에 강하게 반대한 이들이었습니다. 그래서 버지니아 울프는 리디아와 이야기하는 것은 모욕이며 살인적인 행위라는 말까지 했습니다. 이 때문에 케인스 역시 좋은 평판을 받을 수가 없었던 모양입니다.

김 그럼 부부동반 모임에는 잘 안 나갔겠군요.

조 아닙니다. 모임이 있을 때마다 케인스가 아내를 데려갔다고 해요. 정말 사랑했나 봐요.

김 엥겔스와는 정반대군요. 물론 마르크스 부인 때문에 어쩔 수 없었긴 하지만. 그럼 버지니아 울프와 리디아 관계는 어땠답니까?

조 뭐, 싸웠다는 얘기는 없는데, 그냥 서로 뒷담화를 하는 정도였겠죠.

김 리디아의 '인종차별' 성향에 대한 이야기를 했는데, 케인스도 그런 비판을 받은 적이 있지 않나요?

조 케인스의 경우, 블룸즈버리 그룹 전체가 그렇지만 기본적으로 엘리트주의자들입니다. 그래서 자신의 정책 성향을 떠나 민중에 대한 불신 성향이 좀 있어요. 한마디로 민중을 우민(愚民)으로 본 것입니다. 예컨대 지난번에 말했던 1차대전 배상 문제를 볼까요. 영국과 프랑스의 국민들은 전쟁으로 피해는 자신들이 다 입었는데 독일이 배상금을 안 내면 모두 세금으로 메우라는 거냐는 식으로, 그야말로 복수심에 불타서 난리가 났거든요. 이에 대해 케인스는 아무리 화가 나도 그런 식으로 징벌적 배상금을 물리면 결국 다시 전쟁이 터져 다 같이 망한다고 말했습니다. 하지만 이처럼 어리석은 대중들과 함께 오류에 빠지는 것이 경제정책 차원에서는 더 낫다는 현실적인 면모도 보여주었고요.

김 비슷한 말로 정치학에서는 정치 수준은 절대로 민도의 수준을 뛰어넘을 수 없다는 말도 하잖습니까? 물론 이 말을 잘못 쓰면 정치인들의 합리화에 불과한 소리가 됩니다만. 아무튼 주류 경제학에서는 합리적인 소비자를 전제하지만 케인스는 그렇지 않았다고 했는데, 이 역시 대중에 대한 케인스의 시각과 관련된 문제로군요.

조 그렇습니다. 또 '인종주의'와는 조금 다르지만, 프랑스나 러시아 국민들을 바라보면서 자기 마음에 들지 않을 때면 국민성이 형편없다면서 편지나 연설을 통해 비하한 경우도 적지 않았죠. 예를 들면 케인스는 금본위제를 버려야 한다고 주장했는데 프랑스 사람들이 계속 거기에 집착하니까 프랑스를 "금덩어리 위에 앉아 있는 농민의 나라"라는 식으로 비하하기도 했죠.

전쟁 케인스주의의 효과

김 이제 다시 케인스의 이론으로 들어가 보겠습니다. 이번에는 정부의 역할, 적극적인 재정정책을 짚어볼 텐데요. 제가 배웠던 교과서에 따르면 정부의 적극적 개입을 대표하는 사례가 뉴딜정책이고, 이론적 토대를 제공한 사람이 케인스다. 이런 정책을 통해서 고용이 창출되고 소득이 증대되어 다시 경제가 안정된다. 이렇게 말할 수 있지 않습니까? 그런데 앞에서 조 교수님은 당시 경기를 호전시킨 다른 원인이 있을 수 있다고 언급하셨잖아요. 그러면 이렇게 묻겠습니다. 당시 뉴딜정책이 대공황을 끝냈습니까, 아니면 2차대전이 대공황을 끝냈습니까?

조 대공황은 2차대전이 끝냈다고 봐야 할 겁니다. 2차대전은 인류 역사상 유례 없는 엄청난 총력전이었죠. 전쟁 수행이라는 명분으로 정부가 가격 통제까지 포함해서 경제를 완전히 통제한 가운데 설비를 무한대로 가동했으니까요. 미국의 어마어마한 군사력을 두고 농담 삼아 'Show me the money'라는 말을 곧잘 쓰는데요, 미국은 어마어마한 군수품 생산을 통해 돈의 힘을 유감없이 보여줬죠.

김 일본도 2차대전에서 쫄딱 망했다가 한국전쟁으로 일어섰다고 이야기하지 않습니까? 후방기지 역할을 하면서 군수품을 계속 만들어내고, 준전시경제의 호황을 누렸다는 얘기죠.

조 한국도 사실은 베트남전쟁의 혜택을 상당히 봤죠.

김 그렇다면 뉴딜정책은 어떻게 자리매김할 수 있습니까?

조 당연히 케인스주의적인 공황 대책으로서 나름의 효과를 발휘했는데, 공황 이전 수준으로의 완전한 회복은 불가능했습니다. 왜냐하면, 각국 정부들이 좀 갈팡질팡했거든요. 미국도 뉴딜정책을 좀 쓰다 잘 돌아간다 싶으니까 다시 긴축을 실행했고요. 그러다 1930년대 말, 사실상 전쟁 상태로 돌입했고 각국 정부들이 전시경제로 전환했습니다 어찌 보면 총력전 체제 때문에 자동으로 케인스주의를 채택하게 되어버렸죠. 물론 당시엔 이미 케인스주의가 주류였습니다. 모두가 케인스주의자를 자처했을 정도니까요. 그래서 케인스주의가 공황 극복에 전혀 도움이 안 되었고 전쟁이 공황을 끝냈다고만 얘기할 수는 없습니다. 그러나 뉴딜정책만으로는 부족했고, 공황을 완전히 극복하려면 훨씬 더 큰 규모의 뉴딜정책을 실행했어야죠.

김 댐 몇 개 지어서 공황을 극복할 순 없다는 말씀이죠? 그럼 뉴딜정책은 과대평가 받아온 것인가요?

조 어떤 면에선 그렇죠. 그런데 뉴딜정책이라고 하면 주로 댐 짓는 이야기만 하는데, 사실은 굉장히 많은 사회간접자본, 인프라를 확충했어요. 특히 지역 기반의 커뮤니티 시설들도 집중적으로 만들었습니다.

또 교육 분야에 대한 투자도 엄청났습니다. 이를테면 미국의 대학 경쟁력이 가장 높다고들 하는데 1930~40년대에 기틀이 다져졌습니다. 특히 산학협력 모델을 도입했는데, 대학이 연구 투자와 손잡았고 나아가 직접 사회적 생산력과 결합하는 모델이 나오게 됩니다. 휴렛패커드사가 이 모델을 최초로 도입했고요. 대학만 말씀드렸지만 실제로는 전국에 깔려 있는 기본 교육 시설들에 굉장히 많은 투자를 했습니다. 예를 들어보면 미국 초·중·고등학교에 대부분 잔디 운동장이 깔려 있잖아요? 그런 운동장들 상당수가 뉴딜정책을 펴던 시기에 만들어졌습니다. 이런 작업에 공공근로를 실시했다는 점이 중요한 것이 아니라 교육 부문에 상당한 투자를 했다는 사실에 주목해야죠.

김　브레턴우즈 체제와 관련한 내용도 다시 한 번 정리해주시죠. 당시에 무슨 일이 있었던 겁니까?

조　1944년 들어 2차대전의 종전 기미가 보이자 44개 연합국 대표들이 미국 뉴햄프셔 주에 있는 브레턴우즈라는 작은 도시에 모여서 6주간 끝장토론에 돌입했습니다. 전후 세계 자본주의를 어떻게 복구할 것인가를 논의하기 위해서였죠. 여기서 케인스는 영국 대표단의 수석대표로서 회의를 주도하다시피 합니다. 케인스는 1937년에 심장발작으로 쓰러진 적도 있었는데, 이때 너무 무리한 탓에 건강이 나빠져 1946년에 숨졌다는 얘기도 있습니다.

여기서 진행된 논의의 핵심은, 무역 체제와 기축통화 문제였습니다. 먼저 무역 체제를 보면 GATT, 즉 '관세와 무역에 관한 일반협정' 체제가 들어섭니다. 이는 1990년대 이후 성립된 우루과이라운드를 통해 만들어진 WTO 체제와 비교해보면 기본적으로 자유무역을 지향하면서도 예외 조항이 상당히 많습니다. 즉 한 국가가 자국의 유치산업을 보호하기 위해 사용할 수 있는 수단을 상당히 폭넓게 보장해주었습니다. 사실 우리나라도 이 체제에서 자유무역의 이점을 누리면서도 보호무역으로 성장할 수 있었죠. 이것이 당시 케인스가 주장한 내용이었습니다.

이런 식으로 하지 않고 전혀 규제가 없는 완전한 자유무역 체제로 돌입하면 불가피하게 적자로 쪼들리는 국가가 발생하고 1차대전 이후처럼 전면적인 경제전쟁이 초래될 테니 어느 정도는 먹고살 방도를 마련해주어야 한다는 것이었습니다.

김 이때 IMF와 IBRD도 만들어졌죠? 왜 만들어졌나요?

조 이것들도 케인스의 제안으로 등장했는데, 케인스의 본래 취지에 비춰보면 변질된 면이 있습니다.

이 얘기를 하기 전에 기축통화를 중심으로 한 국제금융 문제를 먼저 짚어보는 게 좋을 듯합니다. 당시 사람들은 금본위제는 더 이상 유지할 수 없다는 데 거의 동의하고 있었습니다. 여기서 케인스의 제안을 보면, 금본위제는 안 되지만 그렇다고 어느 한 나라 화폐를 기축통화로 삼아서도 안 된다는 것이었습니다. 기축통화를 발행하는 나라가 어떻게 하느냐에 따라 전 세계가 휘청거릴 수 있기 때문입니다.

케인스의 핵심 문제의식은 자국이 잘살자고 다른 나라를 해치는 방식이 아니라 함께 잘살 수 있는 방법을 찾아보자는 것이었습니다. 무슨 말이냐 하면, 이전까지 사람들의 패러다임은, 내 나라가 잘살려면 남의 나라는 잘못되어야 한다는 것이었거든요. 나라가 잘되려면 고용과 물가가 안정되어야겠죠. 그러려면 수출이 잘돼야 하고, 수출을 위해서는 자국 통화가치가 떨어져야 하는데, 인위적으로 이런 정책을 펴면 다른 나라는 피해를 입게 되잖아요. 흔히 근린 황폐화 정책이라고 부르는 것입니다. 파시즘의 대두 과정에서 이런 부작용도 한몫했거든요.

그렇다고 기축통화가 없는 것도 말이 안 되니까, 케인스는 세계중앙은행을 창설해서 가칭 '방코'라는 시스템을 만들자고 제안했습니다. 방코란 쉽게 말하면 국가별로 재정 상태에 따른 신용만큼 일정한 한도를 갖는 '마이너스 통장' 시스템입니다. 즉 국가들이 무역을 하다 보면 적자가 쌓일 수 있는데, 이때 보유하고 있던 마이너스 계좌로 메워주자는 것입니다. 세계중앙은행에서 관리하는 거죠. 나중에 경기가 좋아지면 다시 갚으면 되고요.

김　상당히 좋은 제안 같기도 하고, 동시에 상당히 순진한 제안 같기도 한데요.

조　당시 상황에서 케인스의 이런 제안이 상당히 절실하고 현실적이었던 이유가 두 가지 있었습니다. 하나는, 케인스가 영국 사람이었는데 당시 영국이 나라가 거덜이 났어요. 돈이 없었습니다. 이건 사실 미국이 상당히 치사하게 굴었던 탓도 있습니다.

전쟁 초기 아직 미국이 전쟁에 뛰어들지 않았던 시기에, 즉 영국이 홀로 독일과 전쟁을 치르고 있을 때 미국이 장난을 많이 쳤습니다. 처칠이 간절하게 도와달라고 했는데 그 대가로 영국에 있는 경화를 싹 쓸어 갑니다. 영국은 완전히 거지 나라가 됐어요. 사실은 서유럽 각국이 다 그렇게 되어버렸죠. 돈이 전부 미국으로 가버린 겁니다.

김　미국이 치사한 짓을 좀 했군요.

조　네, 사실은 우리가 왜 전쟁에 휩쓸려야 하느냐는 반대 여론이 적지 않았기 때문에 개입할 명분을 쌓을 필요도 있었고요.

김 떼돈은 전쟁 때 번다는 말이 국가 단위에서도 성립하는 셈이네요.

조 네, 그러니까 영국인으로서 케인스는 자국 재정이 파탄 난 상황에서 달러를 기축통화로 삼을 경우 영국은 완전히 망할 거라고 생각했던 것이죠. 또 다른 이유는 파멸이 반복되는 사태를 피하자는 것이었습니다. 당시 상황에서 미국 달러가 기축통화가 되면 다수 국가들은 알거지가 되고, 이제 미국이 자기 맘대로 달러화를 찍어내면서 세계경제를 일방적으로 좌지우지하게 될 수도 있다는 걱정이었죠. 이렇게 되면 필연적으로 1차대전 종전 이후의 재앙이 반복될 수밖에 없다는 우려를 했을 겁니다.

김 비슷한 상황으로, 몇 년째 계속되고 있는 유로존 위기도 결국은 원인을 유로존 자체에서 찾는 경우가 많지 않습니까? 화폐를 통합해서 일국 단위에서의 경제 보호 장치가 해체돼버리고, 결국은 강국과 소국이 수직적으로 나뉘어버렸다는 비판이 나오고 있는데요.

조 예, 그렇죠. 결국 독일이 통합의 효과를 가장 크게 보았습니다. 독일은 거대한 상품시장, 금리 높은 투자처, 저렴한 노동력을 얻었습니다. 독일의 과잉 자본이 투자된 나라들에서는 역으로 자산 거품이 일어났고요. 국가 간에 적절한 제어의 장벽이 없고, 한 국가가 이를 위한 정책적 수단을 갖지 못하면 결국 파멸에 이르기 마련입니다. 지금 유럽의 위기 국가들을 거품에 취한 게으른 나라들이라고 비난하고, 독일이 시키는 대로 긴축하라고 강요하는 건 사태를 공평하게 보지 못하는 처사죠.

아무튼 케인스의 구상은, 기본적으로 각국이 경쟁을 하되 어느 한 나라 혹은 일부 나라가 망하게 만들어선 안 된다는 것이었습니다.

평화를 위해서는 비용을 들이는 편이 더 낫다는 주장이었죠. 이 자유무역 체제에서 어떤 나라는 흑자를 보고 또 다른 나라는 적자를 보게 마련인데, 그러다 보면 어떤 나라는 적자가 심해져서 방코 계좌의 한도를 넘어설 수가 있습니다. 예를 들어 흑자를 많이 보는 나라와 적자가 과도한 나라가 교역 과정에서 이런 결과에 직면했다면, 두 나라가 방코 한도 초과액에 대해서 균등 분담을 해야 한다고 케인스는 주장했습니다.

김 어떤 나라가 재정위기에 빠졌을 때 IMF가 돈을 빌려주는 원래 발상은 케인스의 방코라는 얘기군요. 그런데 돈을 빌려주는 것은 좋은데 왜 구조조정해라, 이자 팍팍 올려라, 이런 식으로 개입해서 수백만 명의 사람들을 길거리로 내쫓을까요.

조 케인스의 생각은 요즘 IMF를 비판하는 논리들과 일찍부터 맥락이 닿아 있었습니다. 왜 차관 때문에 외채 위기 겪은 나라들 많지 않습니까? 이런 나라들에 IMF가 자금을 지원하면서 아주 고통스러운 구조조정을 강요하잖아요. 이런 일방적인 고통 강요는 옳지 못하다고 보았죠.

김 그런데 흑자국과 적자국이 균등 분담을 해서 불균형을 해소한다는 안은 흑자국 입장에서는 부당하지 않나요? 미국이 거부할 만도 한 것 같습니다만.

조 케인스는 바로 그 점을 가장 경계했습니다. 특정 국가가 경제를 잘 운용해서 자기들만 잘사는 쪽으로 나아간 것이 세계대전의 근본 원인이라고 봤어요. 세계 각국은 함께 책임을 져야 한다고 생각했습니다. 물론 적자국의 도덕적 해이에 대한 방지책도 동시에 마련해두었죠. 방만하게 재정을 운용할 경우 벌금을 부과한다는 제도적 안전장치를 고안했습니다.

이런 내용을 현재의 상황에 적용해보면, 케인스가 내놓은 적자국, 흑자국의 균등 분담 제안을 거부했던 당대 최대의 흑자국 미국의 아이러니가 두드러집니다. 이제는 입장이 반대가 되었거든요. 지금은 만년 적자국이 돼버린 미국이 만년 흑자국인 중국에 대해 글로벌 불균형 해소를 위해 위안화 절상과 내수 부양을 요구하고 있으니까요. 옛날 미국식 논리대로라면 자기 나라가 잘못해서 무역적자를 보는 상황인데, 흑자국인 중국에게 고통을 분담하자고 얘기하는 것은 설득력이 떨어집니다. 글로벌 차원에서 함께 혜택을 나누고 책임을 지는 체계적인 '보이는 손'을 만들어야 하는데, 지금은 중국이 미국의 제안을 받아들일 이유가 없죠.

전후 복지국가의 네 가지 모델

김 이제 복지국가라는 주제로 넘어가 보겠습니다. 발제에서, 복지국가는 당시로선 선택의 여지가 없는 필수였다고 했는데 어떤 뜻입니까?

조 2차대전은 모든 것을 파괴하고 엄청난 피해를 입혔습니다. 각국 정부는 그야말로 '전쟁 케인스주의' 혹은 '군사적 케인스주의'라는 말을 할 정도로 엄청난 재정지출을 했습니다. 이 과정에서 경제가 엄청나게 팽창했고 전쟁이 끝나게 됩니다. 가장 시급한 사업은 복구였고 이를 위해선 엄청난 돈이 필요했습니다. 그런데 이걸 외면하면서 전시 이전의 균형재정으로 곧바로 돌아가겠다고 하면 정말 난리가 나겠죠. 이런 복구 수요만 가지고도 재정팽창을 계속 유지할 수밖에 없었을 겁니다. 여기에 더해서 2차대전 당시 각국의 노동자 정당과 노동조합 등이 전쟁 수행에 상당히 협력했다는 사실도 고려해야 합니다. 실제로 노동자, 민중들이 가장 큰 피해를 입었습니다. 2차대전에서 6000만 명 정도가 숨졌으니까요. 이렇게 희생한 이들은 당연히 보상심리를 가질 수밖에 없었습니다. 복지정책을 펼 수밖에 없었던 상황이었습니다.

김 간단히 생각해봐도 전쟁터에 나갔다 돌아온 청년들에게 국가가 어떻게든 일자리를 마련해주어야 했으니 어쩔 수 없는 선택이라고 봐야겠군요. 그런데 이 복지국가 모델이 모든 국가에서 동일하게 나타나진 않았잖아요? 굳이 분류하자면 어떤 모델들이 있을까요?

조 크게 네 가지로 나뉩니다. 우선 미국 같은 나라는 자유주의적 복지라고 흔히 말합니다. 기본적으로는 선별적 복지인데, 노동 의지를 가진 개인들만 선별적으로 구제한다는 얘깁니다. 구제할 가치가 있는 사람만 구제한다는 식이죠. 반면 보편적 복지는 자산 조사 등을 실시하지 않고 해당 범주의 시민이라면 누구에게나 복지 혜택을 주는 방식이죠. 반면 선별적 복지는 일종의 자격 심사를 하는 방식이고요.

미국에서는 조합주의적 방식도 적용되었습니다. 미국에 노동자 정당 또는 좌파 정당이 없었기 때문인데요. 선거에서 일부 노동조합이 민주당과 정책연합을 하는 수준에서 노동자 정치를 실시했고, 조직된 노동자들만이 의료보험이나 실업수당 등의 혜택을 받을 수 있었습니다. 이것이 복지국가의 지지 세력이 매우 허약해진 원인이지요.

김 기본적으로 미국의 선별 복지는 전쟁의 포화가 본토에는 미치지 않았기 때문이겠죠? 공습을 받아서 초토화되었다면 복구 수요도 많고 복지의 폭이 더 넓었을 것 같은데요.

조 그럴 수도 있겠군요. 물론 미국의 경우는 워낙 사회주의사상의 영향력이 약했다는 점을 고려해야겠습니다만.

김 자, 그렇다면 영토가 완전히 초토화된 영국은 어땠습니까?

조 영국의 경우는 전후에 처칠 내각이 무너지고 노동당이 바로 정권을 잡습니다. "요람에서 무덤까지"로 유명한 '비버리지 보고서'는 이미 1942년에 나와 있었죠. 그야말로 보편적 복지의 선도 국가가 될 수 있었는데, 문제가 좀 있었습니다. 영국은 노동계급의 힘이 상당히 강했습니다. 그래서 보편적 복지를 지향하면서도 복지 제도의 설계 자체가 노동계급에게 상당히 유리하게 됩니다. 이게 나중에 부메랑이 되어 돌아옵니다. 1970년대 이후 세계경제가 어려워지고 복지국가가 위기에 처하게 됩니다. 대처같이 강력한 인물이 나타나 복지 제도를 공격했을 때, 이에 저항할 세력이 폭넓게 형성되지 못했죠. 즉 제도는 보편적 복지로 설계했는데 노동자계급에게 혜택이 많이 가도록 설계하면서 광범위한 복지 동맹을 형성하기 어려웠던 것입니다.

김 그럼 피해가 더 심했던 독일의 경우는 어떻습니까?

조 독일, 프랑스의 경우는 또 다릅니다. 이 나라들은 좌파 세력이 상당히 강력했음에도 불구하고 전후에 우파가 정권을 잡습니다. 프랑스는 드골, 독일은 아데나워의 기민당 정권이 들어섭니다. 이들도 좌파에 맞서기 위해 복지정책을 쓰는데, 기본틀이 조합주의적 방식이었습니다. 그러니까, 직업별 조합을 복지 수급의 기본 범주로 삼았다는 말입니다. 예를 들면, 산업노동자, 공무원 등의 직업별로 결성된 노동조합이 자본과 협상을 하는 것입니다. 협상을 통해 복지에 필요한 재원을 노동과 자본이 분담해 수당을 지급하고 직업훈련을 실시하는 방식으로 진행됩니다. 이 역시 전 국민이 보편적인 혜택을 받는 방식보다는 약하다고 할 수 있습니다.

김 그렇다면 어디에도 속하지 못한 실업자는 어떻게 되는 겁니까?

조 기본적으로는 국민 생활에 필요한 최소 수당은 책정되어 있습니다. 또 독일과 프랑스에서는 좌파가 집권하면서 이런 보편적 모델을 더 강화하게 됩니다.

김 그럼 마지막으로, 가장 많이들 이야기하는 스웨덴 모델은 어떻습니까?

조 스웨덴 모델의 핵심은 사회 연대와 평등의 달성을 위해 국가가 적극 개입하는 것입니다. 여기서 복지의 대상은 모든 국민입니다. 사실 전 국민을 상대로 보편적 복지를 제공한다는 이념은 1930년대 사민당 집권 이후 우파와의 투쟁 속에서 등장했습니다. '계급'이 아닌 '국민'을 중심에 놓았으니 따지고 보면 우파적 사고방식이죠. 이것을 스웨덴 사민당이 받아들였습니다. 노동자 중심으로만 정책을 실행하다간 계급적 고립을 자초할 수 있다는 판단에서였습니다. 그래서 재원의 상당 부분을 고율의 과세를 통해 마련하게 됩니다. 이에 따라 기본 세율을 상당히 높게 책정해서 중산층 이하에서도 적지 않은 세금을 내게 하고 소득에 따른 누진율도 상당히 가파르게 설정했습니다.

김 이런 시스템이 정립되기까지는 사회적 저항도 상당했을 것 같은데요?

조 그렇습니다. 특히 초기에는 노동자계급의 저항이 더 심했습니다. 당장 우리나라만 해도 작년에 여당에서 소득공제 구간 조정한다고 하니까 월급쟁이들이 봉이냐는 목소리가 분출하지 않았습니까? 당시 스웨덴 노동자들도 당장 조세 부담이 커지니 저항할 수밖에 없었죠. 이를 보완하기 위해서 가파른 누진세제를 마련할 수밖에 없었고요. 결국 스웨덴 모델은 세금을 많이 거두고, 돈을 더 많이 버는 기업이나 자본가들에겐 더 많은 조세를 요구하는 것입니다. 결국 국민들이 다들 많은 세금을 내는 것이지요.

김 이런 일이 가능했다니, 스웨덴에는 전경련 같은 조직이 없었나요?

조 왜 없었겠습니까. 자본가 동맹도 당연히 저항했습니다. 수없는 갈등을 거치면서 타협안들이 나왔을 뿐 스웨덴 사람들이 합리적이어서 처음부터 그렇게 된 건 절대 아닙니다.

김 결국 복지국가에 대해서라면 대표적으로 스웨덴 모델과 영국 모델을 비교할 수 있겠군요?

조 그렇게 볼 수 있습니다. 비슷한 시기에 보편적 복지를 하겠다고 나섰는데 어째서 한쪽은 오랫동안 안정된 시스템을 유지했고 한쪽은 실패했는가를 살펴봐야 할 것입니다. 영국 모델은 노동자계급에 치중하면서 혜택이 '좁고 두텁게' 주어졌습니다. 즉 일부 계층에게 혜택이 집중된 것이죠. 반면 스웨덴 모델은 복지 혜택이 '얇고 넓게' 주어졌습니다. 스웨덴 사민당 정부가 이런 정책을 처음 실시할 때, 비록 용돈 수준의 혜택이라도 처음엔 모든 국민들이 받도록 하고 조금씩 두텁게 만들어 가야만 국민들이 정책을 지지하게 된다는 점을 강조했습니다. 이와 관련한 핵심 제도가 1957년의 렌-마이드너 모델(Rehn-Meidner Model)이라는 연대임금제입니다. 쉽게 말하면 동일노동, 동일임금 제도입니다. 당시 요스타 렌(Gösta Rehn)과 루돌프 마이드너(Rudolf Meidner)라는 노총 소속의 학자들이 연구하고 스웨덴 노총이 수용해서 사민당에 제안하게 됩니다. 무슨 얘기냐 하면, 동일 산업에 종사하는 노동자들은 동일노동을 수행한다면 어느 기업에 몸담고 있든 간에(삼성이든 중소기업이든) 같은 수준의 임금을 받아야 한다는 것입니다. 핵심 포인트는, 대기업 노동자들의 임금을 일부 깎아서 중소기업 노동자들의 임금을 올려주자는 것이었습니다.

김 아니, 그런 주장이 관철될 수 있었다고요?

조 당연히 생난리가 났습니다. 당시 스웨덴 노총이 조사를 해보니까 70퍼센트 가까운 노동자들이 반대했습니다. 그 무렵 스웨덴 대기업의 경우 철강, 조선, 자동차 분야가 상당히 번창하고 있었거든요. 전후 부흥 경기 속에서 가장 큰 혜택을 입고 있었습니다. 이런 엄청난 반대를 무릎쓰고 노총이 이를 관철해 나가고 사민당이 수용했을 때, 당시 총리가 "정당이 이런 정책을 먼저 제안하지 못하고 노총이 먼저 제안했다는 것은 부끄러운 일이다."라고 말하면서 정치적으로 강력하게 밀어붙였습니다.

김　이렇게 되면 노동자 입장에서는 대기업, 중소기업을 가릴 이유가 없어지고, 중소기업 기피 현상이 사라지면서 고용률도 자연히 올라가는 효과가 발생하는 것 아닙니까?

조　그렇습니다. 지금 우리가 케인스주의 이야기를 하고 있잖습니까? 케인스주의를 놓고, 재정지출을 하면 경제가 나아진다, 뭐 이 정도로만 생각해선 안 되겠죠. 스웨덴 모델을 보면 알 수 있는 내용인데요. 스웨덴에서 이 정책의 효과는 대단했습니다. 그저 저임금 노동자들이 월급을 더 많이 받게 됐다는 수준이 아니라 산업정책 차원에서 대단히 중요한 구조조정을 하게 되었으니 말입니다.

예상 밖이겠지만 이 정책으로 가장 혜택을 본 이들은 대기업 자본가들이었습니다. 노동자들의 임금을 깎게 됐으니까요. 다음으로 이득을 본 사람들은 중소기업 노동자들이었습니다. 임금이 올랐으니까요. 반면 피해를 본 사람들은 대기업 노동자들과 중소기업 자본가들이었습니다. 적지 않은 중소기업 자본가들은 임금을 올려줄 형편이 안 되었거든요. 많은 중소기업들이 도산했습니다. 바로 이 과정에서 경쟁력이 약한 중소기업들이 시장에서 정리되고 경쟁력 있는 중소기업들만 살아남았습니다. 그렇게 살아남은 중소기업들은 정말 강한 기업이 된 겁니다. 또 기업 도산에 따라 실직자가 발생했는데 이들에게는 적극적 노동시장 정책을 실행합니다. 즉 실업수당만 주는 게 아니라 재교육을 해서 대기업으로 이직하도록 한 것입니다. 대기업 입장에선 기존 노동자 임금을 낮추면서 재교육 받은 실직 노동자들을 흡수하니까 좋은 일이죠. 또한 도산한 중소기업 자본가들에겐 새로운 창업 지원 혹은 이직 지원 사업을 했습니다. 이런 산업정책과 맞물리면서 스웨덴 산업구조가 굉장히 경쟁력 있는 형태로 구조조정이 된 것입니다. 실로 중요한 점인데요, 사실은 이런 식으로 산업정책과 적극적 노동시장 정책이 결합된 형태의 케인스주의적 지출을 하지 않고 그냥 삽질이나 하면 재정적자만 일으키게 됩니다. 영국의 경우 복지정책과 산업정책을 결합하지 못하는 한계를 드러낸 것입니다.

김 그런데 이런 복지 모델을 구현하는 데 동력이 되었던 사상이 과연 케인스주의였느냐, 아니면 마르크스주의에 기반을 둔 사회민주주의였느냐에 대해선 정리할 필요가 있지 않을까요?

조 사실 렌과 마이드너를 포함한 주요한 정책 입안자들은 자신들을 케인스주의자라고 생각했다고 합니다. 그러나 이들은 통상적 의미에서의 케인스주의를 이미 뛰어넘었습니다. 또 이들에게 마르크스주의가 영향을 미쳤다고 보기도 힘듭니다. 이미 1910년대에 마르크스주의와 결별했으니까요. 물론 그후로도 마르크스주의와 경쟁 관계에 있었으니까 전혀 영향이 없었다고 보기는 어렵겠지만요. 이 과정에서 사민당은 이미 1920년대부터 연정 파트너로 참여했고 잠시 정권을 잡기도 했습니다. 또 1932년에 집권한 다음부터는 70여 년에 걸친 장기집권의 길을 열었지요. 이런 과정을 거쳐 경험을 통해 복지국가 건설에 필요한 재원을 마련하고 운용 방식을 익혔다고 봐야 할 것입니다. 1932년 집권 때부터 재무장관을 맡았고 스웨덴 복지국가의 설계자로 불리는 에른스트 비그포르스(Ernst Wigforss) 같은 경우 케인스 없는 케인스주의를 실천한 사람으로 평가되기도 합니다. 요컨대 스웨덴 식 케인스주의와 통상의 케인스주의의 차이는 두 가지로 요약할 수 있을 것 같습니다. 하나는, 케인스주의에선 필연적으로 돈을 많이 풀고 임금을 높이다 보면 물가상승 압력을 받게 되는데, 스웨덴에선 대기업 노동자의 높은 임금을 중소기업 노동자에게 이전하는 방식으로 물가상승 압력을 사전에 방지했던 것입니다.

김 대기업 노동자들의 높은 임금을 중소기업 노동자들에게 이전했다고 하셨는데, 조금 더 자세히 설명해주시겠습니까?

조 실제로 대기업 노동자들의 임금을 깎았습니다. 임금만이 아니라 대기업 자본가의 이윤 가운데 초과분에 대해서도 고율의 세금을 매겼습니다. 이를 노총이 먼저 제안했고, 당연히 노총 소속 노동자들은 격렬하게 저항했는데 결국 노사정이 대타협을 했습니다. 노동조합과 자본가 연맹, 국가가 모여서 타협한 것입니다. 이 과정에서 대기업 노동자들이 거세게 반발했죠. 이에 대해 정부는 "이는 보편적 복지 모델이며, 이렇게 하면 당신들도 큰 혜택을 본다."고 설득했고, 이를 노동자들이 믿었던 것입니다. 1938년의 잘츠요바덴 합의라는 역사적 대타협 이후 쌓여온 신뢰가 있었기 때문에 가능한 일이었습니다.

김 여기서 오해를 피하기 위해 확실히 해야 할 것은, 노동자들의 임금을 깎았을 뿐 아니라 기업들도 초과 이윤을 포기했다는 점이겠죠?

조 그렇습니다. 우선 1938년의 대타협이 나온 과정을 잠시 살펴보죠. 그로부터 3년 전 파업 중인 노동자들에게 군이 발포해서 다섯 명 정도가 숨집니다. 스웨덴도 그런 나라였습니다. 지금 우리나라에 노사 갈등으로 문제가 많지만, 파업한다고 군대가 투입되지는 않죠. 스웨덴은 그 정도로 노사 갈등이 심각한 나라였던 것입니다. 그리하여 이렇게 가다가는 모두 함께 망하겠다는 위기의식 아래 3년간 끝장토론에 들어간 것입니다. 결국 1938년에 결론을 맺었는데, 노동자들은 개별 기업의 파업권을 포기하고 산별노조 차원의 파업만 할 수 있게 되었습니다. 사실상 파업이 힘들어졌죠. 기업도 개별 기업에서의 직장폐쇄를 포기하고 산별 수준에서의 직장폐쇄만 허용했습니다. 마찬가지로 직장폐쇄를 단행하기가 상당히 어려워집니다. 실제로 이런 일이 일어나면 국가가 망하는 길로 가버릴 테니까요. 이렇게 노사가 핵심 권리인 파업과 직장폐쇄 권리를 근본적으로 부정하지는 않되 이를 실제로 실행하려면 상당한 절박성과 책임감을 가져야 하는 장치를 만들어놓은 것입니다. 이외에 여러 가지 타협을 성사시킵니다. 이렇게 해놓고 몇 년이 지나면서 서서히 신뢰가 쌓이게 된 것입니다.

김 여기서 더 생각해봐야 할 문제가 있습니다. 이렇게 정부가 나서서 엄청난 재정을 투입하면 우리나라라면 재정건전성이 상당히 악화될 텐데, 스웨덴 모델에서는 지출하는 만큼 세금으로 충당할 수 있었겠군요.

조 예, 그렇죠. 여기서 통상의 케인스주의와 스웨덴 모델의 두 번째 차이가 드러나는데요, 케인스 모델에서는 불황 시의 재정적자가 기본 전제이자 가정입니다. 그러나 스웨덴 모델에서는 세율이 굉장히 높기 때문에 불황 시의 재정적자가 기본 전제가 아닙니다. 어떤 의미에서는 재정흑자가 될 수도 있고요. 일부에선 복지국가를 논할 때 재정 문제 때문에 망한다는 얘기들을 하지만, 사실은 북유럽 복지 선진국들은 지금도 재정이 가장 건전한 편이죠.

김 그런데 실제로 일부 보수 언론들은, 이렇게 복지 수준을 높여놓으면 노동 의욕이 상실되어 노동생산성이 떨어진다고들 하지 않습니까? 스웨덴 노동자들은 열심히 일하나요?

조 사실 세상에 만능은 없지 않습니까? 스웨덴 노동자들은 제도적으로는 연가와 병가를 합쳐 1년에 180일 정도를 쉴 수 있다고 합니다. 그런데 영국과 스웨덴의 국가대표 축구 경기(스웨덴은 전통적으로 영국의 천적이어서 승리 확률이 무척 높습니다.)가 있는 다음 날이면 병가 신청률이 극도로 높아진다고 합니다. 즉 다들 축구 보고 신나게 술 마시고 놀다가 다음 날 쉬는 것이겠죠. 이런 문제가 있긴 합니다.(웃음) 스웨덴도 1980년대 후반에 들어서 위기를 겪습니다. 금융시장 개방을 했다가 거품이 생기고 위기에 빠지게 되죠. 그래서 나름대로 자체 개혁을 해나가기도 했습니다. 또 이런 경향이 반영되어 지난 두 차례 총선에서 연속으로 보수 연립 정당이 집권했습니다. 이 보수 정부가 총선에서 내걸었던 핵심 슬로건이 '노동 노선'이었습니다. 이게 뭐냐면, 상대적으로 혜택을 덜 보는, 환경이 열악한 노동자들의 이익을 적극 대변하겠다는 것이었습니다.

김 이게 보수 정당의 슬로건이었다고요? 그럼 진보 정당들은 어땠나요?

조　사민당 같은 경우는 상당히 좌경화되었습니다. 더 왼쪽에 있는 공산당과 녹색당과 연합해서 좌파 색채를 상당히 강화했는데, 스웨덴 국민들이 보기에 너무 급진적이었던 것 같습니다. 물론 지금도 사민당은 원내 제1당이죠.

삽질과 창조경제를 넘어서

김　이제 정리를 좀 해보겠습니다. 결국 적극적 재정정책이 댐을 짓는 것만은 아니란 얘기군요. 미국의 경우엔 교육에도 투자했고 스웨덴에서는 결국 보편적 복지 정책을 폈습니다. 정부의 적극적 개입이 궁극적으로 복지의 확장으로 귀결됐다고 정리할 수 있을 텐데, 이런 전제에서 우리나라의 4대강 사업을 평가해본다면 어떨까요?

조　선불리 말할 게 아니라 실제 이모저모 따져보고 평가할 문제입니다. 한국의 경우 고도성장 과정에서 소위 토목자본주의라는 말이 나올 정도로 건설과 토목에 치중하다 문제가 생기고 거품도 발생시킨 바 있습니다. 당장의 고용률을 높이는 데는 좋은 점도 있었겠지만요.

김　토목 분야에서는 상당 부분 인력이 중장비로 대체되어 고용창출 효과도 별로 없었고 설령 창출되는 고용이 있다 해도 국내 경제로 환류되지도 않았다는 점이 문제겠죠. 제가 가장 궁금한 것은, 전임 대통령은 그렇다 쳐도, 주변 참모들 가운데는 경제학이나 사회학 공부를 한 사람이 있었을 텐데, 왜 이렇게 된 겁니까 도대체?

지난 대선 과정에서 이런 말들이 나왔습니다. 이런 삽질에 돈 쓰지 말고 차라리 어린이집을 짓자, 그러면 보육교사와 급식업체 쪽의 고용이 창출되면서 선순환되지 않겠느냐는 말이었죠. 이게 바로 스웨덴 모델 아닙니까?

조 아주 중요한 이야기입니다. 그게 바로 스웨덴 모델이고요. 스웨덴 복지가 위기에 처했을 때 바로 이런 사회 서비스 부문이 버팀목이 되어주었습니다. 경제가 위기에 빠지니까 정부 지출이 늘어났는데, 복지의 선순환 구조가 만들어져 있었기 때문에 사회 서비스 부문에서 많은 일자리가 창출된 겁니다.

김 그런데 우리나라는 이런 정책을 쓰려면 돈을 허공에 뿌리는 것처럼 인식하는 사람들이 있거든요.

조 그러니까 그냥 복지를 한다고 잘하는 것이 아니고 정말로 좋은 의미에서 케인스주의로 선순환 구조를 만들어내려면 세부적으로 잘 계획하고 실행해야 한다는 것입니다. 안 그러면 삽질로 귀결되는 겁니다. 예를 들면 지금 보육수당을 지급하고 있습니다. 그런데 어린이집 대부분이 사립이고 국공립이 별로 없습니다. 정부가 부모에게 아이사랑카드라는 바우처를 지급하고, 부모가 보육기관에 바우처로 결제하는 방식으로 진행됩니다. 직접 지원이 아니라 소위 시장화를 통한 지원이죠. 그 결과 한 해에 500억 원에 달하는 카드 수수료를 정부와 부모들이 금융기관에 새로 내게 됐습니다. 시장을 통해 복지 정책을 펴면 돈은 돈대로 드는데 실제로 부모들이 혜택은 보지 못합니다. 만약 국공립 어린이

집이 많아지면 사회 서비스업 차원의 선순환 구조가 만들어지고 부모들의 부담이 줄어들면서 일자리도 창출되는 효과를 누릴 수 있지요.

김 중요한 말씀인데, 복지는 시장이 아니라 국가에서 하는 일이라는 주장이 핵심인가요?

조 물론 시장을 활용해야 하는 경우도 있겠지요. 그런데 우리나라의 경우, 소위 세계적인 '제3의 길' 담론이 나온 이후부터는 복지는 시장을 통해 실현해야 한다는, 일종의 신앙이 자리 잡았어요. 그런데 이렇게 되면 조금 전 어린이집 이야기에서 말했듯이, 정부 지출은 많아지지만 그걸 자본이 고스란히 회수해 가고 만다는 것입니다.

김 또 하나 이야기해보죠. 박근혜 정부가 고용률 70퍼센트 달성을 이야기하면서 주요 동력으로 창조경제를 말했습니다. 이른바 창조경제가 뭔지 도무지 알 수가 없어서 평가하기가 참 난감합니다만, 좋게 말해서 문화와 IT를 융합하고 이를 바탕으로 창조성을 발휘해 새로운 발전 동력을 창출하고 산업을 선도한다는 개념으로 이해해보죠. 박근혜 정부의 재정정책이 이쪽에 무게를 두고 있는데, 결국 뉴딜정책의 하나라고 봐야 하나요?

조 이건 사실 MB 정부도 그랬지만, 이전 민주정부 시절에도 대동소이했다고 봐야 합니다.

김 김대중 정부 시절은 IMF 구제금융 직후라는 점에서 공공근로 쪽에 포커스를 맞췄습니다. 이건 어떻게 봐야 합니까?

조 공공근로의 경우 사실 일시적으로는 불가피할 수 있습니다. 소위 재정지출과 유동성 확대라는 면에서의 케인스주의는 응급 처방으로 필요한 측면이 있습니다. 또한 돈을 풀기만 하는 의미의 케인스주의조차도, 이를테면 2008년 금융위기 당시에 그런 처방을 하지 않았으면 어떻게 됐겠느냐, 망하자는 이야기냐, 하는 문제 제기가 나왔습니다. 예컨대 IMF 이후에 실업자가 쏟아져 나올 때는 공공근로라도 해야죠. 이걸로 응급처방은 할 수 있지만 병을 고치겠다고 달려들어선 안 된다는 말입니다.

김 그렇다면 케인스주의는 지금도 유효하다고 할 수 있습니까, 아니면 이미 한계에 이르렀다고 봐야 하는 것입니까?

조 한편으로는 여전히 유효하고 다른 한편으로는 한계에 봉착했다고 말씀드리겠습니다. 2008년 이후 각국 정부의 통화정책 등을 보면 여전히 유효한 면이 있습니다. 그런 정책을 펴지 않았다면, 세계경제는 파국으로 치달았겠죠. 케인스의 이름이 부각되지 않아서 그렇지 여전히 케인스주의적 처방이 공황의 처방으로 작동하고 있는 셈입니다. 하지만 한계 또한 명백합니다. 애초 케인스의 처방은 각국 정부 차원의 개입 수준에 그치지 않았다는 사실이 중요합니다. 즉 국제자본주의 질서 속에서의 선순환 과정, 상호 협조와 공생의 체제 구축이 중요하다는 것입니다. 케인스가 말한 방코 체제 같은 것이 필요했죠. 하지만 이것이 실현되지 않고 미국 중심의 달러 기축 체제가 들어섰고, 이로 인해 1971년 금태환 중지 선언 이후 지금까지 계속 문제가 되고 있죠. 미국이 달러를 마구 찍어내 전 세계 모든 나라가 거품과 폭락에 시달려도 미국은 책임을 지지 않습니다. 물론 미국 경제도 거품으로 가득 차겠죠. 하지만 미국 경제가 위험에 빠지면 오히려 미국으로 돈이 몰려들고 달러 가치가 오르는 희한한 사태가 발생합니다. 위기 상황이 닥칠수록 안전 자산인 달러의 수요가 증가하기 때문이죠. 미국이 망하면 세계가 같이 망하게 되는지라, 세계는 미국 달러의 인질이 되어 있는 상황입니다. 이래서 미국 경제는 망할 수가 없습니다. 당연히 미국은 이런 달러 기축 체제를 개혁할 의지가 없죠. 이런 상황에서는 케인스가 구상했던 상호 공생의 세계자본주의 질서 모델은 이루어질 수가 없습니다.

김　그런데 이른바 자본의 공생이 가능합니까? 조금 순진한 발상 아닌가요?

조　그것은 케인스의 꿈이었고 적어도 좌파 사회주의자가 아니었던 케인스가 내놓을 수 있는 최선의 대안이었습니다. 두 번이나 세계대전을 목격한 케인스로서는 절실했던 거죠. 자본의 파괴적 속성을 완충하기 위해선 보이는 손이 작동해야 하고, 그러지 않을 경우 한 나라 경제가 망하는 정도가 아니라 전쟁을 통해 세계 전체가 파괴될지도 모른다고 보았던 것입니다. 사실 미국을 포함해서 전쟁을 통해 불황을 극복해본 나라의 정치가나 연구자들 가운데는, 전쟁이 필요하다는 생각을 하는 사람들도 있었죠. 이와 비교한다면 케인스는 나름의 확고한 의지를 가진 인물이라고 볼 수 있겠습니다.

화폐의 신비와 경제위기의 근원

주지하다시피 2008년 미국발 세계 경제위기는 금융위기라는 형태로 발현했다. 첨단 금융공학의 뒷받침을 받은 천문학적인 파생금융상품들이 순식간에 부실로 판명나자, 금융자본은 경악했고 세계경제는 침몰의 목전까지 치달았다. 위기는 자본주의 역사상 1930년대 대공황 이래 최대 규모로 판명났다. 위기의 진원지 미국을 보면 고용 사정은 여전히 암울한 가운데(실업률이 2010년 10퍼센트에서 2012년 8퍼센트 정도로 약간 떨어졌지만 실제로는 취업을 포기한 사람들이 많은 가운데서 나온 착시효과라는 지적이 많다.), 처벌받아야 할 금융시장은 무려 4조 달러에 달하는 양적완화의 효과 속에서 다시 호황을 구가하고 있다. 자본시장에 들어온 이 천문학적인 유동성은 결국 미국의 납세자들이 갚아야 할 채무다. 금융자본이 친 대형 사고로 평범한 서민들이 위기를 겪고 있는 반면 금융자본은 다시 호시절을 누리고 있다. 이익의 사유화와 손실의 사회화, 혹은 자본가를 위한 공산주의라는 표현이 정확히 들어맞는 형국이라 하겠다.

이처럼 현대의 경제위기는 돈에서 비롯되는데 또한 돈을 풀어 그 위기를 그럭저럭 넘기고 있다. 오늘날 금융 불안정은 우리 시대를 특징짓는 가장 중요한 위협이 되고 있다. 세계 금융시장의 하루 거래액은 수조 달러를 상회해서 상품 무역액의 수백 배에 이른다. 1970년 전 세계 자본주의의 금융자산은 약 12조 달러에 불과했지만, 2006년 말 이 수치는 194조 달러에 이르렀다. 열여섯 배가 커진 것이다. 동시에 이 규모는 전 세계 총생산 48조 달러의 346퍼센트에 달한다. 본래 실물경제의 순환을 보완하는 역할을 담당한다고 규정된 금융시장의 규모가 실물

경제를 훨씬 뛰어넘고 있는 사태가 벌어진 것이다. 꼬리가 몸통을 흔드는 형국, 이것이 오늘날의 자본주의다.

하지만 이런 현상에는 특별히 새로울 것이 없다. 1930년대 대공황이라는 역사의 참극이 되풀이되는 것일 뿐. 19세기 후반에 주식시장이 제도화되면서 자본시장은 이미 실물경제를 뒤흔드는 분수 모르는 꼬리가 되고 있었다. 대공황은 바로 이 꼬리가 저지른 참극이었다. 1925년 미국에서는 35억 달러가 실물경제에 투자된 반면, 주식시장 거래액은 270억 달러에 이르렀다. 1929년이 되면 이 숫자는 각각 32억 달러와 870억 달러가 되어 격차는 더욱 벌어진다. 대공황은 금융적 한탕주의에 대한 자본주의 자신의 응징이었다.

물론 경제의 순환에서 화폐는 매우 중요하다. 하지만 왜 자본주의의 폭발적인 위기가 생산이나 소비의 위기, 고용의 위기 같은 실물경제의 위기가 아니라 금융위기라는 화폐적 형태를 띠게 되는 것일까? 또 이런 위기의 극복 수단도 왜 화폐를 푸는 형식이 되는 것일까? 이런 과정은 도대체 누구에게 이득이 되고, 누구에게 해가 되는 것일까? 일찍이 케인스는 이에 대한 심도 깊은 통찰을 남겼지만, 그의 업적 중에서도 화폐론과 금융이론은 상대적으로 주목받지 못했다. 하지만 자본주의경제에 대한 케인스의 통찰 중 가장 혁명적인 부분은 바로 여기에 있다고 해도 과언이 아니다. 돈이 도대체 무엇이길래 우리의 살림살이를 이토록 뒤흔드는 것인지, 케인스를 따라서 생각해보자.

상세히 따지면 서로 적지 않은 차이가 있지만, 주류의 계보인 고전파 경제학, 이를 계승한다는 신고전파 경제학, 이어서 현대의 통화주의자들에게는 중요한 공통점이 있다. 이들의 경제 모델이 근본적으로 물물교환의 세계를 기초로 하고 있다는 점이다. 화폐는 이 물물교환 과정에서 불편함을 덜기 위해 발생한 교환의 매개체일 뿐이다. 따라서 화폐 자체는 어떤 경제적 가치도 갖고 있지 않다. 이것을 이들은 실물경제에 대한 '화폐의 중립성'이라고 표현한다. 화폐와 마찬가지로 금융의 역할 역시 매개적이고 제한적이다. 금융은 이자율 변동을 통해 투자와 저축을 매개하는 역할, 달리 말하면 생산과 소비를 매개하는 역할을 수행할 뿐 그 자체가 경제활동의 중심 목표나 추동력이 될 수 없다. 이런 사고방식으로는 화폐 자체에 대한 추구, 즉 화폐적 축적의 자립화와 자본주의의 금융화라는 현상은 전혀 인식할 수 없다. 주류 경제학이 자본주의의 경제위기에 무기력한 데는 이런 근본 결함이 자리 잡고 있다.

반면 케인스는 화폐가 실물경제에 대해 중립적이기는커녕 오히려 자본주의적 축적의 목표가 되고, 나아가 이 축적을 방해하는 불안정과 위기의 가장 중요한 토양이 될 수 있다고 생각했다. 무엇보다 자본주의경제는 화폐경제라는 사실이 중요하다. 자본주의적 생산의 토대이자 출발점이 되는 자본은 화폐 형태로 축적된다. 생산된 상품들의 가치는 오직 화폐를 통해서만 표현되고, 이 화폐가격에 따라 소비된다. 이처럼 자본주의경제에서 화폐는 생산활동의 출발점이자 종착점이다. 동시에 화폐는 이 생산의 반복과 자본의 축적을 저해하는 치명적인 장애물이 되기도 한다. 잘 알려진 유동성 선호, 유동성 함정과 같은 개념, 이론들은 케인스의 화폐론에서 비롯되었다고 할 수 있다.

왜 사람들은 현금 혹은 당장 현금화할 수 있는 예금통화 형태인 유동성을 선호하는 것일까? 케인스는 거래 동기, 예비적 동기, 그리고 투기적 동기를 들고 있다. 거래 동기란 거래, 즉 구매에 필요한 현금을 보유하려는 동기다. 예비적 동기란 예상할 수 없는 미래의 필요를 위해 총자산의 일부를 현금으로 보유하려는 동기다. 이 두 가지 동기는 신고전파 경제학자들도 인식하고 있었다. 케인스에게 중요한 것은 세 번째 동기, 즉 투기적 동기였다. 케인스는 자본주의가 발전하고 금융 시스템이 발전할수록 투기적 동기로 인한 유동성 선호가 증가하고, 이렇게 되면 시장의 자동 균형화는 한층 더 어려워진다고 보았다.

경제주체들의 현금 보유 선호 경향을 억누르고 이들이 소비하지 않고 보유하고 있는 현금을 저축-투자의 순환 궤도로 끌어들이지 않으면 경제의 순환에 걸림돌이 발생하게 된다. 이를 위해서는 금융기관에서 충분한 이자를 제공해서 현금 보유자의 수중에 있는 화폐를 금융으로 끌어들여야 한다. 케인스는 이자를 현금 보유, 즉 유동성 포기의 보상으로 간주했다. 이자는 화폐 보유자의 유동성 선호를 포기하게 만들기 위해 지불해야 하는 프리미엄이라는 것이다.

하지만 바로 여기서 문제가 발생한다. 유동성 선호를 포기하게 만들기 위해서는 충분히 많은 이자를 지급해야 하기 때문이다. 문제는 이자율이 높을수록 기업의 이윤율을 압박하게 된다는 점이다. 교과서적으로 알려져 있는 것처럼 자본의 한계수익률은 하락하는 경향이 있는 반면, 이자율은 유동성 선호 때문에 잘 떨어지지 않는다. 이렇게 이자율이 이윤율을 압박하면 투자 또한 어려워진다. 이렇게 실물경제 부문의 순환이 계속 어려워지는 반면 이자율은 상대적으로 높기 때문에 투자자들은 자신의 자산을 더더욱 금융 부문에 투자하게 된다. 요컨대 많은 이자를 바라는 현금 소유자들의 투기적 수요에 따라 금융 부문이 실물경제의 축적 과정과는 상관없이 자립화하는 경향을 보이게 된다는 것이다. 실물경제는 투자 부족에 시달리지만 금융에는 돈이 넘쳐나는 사태가 발생하게 된다. 결국 자본주의경제는 화폐에 내재된 이 자기 파괴적인 힘 때문에 균형을 달성할 수도 없고, 안정될 수도 없다.

화폐적 축적의 자립화, 즉 금융화에 대한 케인스의 통찰은 2008년 금융위기 이후 다시 한번 세계적인 주목을 받고 있다. 이 위기는 케인스주의의 시대, 즉 자본주의 황금기에 설정된 금융자본에 대한 규제와 제약을 파괴한 통화주의-신자유주의 사조가 낳은 필연적인 산물이었다.

여기서 우리는 2008년 자본주의의 비극이 낳은 역설, 그 참담한 결과를 짚어 봐야 한다. 이 눈먼 돈놀음의 가장 큰 희생자는 금융자본도, 미국의 노동자, 서민도 아니었다. 돈놀음과는 아무런 상관도 없이 하루하루를 힘겹게 살아가는 12억 명에 달하는 최빈국 주민들이었다. 금융시장이 위기에 빠지자 투기자본은 단기 차익을 노리고 상품거래시장, 그중에서도 식량시장으로 몰렸다. 국제 식량시장은 2007년 후반기 이래 이미 투기자본에 의해 가격 폭등 사이클에 들어갔고, 금융위기와 함께 가격 폭등은 더욱 가속화되었다. 30개국 이상에서 굶주림을 참지 못한 민중들이 폭동을 일으켰고, 그중 일부는 장기적으로 시민혁명으로 진화했다(이집트, 튀니지 등). 금융화는 전 지구를 재앙으로 몰아가고 있지만, 소수의 투자자들은 이를 통해 더욱 큰 금융적 축적에 성공하는 반면, 대다수 서민은 고통받고, 가장 빈곤한 자들은 죽음의 벼랑으로 내몰리고 있다.

규제받지 않는 자본주의는 금융적 불안정에 항상 노출될 수밖에 없다. 이는 생산적 자본의 파멸과 평범한 대중들의 참혹한 고통을 뜻한다. 케인스는 주저 『고용, 이자, 화폐에 관한 일반이론』에서 금리생활자의 안락사를 요구한 바 있다. 여기에 필요한 것은 국가의 개입, 다시 말하면 정치의 힘이었다. 케인스는 스스로 부르주아계급 편에 서 있음을 떳떳이 밝히고 자랑스러워했지만, 부르주아에게만 맡기기에는 자본주의는 너무 위험하다는 사실 또한 잘 알고 있었다. 노동자계급을 포함한 서민 대중과의 정치적 타협과 자본에 대한 규제는 양보가 아니라 자본주의 자체를 살리기 위한 처방이었다. 21세기에 인류는 그의 깊은 지혜를 다시 발견하고 있다.

더 읽을 거리

『고용, 이자 및 화폐의 일반이론』
J. M. 케인즈, 조순 옮김, 비봉출판사, 2007.

『설득의 경제학』
존 메이나드 케인스, 정명진 옮김, 부글북스, 2009.

『존 메이너드 케인스』
로버트 스키델스키, 고세훈 옮김, 후마니타스, 2009.

『청소년을 위한 케인스의 일반이론』
존 메이너드 케인스·류동민, 두리미디어, 2011.

『야성적 충동: 인간의 비이성적 심리가 경제에 미치는 영향』
조지 애커로프·로버트 쉴러, 김태훈 옮김, 랜덤하우스코리아, 2009.

조지프 슘페터

Joseph Schumpeter

1883~1950

1883 오스트리아에서 태어났다.

1893 어머니가 귀족인 오스트리아-헝가리제국의 육군 준장 켈러와 재혼자 귀족 학교인 테레지아눔에서 수학했다.

1901 빈 대학에 입학했다.

1906 법학박사 학위를 취득했다.

1908 교수 자격 논문인 『이론경제학의 본질과 주요 내용』을 제출했다.

1909 체르노비치 대학 교수로 초빙되어 2년간 재직했다.

1911 그라츠 대학 교수로 초빙되어 10년간 재직했다.

1912 『경제 발전의 이론』을 출간했다.

1913 미국 컬럼비아 대학에 교환교수로 2년간 머무르며 명예 박사학위를 받았다.

1914 『학설사와 방법사의 시기들』을 출간했다.

1919 3월에는 오스트리아의 재무장관 자리에 올랐다.

1921 민간 은행인 비더만 은행의 은행장이 되어 3년간 재직했다.

1925 스위스 본 대학에 교수로 초빙되어 7년간 재직했다.

1928 논문 「자본주의의 불안전성」을 발표했다.

1932 이때부터 1950년까지 근 30년간 하버드 대학의 교수로 재직했다.

1935 『화폐의 본질』을 집필했다. 이 책은 사후인 1970년에 출간되었다.

1939 『경기순환』을 출간했다.

1941 미국계량경제학회 회장을 역임했다.

1942 『자본주의, 사회주의, 민주주의』 초판을 출간했다.

1943 『경제 분석의 역사』를 집필했으나 완성하지 못했고, 사후인 1954년에 부인이 정리해 출간했다.

1948 미국 경제학회 회장으로 선출되었다.

1949 미국 국제경제학회 회장으로 선출되었다.

1950 사망했다.

자본주의의 몰락을 예언하다

8강

강의

오늘은 창조적 파괴, 기업가 정신, 혁신 같은 말들로 잘 알려진 오스트리아 출신 경제학자 조지프 슘페터를 만나보는 시간입니다. 슘페터는 상당히 상징적인 해에 태어났습니다. 레옹 발라와 함께 가장 위대한 경제학자라고 자신이 극찬했던 마르크스가 죽은 해, 평생 라이벌로 생각했던 존 메이너드 케인스가 태어난 해인 1883년에 태어나서 1950년에 사망했습니다. 그러니까 1차대전과 오스트리아-헝가리제국의 붕괴, 신생 공화국의 재무부장관직 수행, 사업과 투자에서의 대성공과 실패, 대공황, 미국으로의 이민 혹은 망명, 2차대전 등을 겪으면서 실로 파란만장한 삶을 살았던 인물입니다.

슘페터도 애덤 스미스만큼이나 우파, 자본가들이 참 좋아하는 인물입니다. 성공한 기업가들이 쌓아 올린 천문학적 부에 대한 사회의 차가운 비판을 반박하고, 기업 규제를 철폐하라고 주장할 때 안성맞춤인 논리를 제공해주는 참 고마운 분이죠. 흔히 0.1퍼센트의 인재가 나머지를 먹여 살린다는 식으로 이야기하는데, 이런 주장의 원조가 바로 슘페터라고 생각하시면 됩니다. 조금만 검색해보세요. 얼마나 많은 우파의 이데올로그들이 슘페터를 인용하면서 자본가의 부를 찬양하고 있는지, 양극화 같은 말을 대중의 시기와 질투심의 발로라고 비난하는지 확인할 수 있을 겁니다.

과연 슘페터는 역작 『경제 발전의 이론』에서 기업가의 혁신적 역할을 극찬하고, 혁신의 대가인 막대한 보상이 얼마나 당연한 조치인지를 잘 보여줍니다. 슘페터의 책 제목을 다시 확인해보죠. 그냥 경제 이론이 아니고 경제 발전의 이론입니다. 슘페터 이전까지의 주류 경제학 이론들은 기본적으로 정태적 이론이었습니다. 균형이론이라고도 하죠. 경제의 성공적인 재생산을 설명할 수는 있어도 발전이라는 진화적-역동적 현상을 설명하는 데는 적합하지 않았습니다.

실제 자본주의경제는 매우 역동적이죠. 슘페터 주장의 요지는, 이 역동성을 창조하는 경제체제 내부의 동인이 바로 기업가라는 것입니다. 이 기업가들은 어떤 사람들일까요? 이미 주어진 선택지 안에서 합리적 선택을 할 뿐이라는 기존 경제학의 정태적 모델에서는 도저히 생각할 수 없는 아주 특이한 인간형, 혁신을 삶의 존재 이유로 생각하는 사람이 바로 기업가입니다. 새로운 상품의 도입, 새로운 생산방식의 도입, 새로운 시장의 개척, 새로운 원료 공급원의 확보, 새로운 조직의 형성과 파괴 등, 혁신 과정을 통해서 기업가는 창조적 파괴를 수행합니다.

창조적이라는 말, 참 중요합니다. 현 대통령의 등장과 함께 요즘 한국에서도 창조경제라는 말을 자주 들을 수 있잖아요? 슘페터는 이렇게 말합니다. 마차를 연결한다고 해서 철도가 나오는 것은 아니다. 철도산업은 마차 운송업자들 사이에서는 절대로 나올 수 없었다. 마차 운송업자들은 마차 사업을 잘할 궁리만 했지, 철도산업을 일으킬 생각은 결코 할 수 없었다. 요즘 사례를 들어 말한다면 스마트폰이나 태블릿피시와 관련된 혁신적 산업의 등장에는 노키아나 삼성, 엘지 혹은 휴렛패커드, 델이나 레노버 같은 기존의 내부자들이 아니라 애플과 스티브 잡스 같은 외부자가 더 적합했다, 이런 식으로 말할 수도 있겠네요. 혁신적 사고는 기존의 틀, 낡은 사고방식과는 완전히 다른 영역에서 가능하다는 얘깁니다.

자본주의를 역동적으로 전진시키는 기업가의 혁신에 대한 대가는 막대한 초과이윤입니다. 슘페터는 이를 기업가 이윤이라고 불렀습니다. 이 실신할 만큼 엄청난 보상이 비록 도덕적 입장에서는 불편해 보이더라도, 이에 대한 비난은 못난 대중의 원한 감정, 질투심의 발로에 불과하다고 슘페터는 강조합니다. 슘페터는 소수의 탁월한 자들이 혁신의 주체라고 생각했던 확고한 엘리트주의자였습니다. 혁신하는 기업가에게 막대한 보상을 한다고 해도, 어차피 다른 기업들도 이 혁신을 모방하게 되니까 결국 기업가 이윤은 사라지게 됩니다. 이는 곧 혁신의 성과가 골고루 퍼지는 것을 의미하고, 다수 소비자 대중에게는 더 싼 값의 더 많은 상품, 더 큰 혜택을 안겨주겠죠. 그러니 제발 잘 나가는 혁신가들에게 고마워하지는 못할망정, 배 아파 하고 시기하고 질투하지 말라는 말씀입니다.

어떠세요? 들어보니까 한국의 자본가나 보수 이데올로그들께서 참 좋아할 만한 주옥같은 말씀들이죠? 그런데 정말 그렇게 아무 생각 없이 좋아하셔도 되는 걸까요? 슘페터가 말하는 기업가는 자본가라는 계급이나 지위와는 다른 차원에 속하는 창조적인 역할 혹은 기능의 명칭일 뿐입니다. 슘페터는 계급의 기준이 되는 사업체나 재산의 소유 따위는 기업가의 본질적 특징이 아니라고 강조합니다. 그래서 심지어 원시생활을 하는 유목민의 수장이나 공산주의 정부의 관리자도 혁신하는 기업가가 될 수 있다고 보았습니다.

슘페터는 자신을 찬양하던 우파, 보수주의자들에게 냉소하며 말했습니다. "나는 내 생각을 지지하는 사람들을 볼 때마다 오히려 내 입장이나 생각이 정말로 타당한지 다시 의문을 갖게 된다."라고요. 왜 그랬을까요? 슘페터가 말한 기업가는 이윤욕에 가득 찬 자본가가 아니었기 때문입니다. 그는 이렇게 말합니다. "기업가가 부자가 되고 싶어 한다면 자신의 파멸이며, 자기 사명의 이행이 아니라 육체적 사멸의 징후다."라고요. 그는 기업가 정신이 꽃피는 사회의 상류층을 호텔 로비에 비유했습니다. 호텔 로비는 참으로 화려하지만 늘 손님들이 바뀌는 장소죠. 혁신과 창조적 파괴가 일어나는 공간은 이렇게 열린 공간입니다. 오만가지 편법과 불법으로 주주와 노동자들에게 피해를 입혀가며 기업을 상속하는 사람들, 자기 가족들만 잘살겠다는 분들의 폐쇄된 공간에서는 혁신이 절대 일어나지 않습니다. 빵 팔고, 피자 팔고, 통닭에 떡볶이 팔면서 세계시장에서 골목상권으로 돌아오는 게 혁신이고 기업가 정신인가요? 슘페터가 들으면 기가 막혀 할 노릇입니다.

슘페터의 귀족 코스프레

김 슘페터라는 인물의 기본 사실부터 살펴보겠습니다. 엘리트주의자라는 표현도 쓰셨는데, 귀족적 성향이 상당히 강했던 인물로 알려져 있지 않습니까? 어느 정도였습니까?

조 좀 역설적이지만 원래 태생은 귀족이 아니었습니다. 직물업자의 아들로 태어났는데, 네 살 때 아버지가 세상을 떠났습니다. 그 뒤 어머니가 서른 살 연상의 오스트리아 귀족 장군과 재혼합니다. 순전히 아들의 미래를 위해서였다고 알려져 있습니다. 아들 사랑이 극진한 어머니였지요. 그런데 슘페터 본인도 어머니의 바람대로 철저하게 귀족 가문의 일원이 되려고 애썼다고 합니다. 귀족 학교를 다녔고, 각종 귀족적 취미를 누렸다고 합니다. 특히 승마를 즐겼다고 합니다. 사치스런 생활도 무척 좋아했고, 외출할 때는 몸치장에 1시간 이상을 투자했다는군요. 빈이야 원래 귀족의 도시였지만, 슘페터는 유독 튀는 편이었다고 합니다. 특히 나중에 귀족 문화가 없는 미국에서 생활할 때는 동료들이 기겁할 수준이었다고 합니다. 어느 정도였냐 하면 이분이 경제적으로 성공을 누리던 호시절은 물론이고 돈이 없던 시절, 이를테면 전쟁 후에 각료들조차 떨어진 옷을 입고 다니던 시절에도 귀족답게 빚으로 호화 생활을 유지했다는 것입니다. 빚지는 것을 거리끼지 않았다고 합니다. 참 귀족이죠.(웃음)

김 이 양반의 교우관계는 좌우를 넘나들었다고 하죠? 좌파와 우파를 가리지 않았다고 하는데, 그렇습니까?

조 그렇기는 한데, 일부러 마당발 노릇을 했던 것 같지는 않습니다. 슘페터는 빈 대학에서 법학, 경제학, 사회학, 역사학 등을 공부했습니다. 학위는 법학을 공부해서 받았죠. 경제학은 프리드리히 폰 비저(Friedrich von Wieser), 오이겐 폰 뵘바베르크(Eugen von Böhm-Bawerk) 등에게서 배웠고요. 당대 오스트리아 빈 대학은 카를 멩거 이래 오스트리아 경제학파의 요람이었고 경제학 연구의 중심이었습니다. 이런 대학에 다니다 보니 동급생들 중에서 나중에 유명한 인물들이 꽤 많이 나옵니다. 그러니까 특별히 좌파와 우파를 가리지 않고 사귀려 했다기보다는 함께 공부한 동급생들의 성향이 다양했다고 할 수 있죠.

동료들 가운데 유명한 사람을 꼽아보자면 우선 경제학자 루트비히 폰 미제스(Ludwig von Mises)가 있습니다. 하이에크와 더불어 신자유주의 경제학 쪽의 선구자 격으로 꼽히는 우파 인물입니다. 그런가 하면 오토 바우어(Otto Bauer)라고 후에 오스트리아 사회민주당의 지도자가 되는 인물도 있었습니다. 또 마르크스주의에 관심 있는 분들은 다 아는 『금융자본』이라는 유명한 책을 쓴 루돌프 힐퍼딩(Rudolf Hilferding)도 함께 세미나하고 공부한 동급생이었습니다. 이런 동료들과 입장은 매우 달랐는데도 친하게 지냈고, 그 결과 1차대전에서 패배하고 사민당이 정권을 잡았을 때 재무부장관으로 입각하게 되었죠. 이 밖에도 미국 경영학의 아버지로 불리는 피터 드러커(Peter Drucker)하고도 젊어서부터 친분이 깊어서 드러커가 슘페터 죽기 직전에 병문안을 가기도 했었습니다.

김 그렇다면 흉금을 터놓고 교우관계를 맺었다기보다는 필요에 따라 관계를 유지했다고 볼 수 있을까요? 출세주의자의 면모도 상당히 두드러졌던 것으로 알려져 있어서 드리는 질문입니다.

조 사실 야망이 몹시 큰 인물이었습니다. 이류 귀족 출신이지만 교수가 되어 학문의 일인자가 되겠다는 야망에 불탔고요, 정부에 입각해서도 일인자가 되고 싶어 했고, 사교계에서도 최고가 되려는 소망을 숨기지 않았습니다. 실제로 스물여섯 살에 오스트리아-헝가리제국 최연소 교수가 됐고, 재무장관, 은행장을 역임했습니다. 이후 미국에서는 하버드 대학 교수, 미국 경제학회 회장, 국제경제학회 초대 회장 등 명예로운 직책을 수도 없이 거쳤지요.

하지만 세세히 살펴보면 슘페터 입장에서는 성공적인 인생이었다고만 보기 어렵습니다. 1차대전에서 슘페터의 조국 오스트리아-헝가리제국이 패배하고 붕괴하게 됩니다. 사민당 중심의 연립정부가 들어서면서 공화국이 됐는데, 슘페터는 불과 30대의 나이에 재무부장관으로 입각합니다. 사실은 재정적으로 거의 망한 나라의 재무장관을 아무도 안 하려고 했던 탓도 있었습니다만, 슘페터 본인이 상당히 하고 싶어 했고 또 자신감을 내비쳤다고 합니다.

그러나 당시 빈의 재정 상황은 이미 거덜이 나 있었거든요. 아사 직전이었습니다. 승전국인 연합국에 배상을 해야 하는 엄청나게 골치 아픈 과제도 있었습니다. 슘페터는 배상과 관련해서 연합국의 관대한 조치를 전제로 부자들에겐 매우 높은 세금을 매기고 기업에는 대규모 해고를 비롯한 구조조정을 요구했습니다. 고통분담을 요구한 거죠. 결과적으로 좌파와 우파 양측의 십자포화를 받게 됩니다. 그리고 자신의 기대와는 달리 연합국은 엄청난 배상을 요구합니다. 슘페터는 자신이 순진했음을 인정하고 사임하는데 사실상 경질에 가까웠습니다. 게다가 사임 이후에는 부패 추문으로 당국의 조사까지 받으면서 여론의 뭇매를 맞으며 완전히 고립되고 말았습니다.

김 상당히 부침이 심한 인생역정이었군요, 돈은 많이 벌었나요?

조 재테크 쪽도 마찬가지로 부침이 심했습니다. 젊어서는 이집트에서 자산관리 업무를 하며 큰돈을 벌었지만 빈에서 사치스런 생활을 하면서 죄다 탕진했습니다. 그래도 재기했어요. 장관을 그만둔 후에 나름 전관예우 특혜로 은행업 면허를 받아 은행장이 됩니다. 때마침 불어온 주식 바람을 타고 떼돈을 벌게 되죠. 하지만 1924~1925년의 폭락장에서 죄다 날려버립니다. 이후 엄청난 빚을 갚느라 오랫동안 고생했습니다. 본 대학의 교수가 되고서는 동시에 열 곳 이상의 신문에 칼럼을 쓰기도 했는데요, 의욕도 있었겠지만 무엇보다 빚을 갚기 위해서였다고 합니다. 후에 미국 하버드 대학으로 가게 됐는데 경제적인 이유가 작용했습니다. 물론 독일에서 나치가 부상하는 상황이라 망명의 성격도 있었지만요.

김 학문적 명성이라는 측면에서도 부침이 심했나요?

조 역시 그렇다고 봐야겠네요. 이미 20대에 경제학자로 명성을 얻었으니 초년운은 무척 좋았습니다. 하지만 중년 이후를 보면 행복한 학자였다고 보기는 어려울 듯합니다. 특히 경제학 이론의 라이벌(이라고 본인은 평생 생각했던) 케인스와의 관계만 봐도 그렇습니다. 케인스가 1930년에

『화폐론』을 펴냈는데, 이걸 실은 슘페터가 먼저 준비하고 있었다는 겁니다. 거의 다 써놨는데 케인스가 먼저 발표하면서 자기가 할 말이 없어졌다는 거예요. 이후 하버드 대학 경제학 교수가 되기는 했지만, 온통 케인스주의자들로 둘러싸여 있다시피 한 시절이었으니 홀로 고립되었습니다. 동료 교수들과 사이도 안 좋았고 학생들의 평판도 최악이었다고 합니다. 그래도 말년에는 아까 말했듯이 미국 경제학회 회장, 국제경제학회장을 지냈습니다.

김 귀족적인 생활을 즐겼다고 하니까 왠지 연애와 결혼 생활도 평탄했을 것 같지 않군요.

조 슘페터는 기본적으로 자유분방했습니다. 탕아에 가까웠다고 볼 수도 있습니다. 첫 결혼 때는 결혼 생활에도 충실하지 않았고요, 바람을 피웠을 뿐 아니라 매춘 여성을 아예 공개석상에 대동하기도 했다고 합니다. 평판이 좋았을 리가 없죠. 슘페터는 결혼을 세 번 했습니다. 첫 결혼은 대학을 마치고 공부를 더 하겠다며 런던에 갔다가 열두 살 연상의 영국 여성 글래디스 시버와 번갯불에 콩 구워 먹듯 눈 맞아서 결혼을 했습니다. 서로 방탕을 눈감아주는 식이었다고 합니다. 상대 여성도 보통이 아니었나 봅니다.

그렇게 사실상 이혼 상태로 지내다가 마흔한 살 때 은행 노동자 출신인 스무 살 연하의 여성 안나 라이징거와 결혼하면서 첫 아내 시버와 이혼할 수 있었습니다. 안나는 슘페터의 어머니가 주인인 아파트 관리인의 딸이었습니다. 사실 슘페터는 안나가 열여덟 살 때 이미 청혼했다가 거절당했다고 해요. 그때는 바람기 섞인 행동이었지만 이번에는 진지한 사랑에 빠졌습니다. 물론 양가의 반대가 심했습니다. 슘페터 집안에서는 하층민의 딸이라고, 안나 집안에서는 나이도 많은데다 소문난 바람둥이라고 반대했죠. 그러나 결국 결혼을 했고 진실한 사랑을 했는데, 안나가 아이를 낳다가 그만 세상을 떠납니다. 아이도 4시간밖에 살지 못하고 숨을 거뒀습니다. 슘페터의 충격과 좌절이 얼마나 컸을지 능히 짐작이 가지요. 처음으로 진실한 사랑을 만나고 참된 행복을 만끽하는 참인데, 아내가 세상을 떠났으니까요. 밤마다 죽은 아내의 일기를 베껴 썼다고 합니다. 심지어는 틀린 철자까지 그대로 베껴 썼다는군요. 실제로 슘페터의 삶은 이후 상당히 우울하게 바뀌게 됩니다.

세 번째 결혼은 미국에서 1937년 엘리자베스 부디라는 여성과 하게 됩니다. 이 여성은 박사학위가 있는 일종의 동료였습니다. 이분이 슘페터 사후에 유고를 정리해서 책으로 펴냈습니다. 우리나라에도 번역된 『10대 경제학자: 마르크스에서 케인스까지』라는 책입니다.

민주주의의 진전과 엘리트주의의 부상

김 인생이 참 다방면으로 파란만장했군요. 슘페터의 생애에 대해서는 이 정도로 마감하고 이번엔 사상에 대해서 이야기를 해보죠. 아까 발제에서 슘페터가 굉장한 엘리트주의자라고 했는데요, 엘리트주의라는 말은 흔히 듣긴 하는데 실상 뭔지는 잘 모르겠어요. 똑똑한 사람들이 세상을 지배한다는 개념인가요?

조 엘리트주의도 다양해서 엘리트를 정의하는 방식도 다양합니다. 그러니까 꼭 똑똑한 사람만 엘리트라고 할 수는 없죠. 예를 들어 슘페터가 큰 영향을 받은 이탈리아의 사회학자 겸 경제학자인 빌프레도 파레토(Vilfredo Pareto)는 엘리트의 유형을 여우형과 사자형으로 구별합니다. 사물을 결합하는 조합 능력이 뛰어나고 혁신적이며, 선전과 조작에 능한 쪽이 여우형이고, 집합체 유지 본능이 강하고 충성심과 전통주의 성향이 강한 쪽이 사자형이라는 것입니다. 사자형은 똑똑하기보다는 우직하고 보수적인 쪽이죠. 파레토는 역사를 이 두 유형의 엘리트가 교대로 지배하는 과정에 지나지 않는다고 보았죠. 나아가 경제 영역에서도 여우형과 사자형을 구별합니다. 조합 능력이 뛰어난 여우형 경제 엘리트는 '투기꾼'으로서 위험을 무릅쓰고 변동을 촉진합니다. 집합체 유지 본능이 발달한 사자형 경제 엘리트들은 '금리생활자'로서 조심스럽고 보수적입니다. 특히 여우형 경제 엘리트에 대한 생각은 기업가 정신과 관련해서 슘페터에게 상당한 영향을 미치죠.

김 상당히 재미있게 들리지만 또 한편 굉장히 익숙한 사고방식이라는 생각도 듭니다. 아무리 바뀌어봐야 어차피 세상은 소수 엘리트끼리 돌아가면서 지배하게 되어 있다는 식상한 주장으로 들릴 수도 있지 않나요?

조 그런 면이 있습니다. 그런데 이들의 엘리트주의를 식상하다고 보기에는 당대의 상황이 심상치 않았다는 문제가 있습니다. 19세기 후반에서 20세기 전반에 걸친 엘리트주의의 부상은 대중의 정치적 진출, 즉 민주주의의 진전에 대한 공포와 반발에서 비롯된 시대 현상의 일부였습니다. 보통선거권의 획득을 핵심 목표로 삼은 노동자계급, 민중의 투쟁이 서구 사회를 뒤흔들던 시대였죠. 민주주의라는 단어가 사회주의와 거의 동일시될 정도였고 지배 엘리트층은 민주주의의 확장을 두려워했습니다.

이런 위기 상황에서 엘리트의 우월성과 엘리트 지배의 영속성을 합리화하는 이론들의 출현은 어찌 보면 자연스런 일이라고 볼 수도 있겠죠. 니체의 정신적 귀족주의 사상이 휩쓸던 무렵이었죠. 슘페터 또한 예외는 아니었고요.

창조적 파괴의 진짜 의미

김 그렇군요. 그럼 슘페터의 이론으로 넘어가겠습니다. 먼저, 슘페터가 이야기한 기업가는 자본가도 경영자도 아니라는 얘긴데, 먼저 이 개념부터 이해하고 넘어가야 할 듯합니다.

조 사실 슘페터는 이 부분을 가장 강조했습니다. 자본가들이 오해하면 안 되는데요, 기업가는 자본가와 같이 생산수단을 소유한 계급 개념도, 경영자와 같은 지위 개념도 아니라는 것입니다. 그렇다면 기업가는 누구인가? 자본주의 작동에 필요한 기능을 담당하는 사람, 즉 생산요소인 토지와 자본과 노동을 새롭게 결합하는 '신결합'(새로운 상품, 생산방법의 창출, 시장 개척, 원자재 공급원 발굴, 조직 실현 등)을 능동적으로 수행하는 경제주체가 바로 기업가라는 것입니다. 그래서 슘페터는 "기업가란 직업을 가리키는 말이 아니며 일반적으로 상태가 오래 지속되지도 않는다."라고 강조했습니다. 아주 단순화해서 말하자면, 경영자 가운데 혁신을 달성한 경영자라고 말할 수도 있습니다. 물론 정확한 비유는 아닙니다만…….

슘페터는 기업가가 계급이 아님을 강조하기 위해서 (다소 과장된 표현이지만) 공산주의 사회에서도 누군가 상당한 혁신을 이룰 수 있다면 그 역시 기업가라 할 수 있다고 말했습니다. 결국 기업가란 하나의 상태, 기질 또는 인간형을 일컫는 개념으로 볼 수 있습니다. 그러니까 경영하는 사람이 많다고 해도 끊임없이 혁신을 지향하는 사람만을 기업가로 칭할 수 있고, 심지어 노동자가 기업가 역할을 수행할 수도 있다는 것입니다.

김 그렇다면 슘페터가 말한 혁신은 무엇인가요?

조 혁신, 혹은 창조적 파괴는 동의어라고 볼 수 있는데요, 슘페터가 말하는 혁신은 다섯 가지가 있습니다. 하나는, 완전히 새로운 상품의 생산인데, 당시 철도를 사례로 들었습니다. 또 완전히 새로운 생산방식의 도입도 혁신의 사례가 될 수 있습니다. 컨베이어벨트에 기반을 둔 포드주의적 생산방식이나 도요타적 생산방식을 들 수 있겠죠. 또는 완전히 새로운 시장의 개척, 원료 공급원의 발굴, 기업 조직 창안 등도 혁신입니다. 여기서 혁신의 키워드는 완전히 새로우면서, 당연한 말이지만 불연속적인 것입니다. 즉 기존의 사물을 변형하는 방식으로 출현하는 것이 아니라 그야말로 엉뚱한 곳에서 툭 튀어나오는 겁니다. 이런 혁신의 결과로 기업가는 막대한 초과이윤, 즉 기업가 이윤을 얻게 됩니다.

김 그렇다면, 기업가 이윤과 마르크스가 말한 특별잉여가치는 어떻게 같고 다를까요? 마르크스는 기술혁신을 통한 독점으로 일정 기간 초과 이윤을 획득할 수는 있는데, 이후 기술이 업계에 퍼지면서 이윤이 평준화된다고 말했죠? 이런 맥락의 혁신과 슘페터의 혁신은 유사하다고 볼 수 있을까요?

조 아주 비슷하다고 볼 수 있습니다. 그래서 슘페터는 마르크스를 매우 높게 평가합니다. 물론 정치적으로는 반대편이지만요. 물론 두 사람은 근본적인 면에서 차이가 있습니다. 쉽게 말해서 슘페터의 기업가 이윤은 기업가 자신의 창의성에 따른 몫인 반면, 마르크스가 본 특별잉여가치는 노동자가 창출한 것입니다. 마르크스에게 잉여가치란 노동이 생산과정에서 산출하는 것이니까요. 물론 자본가가 혁신적 경영 노동을 통해 잉여가치를 늘렸다면 그의 경영 노동에 대한 몫으로 더 많은 보상을 인정할 수야 있겠죠. 그러나 특별잉여가치 자체는 잉여가치와 마찬가지로 (경영자도 노동자로서 포함되는) 노동자가 생산하는 겁니다.

김 마르크스의 특별잉여가치 개념에는 자본가의 몫이 없고, 슘페터의 혁신 개념에서는 노동자가 애시당초 혁신의 주체가 될 수 없다는 말인가요?

조 이상하게 들리겠지만 노동자는 물론이고, 자본가도, 경영 관리자도 혁신의 주체가 될 수 없습니다. 동시에 원론적으로 말하면, 그들 중 누구라도 혁신의 주체인 기업가가 될 수 있습니다. 물론 노동자가 기업가가 되기는 쉽지 않겠지만요. 이는 결국 체제의 문제일 것입니다. 여기서 요점은 통상적인 자본가, 경영 관리자는 혁신하는 사람들이 아니라는 것입니다. 기껏해야 시장의 수요에 맞춰 생산하는 사람들에 불과하니까요. 이것이 사실은 일반적인 경제학 모델, 수요와 공급을 중심으로 설명하는 경제학 모델인데요, 근본적으로 정태적인 모델입니다. 발전의 동력을 설명할 수가 없어요. 그래서 슘페터가 기업가 정신에 주목하게 된 거죠.

김　중요한 이야기 같은데요, 좀 더 부연설명을 해주시죠.

조　상당히 전문적인 이야기가 나오지만 조금만 깊이 들어가 보죠. 슘페터 이전까지 레옹 발라의 일반균형이론 등 신고전파 주류 경제학은 근본적으로 균형이론이었습니다. 경제를 균형 잡힌 기계적 물리학의 세계로 간주했죠. 그래서 경제의 성장, 변화는 경제 시스템 내부의 동인에 의해서가 아니라 외부의 동인, 즉 인구 변화, 전쟁, 자연재해 등에 의해서만 가능하다고 보았습니다. 균형의 재생산에 관한 이론이지 진화, 성장, 발전의 이론이 아니었어요.

슘페터는 균형이 반복되는 물리학이 아니라 진화하는 생물학이 경제학의 모델이 되어야 한다고 생각했고 이 점에서 경제의 독립적인 힘, 진화 과정을 고찰한 마르크스의 역사유물론을 높이 평가했습니다. 마르크스는 특별잉여가치, 초과이윤 개념을 통해 자본주의경제에서 경쟁의 혁신적 역할을 강조했고, 특히 단순재생산이 아니라 확대재생산이 필연이라는 사실을 증명했습니다. 마르크스야말로 자본주의의 힘을 제대로 보았던 것이죠. 그래서 슘페터는 『경제 발전의 이론』 서문에서 마르크스를 높이 평가하고 있는 것입니다. 물론 마르크스의 자본주의 비판에는 우파 입장에서 강력히 반대합니다만. 아무튼 경제의 성장, 발전을 설명할 수 없는 기존 신고전파 경제학의 한계를 뛰어넘는 새로운 접근 방법, 경제 시스템 내부에서 경제 발전의 원동력을 찾는 접근 방법이 필요했던 것입니다. 그 원동력이 바로 기업가 그리고 기업가 정신이지요.

생물학이 경제학의 모델

김 이제 좀 이해가 되는군요. 그런데 조금 전에 수요와 공급을 중심으로 설명하는 모델이 정태적이라고 하셨습니다. 슘페터는 좀 다르게 설명하나요?

조 예, 슘페터는 수요와 공급을 동일선에 놓는 것은 잘못이라고 말했습니다. 그러면 언제나 균형만 재생산되거든요. 더 중요한 것은 공급이라는 얘기죠. 그런데 누가 어떻게 공급하는가? 일반적인 수요-공급 곡선에서 공급을 하는 사람들은 보통 자본가입니다. 이들은 수요를 보고 생산합니다. 수요가 많다 싶으면 많이 공급하고, 적으면 공급을 줄이는 사람들이죠. 이들에게는 어떤 창의성도 없고 다람쥐 쳇바퀴 돌리듯 균형만 재생산할 뿐입니다.

반면 슘페터가 주목한 공급 주체는 혁신가인 기업가입니다. 이들은 창조적인 공급을 통해 새로운 수요를 만들어냅니다. 예를 들어 최근의 아이폰, 아이패드 같은 상품들을 보면, 누가 이런 제품들을 요구하는지, 즉 수요가 얼마나 있는지를 알고 생산한 것이 아니거든요. 오히려 아이폰, 아이패드라는 제품의 개발과 공급이 수요를 창출했고, 바로 이런 역할을 한 사람들을 혁신적 기업가라고 부를 수 있다는 것입니다.

김 그러면 혁신의 인격화된 주체인 기업가는, 불현듯 동쪽에서 등장하는 현인 같은 인물인가요?

조 슘페터는 니체를 좋아했고 영향을 많이 받았습니다. 슘페터의 기업가를 니체 식으로 본다면 '초인'이죠. 그야말로 비범하다는 의미에서 엘리트인 것입니다. 사실 슘페터의 생각 속에는 거의 철학적 수준에 다다른 엘리트 사상이 깔려 있습니다.

김 결국 혁신의 주요 모티프이자 에너지원은 창의성인 듯한데, 슘페터의 논리에 따르자면 그런 창의성이 일상적인 생산에서 나타나는 것은 아닌 것 같습니다.

조 그럴 수가 없지요. 여기서 슘페터가 정의한 기업가 개념을 비판적으로 검토해보겠습니다. 도대체 그런 기업가 정신이 어떤 방식으로 출현하는가, 과연 교육으로 습득할 수는 있는가 하는 의문이 나옵니다. 왜냐하면 슘페터의 기업가는 '원래 그런 사람'이기 때문입니다. 다시 말해 기업가라는 존재는 특별한 인간형이고 사실상 타고나는 것입니다.

이는 슘페터의 니체적 엘리트주의에 근거한 전제 같은 것인데요. 슘페터는 기업가의 유형을 세 가지로 꼽습니다. 첫 번째, 권력의지로 가득 찬 사람입니다. 두 번째로는 남들보다 자신이 우월하다는 점을 입증하려는 사람, 즉 성공 자체를 위해 성공하고 싶어 하는 사람입니다. 세 번째로는 창조와 성취의 기쁨 자체에 너무나 기뻐하는 사람입니다. 니체를 방불케 하는 표현으로 가득하죠.

여기서 매우 중요한 논점이 등장합니다. 돈 벌고 싶은 욕망이 가득한 사람은 기업가가 되기에는 자격 미달이라는 점입니다. 이런 욕망은 그저 자본가, 혹은 보통 사람들도 모두 가지고 있는 평범한 욕망에 지나지 않기 때문입니다. 진정으로 창조적 파괴를 하는 혁신적 기업가는 돈을 목적으로 삼지 않습니다. 자신의 성공 자체가 기쁜 것입니다. 슘페터는 이런 사람들을 만들기 위한 특별한 방법은 없으며, 사회에는 이런 엘리트들이 언제나 있게 마련이고 이들이 달성한 혁신의 대가는 이들에게 돌아가야 한다고 말합니다. 이를 두고 뭐라고 하는 것은 '원한 감정'(열등한 자들이 우월한 자에 대해 품는 질투의 감정을 가리키는 니체의 용어)의 발로라고 말합니다.

김 그런데 슘페터는 결국 사회주의가 자본주의에 승리를 거둘 것이라고 예견했다는데, 대체 무슨 말입니까?

조 슘페터는 말년인 1944년에 대중적으로 가장 잘 알려진 저작인 『자본주의, 사회주의, 민주주의』라는 책을 쓰는데요, 여기서 결국 사회주의가 승리할 것이라고 밝힙니다. 재미있게도, 자본주의의 실패 때문이 아니라 성공 때문에 사회주의가 이길 거라고 보았어요. 내용을 좀 살펴볼까요. 슘페터는 자본주의가 발전하면 주식회사 제도가 발전하게 되는데 주식회사는 소유가 분산되어 있으니까 구성원들의 사유재산 관념이 점차 약해질 거라고 봤습니다. 또 미디어가 발전하고 대중이 성장하며 비판적 지식인들이 성장하게 되는 추세도 강조했습니다. 또한 대학이 발전하면서 인문학의 비판 정신도 여기에 가세하게 된다고 했습니다. 자본주의가 성장할수록 비판정신이 강해진다는 것이죠. 결국 사회주의는 자본주의 실패의 결과가 아니라 자본주의 성공의 결과로 출현할 것이라는 얘깁니다.

그런데 이 책에 대해서는 상반되는 해석이 존재합니다. 먼저 사회주의의 승리를 예견했다는 액면 그대로의 해석이 있습니다. 하지만 정반대로 사실은 자본주의를 옹호하기 위한 반어적인 주장이라고 보는 이들도 있습니다. 케인스주의가 바야흐로 주류로 떠오른 시절이었습니다. 정부 개입과 일정한 수준의 경제계획이 당연시되고 있었죠. 사회주의에 대한 지식인과 대중의 호감도 매우 커지고 있었습니다. 이런 상황에서 대중의 관심을 끌기 위한 수사적 전략이었다고 해석하는 것입니다. 우파로 일관한 슘페터의 삶을 보면 이쪽이 더 합리적인 해석이 아닐까 생각할 수도 있습니다. 사회주의의 승리를 예견하는 척하면서 사실은 자본주의를 찬양하는 전략이었다는 거죠. 실제로 읽어보면 사회주의의 승리를 예견하기는 하는데, 그 승리의 조건이 매우 까다롭습니다. 읽다 보면 오히려 회의하게 된달까요…….

하지만 이런 해석은 분명히 문제가 있습니다. 왜냐하면 이 책 외에도 곳곳에서 슘페터가 마르크스를 찬미하고 사회주의 이행의 불가피성을 인정하고 있기 때문입니다. 슘페터는 여러 저서에서 마르크스를 찬미합니다. 그 칭송의 핵심은 마르크스가 경제체제의 역사적 진화라는 심원한 비전을 제시했다는 것이죠. 이 말은 자본주의 역시 언젠가 종말을 맞을 역사적 경제체제라는 것입니다. 그 뒤에는 사회주의가 도래한다는 것이죠. 실제로 하버드에서 슘페터의 강의를 들었던 존 케니스 갤브레이스(John Kenneth Galbraith)의 회고에 따르면 밑도 끝도 없이 "사회주의가 결국 이길 거야."라는 식으로 읊조리던 괴짜 교수였다고도 합니다.

슘페터에 대한 지독한 오독

김 그런데 슘페터의 논리는 왠지 자본가를 지나치게 미화하는 시도처럼 보이기도 합니다.

조 따지고 보면 슘페터를 편리한 대로 오독한 결과라고 봐야죠. 슘페터의 논리는 엘리트주의에 기반을 두었지만, 바로 그렇기 때문에 슘페터 기준으로 보면 일반적인 자본가조차 엘리트하고는 거리가 멉니다. 슘페터는, 앞서 언급했듯이, 돈 벌겠다는 욕심으로 가득 찬 보통의 자본가들을 오히려 경멸했죠.

실제로 슘페터를 인용하면서 대기업 CEO나 임원들의 어마어마한 보상을 옹호하는 사람들은 그것이 바로 슘페터가 말한 혁신의 대가라고 주장합니다. 우리는 그런 사람들에게 분명히 물어야 합니다. 과연 그들이 슘페터가 말했던 바에 비추어 어떤 혁신을 했는가? 슘페터의 기준에서 봤을 때 산업의 패러다임을 바꾼 혁신을 얼마나 했느냐고 질문해야 합니다.

사실 이 사람들의 주장은 인과관계를 거꾸로 뒤집은 것입니다. 슘페터는 혁신하는 기업가에게 당연히 그만큼의 초과이윤이 돌아가야 한다고 말했을 뿐, 혁신을 유도하기 위해 자본가와 CEO에게 먼저 막대한 이윤을 주라고 한 적이 없습니다. 막대한 보상에 이끌려 열심히 혁신한다? 이건 슘페터가 보기엔 언어도단입니다. 왜냐하면 슘페터가 말한 기업가는 막대한 돈이 좋아서 혁신하는 게 아니라, 혁신이 좋아서 혁신하는 인간형이기 때문입니다.

김 중요한 지적인 것 같습니다. 인과관계가 완전히 반대군요. 그런 이데올로그들의 주장대로라면 자본가나 경영 관리자들한테 보상을 많이 하면 혁신을 잘할 텐데, 실제로 그런가요?

조 전혀 아니죠. 증거가 있습니다.《비즈니스 위크》의 통계에 따르면 1960년대에 미국 대기업의 최고 경영자와 공장 노동자들 사이의 연소득 격차는 열두 배 내외였습니다. 1974년이 되면 서른다섯 배 정도로 벌어지는데, 2000년이 되면 무려 531배가 됩니다. 이른바 주주가치 경영의 결과로 전문 경영인들이 엄청난 스톡옵션을 챙기면서 나타난 현상이죠. 혁신이요? 일부 IT기업을 제외하면 수많은 미국 대표 기업들이 이 기간 동안에 혁신은커녕 세계 최고 자리에서 내려와 이류 기업이 되었습니다. 2006년에 제너럴 모터스의 최고 경영자는 도요타자동차의 최고 경영자보다 열다섯 배나 많은 보수를 받았습니다. 그 결과 열다섯 배 혁신을 하긴커녕 구제금융을 받는 신세가 되었죠. 도요타는 세계 1위의 자동차 회사가 되었고요. 정부는 규제를 풀고, 기업들은 경영진에게 막대한 보상을 했지만, 이들은 기업의 단기 주가 부양에만 몰두하다가 참사를 빚은 것입니다.

김 자기 스톡옵션을 행사해서 떼돈 벌 생각에 단기 주가 흐름에만 집착하게 된다는 말이죠?

조 예, 그렇습니다. 그러다 보니 장기 투자는 외면하게 됩니다. 또 주가에만 주목하다 보니 자사 노동자들이나 소비자, 사회와 관계를 맺을 때도 효율지상주의를 선택하게 됩니다. 결국 경쟁력을 상실하게 됐죠. 게다가 통계학 용어를 쓰자면 이른바 자기선택 효과가 작동하기 시작했습니다. 전문 경영인에게 터무니없이 엄청난 보상을 주다 보니 전문 경영인들이 돈을 최상의 가치로 여기는 사람들로 채워지기 시작한 거죠. 슘페터의 기업가 정신과는 정반대 정신으로 똘똘 뭉친 사람들이 전문 경영인 자리를 꿰찼으니 혁신이 될 리 만무하지요.

김 그런데도 시장자유주의자들이 계속 슘페터를 들먹이는 이유는 뭐라고 보세요?

조 슘페터의 엘리트주의가 이데올로기적으로 악용하기 매우 좋으니까요. 그들의 선전은 슘페터의 취지와는 완전히 반대지만, 아랑곳하지 않죠. 대부분의 사람들은 슘페터가 진짜로 무슨 말을 했는지 따위에는 관심도 없고 알기도 어려우니까요. 애덤 스미스의 경우와 마찬가지라고 할 수 있겠네요. 우파 이론가들은 기업가들의 막대한 보상을 정당화하기 위해, 정부의 규제를 비판하기 위해 언제든 슘페터를 동원합니다. 규제 때문에 기업가 정신을 발휘할 수 없으니, 규제를 다 풀라고요. 지금 인터넷 포털사이트에서 '슘페터', '기업가 정신'을 키워드로 넣어서 검색해보세요. 검색되는 기사의 80~90퍼센트는 이런 내용일 겁니다.

김 알겠습니다. 그런데 슘페터의 진의가 그렇다면, 기업가에게 혁신에 대한 보상을 해야 할 텐데, 어느 정도가 되어야 할까요? 객관적인 기준이 있습니까?

조 객관적인 기준 따위는 없습니다. 기업가 정신에 따른 혁신의 대가가 어느 정도인지를 측정할 수 있는 실증적이거나 수학적인 방법은 없죠. 그런 점에서는 사실 슘페터의 주장 또한 이데올로기적 측면이 있습니다. 사실 이론적으로 보면 혁신에 따른 기업가 이윤은커녕 자본가의 이윤 자체도 아직 정당화되지 못하고 있으니까요.

신고전파 경제학의 오류

김 그건 또 무슨 말인가요? 자본가 몫의 이윤에 대한 정당화 정도는 주류 경제학이 일찍이 증명했을 것 같은데요. 기본 중에 기본 아닌가요?

조 그러게 말입니다. 사실 이미 100년도 더 전인 1899년에 미국의 경제학자 존 베이츠 크라크(John Bates Clark)가 다 증명했습니다. 노동, 토지, 자본이라는 3대 생산요소는 각각 생산물의 산출에 기여하며, 완전 경쟁시장에서는 각각 임금, 지대, 이윤이라는 형태의 소득으로 완벽하게 배분된다고요. 그러니까 노동자는 노동을 제공한 만큼 임금을 받고 자본가는 자본을 제공한 만큼 이윤을 얻는 거니까 아무런 문제도 없다는 주장이죠.

문제는 1960년대에 폴 새뮤얼슨(Paul Samuelson)을 비롯한 신고전파 경제학자들과 케임브리지 대학의 피에로 스라파(Piero Sraffa), 조앤 로빈슨(Joan Robinson) 등이 벌인 논쟁에서 클라크를 지지한 신고전파 경제학자들이 사실상 항복 선언을 했다는 거죠. 오죽하면 논쟁에서 밀린 새뮤얼슨이 클라크의 증명을 그저 하나의 우화로 이해하자고 제안했을 정도였습니다.

김 새뮤얼슨이라면 경제학 교과서 저자로 유명한 사람 아닌가요?

조 예, 맞습니다. 노벨상도 받았지요. 지금은 학생들이 맨큐의 책으로 배우지만, 전에는 다 새뮤얼슨의 책을 봤죠.

김 어느 정도로 박살이 났길래 그렇게까지 저자세가 됐나요?

조 먼저 쉬운 비유 하나를 들어보겠습니다. 경영자는 엄청나게 많은 보수를 받는데, 현장에서 일하는 생산직 노동자는 적은 보수를 받습니다. 이제 주류 경제학자에게 경영자가 생산직 노동자보다 훨씬 더 많은 보수를 받는 이유를 물어보면, 경영자가 생산직 노동자보다 생산성이 더 높기 때문이라고 대답할 겁니다. 그럼 경영자가 생산직 노동자보다 생산성이 더 높은지 어떻게 알 수 있냐고, 즉 그것을 어떻게 확인할 수 있냐고 물어보면 경영자가 더 높은 보수를 받기 때문이라고 대답할 겁니다. 이 논리, 이상하지 않나요?

김 정말 뭔가 이상하네요. 보수를 더 많이 받는 이유는 생산성이 높기 때문인데, 생산성이 높다는 것은 보수가 많다는 사실을 보면 알 수 있다니…… 결국 도돌이표잖아요.

조 예, 정확히 그렇습니다. 이런 걸 순환논리라고 부르죠. 증명해야 할 내용이 전제가 되어버리니까 증명된 것은 전혀 없습니다. 사실은 클라크의 증명이 바로 이런 식이었다는 것을 케임브리지 대학의 경제학자들이 증명해낸 것입니다. 이론적인 내용이기 때문에 제법 어렵지만 되도록 간단하게 말씀드리겠습니다.

김 기대가 됩니다만, 제발 좀 쉽게 해주시죠.

조 저도 잘 모르기 때문에 쉽게 설명할 수밖에 없습니다.(웃음) 클라크의 주장을 구체적으로 보면, 자본소득, 즉 이윤은 자본의 한계생산성만큼 발생한다는 겁니다. 한계라는 개념은 신고전파 경제학에서 워낙 기본적이고 중요합니다. 무언가 한 단위를 추가로 투입하면 결과에 변화가 발생할 때 사용하는 개념이죠. 예를 들어 한계효용이란 재화 한 단위를 추가로 소비했을 때(예를 들어 사과 한 개를 더 먹었을 때) 변화하는 효용의 크기입니다. 한계효용 체감의 법칙은 이 한계효용 증가분의 크기가 재화의 소비량과 반비례하여 점차 감소한다는 것이고요.

그러니까 자본의 한계생산성이란 노동과 토지라는 다른 생산요소는 고정되어 있다고 가정하고, 자본 한 단위를 추가했을 때의 산출량의 변화분, 즉 증가분이라고 생각하시면 됩니다. 노동과 토지를 추가로 투입하지 않은 상태에서 자본만 더 투입했는데 산출이 증가한다면, 그 증가분만큼은 자본이 기여한 것이다, 이런 논리죠.

김 아, 이제 이해가 되는군요. 순수하게 자본이 기여한 몫만을 확인하기 위해서 자본의 한계생산성이라는 개념을 도입했군요.

조 예, 맞습니다. 그런데 자본의 한계생산성이라는 개념이 의미가 있으려면 자본 한 단위를 정의하고 측정할 수 있어야 합니다. 노동 한 단위는 노동시간, 예를 들어 노동 1시간 같은 방식으로 정의할 수 있고, 토지 한 단위는 토지의 면적, 그러니까 토지 1제곱미터와 같은 방식으로 정의할 수 있습니다. 그래서 노동의 한계생산성과 토지의 한계생산성은 측정할 수 있습니다. 이렇게 자본 한 단위도 정의할 수 있어야 자본의 한계생산성도 측정할 수 있는데, 문제는 자본 한 단위를 정의하기가 불가능하다는 겁니다. 왜 그럴까요?

김 갑자기 퀴즈를 내시는군요. 자본은 결국 돈 아닙니까? 그럼 돈 1원, 이런 식으로 정하면 되지 않을까요?

조 사실 클라크가 그런 식으로 했습니다. 또한 그게 문제였고요. 이 이야기는 좀 있다 하기로 하고요. 자본은 결국 돈이라고 하셨지만, 실제 생산에 투입되는 것은 돈이 아니라 돈으로 산 자본재들입니다. 문제는 자본재들이 모두 이질적인 것이어서 한 단위를 정의할 수 없고 그 가치를 합산할 방법도 없다는 겁니다. 선반과 밀링머신, 방직기계, 반도체 설계 장비, 컨베이어벨트, 원사, 철강, 석유 따위를 공통의 단위로 측정할 방법은 인류에게 없습니다.

그래서 클라크도 결국 돈이라는 측정 단위를 쓰게 된 것입니다. 자본의 단위를 자본재들의 화폐가치를 사용해서 정의한 거죠. 이제 자본의 한계생산성은 다음과 같이 정의할 수 있습니다.

$$\text{자본의 한계생산성} = \frac{\triangle\text{산출물 화폐가치(산출물 화폐가치의 증가분)}}{\triangle\text{자본재 화폐가치(자본재 화폐가치의 추가분)}}$$

바로 여기서 중대한 문제가 발생한 것입니다.

김 어렵지만 흥미롭군요. 어떤 문제가 발생했습니까?

조 좀 전에 말씀드렸던 순환논리가 사용되었다는 거죠. 자본재의 화폐가치가 어떻게 결정되는가를 생각해보면 됩니다. 자본재의 화폐가치는 결국 해당 자본재가 산출하리라 기대되는 이윤의 양에 의해 결정됩니다. 너무나도 당연한 말이지만 비싼 기계가 비싼 이유는 이윤을 많이 낳으리라고 기대가 되기 때문이죠. 여기에 순환논리가 끼어들어 있습니다. 자본 양의 단위를 정의하려 한 이유는 자본의 한계생산성을 측정하기 위해서였고, 이는 원래 자본이 이윤의 원천임을 증명하기 위해서였죠. 그런데 이제 자본의 양을 화폐가치로 측정하려다 보니 자본의 화폐가치는 이윤에 의해 결정된다는 겁니다. 증명되어야 할 것이 오히려 증명을 하고 있습니다. 다시 말해 종속변수가 독립변수를 규정하고 있습니다. 도돌이표를 그리고 있죠. 아무것도 증명하지 못했습니다.

김 확실히 좀 어렵긴 합니다만, 이해가 된다고 해두죠.(웃음)

조 그래서 앞에서 경영자와 노동자의 보수 차이에 대한 신고전파 경제학 식의 설명을 예로 들었습니다. 똑같은 순환논리가 작동하고 있거든요. 어떤 자본가가 내가 산 자본재, 예를 들어 이 기계가 이윤의 원천이라고 주장합니다. 그에게 묻습니다. 당신 기계가 이윤의 원천인지 어떻게 아느냐고. 자본가가 대답합니다. 얘가 이윤을 내고 있지 않냐? 바로 이런 식이라는 거죠.

김 아, 이제 좀 알 것 같네요. 결국 동어반복이네요.

조 따지고 보면, 신고전파 경제학에는 이런 식의 순환논리가 이곳저곳에, 가장 기본적인 법칙들에 숨어 있습니다. 신고전파 경제학처럼 과학성을 강조하는 학문도 드뭅니다만, 사실은 증명되지 않은 신념들로 가득 차 있죠.

김 궁금하긴 합니다만, 너무 어려울 것 같아서 못 묻겠군요.(웃음)

조 서비스로 제일 쉬운 것 하나만 말씀드리죠. 신고전파 경제학의 기본 중의 기본과 관련된 것입니다. 신고전파 경제학에 따르면 이 세계는 시장 교환 행위로 가득 차 있습니다. 그럼 사람들은 왜 교환을 하는 걸까요? 신고전파의 대답은 명쾌합니다. 효용의 극대화를 추구하기 때문이죠. 그렇다면 교환이 효용의 극대화라는 사실을 어떻게 알 수 있을까요? 그들은 이렇게 대답합니다. 교환을 했기 때문이다.

김 어, 이것도 순환논리이긴 하군요. 그런데 쉽지는 않은데요.

조 그래서 이제 서비스 들어갑니다.(웃음) 예를 들어 철수 씨한테 돈 1만 원이 있습니다. 그걸로 책을 살 수도 있고, 햄버거를 사 먹을 수도 있을 텐데, 철수 씨는 햄버거를 사 먹었습니다. 왜 철수 씨는 책 대신 햄버거를 사 먹었을까요? 신고전파 경제학자는 대답합니다. 그때는 철수에게 햄버거가 책보다 효용이 더 컸기 때문이지. 순진한 학생이 묻습니다. 햄버거가 책보다 효용이 더 컸다는 사실을 어떻게 알 수 있나요? 철수가 햄버거를 선택했잖아?

김 아, 이건 이해가 딱 되네요. 햄버거를 선택한 이유를 묻는데, 햄버거를 선택했다는 결과로 이유를 대신하고 있군요.

조 정확히 이해하셨습니다. 이런 게 순환논리죠. 아무것도 증명하지 못했습니다. 하지만 신고전파 경제학은 아직 이 이상의 증명 논리를 제시하지 못하고 있습니다. 사실은 보수적인 구조기능주의 사회학이 계급, 계층 간의 불평등을 정당화하는 논리도 완벽히 똑같습니다. 왜 어떤 일을 하는 사람은 다른 일을 하는 사람보다 더 많은 보상을 받는가라는 질문에, 그들이 사회에 기능적으로 더 중요한 일을 수행하고 있기 때문이라고 대답합니다. 그들이 사회에 기능적으로 더 중요한 일을 수행하고 있는지 어떻게 알 수 있느냐는 질문에는 그들이 사회로부터 더 많은 보상을 받고 있음을 보면 알 수 있다고 대답합니다. 완벽한 순환논리죠. 재미있는 것은 사회학에서는 원래 주류였던 구조기능주의 사회학이 이런 논리적 허점 때문에 쇠퇴한 반면, 경제학에서는 여전히 굳건하다는 점이랄까요.

재벌은 혁신의 주체인가

김　슘페터 이야기를 하다가 너무 돌아온 것 같긴 하지만, 그래도 무척 유익한 이야기를 들었습니다. 다시 슘페터로 돌아가죠. 슘페터는 혁신의 동인이 어디에 있다고 보았나요? 역시 경쟁에 있다고 보았나요?

조　근본적으로는 경쟁에 기인한다고 보았는데, 입장이 좀 왔다 갔다 합니다. 왜냐하면 혁신의 근본 동력은 경쟁이지만, 또 다른 측면에서 어떤 기업이 혁신에 더 유리한가를 논할 때는 독점 대기업이 더 유리하다고 보기 때문입니다. 혁신을 위한 여유 자원이 더 많기 때문이라는 거죠. 중소기업과 비교할 때 당장에 물건이 안 팔리더라도 뭔가 실험적인 시도를 할 수 있는 여유가 더 많다는 것입니다.

그러나 현실에서는 대기업들이 혁신에 실패해서 코닥처럼 망하는 경우도 있고, 제너럴 모터스나 소니, 마이크로소프트처럼 쇠퇴하는 경우도 얼마든지 있습니다. 반대로 작은 기업들이 혁신을 통해 성공하는 경우도 있죠. 애플은 초미니 기업일 때도 혁신했고, 거대기업이 되고서도 혁신에 성공했지요. 또 지금 모바일 반도체 설계 부문을 휩쓸고 있는 ARM 같은 회사는 작은 벤처기업으로 출발했고, 지금도 상대적으로 작은 규모를 유지하면서 지속적으로 혁신을 해내고 있습니다. 대기업이 여유 자원이 많아서 혁신을 하기 쉬울 수도 있지만, 반대로 관료화에 따른 느린 의사결정 과정, 사업부서 간의 경쟁과 견제 등으로 오히려 혁신을 하기 어려울 수도 있습니다. 그러니까 슘페터 말을 따와서 독점 대기업을 옹호하는 것은 옳지 않습니다.

김 그런데 들으면 들을수록 슘페터가 자본가들이 좋아할 이야기들을 너무 많이 한 느낌을 지우기가 어렵습니다. 본 취지는 꼭 그렇지는 않더라도요. 그런 쪽으로 해석할 여지가 너무 많은 것 같아요.

조 그런 면이 있습니다. 슘페터의 이야기는 아주 가려서 들어야 하고, 근본적으로는 혁신의 주체가 과연 기업가인가 하는 질문을 던져봐야 합니다. 20세기 대표 산업인 자동차산업의 생산 혁신을 말할 때 첫 번째로 언급되는 기업이 컨베이어벨트 시스템을 도입한 포드자동차입니다. 그래서 흔히 20세기 자본주의의 생산방식을 포드주의라고 부르죠.

두 번째로 언급되는 기업이 도요타자동차입니다. 도요타 생산방식의 특징은 노동자들이 최대한 자발적으로 자신의 지식을 발휘하도록 만들었다는 것입니다. 노동자들이 생산현장에서 직접 겪으면서 발견한 개선(일본어로 카이젠이라고 부릅니다) 방식을 스스로 제안하도록 만든 제도를 적극 활용했습니다. 또 분임토론을 활성화해서 노동자들이 스스로 고민하고 토론하고 제안하게 하고, 이를 경영진들과 소통하게 했습니다. 결국 도요타의 대성공에는 노동자들의 지식과 기술이 큰 역할을 한 것이죠.

하지만 도요타 생산방식에 대해서는 노동자들에게 포드주의보다 더 큰 스트레스를 안긴다는 비판도 있습니다. 이런 점에서 도요타만큼 성공하지는 못했지만 스웨덴 자동차회사 볼보의 우데발라 공장의 사례를 살펴볼 필요가 있습니다. 볼보는 이 공장에서 전통적인 조립라인을 아예 없애버리고, 열 명의 작업자로 구성된 팀이 자동차를 완성하는 혁신적인 생산방식을 채용했습니다. 포드주의 생산방식 아래서 나타나는 노동자들의 높은 거부감, 결근율, 이직률 등을 없애고, 작업자들이 자율성과 창의성을 최대한 발휘하게 한 생산방식이죠. 우데발라 공장의 노동자들은 1일 평균 네 대의 자동차를 생산하는 성과를 보여주었습니다. 이런 생산성은 볼보의 다른 공장들보다 더 높기도 했지만, 결근과 퇴직이 감소하고, 자율성이 증대된 결과 노동자들의 만족도도 향상되는 결과를 가져왔습니다. 물론 아쉽게도 1990년대 초, 스웨덴의 경제위기와 자동차 시장의 붕괴 과정에서 이 공장은 폐쇄되었습니다만, 그래도 중요한 사례로 언급되고 있습니다.

이런 사례들을 슘페터의 혁신 개념과 연관 지어 보자면, 슘페터의 기업가 개념은 일종의 기능이기 때문에 노동자도 기업가가 될 수 있다고 해석할 수 있습니다. 그러니까 자본가만이 기업가가 될 수 있다고 생각할 필요가 없습니다. 노동자들도 얼마든지 그렇게 할 수 있다고 보는 볼보 같은 기업들도 있으니까요. 또 협동조합처럼 노동자도 없고 자본가도 없는 조직에서도 혁신이 일어납니다.

김 그렇게 본다면 슘페터가 말한 '초인'만이 혁신의 주체가 될 수 있다는 주장은 조금 지나친 듯한데요?

조 당연히 그렇죠. 앞에서 말씀드렸듯이 슘페터의 주장은 근본적으로 엘리트주의 철학에 기인한 것이었고, 여기에는 19세기 후반과 20세기 초반 서구에서 대중의 부상에 따른 지배층의 위기의식이 깔려 있습니다. 혁신과 기업가 정신 같은 슘페터의 개념들은 이런 시대적 맥락 속에서 읽어야 한다고 봅니다.

김 그렇다면 "마누라만 빼고 다 바꿔라"라고 말했던 이건희 회장의 경우엔 슘페터가 말한 혁신에 해당하는 발언이라고 해석하십니까?

조 판단에 앞서 딱 한 가지 조건만 이건희 회장이 동의하고 실천하면 혁신을 위한 발언이라고 인정할 수 있습니다. "나는 물욕이 없다."라고 말입니다. 슘페터가 말한 의미에서 혁신을 추구하는 기업가는 물욕 따위엔 관심이 없기 때문입니다. 다시 말하면 3퍼센트 내외의 지분으로 자식에게 거대기업을 물려주기 위해 각종 편법과 불법을 자행하는 데는 전혀 관심이 없다는 점을 증명해준다면, 그런 말씀 인정하겠습니다.(웃음)

김 아마 그렇게 말하면, 한국의 재벌들은 자식들한테 물려줄 것도 아니라면 왜 그렇게 열심히 일하겠는가, 자본주의의 기본도 모르는 소리라고 할 것 같은데요.

조 그러니까 한국의 자본가들이 아직 슘페터 선생을 전혀 이해하지 못하고 있다고 하는 겁니다. 그런 범속한 욕망에 사로잡힌 분들이 어떻게 슘페터가 말하는 기업가 정신을 발휘할 수 있겠어요? 남들한테는 마누라 빼고 다 바꾸라는 사람이 자기 물욕은 절대 안 버리겠다고 하니까 맨날 카피캣 소리나 듣는 거지요. 좀 고상하게는 패스트 팔로워(fast follower)라고도 하더군요.(웃음) 산업의 패러다임을 바꾼, 아이콘이 된 역작들을 만들어내지 못했지요. 돈 많이 벌어들이는 게 혁신이라고 말하고 싶으면, 그러라고 하십시오. 그렇게 보면 수많은 석유 회사들, 코카콜라 같은 회사들이야말로 진짜 오랜 세월 동안 검증된 혁신 기업이군요.

김 슘페터 선생을 따르려면 한국의 자본가들은 꽤나 독하게 마음을 먹어야겠군요. 애덤 스미스 이야기 할 때도 그랬지만, 먼 데 있는 분들이 한국에서 꽤나 욕을 보고 있네요. 역시 좀 더 깊이 있게 이해해야 할 필요가 있습니다. 한국에서도 제대로 된 기업가가 등장하기를 기대해 보자고 말하면서 끝을 맺고 싶었는데, 좀 씁쓸합니다.

슘페터는 왜 마르크스를 칭송했을까?

슘페터는 자본주의경제의 역동성, 자본가 이윤의 정당성과 혁신성을 입증한 인물로 현대에도 수많은 우파들이 칭송해 마지 않는 경제학자다. 물론 본문에서 살펴본 것처럼 슘페터의 논지가 그렇게 단순한 것은 결코 아니지만 말이다. 이런 슘페터가 좌파 사상의 아버지 마르크스를 위대한 경제학자이자 사회학자로서 진심으로 칭송했다는 사실은 의아하고 심지어 당혹스러울 수도 있다. 하지만 슘페터는 마르크스를 기꺼이 찬양했고, 그의 위대함을 인정하는 데 주저함이 없었다.

슘페터는 자신의 저서 『10대 경제학자: 마르크스에서 케인스까지』에서 압도적인 분량을 마르크스에 할애하면서 마르크스에게 극찬에 가까운 평가를 내린다. 슘페터에 따르면 마르크스는 "어떤 경우에도 형이상학을 좇아 실증적 과학을 버리는 일이 없었고, 그의 이론 전개는 어디까지나 사실에 근거하고 있다." 또한 "역사에 대한 경제적 해석(즉 역사유물론)은 오늘에 이르기까지 한 개인이 이루어놓은 가장 위대한 사회학적 업적임에 틀림없다."

물론 슘페터는 마르크스가 숱한 오류를 범했다고 생각했다. 바로 그런 오류들 때문에 슘페터는 마르크스의 구체적인 분석 내용과 결론들에 반대했고, 마르크스를 넘어서고자 했다. 하지만 그는 이런 마르크스의 오류와 결점에도 불구하고 마르크스의 위대한 품성을 찬양했고, "마르크스가 이룩해놓은 업적의 위대함을 간과하거나 그것을 찬탄할 줄 몰라서는 안 될 것"이라고 충고했다.

마르크스와 더불어 슘페터가 칭송했던 또 한 명의 위대한 경제학자는 레옹 발라였다. 발라의 일반균형이론은 역사상 최초로 경제적 변수들의 상호 의존 관계에 대한 순수 논리를 정립하여, 경제학이 엄격한 과학이 될 수 있게 했다. 『경제 분석의 역사』에서 슘페터는 이렇게 발라의 업적을 상찬했다. "순수 이론에 관한 한 내가 보기에 발라야말로 모든 경제학자 중 가장 위대한 학자다 ……(발라의 업적은)…… 경제학자의 업적으로서 이론물리학의 성과와 비견할 수 있는 유일한 것이다."

그렇다면 슘페터는 마르크스와 발라 중에 누가 더 위대한 경제학자라고 생각했을까? 위대함의 등수를 매기는 것은 무의미한 일일 것이다. 다만 슘페터가 마련해둔 첫 번째 자리를 차지한 인물은 마르크스였을 듯하다. 슘페터는 발라를 높이 평가하면서도 그의 일반균형이론이 근본적으로 정태적이라는 점을 날카롭게 비판했다. 발라에게서 인간의 경제생활은 유사한 규모의 경제활동이 반복되면서 균형을 찾고 재생산되는 정태적인 과정이었다. 이 정상적인 경제 과정은 오직 외부의 비경제적인 충격에 의해서만 변화할 수 있었다. 발라의 세계는 균형이 반복되는 평온한 물리학의 세계였던 반면(물론 물리학이 정태적이라는 생각은 물리학에 대한 오랜 고정관념 탓이었을 뿐이다.), 실제 경제 세계는 역동적으로 요동치고 위기를 맞아 변화하는 진화생물학의 세계였다.

슘페터는 경제 체계가 경제적 요인 자체에 의해 성장과 위기를 경험하며 진화해나간다는 관점을 마르크스와 공유했다. 구체적인 결론에 앞서는 이런 기본 관점을 그는 비전(vision)이라고 불렀다. 그렇다면 슘페터의 비전은 무엇일까? 슘페터는 모든 포괄적인 이론은 본질적으로 서로 다른 두 가지 요소로 구성된다고 보았다. 하나는 사회 구성원들의 삶을 이해하는 데 무엇이 중요하고 무엇이 중요하지 않은가에 관한 이론가의 견해로서 비전이며, 다른 하나는 이 비전을 개념화하고 명제나 이론으로 전환시키는 이론가의 기법이다. 후자가 본질적으로 과학적인 연구방법이나 사실의 관찰과 관련된다면, 전자는 그런 연구방법과 사실의 관찰 자체를 규정하는 이론가의 근본 관점과 관심이며, 분석에 앞서서 분석 자체를 규정하는 전 분석적 인식 행위다. 베버라면 연구자의 가치 연관성이라고 했을 것이며, 루이 알튀세르(Louis Althusser)라면 문제설정이라고 개념화했을 인식의 격자틀 같은 것이 슘페터에게는 비전이었다. 이론가는 날것 그대로의 사실 무더기 앞에서 단지 객관적인 시선으로 관찰하는 자가 아니다. 그에게는 무수한 사실들 중에서 특정한 것들을 선택해 특정한 의미를 부여할 수 있게 해주는 비전이 있어야 한다. 당연한 말이지만 심원한 비전을 선택할 때만이 위대한 결론을 얻을 수 있다.

슘페터는 자신의 비전이 바로 마르크스에게서 왔음을 숨기지 않았다. 스스로 살아 있는 역동적 진화 체계로서 경제, 시작과 끝을 가진 역사적 체제로서 특정한 경제체제를 이해해야 한다는 비전은 오롯이 마르크스에게서 배운 것이었다. 심지어 슘페터는 주저 『경제 발전의 이론』 일본어판 서문에서 "나의 이러한 생각과 목적은 마르크스 경제 교리의 바닥에 깔린 것들과 똑같다"고 밝히기까지 했다. 창조적 파괴라는 그 유명한 용어는 슘페터가 마르크스의 『공산당선언』에서 배운 것이었다. 슘페터는 마르크스가 『공산당선언』에서 자본주의의 찬란한 성과를 부족함 없이 기술했고, 이를 다른 누구도 아닌 부르주아의 공으로 돌렸음을 강조한다. 실제로 마르크스는 『공산당선언』에서 낡은 봉건 체제를 타파하는 부르주아의 창조적 파괴를 가감없이 찬미하였다. 슘페터는 계속 말한다. 동시대의 유토피아적이거나 낭만주의적인 사회주의자들이 자본주의에 대한 증오의 언사를 남발하고, 소심한 부르주아 경제학자들이 생산에서 노동자의 공이나 몫을 들먹이며 비굴하게 노동자들을 달래려 애쓰고 있을 때, 마르크스는 자본주의의 역사적 진보성과 자본가의 혁신성을 어떤 부르주아 경제학자보다도 솔직하고 완전하게 인정하였다고.

슘페터에 따르면 마르크스는 이 역동적인 경제체제, 나아가 사회 자체의 진화 메커니즘을 탁월하게 규명해냈다. 이른바 역사유물론이 그것이다. 첫째, 생산양식 또는 생산의 제반 조건이 사회의 기본 성격을 결정하며, 사회의 성격이 인간 사회의 상부구조, 즉 정신적 관념과 제도를 만들어낸다. 둘째, 생산양식은 내재하는 법칙적 필연성에 따라 발생, 발전, 쇠퇴하며, 이어지는 생산양식에 자리를 내주면서 교체된다. 그 결과 마르크스는 경제를 자체 추진력을 지니고 성장, 변화, 사멸하면서 끊임없이 진화하는 체계로 간주할 수 있게 되었다. 슘페터는 마르크스의 역사유물론이 "많은 진실을 내포하고 있는 매우 값진 작업가설"이며, "오늘날 이 가설에 반대하여 제기된 반론들은 대부분 기각되었다."고 높이 평가한다.

물론 슘페터는 마르크스가 제시한 이 진화의 비전에 동의했을 뿐, 구체적인 추론과 분석, 결론까지 동의했던 것은 아니다. 슘페터가 보기에 마르크스의 이 심원한 비전은 부당한 추론, 잘못된 이론적 기법과 결합하면서 오도된 결론에 이르고 있었다. 마르크스에 대한 슘페터의 평가 중 중요한 몇 가지만 살펴보자.

자본주의의 초기 출발에 관한 이론, 즉 시초축적에 관한 이론에서 마르크스는 초기 자본의 축적이 지배계급에 의한 불법적 수탈에 기반했다고 비판한다. 마르크스의 말처럼 강압과 강탈, 대중의 예속화가 나타났지만, 열에 아홉은 보통 이상의 지능과 정력을 가진 인간, 그리고 저축이 초기 자본을 축적했다.

자본가계급과 프롤레타리아 사이를 가르는 경계선과 적대성 또한 지나치게 과장되었다. 계급 관계는 평상시에는 본래 협조적이며, 적대적인 계급투쟁의 사례들은 정상적이라기보다는 비정상적이고 병리학적인 현상들일 뿐이다. 사회생활에는 적대 관계와 함께 우애 관계도 보편적으로 널리 존재하기 때문이다.

마르크스 정치경제학 비판의 핵심 토대인 노동가치론과 잉여가치론, 착취론 또한 비판받아 마땅하다. 노동가치론은 완전경쟁의 성립이라는 매우 특수한 경우에만 성립하며, 이 경우에도 노동만이 가치의 유일한 원천은 아니다. 게다가 노동가치론은 서로 다른 질의 노동, 예컨대 숙련노동과 비숙련노동을 양적으로 비교할 수 있어야 한다는 매우 무리한 가정을 하고 있다. 반면 한계효용 이론은 이런 복잡하거나 무리한 가정 없이 훨씬 더 일반적인 상황에서 교환 과정을 설명할 수 있다.

마르크스는 기업에 관한 적절한 이론을 알지 못했고, 자본가와 (슘페터가 주목했던) 기업가를 구별할 줄 몰랐다. 노동자계급의 처지가 전체적으로 하락하게 된다는 궁핍화 이론은 구제불능의 실패작이었다. 경기순환론 측면에서도 만족할 만한 설명을 제시하지는 못했다. 물론 경기에 10년 주기의 순환운동(이후 주글라파동으로 명명된다)이 존재한다는 사실을 마르크스가 인식했다는 것은 당시 상황에서 위대한 업적이었지만 말이다.

자본주의의 진전이 자본주의사회 자체를 타파할 것이라는 마르크스의 묵시록적 예언에 대한 입장은 주목할 필요가 있다. 슘페터는 이 예언에 대해서 부당한 추론과 그 부당한 추론을 구제할 만한 심원한 비전이 결합한 실례라고 평가한다. 마르크스의 추론 자체는 자본주의의 다양한 경향들, 추세들이 자본주의 생산양식의 질곡이 되지 않고 있기 때문에 부당하다. 하지만 자본주의의 진전이 결국 자본주의사회의 기초를 파괴할 것이라는 마르크스의 예언은 진리일 가능성이 높은 심원한 비전이었다. 사실 그것이야말로 바로 슘페터가 동의하고 스스로 주장하는 비전이었다. 다만 슘페터는 마르크스와는 달리 자본주의가 생산력과 생산관계 사이의 극단적인 모순에 의해서가 아니라 그 모순을 극복한 경제적 성공에 의해 사회주의로 이행하리라고 믿었다.

슘페터는 마르크스의 오류들을 결코 가벼이 생각하지 않았고, 신랄하게 비판했다. 심지어 이론적 범죄라고 주장할 정도였다. 그래도 슘페터는 이것들이 경범죄라고 판단했다. 마르크스는 이 모든 경범죄들을 탕감하고도 남을 만큼 위대한 업적을 남겼으니, 그는 경제이론이 어떻게 역사적 분석으로 전환될 수 있고, 또 역사적인 설화가 어떻게 이론적 역사로 전화될 수 있는가를 체계적으로 이해하고 가르친 최초의 최상급 경제학자였다. 그래서 수많은 경제학자들은 마르크스의 수많은 결점들을 알고 있으면서도 세대를 넘어서 끊임없이 그에게로 돌아가게 된다는 것이다.

슘페터를 자본가의 혁신적 역할과 그에 대한 막대한 보상을 정당화한 인물로만 기억하는 사람들에게 그의 마르크스 찬양은 외면하고 싶은 불편한 진실일 수 있다. 이들은 마르크스의 비전에 대한 슘페터의 동의와 찬미, 즉 자본주의에서 사회주의로의 이행이 결국 오류로 드러났으므로 슘페터의 마르크스 찬양 또한 오류에 불과하다고 주장할 것이다. 물론 그럴 수 있다. 모든 위대한 사상가들이 그렇듯이 슘페터도 오류를 범한다. 그런 관대한 눈으로 마르크스를 보면 된다. 슘페터는 마르크스의 오류에 누구보다 민감하게 반응했으면서도 그의 위대함을 직시할 줄 알았다. 이것이 바로 사상의 차이, 심지어 적대에도 불구하고 빛나는 진리를 직시하는 용기의 힘이다.

더 읽을 거리

『경제 발전의 이론』
조지프 슘페터, 박영호 옮김, 지식을만드는지식, 2012.

『자본주의, 사회주의, 민주주의』
조지프 슘페터, 변상진 옮김, 한길사, 2011.

『10대 경제학자』
조지프 슘페터, 정도영 옮김, 한길사, 1998.

『혁신의 예언자: 우리가 경제학자 슘페터에게 오해하고 있었던 모든 것』
토머스 매크로, 김형근·전석헌 옮김, 글항아리, 2012.

소스타인 베블런

Thorstein Veblen

1857~1929

1857 미국 위스콘신 주 매니터웍에서 노르웨이 이주 농민의 아들로 태어났다.

1881 미국 최초의 대학원 대학 존스홉킨스 대학에 철학을 공부하기 위해 입학했다.

1882 장학금을 받기 위해 예일 대학으로 옮겨 1884년에 박사학위를 받았다. 하지만 이주 농민 2세 출신에 따른 차별로 취직난을 겪었다.

1891 경제학 공부를 하기 위해 코넬 대학으로 가서 러플린 교수의 눈에 띄어 연구원으로 채용되었다.

1892 러플린 교수가 시카고 대학 경제학과장으로 임명되자 그곳에서 조교로 강의를 시작했다.

1899 『유한계급론』을 출간했다.

1904 『영리기업의 이론』을 출간했다.

1906 시카고 대학에서 사직당해 스탠퍼드 대학으로 이직했으나 1909년에 또다시 사직당했다.

1911 이혼한 후 미주리 대학에서 1년 계약직 강사 생활을 시작했다.

1914 『제작본능론』을 출간했다. 앤 페선든 브래들리와 재혼했다.

1918 뉴욕으로 이주해 진보 성향의 잡지《다이얼》 편집을 담당했다. 대학 이사회 중심의 경영 체제를 비판하는 『미국의 고등교육』을 출간했다.

1919 뉴스쿨이 창설되면서 강사로 초빙되었다. 『기득권과 보통 사람들』, 『현대문명에서 과학의 지위』를 출간했다.

1921 『기술자와 가격체계』를 출간했다.

1923 『부재소유권과 영리기업』을 출간했다.

1925 제자들에 의해 미국 경제학회 회장직을 제안받았으나 거절했다.

1929 팔로앨토의 시골집에서 사망했다.

과시적 소비의 힘과 함정

9강

강의

빌딩에서 잘 차려입은 중년 남자가 걸어 나오고, 기품 있는 중년 여인이 막 들어가려는 참입니다. 회전문을 사이에 두고 둘은 잠시 눈이 마주치죠. 여인이 남자를 먼저 알아보고, 남자는 여인을 아주 짧게 의식하는 듯합니다. 남자가 지나갑니다. 그리고 여인은 남자의 뒷모습을 바라봅니다. 빌딩을 나온 남자는 고급 승용차를 타고 사라집니다. 승용차를 타고 떠나는 남자를 바라보며 이윽고 여인은 이렇게 읊조립니다. "참 많이 변한 당신, 멋지게 사셨군요."

몇 년 전 나온 한 자동차 광고 내용입니다. 아마도 이 남자와 여자는 젊어서 사랑했던 사이였겠죠? 시간이 꽤 흐르고 중년이 되어 우연히 스치는 자리에서, 긴 시간 동안의 삶을 평가하는 기준이자 증거는 그 남자가 타는 고급차죠. 여기서 자동차는 단지 탈것이라는 실용적 수단이 아니라, 한 사람이 살아온 삶과 가치, 사회적 지위를 드러내는 상징-기호 역할을 합니다.

오늘 이야기할 사람은 『유한계급론』이라는 저서로 경제학 책도 베스트셀러가 될 수 있음을 보여준 미국의 소스타인 베블런입니다. 『유한계급론』은 사회학, 인류학, 문화 연구 등 수많은 인접 학문에 폭넓은 영향을 미치고 있습니다. 노벨경제학상을 받은 경제학자 갤브레이스는 19세기 미국 경제학자의 저작 중 지금도 읽히고 있는 단 두 권 가운데 하나(나머지 한 권은 헨리 조지(Henry George)의 『진보와 빈곤』)라고 지적하기도 했지요. 그렇지만 정작 주류 경제학에서는 비주류적 접근으로 치부해 도외시하는 느낌이 듭니다.

베블런은 앞서 말한 자동차 광고가 보여주는 상황을 과시적 소비라는 말로 아주 명쾌하게 설명해줍니다. 주류 경제학에서 소비는 개인이 자신에게 주어진 자원, 즉 예산 안에서 자신의 선호에 기반하여 효용을 극대화하는 합리적 선택 행위로 정의됩니다. 소비에 영향을 미치는 외부적이고 사회적인 요인은 감안하지 않습니다. 베블런이 보기에 그런 소비는 경제학자들의 공상 속에나 존재합니다. 베블런은 소비가 효용을 만족시키기 위한 개인적이고 합리적인 행동이 아니라, 극도로 타인을 의식하는 가운데 행해지는 사회적이고 정치적인 행위라는 점을 강조합니다.

베블런이 볼 때, 땀 흘려 일한 대가로 부자가 된 사람들은 사회의 최상층이 아니며, 그래서 타인들로부터 참된 복종과 존경을 얻기 어렵습니다. 사회의 최상층에 존재하는 사람들은 원래부터 일을 할 필요가 없었던 계급, 즉 유한계급입니다. 이 유한계급은 자신들이 땀 흘려 부자가 된 졸부나, 한국식으로 말하면 개천 출신으로 용이 된 케이스가 아니라는 사실을 과시함으로써 자신들을 다른 사람들과 구별하고 싶어 합니다. 어떻게? 최대한 무익한 곳에 부를 낭비하고, 최대한 효용과 상관없이 과시적으로 소비를 즐기는 것입니다.

베블런은 사람들에게 모방 본능이 있다고 보았습니다. 하위계층들도 유한계급을 따라서 과시적 소비를 하게 됩니다. 물론 경제 능력이 떨어지기 때문에 유한계급만큼 엄청난 과시적 소비를 할 수는 없습니다. 하지만 그들도 합리적 소비가 아니라 과시적 소비를 하는 것은 마찬가지입니다. 이렇게 현대 산업사회에서는 모두들 각자의 처지에서 할 수 있는 한 과시적 소비를 하고 있는 셈이라는 말입니다.

사실 베블런의 관찰은 주류 경제학의 근본 원리를 부정하는 내용을 담고 있습니다. 과시적 소비의 경우 상품의 가격이 오를수록 수요가 줄어들지 않고 오히려 늘어납니다. 요 몇 년간 안 그래도 비싼 샤넬 백 가격이 계속 올랐지만 수요가 오히려 늘었다는 이야기, 들어보셨죠? 대개 소비를 할 때 만족, 즉 효용이 더 크기 때문에 더 비싼 값을 치른다고 생각합니다. 과시적 소비는 이와 반대죠. 더 비싼 값을 치르기 때문에 만족이 더 커집니다. 효용의 크기가 가격을 결정하는 것이 아니라, 가격이 효용의 크기를 결정하는 셈이죠. 이런 주객전도가 일어나는 이유는 소비가 애시당초 개인적 행위가 아니라 타인을 의식하는 사회적 행위이기 때문이죠. 이는 주류 경제학의 전제인 방법론적 개인주의와 가격 이론에 대한 매우 중요한 반증 사례입니다.

현대 자본주의사회에서 과시적 소비는 매우 일반화되어 있습니다. 미디어들은 미친 듯이 과시적 소비를 부추깁니다. 크고 아름다운 냉장고는 식품을 더 잘 보관하기 위해서 필요한 게 아니라, "여자라서 행복하다는 사실을 다른 여자들에게 보여주기 위해서" 필요합니다. 강남의 아파트는 입지 조건이나 주거환경이 좋아서이기도 하지만, 집값 비싼 동네에 살 수 있다는 사실을 증명하고 싶어 하는 사람들이 많기 때문에 더 비싸집니다. 한국인들의 중대형차 선호도는 세계 최고 수준인데, 안전이나 아이들 생각을 한 탓도 있겠지만, 남들에게 보여주기 위해서라는 설명이 사실에 가까울 겁니다.

우리는 스스로 필요해서가 아니라, 이 정도쯤은 소비할 수 있다는 사실을 보여주기 위해서 소비합니다. 소비는 이제 현대자본주의의 사회 언어가 되었고, 심지어는 우리의 자아 자체가 소비에 의해 구성되고 있습니다. 특히 우리가 살고 있는 한국은 이런 과시적 소비가 유난히 심하다는 비판도 많습니다. 과시적 소비에 말려들수록 피곤해지는 쪽은 사실 서민들입니다. 삶의 의미를 소비에서 찾는 소비적 자아의 소유자가 되어버리면 진짜 삶의 문제는 뒷전으로 물린 채 절대로 이길 수 없는 소비 경쟁 속으로 내몰리기 때문이죠. 사실 자본도 문제고 정치도 문제입니다. 그렇다고 우리가 이런 풍조에 생각 없이 휩쓸리기만 하면 곤란하지 않을까요?

이주 농민의 아들에서 나쁜 남자로

김 오늘 주제가 우리 세대와 아주 깊이 연관되어 있어 흥미롭습니다.

조 네, 사실 강의하면서도 '남 얘기가 아니다.'라는 생각을 했어요.

김 그러니까요. 주제가 주제인 만큼 자기반성을 하는 시간을 마련해야겠어요. 조 교수님은 차가 있으십니까? 차종이 뭔지 여쭤봐도 될까요?

조 아, 저는 이 대목에서는 아주 떳떳합니다. 준중형차로 분류되기는 하지만, 17년차에 접어드는 차거든요.

김 와, 제가 10년 된 차를 몰고 다니는데, 17년이라니, 한참 선배시군요. 잘 굴러갑니까?

조 그럼요, 잘 굴러갑니다. 기능은 아무 문제 없습니다. 다만 너무 낡아서 여기저기 녹도 슬고 심하게 볼품이 없긴 합니다만…… 잘 타고 있습니다.

김 베블런에 대한 인물 탐구부터 시작해보겠습니다. 사실 지금까지 살펴본 경제학자들이 대부분 귀족과 직간접으로 연결된 상당히 럭셔리한 가문 출신이 많았어요. 그런데 베블런의 경우는 전혀 다르다면서요?

조　네, 그렇습니다. 부모가 노르웨이 이민자 출신으로 미국으로 와서 10년 만에 베블런을 낳았습니다. 1847년 무렵 오지라고 할 수 있는 위스콘신으로 이민을 와서 베블런을 낳았죠. 이후 부모님이 역시 오지인 미네소타로 옮겼어요. 그래서 베블런은 농민의 아들로 자랐습니다. 부모님이 매우 열심히 일을 해서 점점 농토를 넓혀 나갔다고는 하는데, 그래도 워낙 깡촌이었기 때문에 살림은 상당히 소박했습니다. 게다가 부모님은 평생 영어를 못했다고 해요. 베블런 자신도 학교에 들어간 다음에야 영어를 배웠다고 합니다. 그래서 베블런은 평생 동안 노르웨이 액센트를 버리지 못한 채 좀 이상한 영어를 구사했다고 합니다.

김　이렇게 농민의 자식으로 자라면 흔히 성실하고 바른 삶을 사는 경우가 많은데 베블런은 좀 달랐나봐요? 성격도 상당히 괴짜였던 것으로 알려져 있죠?

조　베블런의 형제자매가 무려 열두 명이었습니다. 농장을 가진 부모들은 기본적으로 아이들에게 모두 일을 시키지 않았겠습니까? 그런데 베블런은 머리가 상당히 좋아서 일을 하지 않았다고 합니다. 꾀병을 무척 잘 부렸다는군요. 형제자매들이 모두 일하는 동안 자기는 책을 읽었고요. 사실은 부모님이 상당히 깬 분이었던 것 같습니다. 대체로 당대에 이렇게 이민을 온 사람들은 꽤나 먹고살 만해졌다고 해도 아이들을 학교에 보내는 일이 별로 없었다는데요, 이분들은 베블런을 포함해서 자녀들 대부분을 초급 대학까지 보냅니다.

그래서 베블런도 칼턴 칼리지 아카데미라는 신학교를 갔습니다. 부모는 엄격한 신학교를 마치고 나서 성직자가 되기를 바랐던 것 같습니다. 농민의 아들로 태어나 성직자가 된다면 꽤나 성공한 삶이었겠죠. 그러나 베블런은 신학교의 엄격한 분위기를 견디지 못했습니다. 학생들이 돌아가면서 설교를 하는 방식으로 진행되는 수업 코스가 있었는데 여기서 베블런은 '우리 모두 술에 취해 살자.'라는 주제로 설교를 했다는 일화도 있구요. 동급생들에게 '우리는 사람 고기를 먹어야 한다.'는 선동도 했다고 합니다. 사고나 행동거지가 상당히 독특했다는 겁니다. 결국 학교에서 베블런을 조기에 졸업시켜버립니다. 공부를 몹시 잘하긴 했지만 빨리 내보내는 쪽이 상책이라고 판단한 듯합니다.

대학교수가 된 다음에도 여전히 괴짜였습니다. 아무 체계도 없이 자기 맘대로 수업을 하는가 하면, 어느 날 갑자기 칠판 가득 책 제목들을 적어놓은 뒤에 "다음 시간에 시험을 치를 텐데, 시험 범위는 여기 적혀 있는 책 전부다."라는 식이었다고 해요. 일면 가학증세도 엿보이는데요. 수업시간에 학생들에게 어려운 질문을 던져서 대답 못하는 걸 보면서 그렇게 즐거워했다고 하네요. 이런 일을 겪은 학생들이 수강신청을 변경해서 빠져나가도 즐거워했고, 아무리 시험을 잘 쳐도 C학점 이상은 절대로 주지 않았다고도 합니다. 인간은 좌절을 겪어봐야 한다면서요. 성향 자체가 평균적인 것을 몹시 싫어했던 사람이 아니었나 싶습니다.

김 사회에 불만이 상당히 많았던 분 같아요. 뭔가 질곡을 겪었을까요? 아니면 사춘기 시절의 반항 심리나 일탈 심리를 평생 떨치지 못한 걸까요?

조 젊어서 특별히 좌절한 경험은 없다고 하는데요. 이후 삶에서 여성 편력으로 계속 문제가 되었죠. 시카고 대학에서 15년간 교수 생활을 하다가 쫓겨나게 됐는데, 동료 교수의 부인과 염문을 뿌렸기 때문이었고요. 상당히 여성편력이 화려했다고는 하지만 일부 사건들 말고는 거의 알려져 있지 않습니다.

사춘기 시절 이야기를 하시니까 재미있는 일화가 하나 생각나는데요. 베블런이 10대 중반 농장에서 자라던 시절에 동네 친구인 여자아이와 함께 소떼를 돌보고 있었다고 합니다. 그때 황소 한 마리와 암소 한 마리가 갑자기 격렬한 사랑을 나누는 광경을 보고 마음이 뜨거워졌나 봅니다. 그래서 옆에 있던 동네 여자친구에게 "저걸 보니 한번 해보고 싶어지지 않니?"라고 물었다고 합니다. 그랬더니 여자친구가 "하고 싶으면 해. 저거 너희 집 소잖아."라고 대답했다고 하네요. 이게 좌절이라면 좌절인데, 이런 실패를 겪으면서 후에 반성하고 분발해서 여성편력을 쌓아가지 않았나 싶기도 하네요.(웃음)

김 별로 안 웃긴데, 무척 민망해하시네요. 그런데 나중에 학장의 딸과 결혼했다는데, 잘 살았습니까? 학장 덕도 보고요?

조 별로 그랬던 것 같진 않네요. 칼턴 칼리지 이후 존스홉킨스 대학을 거쳐 예일 대학에서 철학박사 학위를 받았는데, 그후 취직을 못했습니다. 너무 특이한 괴짜이고 무신론자 같아 보였거든요. 그렇게 7년간 백수 생활을 했는데, 그때 칼턴 칼리지의 학장 딸과 결혼을 하게 됐습니다. 상당히 괴짜이긴 했어도 최우등생이었으니까, 이런 점들이 반영됐을 것으로 생각합니다. 그러나 결혼 생활은 평탄하지 못했습니다. 사실 베블런은 얼굴도 못생긴 편이었고 성격도 괴팍했는데, 그럼에도 여성들에게 항상 인기가 많았습니다. 똑똑한데다 자신감이 넘치고 유머감각이 탁월했기 때문인데, 아마도 요즘 식으로 말하면 '나쁜 남자' 스타일이었던 것 같습니다. 그래서 본인이 들이댄 경우도 없진 않았지만 많은 여성들이 접근을 해왔다고 합니다. 이런 영향으로 결국 아내와 이혼하게 되죠.

후에 안네 브래들리라는 온순하고 기품 있는 여성과 재혼을 하게 되는데, 아이가 둘 딸린 이혼녀였습니다. 그런데 베블런이 이 여성은 상당히 사랑했던 것 같습니다. 안네는 무척 지적이고 사회주의에 우호적인 발언을 하는 등 깬 여성이었는데, 안타깝게도 심한 정신질환에 시달리다가 재혼 6년 만에 세상을 떠났습니다. 이후 베블런은 아내가 남긴 의붓딸들을 돌보면서 살았는데, 말년이 좀 쓸쓸했다고 합니다.

김 그렇다면 학계에서의 위치는 어땠습니까? 성격이나 출신을 보면 승승장구할 스타일은 아니었을 것 같아요.

조 앞서 말했듯 박사학위를 받은 후 처음 7년간은 고향에서 백수 생활을 했죠. 역시 형제자매들은 일하는데 자기는 책만 보면서…….

김 부모님 속이 말이 아니었겠어요. 기껏 공부시켜놨는데…….

조 그러다가 우연한 기회에 코넬 대학 경제학부에 특별연구생으로 들어가게 됩니다. 거기서 당시 경제학부 교수의 조교 겸 강사도 하게 되었고요. 그러다가 2~3년 뒤에 자기를 고용했던 교수가 시카고 대학으로 옮기게 되면서 베블런도 교수로 채용됩니다.

시카고 대학에서 15년간 재직하면서 『유한계급론』을 썼는데 이 책이 베스트셀러가 되었죠. 사실 『유한계급론』은 수식이 전혀 나오지 않고 읽어보면 경제학 책이라기보다는 사회학이나 인류학, 심리학 책 같다는 느낌을 받게 됩니다. 그러나 문체와 논리가 결코 쉽지는 않습니다. 어떻든 당대에 상당한 베스트셀러가 되었고 시카고 대학 입장에서도 좋은 일이었죠. 당시 시카고 대학에서 베블런이 교류했던 학자들을 보면 교육철학자 존 듀이(John Dewey), 사회학과 인류학의 조지 허버트 미드(George Herbert Mead), 프란츠 보아스(Franz Boas)같이 매우 저명한 학자들이었습니다. 이러면서 베블런의 경제학적 접근에는 오늘날 우리가 생각하는 통상의 경제학과는 굉장히 다르게 사회학·인류학·심리학 요소가 많아지게 되었죠.

『유한계급론』은 1899년 나온 이후 점점 유명해지다가 1차대전을 거치면서 세계적인 명성을 얻었고 유럽에서도 상당히 높은 평가를 받게 됩니다. 막스 베버, 베르너 좀바르트(Werner Sombart) 같은 사람들도 미국에서 훌륭한 경제학자가 나왔다고 평가하게 되는데, 그럼에도 불구하고 베블런은 끝내 주류가 되지는 못합니다.

김 이 정도 명성을 얻었으면 보통 제자들이 모이고, 학파도 생기지 않나요?

조 베블런은 앞서 말했듯 시카고 대학에 있다가 불미스런 일로 쫓겨나서 스탠퍼드 대학으로 가는데, 거기서도 약 3년 만에 쫓겨납니다. 이 역시 염문 탓으로 알려져 있고요. 이어서 미주리 주립대학에 짧게 머물다가 뉴욕의 뉴스쿨(New School for Social Research)이라는 실험적인 대안 대학교에 가게 됩니다. 그런데 이때는 정식 교수가 아니었고요, 학생들이 낸 강의비와 제자들이 모아준 돈을 받아서 상당히 어렵게 살았다고 합니다. 말년이 좀 아쉽죠. 정말 이단아이긴 한데, 그래도 그동안 쌓은 명성에 힘입어 미국 경제학회 회장으로 추대됩니다. 하지만 베블런은 단칼에 거절했다고 하죠. "정작 필요했을 때는 아무것도 안 주고선……"이라면서요. 자존심이 정말 강한 사람이었죠.

김 베블런에게 '미국의 마르크스'라는 별명도 붙었다고 하는데 왜죠?

조 '미국의 마르크스'라는 별명이 붙긴 했지만 결코 마르크스주의자는 아니었습니다. 하지만 무언가 마르크스하고 비슷한 면이 있었겠죠? 우선 베블런은 사유재산 제도를 매우 부정적으로 봤습니다. 당대의 자본가와 부유층에게 매우 비판적이었고 그들을 신랄하게 풍자하고 야유해서 그런 별명이 붙었지요. 하지만 노동조합에 대해서도 매우 비판적이었고 계급투쟁 자체를 부정했습니다. 자본주의 이후에 사회주의가 도래한다고 보지도 않았습니다. 베블런이 중요하게 본 대립 구도는 노동자와 자본가의 대립이 아니라 경영자(비즈니스맨)와 엔지니어의 대립이었습니다. 이 세상은 돈 욕심에 눈이 먼 나쁜 비즈니스맨들이 다 망치고 있고 엔지니어들이 세상을 책임지고 있으며, 결국 엔지니어들이 비즈니스맨에 대항해서 뒤집어엎는 혁명이 일어나야 한다고 봤습니다.

김 베블런이 말하는 엔지니어는 어떤 이들인가요?

조 베블런은 인간의 가장 중요한 본능으로 제작 본능을 꼽는데요. 기술을 갖고 그런 제작 본능을 실현하는 사람들이 엔지니어입니다. 숙련노동자까지 포함하는 개념으로 볼 수 있겠는데요, 그러니까 마르크스가 말한 노동자계급을 일컫는 것은 아닙니다. 기술로 세상에 기여하는 사람들이라고 할까요. 그러나 오늘날 엔지니어 출신들이 기업의 최고 경영자 자리를 많이 차지하고 있는데도 베블런이 비판하던 자본주의의 모순은 약화되지 않았습니다. 이런 점에선 다소 순진했던 듯합니다.

김 그런데 왜 마르크스라는 별명이 붙었을까요?

조 우선은 당대 미국 사회의 상황을 어느 정도 이해할 필요가 있습니다. 우선 미국은 유럽과는 달리 마르크스주의, 사회주의 전통이 매우 약한 나라입니다. 정통 마르크스주의자로서 유명한 사람이 별로 없는 상황에서 유별난 베블런에게 마르크스라는 별명이 붙은 측면이 있죠.

좀 더 깊이 들어가보면 당대 미국 사회의 변화와 관련해서 그의 별명을 이해해볼 수도 있습니다. 아시다시피 미국이란 나라는 이민으로 세워진 나라였고, 이 나라의 이상이란 유럽에서 넘어온 이민자들이 사유재산을 가진 독립 자영농으로서 민주주의 사회를 건설하는 것이었죠. 흔히 말하는 토머스 제퍼슨의 이상입니다. 베블런 자신의 출신, 위치 역시 이런 맥락 속에 있었고요. 그런데 문제는 19세기 후반 이후 본격적인 산업화와 자본주의화가 진행되면서 미국 사회에서 이런 아름다운 이상을 더 이상 실현할 수 없게 되었다는 겁니다. 독립 자영농은 점차 몰락해가는 반면, 신흥 부르주아가 성장하면서 노동자와 자본가의 갈등이 첨예해졌습니다. 빈부격차도 엄청나게 확대됩니다. 19세기 후반으로 갈수록 이런 양상은 더욱 심해지는데요. 지금 미국 정치는 공화당, 민주당 양당 체제로 이루어져 있지만, 당시에는 인민당, 사회주의 정당도 꽤 힘이 셌습니다. 특히 벼락부자들이 생겨났는데, 이들이 그야말로 과시적인 소비에 엄청나게 몰두하게 됩니다. 「위대한 개츠비」라는 영화에서 주인공 개츠비가 옛 연인 데이지의 환심을 사기 위해 날마다 어마어마한 파티를 여는 모습이 나오는데, 이것이 당대 신흥 졸부들의 일반적인 문화였습니다. 베블런은 이를 격렬히 비판하고 이런 폐해의 근본 원인은 사유재산 제도라고 말함으로써 마르크스주의자라고 오해를 받은 측면이 있지요.

제도학파 경제학의 선구자

김 베블런의 사상을 본격적으로 짚어보겠습니다. 베블런은 비주류였고 따라서 특정 학파도 형성하지 않았다고 했지만, 학계에서는 베블런을 제도주의의 창시자라고도 말하고 있지 않습니까? 살아생전에 만들어놓진 않았지만 사후에 그런 흐름이 생겨났다고 보면 되죠? 제도주의 학파란 무엇인가요?

조 제도주의라는 흐름은 정의하기가 상당히 까다롭습니다. 그러나 아주 거칠게 말하자면, 한마디로 제도가 우리의 경제 행동을 결정한다는 입장입니다. 여기서의 제도는 비단 법이나 정형화된 제도뿐만 아니라 관습화된 행동 양식까지 포함하는 넓은 개념입니다. 이에 반해 주류 경제학은 제도를 고려하지 않습니다. 즉 제도와는 무관하게 인간은 누구나 욕망을 갖고 있고 쾌락과 고통 사이에서 계산기처럼 선택을 하면 어떤 효용이 얼마나 생성되는지를 계산하는 로봇과 같다는 것입니다. 그러나 제도주의 관점에서는 인간은 제도 속에 있는 존재이고 이 제도가 어떤 성향을 만들어주느냐에 따라서 인간은 이기적 인간이 될 수도, 이타적 인간일 될 수도, 매우 숭고한 인간이 될 수도 있다는 것입니다. 그렇다면 제도 연구와 변화 과정을 살피는 것이 중요해지겠지요. 따라서 제도주의 경제학은 역사적이고 사회학적 접근을 상당히 중시합니다. 앨프리드 마셜 이래의 주류 경제학의 접근법을 비현실적이라고 신랄하게 비판하기도 합니다. 수학의 공상 속에만 빠져 있다는 것입니다. 반대로 주류 경제학은 제도주의 경제학은 경제학 취급도 하지 않으려는 경향이 있습니다. 지나치게 사회학에 가까워졌다는 이유로요.

김 주류 경제학과 사회학은 왜 사이가 나쁜가요?

조 엄밀히 말한다면 경제학과 사회학의 불화라기보다는 개인주의적 접근법과 관계론적 접근법의 불화라고 해야겠죠. 주류 경제학의 방법론적 개인주의에서는 타인과의 사회적 상호작용의 영향력을 배제하는 반면, 사회학은 개인의 특성이 아니라 사람들의 관계를 조직이나 구조라는 측면에서 분석하니까요. 이런 점에서 제도주의 경제학은 사회학적 접근과 방법론적 지반을 공유하는 셈이지요.

김 베블런이 보기엔 합리적 소비자라는 생각도 공상에 가까우니까, 주류 경제학과는 상극이라고 봐도 되겠네요?

조 네, 베블런이 활동하던 당시는 이미 신고전파가 자리 잡았을 때니까 베블런도 그런 이론들을 다 공부했고 또 비판한 거죠. 주류 경제학의 관점에서는 소비란 원칙적으로 개인의 행위로서 타인의 선호, 선택의 영향을 받지 않습니다. 자기의 예산 안에서 효용을 극대화할 수 있는 선택을 할 뿐이죠. 그런데 베블런은 인간의 소비 행위는 근본적으로 타인의 영향을 받는다고 보았으니 완전히 상극이죠.

김　베블런 이야기가 설득력이 있는 것이, 얼마 전 뉴스에도 나왔어요. 등산용 스틱의 경우 유명 브랜드 상품과 일반 상품의 가격 차이가 엄청난데, 실은 기능 차이가 없다고 하더라고요. 소비자들은 그런 사실을 알면서도 가격이 더 비싼 브랜드를 찾는다는군요. 과시적 소비의 사례치고는 너무 쫀쫀한가요? 사실 한국 사회에서 '과시적 소비'로 들 수 있는 사례가 한두 가지가 아니긴 합니다.

조　그렇죠.

김　'베블런 효과'라는 용어도 있다던데, 정확히 무슨 뜻입니까?

조　베블런이 과시적 소비를 다룬 『유한계급론』을 출판한 해가 1899년인데, 정작 경제학계 내부에선 많이 다루지 않았고, 사회학, 인류학 같은 분야에서 많이 차용했습니다. 경제학에서는 한참 뒤에야 진지하게 다뤘고요. 1950년에 하비 라이벤슈타인(Harvey Leibenstein)이라는 경제학자가 「밴드웨건, 스노브, 그리고 베블런 효과」라는 논문을 발표합니다. 밴드웨건 효과는 '악대차 효과' 또는 '편승 효과'로 번역하고 있습니다. 서커스 악대차가 음악을 연주하면서 시끄럽게 지나가면 사람들이 와— 서커스 왔다 하면서 몰려들죠. 그런데 사람들이 점점 많이 몰려들면 나중에는 아예 악대차는 보이지도 않게 되고, 그다음부터는 무슨 일인지도 모르면서 그저 사람들이 모이니까 따라가잖아요? 이런 식의 소비 행동을 악대차 효과라고 정의했어요. 스노브 효과는 '속물 효과'라고 번역합니다. 이건 악대차 효과의 반대라고 보시면 됩니다. 남들이

다 하니까 나는 하지 않는다는 경향을 말합니다. 이전까지는 편승 효과 때문에 소비를 하다가 거의 모든 사람들이 사니까 그때부턴 안 사게 되는 것이죠. 베블런 효과는 비싸면 비쌀수록 주목을 끌게 되고 더 많이 사려고 하는 소비 현상을 일컫습니다. 베블런의 이름을 붙인 이유는 짐작하시겠죠? 라이벤슈타인은 주류 경제학의 소비자 행동 이론으로는 설명할 수 없는 현상으로 이 세 가지를 제시한 것이죠.

과시적 소비의 먹이사슬

김 베블런이 말한 과시적 소비가 소비 행위에서 일반화할 수 있는 현상인가요? 베블런은 일부 유한계급의 행동에서 출발해 다른 계층들의 모방이 따른다고 말하는데, 구매자의 절대다수인 서민들의 경우 모방에 한계가 있을 테고 그렇다면 일반화하긴 어려운 것 아닙니까?

조 실제로 주류 경제학이 그렇게 대응을 합니다. 주류 경제학도 밴드웨건, 스노브, 베블런 효과를 인정합니다. 각주로 짧게 다루거나 아니면 박스 처리해서 조그맣게 다루지요. 소비자 행동 이론의 예외로 소개하면서 대세에는 지장이 없다는 식으로 취급합니다. 그런데 밴드웨건 효과나 베블런 효과 등을 그렇게 사소한 예외로 취급할 수 있을까요? '유행'이라는 현상을 생각해보죠. 엄청난 영향을 미치고 있지 않습니까? 이런 유행을 오로지 예외적인 소비 현상으로 취급할 수 있는지 생각해봐야 합니다. 일례로 스마트폰을 보세요. 요즘 너도나도 스마트폰 쓰는데 사실 꼭 필요해서 산 사람이 얼마나 있을까요? 저 자신도 사실 꼭 필요해서 사진 않았거든요.

김 저도 사실 스마트폰 기능을 잘 모르긴 하는데……. 그런데 이에 대해선 저도 할 말이 있어요. 폴더폰 사려고 해도 잘 팔지도 않고 값도 더 비싸더라고요.

조 다들 그렇게 말씀하시긴 합니다.(웃음) 사실은 기업들이 시장을 고부가가치 방향으로 몰고 가는 측면도 당연히 있죠. 다만 오늘은 기업들의 행동보다는 소비자 행동 쪽에 초점을 맞추어 이야기를 나누고 있으니까요.

김 드라마에서 주인공들이 차고 나오는 시계, 핸드백 따위가 불티나게 팔리는 것도 과시적 소비에 포함될까요?

조 그건 과시적 소비라기보다는 편승 효과에 가까워 보이는데요. 물론 가격이 얼마인지가 중요하겠네요. 그런데 베블런이 말한 과시적 소비의 주체는 최상류층입니다. 이들의 과시적 소비의 핵심은, 그야말로 '터무니없이' 비싸게 구입하거나 이용한다는 것입니다. 사실 일반인들이 드라마 보면서 주인공이 찬 명품 시계를 사고 싶은 욕망이 생긴다 해도 예산은 한계가 있잖아요? 그러나 최상층들의 과시적 소비의 본질은 자신에게 예산의 한계가 없음을 보여주려 한다는 겁니다. 이를테면 과거 필리핀의 독재자 마르코스의 부인 이멜다가 구두만 3000켤레를 갖고 있었고, 삼성의 이건희 회장은 몇 년 전 수십 대의 스포츠카를 바꿔 가면서 온종일 탔는데 이게 시사주간지의 보도로 알려지기도 했죠. 더 인상적인 경우도 있었어요. 아랍의 한 부호는 세계 최고급 스포츠카를

100대 넘게 갖고 있는데요, 이 사람의 취미는 이 차들을 타는 게 아니라 리모컨으로 시동을 걸어서 엔진 소리를 감상하는 거랍니다. 잘하면 스포츠카 엔진 소리로 오케스트라 연주를 할 수도 있겠네요. 이 모든 소비 행위에서 중요한 것은, 이들이 자신들은 예산의 제약 따위는 없음을 보여주고 있다는 점이죠.

김 그런데 과시 행위는 관중이 있어야 하지 않나요? 아랍 부호가 스포츠카 엔진 소리를 사람들 모아놓고 듣는 것도 아니고, 이건희 회장이 구경꾼들로 북적이는 트랙에서 스포츠카를 타는 것도 아닌데 이걸 누구한테 과시한다는 말인가요?

조 이런 사람들이 과시하고 싶어 하는 대상은 우리 같은 보통 사람들이 아닙니다. 바로 그들을 모방하고 싶어 하는 바로 아래 단계 사람들이죠. 일을 해서 돈을 번 전문 경영인이나 고소득 전문직, 재산이 수십억 원, 혹은 수백억 원 있다는 사람들에게 넌 아무리 해도 날 따라올 수 없다는 사실을 보여주고 싶은 것이죠.

김 일반 월급쟁이가 적금 들고 카드 긁어서 명품 가방 사는 것은 자기 친구들에게 보여주려는 행동이겠군요.

조 그렇습니다. 잘 알려진 이야기지만 명품 시장이라는 것도 등급이 있답니다. 시계를 좋아하는 남성분들이라면 잘 아실 텐데요. 보통 사람들이 큰맘 먹고 사는 롤렉스나 오메가 같은 브랜드는 가격이 몇 백만 원, 천만 원대로 알려져 있습니다. 그런데 이보다 훨씬 비싼 명품 시계들이 있다고 합니다. 파텍필립 같은 브랜드죠. 아주 싸다고 해도 몇 천만 원을 넘고, 억대를 넘는 것들도 많죠. 보석이 박히니까 사실 상한선은 없지요.

김 명품이 있으면 항상 짝퉁이 있습니다. 짝퉁도 명품급 짝퉁이 많잖아요. 그런데 아무리 잘 만든 짝퉁이라고 해도 알아본다고 하더라고요. 정말 그런가요?

조 저도 이런 내용을 강의만 할 뿐이지 사실 그 세계에 대해선 거의 아는 바 없습니다.(웃음) 그런데 흔히 말하는 롤렉스 시계나 루이비통 가방은 보통 사람도 상표 자체를 알 수는 있잖아요. 한데 그 윗급의 명품들이 있다는 겁니다. 그런 상품들은 우리가 봐선 비싼 브랜드인지를 알 수도 없고, 그걸 사는 사람들도 우리 같은 사람들이 보고 알아주길 바라지도 않는다고 합니다. 이들이 자기 물건을 알아봐주길 바라는 대상은 우리와는 전혀 다른 사람들입니다. 더 정확히 말하자면 과시적 소비에 먹이사슬이 있다고 표현할 수도 있겠네요.

김 모방의 연쇄 사슬이 있어서 A급은 B급을 상대로 과시하고, B급은 C급을 상대로, C급은 D급을 상대로 과시하는데, A급이 과시하는 것은 D급이 봐도 알아볼 수가 없다는 이야기군요. 왜 이렇게 기분이 처참하죠?(웃음)

조 그렇게 생각하실 필요 없어요.

김 그렇지만 많은 사람들은 천원 숍도 이용하고 백화점 대신 시장에 가서 알뜰 소비를 하기도 합니다. 그럼 이런 경우는 과시적 소비를 포기한 것인가요?

조 따지고 보면 사람마다 다 다르겠지만, 과시적 소비와 합리적 소비, 나아가 알뜰한 소비는 양립할 수 있는 태도예요. 과도한 일반화일 수도 있지만 사례를 하나 들어볼게요. 저는 나이가 좀 들어서 처음 유럽 배낭여행을 가게 되었거든요. 이 나라 저 나라 여행하다가 로마에서 처음으로 한국인 민박이란 곳에 묵게 되었습니다. 역시 한국인 민박이라 그런지 밤마다 같이 저녁 먹고 술 파티가 벌어지더군요. 투숙객 대부분이 젊은 대학생들이었죠. 유럽을 한 바퀴 돌고 로마에서 서울로 귀국하는 여정들이어서 그런지, 짧으면 2주, 길면 한 달 동안 얼마나 재미있는 경험들을 했는지 이야기꽃들을 피워댔죠. 그런데 참 안타까웠던 게 이 젊은이들 무용담이 주로 얼마나 여행 경비를 아꼈나 하는 이야기더라고요. 누가 질세라 얼마나 비참하고 가난하게 여행했는지를 자랑하는데 정말로 돈 아끼려고 박물관 앞에서 사진만 찍었고, 식빵 사서 맨입에 먹었다는 식의 이야기들이 끝없이 이어지더군요. 저는 나이가 좀 들어서 간 여행이라 그런 고생은 하지 않았으니, 내심 참 안쓰러웠습니다.

그런데 식스 센스급 반전이 일어났어요. 이 친구들 이야기가 어느 사이엔가 그렇게 열심히 아낀 돈으로 명품을 산 이야기로 바뀌는 거예요. 영국에서는 런던 어디가 더 싸다, 파리에서는 어디가 싸고, 이탈리아는 어디가 더 싸다, 내가 더 싸게 샀다, 니가 더 싸게 샀다, 이런 식으로 또다시 경쟁하듯 너도 나도 명품 구입기를 이야기하는데 전 사실 충격을 좀 받았습니다. 평생 다시 오기도 쉽지 않을 곳에 여행을 와서는 그 좋고 유명하다는 박물관은 기껏 돈 만 원이 아까워서 안 들어가고, 대신 한국에서도 살 수 있는 명품을 사 간다? 저로서는 당최 이해를 못할 일인데, 베블런은 이걸 이해하게 해주죠.

명품, 외제차, 강남 아파트 속에서 옅어지는 주체성

김　사실 요즘 20대의 소비 패턴을 보면, 정말 사고 싶은 물건이 있으면 일상의 생활비를 아끼고 절약해서 돈을 모아 과감하게 지른다고 하네요. 그러기 위해서 다른 부분에서는 엄청나게 절제하고 합리적 소비를 한다는 것입니다. 서로 통하는 이야기인 듯싶어요.

조　네, 그렇습니다. 이 얘기를 잘못하면 완전 꼰대처럼 보이니까 잘해야 하는데요.(웃음) 자동차의 경우도 그렇습니다. 요즘 젊은이들 중에서 취업하면 일단 차부터 사는 경우가 있는데요, 많은 어른들이 이걸 곱지 않은 시선으로 바라봅니다. 앞으로 결혼도 하고 집도 사야 할 텐데 당장 남의 눈에 보이는 차에 돈을 쓴다고 말이죠. 그야말로 꼰대스러운 시선으로 보는 거죠. 제 얘기도 어느 정도 이렇게 들릴 수 있어요. 인정합니다.

김　저도 솔직히 대학가에서 외제차 몰고 있는 대학생을 보면 좋아 보이지 않는데요.

조　그건 또 차원이 다른 이야기니까요. 대학생이 외제차를 모는 것은 모방 수준이 아니고 원천 기술에 해당하죠. 외제차 종류에 따라 차이는 있겠습니다만.

김　저는 그럼 꼰대는 아닌 모양이군요?

조 이런 현상을 좀 더 세심하게 들여다볼 필요가 있습니다. 우선 지금의 한국 사회는 경제적으로 부지런히 저축을 해서 뭔가를 할 수 있다는 희망이 사라진 상태라는 겁니다. 즉 젊은이들이 차곡차곡 돈을 모아서 집을 살 수 있다는 꿈 자체가 현실성이 낮기 때문에 이럴 바에는 차라리 차를 사겠다는 생각이 들 만도 합니다. 차는 나름대로 실용성 차원에서 필요하니까요.

그런데 상당수의 한국인들, 특히 남성들이 구입하는 첫 차가 중형차라는 것입니다. 물론 시기에 따라서 조금씩 달라지지만 한국에서는 그랜저같이 큰 차가 모든 차종 중에서 가장 많이 팔리는 경우도 많습니다. 그다음이 소나타 같은 중형차가 많이 팔리고요. 물론 준중형차가 제일 많이 팔릴 때도 있습니다만, 작은 차가 많이 팔리지는 않습니다. 기름 값이 무척 싼 미국을 빼면 외국과 비교할 때 우리나라의 중대형차 선호도가 가장 높은 수준입니다. 유럽의 경우는 준중형차, 소형차, 경차 순서로 선호도가 높습니다. 일본은 경차의 나라라고 불릴 정도로 경차 선호도가 매우 높죠. 우리나라 사람들이 왜 큰 차를 살까요? 들어보면 크게 두 가지를 꼽습니다. 첫째로는 아이들 때문이라는 겁니다. 그런데 아시다시피 우리나라가 세계적으로 출산율이 가장 낮은 편입니다. 사실 체격도 서구인들보다는 작고요. 어폐가 있죠. 다음으로는 안전을 이야기합니다. 한국 자동차는 안전에 의구심이 있기 때문에 이왕이면 큰 차를 사야 한다는 이야기입니다. 그런데 안전 때문이라면, 독점하고 있는 모 회사 차 말고 여러 단계의 검증을 통해 더 나은 평가를 받은 다른 회사들 차를 사야 할 것 같은데, 또 그렇지는 않다는 거죠.

김 그것도 그렇지만, 수출용과 내수용이 사양이 다르다고 하지 않습니까? 사실 신뢰가 안 가죠.

조 물론 소비자가 볼모로 잡힌 측면이 있습니다. 특정 자동차 회사 그룹이 사실상 시장을 독점하잖아요? 대안이 마땅치 않다는 측면도 있고요. 그걸 고려해도 참 큰 차들을 좋아하는 것 같아요.

김 유사한 이야기지만, 아이 돌잔치를 호텔에서 몇 천만 원씩 들여서 한다는 이야기를 듣고 개인적으로 조금 욕을 했더니, 한편에서는 이런 반론도 하더라고요. 그냥 놔둬라, 그런 사람들 있으니까 관련 산업 종사자들도 먹고살고 고용도 조금씩 느는데 꼭 나쁘게 볼 필요가 있느냐, 그들 인생은 그렇게 살라고 놔두고 우리는 경제적 효과만 누리면 된다고요. 이건 어떻게 보십니까?

조 그런 이야기도 충분히 나올 수 있습니다. 사실 이런 사례들에 도덕적으로만 접근하는 것은 문제가 있습니다. 실제로 베블런의 접근에는 다소 도덕적 판단이 개입돼 있기 때문에 자칫 잘못 받아들이면 꼰대질을 할 수도 있습니다. 사실 개인이 자신의 취향에 따라 누리는 소비생활은 비판할 거리가 못 되죠. 경우에 따라서 과소비를 할 수도 있습니다. 정말 음악을 좋아하는 젊은이들이 엄청나게 비싼 외국 연주단이나 밴드의 공연을 보고 한 달을 절약하며 살 수도 있고, 정말 여행을 좋아하는 사람은 연봉의 절반을 털어서 해외여행을 할 수도 있죠. 이걸 과소비라고 비판할 수는 없겠죠. 그런 취향의 차원에서 큰 자동차를 선호하는 이들도 분명히 있을 겁니다.

김 정말 그렇군요. 어른들 보기에는 헛바람 들어서 과소비하는 철부

지로 보이지만, 사실은 정말 자기가 좋아하는 데 돈을 쓰는 경우일 수도 있으니까요. 생각보다 복잡한 문제군요.

조 그러니까 도덕적으로 비판하거나 옹호하는 것은 곤란합니다. 좀 더 냉정하게 이런 식의 과시적 소비와 모방이 현대 자본주의사회에서 어떤 의미가 있는가를 따져볼 필요가 있어요. 좀 전에 말씀하신 것처럼 사람들이 과시적으로 소비를 늘리면 소비가 진작되고 산업이 발전하지 않겠느냐 생각할 수도 있겠습니다. 문제는 이런 과시적 소비는 근본적으로 모방이자 경쟁의 성격을 띠고 있다는 것입니다. 결국 소비 행위를 통해서 우리가 경쟁 속으로 휩쓸려 들어가게 된다는 거죠.

김 아…… 감이 오는군요. 절약해서 떠나는 여행이 경쟁이 되지는 않겠군요.

조 그렇죠. 물론 과시의 대상은 시대 상황에 따라 달라지겠지만요. 이와 관련해서 아파트 이야기를 좀 해보겠습니다. 앞에서 발제할 때는 강남 아파트의 사례를 들었습니다만, 사실 강남에 사는 사람들이 다수는 아니죠. 그러나 다른 사람들도 강남에 들어가지는 못하더라도 강남 언저리 아파트에 살고 싶다는 생각들을 많이 합니다. 이런 식으로 수직적 위계가 형성되지요. 집과 관련해서는 여성들이 좀 더 민감하게 반응하는데요. 나름대로 합리적인 이유가 있습니다. 생활이 편리하다, 교통이 편리하다, 교육환경이 좋다 등등이죠. 하지만 이면에는 "나도 그런 곳(잡지에서 광고하는 유명 브랜드 아파트)에 살고 싶다."라는 욕망이 있지 않을까요?

이런 현상이야말로 베블런 식의 제도주의적 접근으로 설명할 수 있습니다. 우리나라에서 아파트라는 주거 형태가 확산되기 시작한 것이 1970년대 말, 1980년대 초반입니다. 사실 한국 정부는 이미 1960년대 말부터 아파트 정책을 추진하기 시작했습니다. 어떻게든 도시 중산층을 아파트로 밀어 넣겠다는 계획을 세웠죠. 그런데 당시 한국 사람들은 아파트를 좋아하지 않았습니다. 마당도 없고 이웃과 교류하기에도 안 좋았으니까요. 대규모 공동주택을 제대로 된 주거 형태로 바라보지 않았죠.

김 제 후배 중에도 그런 예가 있어요. 아버님이 결사반대하셔서 아파트로 이사를 못 갔죠. 아버님은 이런 이유를 댔는데요. "나는 허공에서 못 잔다. 어떻게 허공에 누워서 잠을 자냐." 그러니까 아파트를 제대로 된 주거 형태로 인정을 안 하셨다는 거예요.

조 그래서 정부가 애로를 겪었는데, 이런 태도는 제도 변화에 따라 바뀌어갑니다. 정부의 주택청약 제도 등이 큰 역할을 했고요, 여성 잡지들을 중심으로 "아파트는 여성들이 살기 좋은 곳이다."라는 담론들이 확산되기 시작했죠. 편리하고 합리적인 도시생활의 상징으로 부각되기 시작했고, 바로 이런 것들이 제도적 측면입니다. 정부와 미디어 양쪽이 중요한 역할을 했지요. 정부와 미디어가 주도해서 한국인들의 주거 문화에 대한 선호 자체를 바꿔버린 것입니다.

이런 식으로 한국 주거 문화가 아파트 문화로 바뀌고 나니 관련 경제구조 자체가 바뀌게 됩니다. 아파트는 소규모 건축업자가 지을 수 없으니까요. 결국 재벌 계열의 거대 건설사들이 주체가 됩니다. 주택시장이 거대 자본에 종속되는 결과가 나타난 것이죠. 표면적으로 보면 개인들이 아파트를 선호하게 되면서 나타난 현상이지만, 사실은 정부와 미디어, 자본의 집요한 책략과 선전이 작용했던 것이죠.

김 사실 자동차 시대, 마이 카 시대도 그렇게 열리지 않았습니까? 정부의 전폭적인 지원하에 아주 의식적으로 조장되고 연출되고 유도되었죠. 요즘엔 캠핑 열풍이 대단하던데, 캠핑도 브랜드가 난리더라고요. 캠핑 전문 브랜드들이 대대적으로 벌이는 버스 광고를 봤어요.

그런데 과시적 소비를 도덕적 잣대로만 바라봐선 안 된다는 데 동의하지만, 그렇다고 네 멋대로 하라고 내버려둬도 되는 걸까요?

조 쉽지는 않은 이야기네요. 과시적 소비와 관련해서는 사회학 분야에서 많은 연구물이 나왔습니다. 찰스 라이트 밀스(Charles Wright Mills), 피에르 부르디외(Pierre Bourdieu), 장 보드리야르(Jean Baudrillard) 같은 사회학자들이 연구했죠. 과시적 소비, 그에 대한 모방이 오로지 도덕적 측면에서만 비판받는 것은 아닙니다. 우선 과시적 소비와 모방이 우리 삶을 매우 피곤하게 만드는 측면이 있다는 점을 생각해봐야 합니다. 끊임없이 의식하고 경쟁해야 하니까요. 예를 들어 보드리야르의 관점에서 보자면 과시적 소비를 통해 우리의 주체성 자체가 완전히 거세됩니다. 사물의 위계질서 속에 인간이 포섭되기 때문입니다. 나는 어떤 차를 타는, 몇 평짜리 집에 사는 얼마짜리 사람이라는 식으로 위계의 수직적 사다리 속에 배치된다는 얘기죠.

또 다른 측면에서 보면, 우리가 경제문제를 다루면서 어떤 비판을 하거나 대안을 이야기할 때 대개 기업의 소유구조나 생산 문제를 다루는 경우는 많지만 소비 문제는 잘 다루지 않는다는 점도 문제가 있습니다. 소비가 우리의 경제생활에서 매우 중요한 영역임에도 불구하고 상대적으로 조금 폄하하는 경향이 있습니다. 그러나 소비라는 측면에서도 우리가 할 수 있는 일들이 적지 않습니다. 소비 행위를 통해서 주체성을 회복할 수도 있습니다. 합리적이라는 표현 이전에 소비는 개인의 만족의 문제입니다. 물론 무리해서 36개월 할부로 수입 외제차를 타면서 만족할 수도 있습니다. 등골이 휠 각오는 해야겠죠. 그러나 비단 등골이 휘는 문제만이 아니라 그런 소비 때문에 누리지 못하는 다른 삶의 방식을 생각해볼 필요가 있거든요. 더 진지하게 말하자면, 이런 소비 행위가 반복되다가 어느 순간에 나 자신이 차와 집에 의해 표현되는 삶을 살아가게 된다는 점을 성찰해봐야 한다는 것입니다. 나도 다른 사람들을 그렇게 보고 대한다는 말이기도 합니다. 그러니 서럽지 않으려면 이겨야죠. 그래서 사실은 과시적 소비와 모방은 자본주의의 불평등 구조를 유지하고 강화하는 강력한 기제이기도 합니다. 반면 이런 과시적 소비 대신에 다른 데에 돈을 쓰면서 즐길 수 있는 대안을 생각해보고 함께 힘을 모아본다면 삶이 달라질 수도 있지 않을까요?

김 제가 예전에 사회생활 시작할 때 선배 하나가 조언을 해줬어요. 세상을 편안하게 사는 두 가지 방법이 있다. 줄을 잘 서거나 아예 줄에서 이탈해라. 저는 전자가 안 될 것 같아서 후자를 택하긴 했는데, 사실 주변의 시선 때문에 더 어려운 면이 있어요. 나는 괜찮은데 오히려 주변에서 끊임없이 압박을 하거든요.

조 17년 된 제 차도 저는 괜찮은데 주변에서들 안쓰러워하세요.(웃음) 혼자서 게임에서 벗어나면 스스로 왕따가 되는 거니까, 어떻게 해서든 함께 할 수 있는 길을 찾아야 합니다.

김 한편 최근 업계에서 도는 이야기들, 아예 고가 정책이나 염가 정책으로 가야 승산이 있고 중간 가격 정책으로 가면 망한다는 이야기가 어쩌면 오늘 우리의 논의를 정확히 반영한다는 생각도 드는군요.

조 생각해보면 그렇습니다. 이는 또한 중산층이 무너지고 있는 비극적 현실을 반영하는 세태이기도 할 것입니다.

제도학파 경제학과 주류 경제학

베블런은 철저히 비주류 경제학자로 일관되게 살아간 사람이지만, 의외로 주류 경제학 안에 자신의 이름을 남겼다. 바로 베블런 효과라는 경제학 용어가 그것이다. 베블런 효과란 어떤 재화가 가격이 비쌀수록 수요가 증가하고, 가격이 쌀수록 수요가 감소하는 현상을 가리킨다. 이런 재화를 베블런재라고 부른다. 짐작하다시피 베블런재는 소위 명품이라고도 부르는 사치품이 대부분이다. 여기서 주류 경제학에서 설명하는 가격 결정 원리는 전혀 작동하지 않고 오히려 정반대 현상이 벌어진다.

바로 베블런이 『유한계급론』에서 통찰했던 과시적 소비에서 일어나는 현상이다. 유한계급에 속한 사람에게는 값비싼 물건을 남들이 볼 수 있도록 과시적으로 소비하는 것이 사회적 지위를 유지하는 수단이 된다. 더욱이 대중사회에서는 누가 더 부유한지 알려줄 수 있는 가시적인 표지가 없기 때문에 사람들은 더욱 과시적 소비에 집착하며, 나아가 모방이 확산된다는 것이다.

베블런 효과라는 용어를 만든 미국의 경제학자 하비 라이벤스타인은 이와 비견될 만한 두 가지 특이한 현상을 동시에 고찰하고 있다. 많이 들어보았을 밴드웨건 효과와 속물 효과이다. 밴드웨건 효과란 어떤 상품에 대한 수요가 많아지면 애초에 그 상품을 구입할 의사가 없던 소비자들까지 영향을 받아 수요가 더욱 증가하는 현상을 일컫는다. 유행이라는 현상이다. 지금은 스마트폰을 사용하지 않는 사람을 찾기 어려울 정도로 스마트폰이 대세지만, 사용자들 중 정말로 스마트폰이 꼭 필요해서 소위 '합리적 선택'을 한 사람은 몇 명이나 될까?

대부분은 남들도 사니까 따라서 샀을 것이다.

속물 효과는 이와는 정반대 현상이라고 할 수 있다. 소비의 모방이 확산되어 과시적 소비가 더 이상 불가능해지고, 신분, 계급, 취향의 차별화 수단으로서 효용을 상실하면 일부 부유층들은 누구나 소비할 수 있는 상품의 구매를 중단해 버린다. 그로 인해서 수요가 줄어드는 현상을 속물 효과라고 부른다. 이들은 이제 남들이 쉽게 살 수 없는 또다른 값비싼 상품을 찾아서 이동한다.

주류 신고전파 경제학에서는 이런 현상들을 소비자 행동 이론에서의 '예외'로 처리한다. 현상이 실제로 존재하니 부정할 수는 없지만, 자신들의 가장 기초적인 가정인 수요공급에 따른 가격 결정 원리와 맞지 않으니 예외로 처리할 수밖에 없는 것이다. 왜 예외인지, 나아가 예외로 처리할 정도로 간단한 현상인지, 경제학 개론 수준에서 살펴보자.

신고전파 경제학 수요 이론의 핵심 가정은 소비자의 선택이 서로 영향을 주고 받지 않은 채 상호 독립적으로 결정되고(방법론적 개인주의), 소비자의 선호는 미리 주어져 있다는 것이다(즉 소비자의 선호 변화는 고려되지 않는다). 요컨대 소비자는 다른 소비자의 행동에 영향을 받지 않고 자신의 선호(무차별곡선)와 가용한 예산액(예산선)에 입각하여 재화의 소비 여부를 결정하며, 해당 재화의 가격 변화에 따라 소비량(수요량)이 결정된다. 소비자는 예산 제약 아래서 자신의 효용 수준을 극대화하는 합리적인 선택을 한다는 것이 소비자 행동의 기본 이론이다. 즉 이때 수요량의 변화는 수요곡선상의 이동으로 나타난다. 반면 수요곡선 자체의 변화는 소득의 변화(가용한 예산액의 변화=소득효과)나 다른 재화(대체재나 보완재)의 가격 변화에 영향을 받아 나타난다.

반면 베블런 효과, 밴드웨건 효과, 속물 효과 등은 소득 효과나 대체제, 보완재의 상대가격 변화와는 상관없이 발생하며, 수요곡선상의 변화로 나타나는 게 아니라 수요곡선의 형태 자체를 변화시킨다. 풀어서 말하자면 이런 현상들이 일어날 때 소비자의 선택은 독립적으로 결정되지 않고, 타자의 선호에 의해 자신의 선호가 변화하는 양태를 보인다. 신고전파 경제학의 입장에서 보면 소비자들은 비합리적 선택을 하게 되는 것이다.

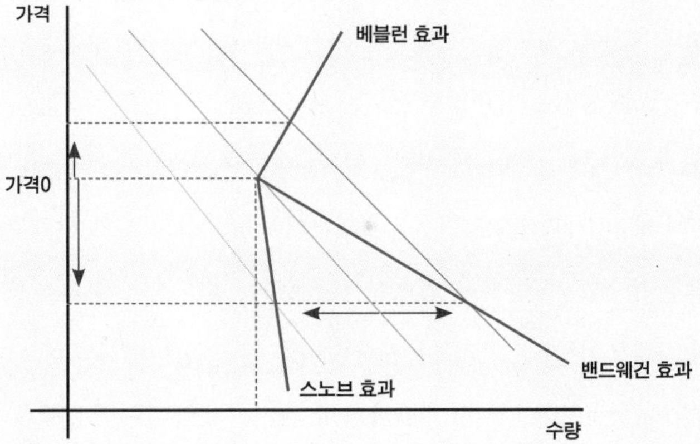

물론 신고전파 경제학은 이런 현상을 예외로 치부하려 애쓴다. 하지만 조금만 현실적으로 생각해보자. 유행과 광고라는 두 가지 거대한 요인만 고려해보아도 소비자가 타인, 외부의 영향을 받지 않고 독립적으로, 합리적으로 선택한다는 가정이 얼마나 비현실적인지 알 수 있다. 그럼에도 불구하고 신고전파 경제학은 아무도 없는 진공 속에서 미리 주어지고 변화하지 않는 선호를 가진 고독한 개인이 계산기처럼 합리적으로 행동하는 것이 경제활동의 본질이라고 고집한다.

세상을 아는 경제학자 베블런은 그런 공상을 결코 받아들이지 않았다. 베블런은 인간을 고립돼 있는 합리적 계산기가 아니라 서로 관계를 맺고 상호작용하는 가운데 사회적 경험과 습관, 관습 속에서 행동하는 현실적 존재로 파악했다.

각자는 개인이지만, 상호작용 속에서 형성된 습관과 관습을 벗어나서 행동할 수는 없다. 아니, 반대로 그러한 습관, 관습이야말로 개인을 행동하게 만드는 중요한 조건이 된다는 것이 더 정확한 표현일 것이다. 베블런은 이런 습관, 관습 등을 제도라고 불렀다. 베블런은 『유한계급론』에서 제도를 "개인과 상품의 특정한 관계들과 특정한 기능들과 관련하여 널리 퍼진 사고의 습관"으로 정의한다.

제도란 우리의 행동을 규제하는 법률적 원리는 물론 관습을 포함한 행동과 실천의 규칙들 일반을 일컫는다. 따라서 제도는 본성상 사회적, 문화적 과정 속에서 형성된다. 또 우리의 경제행위는 이런 제도들에 의해 가능하고 결정된다. 따라서 베블런의 제도경제학에 따르면 자본주의경제는 어떤 정치, 사회, 문화적 영향도 받지 않는 투명한 가격기구만을 통해서 작동하는 것이 절대 아니다. 사소한 습관에서 거대한 정치에 이르기까지 사회의 각종 제도가 경제를 모양 짓고 우리의 살림살이를 좌우한다. 나아가 관습과 문화, 정치의 변화에 따라 경제 체계는 미시적, 거시적으로 변동한다. 따라서 참된 경제 분석은 반드시 제도 연구와 결합해야 한다. 또 제도 연구는 필연적으로 이 제도들의 형성과 변화에 대한 역사적 연구와 결합해야 한다. 신고전파 경제학이 경제를 마찰 없이 영원히 작동하는 기계적 체계로 보고 물리학적으로 파악한다면, 제도경제학은 경제를 인간들의 상호작용 속에서 끊임없이 진화하는 유기체로 이해하면서 생물학적으로 파악하고자 한다.

제도에 대한 베블런의 관심은 현대 자본주의경제의 핵심 제도인 기업에 대한 관심으로 이어졌다. 사실 기업이라는 현상은 신고전파 주류 경제학의 가장 거대한 블랙홀이자 수수께끼이며 이론적 약점이다. 신고전파 경제학이 찬미하는 시장은 수평적 개인들 간의 평등한 교환관계의 소산인 반면, 기업은 수직적인 위계, 즉 권력관계로 이루어진 명령 경제 조직이기 때문이다. 시장에는 어떤 계획도 존재하지 않지만, 기업의 경우 생산량과 판매량에 대한 예측과 계획이야 말로 핵심인 요소다. 자본주의 시장경제를 움직이는 핵심 제도는 가장 반시장적인 조직인 기업인 것이다. 마르크스는 이미 일찍이 이런 모순을 통찰한 바 있다.

반면 신고전파 경제학이 가정하는 합리적이고 효율적인 시장에서는 기업이라는 위계 조직이 등장할 이유가 없다. 생산하는 개인들은 1회의 생산마다 가장 유리한 조건을 제시하는 상대방을 효율적인 시장에서 찾기만 하면 된다. 예를 들어 자동차를 만들어 팔고 싶은 개인은 한 대를 만들 때마다 시장에서 원자재 하나씩을 가장 유리한 조건을 제시하는 이전 생산자에게 구매하고, 그때마다 가장 싼 임금을 받겠다는 노동자를 고용해서 일을 시키면 된다. 그다음 자동차를 만들 때는 이 과정을 새로 시작하는 것이 가장 효율적이다. 어제 싸게 판 사람이 오늘도 가장 싼 가격을 제시하는 것은 아니고, 시장 어딘가에는 더 싼 가격에 원자재나 노동력을 팔겠다는 판매자가 있을 수 있기 때문이다.

그래서 신고전파 경제학에서는 기업을 설명하지 않은 채 그냥 개인처럼 행동한다고 가정한다(이를 '개인을 기업처럼 의제한다'고 표현한다). 하지만 이는 설명하지 못하는 현상을 무시한 채 넘어가는 것이다. 이 문제는 이후 제도주의를 계승한 로널드 코스(Ronald Coase)에 의해 거래비용경제학-신제도주의에서 해명된다. 간단히 요점만 말하자면 시장이 완벽히 효율적인 기구라는 생각, 즉 시장기구를 이용하는 거래 비용이 0이라는 신고전파 경제학의 가정이 망상에 불과하다는 점만 짚고 넘어가자.

베블런이 주목했던 현상은 이른바 산업에 대한 영리 활동의 사보타지였다. 베블런은 산업이란 인간의 역사에서 언제나 존재해온 물질적 복리의 증진 활동인 반면, 영리 활동은 상업에서 파생된 것으로서 본질적으로 생산이나 근대적 산업과는 아무런 관련이 없는 현상이라고 파악했다. 이 두 현상은 18세기 영국에서 소생산자들이 자신들이 생산한 물건을 직접 판매하면서부터 결합했다. 하지만 산업혁명 이후 경제 전반을 대규모 주식회사가 지배하게 되면서 산업 자체를 영리 활동이 지배하게 되는 주객전도 현상이 나타나게 되었다는 것이다. 이후 경제는 생산이라는 산업적 목적이 아니라, 이윤 극대화라는 영리적 목적에 종속된 기업에 의해 지배되고 있다. 사회 공동체의 물질적 복리 증진이 아니라 자신들의 영리가 목적인 기업이라는 조직은 필요하다면 언제든지 물질적 복리 증진이라는 사회적 목적에 대해 사보타지를 감행한다. 이를 베블런은 주의 깊은 효율성 철회라고 불렀다. 기업은 자신의 목적을 위해서라면 얼마든지 의도적으로 사회의 효율성을 희생시킨다는 것이다. 이런 기업들이 지배하는 사회가 현대 자본주의사회라는 것이 베블런의 비판적 통찰이었다.

제도경제학은 경제학계에서 오랫동안 비주류 중의 비주류로서 소외되어 있었고, 베블런은 단지 베블런 효과라는 예외 현상으로만 기억되었다. 오히려 베블런을 기억하고, 그의 통찰을 적극적으로 이어나간 학문은 사회학이나 인류학 같은 학문들이었다. 하지만 현대에 들어서 제도경제학이 부활하고 있다. 신고전파 경제학의 방법론적 개인주의를 수용함으로써 완전히 주류 경제학 속에 안착해버린 거래비용경제학-신제도주의는 논외로 하더라도, 현대의 '신'구제도주의나 진화경제학 등은 베블런의 통찰을 이어나가면서 현대 자본주의에 대한 비판적 통찰을 주고 있다. 베블런은 여전히 살아 있다.

더 읽을 거리

『유한계급론: 문화 · 소비 · 진화의 경제학』
소스타인 베블런, 원용찬 옮김, 살림, 2007.

『자본의 본성에 관하여 외』
소스타인 베블런, 홍기빈 옮김, 책세상, 2009.

『소비의 사회: 그 신화의 구조』
장 보드리야르, 이상률 옮김, 문예출판사, 1992.

『구별짓기: 문화와 취향의 사회학』
피에르 부르디외, 최종철 옮김, 새물결, 2005.

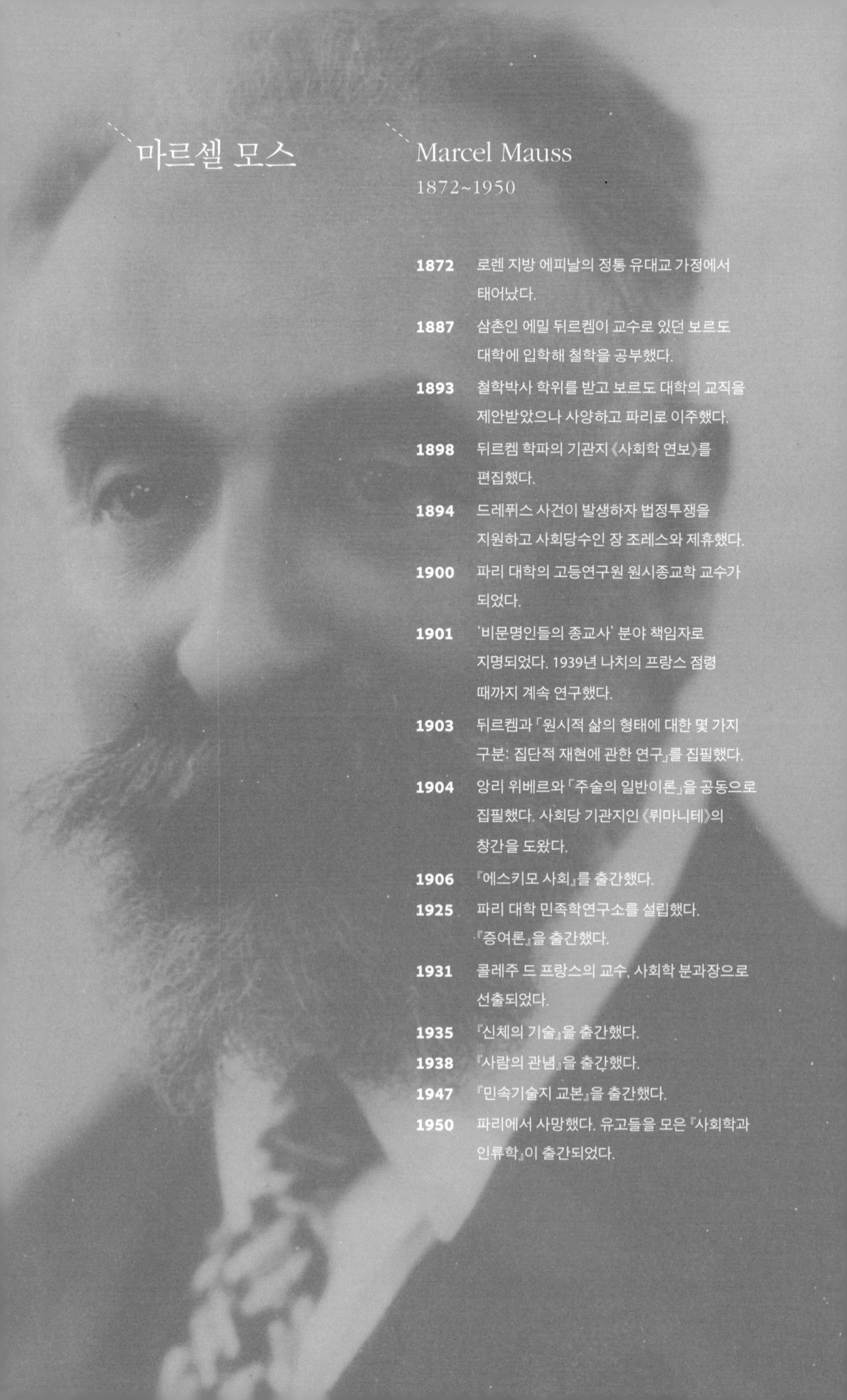

마르셀 모스

Marcel Mauss

1872~1950

1872 로렌 지방 에피날의 정통 유대교 가정에서 태어났다.

1887 삼촌인 에밀 뒤르켐이 교수로 있던 보르도 대학에 입학해 철학을 공부했다.

1893 철학박사 학위를 받고 보르도 대학의 교직을 제안받았으나 사양하고 파리로 이주했다.

1898 뒤르켐 학파의 기관지《사회학 연보》를 편집했다.

1894 드레퓌스 사건이 발생하자 법정투쟁을 지원하고 사회당수인 장 조레스와 제휴했다.

1900 파리 대학의 고등연구원 원시종교학 교수가 되었다.

1901 '비문명인들의 종교사' 분야 책임자로 지명되었다. 1939년 나치의 프랑스 점령 때까지 계속 연구했다.

1903 뒤르켐과「원시적 삶의 형태에 대한 몇 가지 구분: 집단적 재현에 관한 연구」를 집필했다.

1904 앙리 위베르와「주술의 일반이론」을 공동으로 집필했다. 사회당 기관지인《뤼마니테》의 창간을 도왔다.

1906 『에스키모 사회』를 출간했다.

1925 파리 대학 민족학연구소를 설립했다. 『증여론』을 출간했다.

1931 콜레주 드 프랑스의 교수, 사회학 분과장으로 선출되었다.

1935 『신체의 기술』을 출간했다.

1938 『사람의 관념』을 출간했다.

1947 『민속기술지 교본』을 출간했다.

1950 파리에서 사망했다. 유고들을 모은 『사회학과 인류학』이 출간되었다.

선물 경제는 가능한가

10강

강의

오늘은 프랑스의 인류학자이자 사회학자인 마르셀 모스가 『증여론』이라는 저서에서 탐구한 증여, 선물의 경제학을 생각해보겠습니다. 선물, 참 좋죠? 그래도 한 가지는 분명히 하고 시작하겠습니다. 선물하고 뇌물은 구별하겠습니다. 뇌물은 경제학보다는 범죄학에서 다뤄야 할 문제일 테니까요.

선물, 참 기분이 좋아지는 단어죠. 선물을 받으면 기쁘지만, 줄 때도 기분이 좋습니다. 내 주머니에서 돈이 나가는 일인데도 기분이 좋아지는 일이니 참 신기하죠? 일반적인 경제학과는 무언가 다른 원리, 신비한 힘이 있는 듯합니다. 현대사회에서도 선물 경제, 증여 경제가 작동합니다. 이웃, 친지가 혼인이나 장례처럼 큰일을 치르게 되면 서로 부조를 합니다. 주는 사람 입장에서는 적은 돈을 지출하지만, 받는 사람 입장에서는 제법 큰 도움이 됩니다. 평소에 친지, 이웃에게 나누어 맡겨놓은 돈이 회수된다고 생각해도 좋을 듯합니다. 경제적으로 보면 그렇지만, 단지 그런 이점만을 생각한다면 평소에 저축해두거나 보험을 들면 되죠. 부조는 그 이상의 의미가 있습니다. 혼인이나 장례 때 들어오는 부조를 보면 한 사람의 인간관계를 알 수 있으니까요. 선물의 경제학에서는 인간관계가 핵심입니다.

증여와 선물의 원리는 매우 이상하고 신비롭습니다. 여기서 제일 중요한 제1원리, 선물이 즐거운 일이 되는 원리는 의무가 아니라 자발적인 행위라는 것입니다. 선물하는 사람—조형근이라고 하죠—은 의무라서 억지로 하는 것이 결코 아닙니다. 선물의 정의상 그렇습니다. 그냥 즐거워서 선물을 하지요. 그래서 결코 답례를 바라지 않습니다. 답례가 의무가 되면, 선물이 아니라 교환이고 투자가 되잖아요. 그러면 즐거울 수가 없습니다.

선물이란 대가를 바라지 않고 주는 것이니, 받는 사람—김종배라고 하죠—입장에서는 더욱 고맙고 선물한 사람을 높이고 칭송하게 됩니다. 선물을 하는 사람이 바라는 바가 있다면 경제적 대가가 아니라 아마도 이런 사회적 인정이겠지요.

하지만 특별한 사정이 없다면 선물을 받은 김종배 씨는 마땅히 답례를 하는 것이 도리입니다. 원래 답례는 의무가 아니지만, 답례를 안 하면 경우 없는 인간이 되기 때문에 결국 의무'처럼' 됩니다. 언제, 어느 정도로 답례를 해야 좋은지는 분명치 않습니다. 선물을 받은 직후 동일한 가격의 선물로 답례하면 절대로 안 됩니다. 이는 상대의 선물에 대해 시장 교환이라는 방식으로 응한 것이고, 모독이 됩니다. 그러니까 선물을 받은 고마움을 충분히 느낄 만큼의 시간이 지난 다음, 받은 선물과 비슷하거나 조금 더 비싼 선물을 하는 것이 이상적입니다.

이렇게 김종배 씨는 조형근 씨에게 답례를 하게 됩니다만 원래 증여는 답례가 의무인 행위가 아니기 때문에, 이는 엄밀하게 말하면 답례가 아니라 새로운 선물하기의 시작이 됩니다. 이제 답례하는 김종배 씨는 선물하는 사람으로서 즐거움을 느끼고, 조형근 씨는 고마움을 느끼면서 김종배 씨를 칭송하게 되죠. 만약 김종배 씨가 조형근 씨에게 답례를 한 거라면 이 교환은 여기서 끝납니다. '받은 것 돌려주마' 하고 끝나는 거죠. 시장 교환하고 똑같은 것입니다. 하지만 김종배 씨는 답례가 아니라 새로운 선물을 했습니다. 그래서 조형근 씨는 또다시 답례의 의무는 없지만 선물을 받았기 때문에 답례를 해야 한다는 의무감을 느끼게 됩니다. 증여의 경제는 이런 방식으로 순환하면서 지속되고 확대재생산됩니다. 증여의 경제에서는 물건이 교환될수록 고마움이 깊어지고 상대를 더욱더 칭송하면서 유대관계가 점점 깊어집니다.

모스는 북아메리카 원주민들의 포틀래치를 포함한 여러 인류학적 증거들로부터, 증여를 통한 경제가 대규모로 광범위하게 지속될 수 있음을 발견합니다. 그는 좀 더 진지하고 적극적으로 연구에 나서 이런 선물 주고받기의 경제, 호혜 경제가 산업화된 현대사회에서도 지속될 수 있다고 믿게 되었습니다. 예를 들어 고용주와 노동자의 관계가 노동시장에서 임금을 주는 관계로 끝나서는 안 된다고 보았습니다. "고용주가 노동자에게 임금을 지급함으로써 모든 의무가 끝나는 것이 아니다. 고용주, 공동체, 국가는 노동자의 협력을 통해 노동자의 실업, 질병, 노령화 및 사망에 대한 일정한 생활보장을 노동자에게 해주어야 한다."라고 말했지요. 모스는 현대적인 의미에서의 사회복지국가를 매우 일찍이 주창한 선구자였습니다. 복지국가를 과거의 '고귀한 지출의 전통'에 기반한 호혜적인 선물 경제의 현대적인 작동 형태로 보았죠. 또 협동조합 운동의 열렬한 지지자로서 사람들이 이기적 인간에 머무르지 않고 서로를 돕는 인간이 될 수 있다는 신념을 평생 지켰습니다. 선물 경제는 원시인이나 할 수 있는 것일까요? 그들보다 수만 배 풍요로운 현대인은 왜 할 수 없을까요? 어쩌면 야만인은 그들이 아니라 우리일지도 모르겠습니다.

폭력 혁명보다 협동조합에서 미래를 본 인류학자

김 역시 마르셀 모스의 인물 탐구부터 시작해보겠습니다. 모스를 이해하기 위해서는 사회학의 대가 에밀 뒤르켐(Émile Durkheim)을 언급하지 않을 수 없는데요. 뒤르켐이 바로 모스의 삼촌이었죠? 그런데 뒤르켐이 맞나요? 뒤르켕이 맞나요? 표기가 혼란스럽더라구요.

조 옛날에는 프랑스 사람이라고 대개 뒤르켕으로 표기했는데요, 요즘 책들에서는 대부분 뒤르켐으로 표기하고 있습니다.

김 무슨 사연이라도 있나요?

조 뒤르켐이 프랑스의 로렌 지방 출신이라는 점이 중요합니다.

김 아, 알퐁스 도데의 「마지막 수업」에 나오는 곳 아닌가요?

조 네, 그렇죠. 독일과 프랑스 접경이고, 두 나라의 복잡한 역사가 얽혀 있는 지역이죠. 뒤르켐을 프랑스 식으로 읽으면 뒤르켕, 독일식으로 읽으면 두르카임이 되는데요, 이게 섞여서 뒤르켐이라고 발음한다는군요. 한국의 원로 사회학자 한 분이 프랑스에 가서 수소문한 끝에 후손을 찾아서 확인했다고 하니 정확하겠죠.

모스와 뒤르켐의 관계는 매우 각별했습니다. 뒤르켐이 모스의 삼촌이자 스승이었으니까요. 모스의 고향도 로렌 지역이었습니다. 그는 보르도 대학으로 진학했는데요, 공부를 상당히 잘했는데도 파리에 있는 대학을 가지 않고 지방 대학을 간 거죠. 바로 삼촌 때문입니다. 당시 뒤르켐이 보르도 대학의 교수였고요, 삼촌의 권유를 따른 겁니다. 그래서 모스는 뒤르켐의 지도를 받게 됐습니다. 이후 학교를 졸업하고 파리로 유학을 가서도 삼촌의 조교처럼 일했습니다. 실제로 뒤르켐의 유명한 저작인 『자살론』(통계학적 사회학의 선구적 저작)에 나온 수많은 자료들(표, 그래프 등등)을 거의 모스가 만들었다고도 해요.

김 엄청 부려먹은 거 아닙니까?

조 사실 그런 관계에서는 부려먹었다고만 할 수는 없지 않을까요? 진심으로 존경하고 마음에서 우러나와서 한 일일 수 있죠. 어느 순간부터는 조교라기보다는 동료가 됩니다. 『사회학 연보』의 편집 업무도 함께 하지요. 물론 뒤르켐이 모스를 상당히 닦달했다는 이야기도 들려옵니다. 물론 일 시켜먹으려고 그랬던 것만은 아닙니다.

우선 정치적 입장이 달랐습니다. 뒤르켐은 공화주의자였을 뿐 사회주의자는 아니었습니다. 당시 프랑스의 지식계는 복고적 왕당파와 싸우던 분위기였는데, 뒤르켐의 경우 좌파 성향이 있었지만 절대 사회주의자는 아니었습니다. 반면 모스는 사회주의자였습니다. 사회주의사상을 가졌을 뿐만이 아니라 열심히 실천한 인물입니다. 삼촌이 보기엔 이런 조카가 마음에 들지 않았던 거죠. 그래서 꽉 붙잡아 놓고 공부를 열심히 시켰던 것입니다. 또 하나, 모스가 혼인을 하지 않고 독신으로 살아가는 것도 답답하게 여겼다고 합니다. 모스의 부모와 뒤르켐이 합심해서 들들 볶았다고 합니다. 혼인을 하지 않았던 이유를 자세히 알 순 없습니다만, 모스는 공부와 사회활동에 열심이었을 뿐만 아니라 취미도 다양했다고 합니다. 보헤미안 스타일이었다고 해요. 음악과 미술에 대한 조예도 상당히 깊었습니다. 아마도 자신에겐 결혼 생활이 어울리지 않는다고 여겼던 것 같습니다. 하지만 평생 독신은 아니었죠. 예순넷이 되던 1934년에 마르트 뒤프레라는 여성과 혼인했으니까요. 어머니는 몇 해 전에 사망했고, 삼촌인 뒤르켐은 그보다 훨씬 전인 1917년에 사망했습니다.

김 모스가 사회주의자라고 말씀하셨는데, 어떤 식으로 활동했나요?

조 아주 젊은 나이에 프랑스 사회당에 가입했습니다. 당시는 사회당과 공산당이 분리되기 전입니다. 그러니까 당시 사회당에는 마르크스주의자와 비마르크스주의자들이 섞여 있었습니다. 모스는 폭력 혁명과 프롤레타리아독재 노선에 동의하지 않는 비마르크스주의자에 속했습니다.

김 독일의 카를 카우츠키(Karl Kautsky)나 에두아르트 베른슈타인(Eduard Bernstein) 같은 사회민주주의자에 가까운 사람이었나요?

조 그들과도 달랐습니다. 사민주의자들이 여전히 고수하던 국유화 같은 노선보다는 협동조합, 사람들의 상호 연대, 호혜적인 교환 쪽에 관심이 더 많았습니다. 모스가 생각한 사회주의는 이른바 민주적 사회주의였는데, 한마디로 자본주의와는 달리 서로의 관대함과 관용이 기초가 되는 체제라고 할 수 있습니다.

김 공상적 사회주의를 좀 더 정교하고 세련되게 다듬었다고 할 수 있을까요?

조 일견 유토피아적 측면이 있다고 볼 수도 있겠죠. 마르크스의 경우 자본주의에서는 사회주의 생산양식이 성장할 수 없다는 입장이잖아요? 봉건제에서는 자본주의 생산양식이 발전할 수 있는데 이와는 뚜렷이 대비된다는 거죠. 마르크스 입장에서는 헛된 희망을 심어주는 개량주의 운동으로 볼 수도 있겠군요. 그런데 모스는 정치혁명과 폭력 혁명, 프롤레타리아독재를 하지 않고도 새로운 체제로 나아갈 수 있다고 생각했습니다.

김 아, 이건 모스의 사상을 다루면서 좀 더 깊이 이야기해야겠군요. 사회주의 운동과 관련해서는 어떤 일을 했나요?

조 사회주의 계열 잡지를 열심히 편집했다고 해요. 《르 포퓔레르》나 《뤼마니테》, 《르 무브망 소샬리스테》 같은 잡지들이죠. 특히 세 번째 잡지의 경우는 프랑스 사회주의 운동의 중요한 지도자인 조르주 소렐(Georges Sorel)과 함께 만들었다고 합니다. 《뤼마니테》는 프랑스 공산당의 독립 기관지로서 지금도 발행되고 있습니다. 프랑스 주요 언론 중 하나죠.

김 모스와 관련해선 그 유명한 드레퓌스 사건을 언급하지 않을 수 없죠?

조 모스가 사회당에 가입했던 1894년에 드레퓌스 사건이 발생합니다. 이때 사회당 지도자인 장 조레스(Jean Jaurès) 같은 진보적 지식인들이 드레퓌스(Alfred Dreyfus)의 무죄를 주장하면서 드레퓌스 편에 섰는데 모스도 입장을 발표하고 글도 쓰는 등 일찍이 분명한 입장을 드러냈지요. 드레퓌스 사건은 막 정치 활동에 나섰던 20대 초반의 모스에게 가장 큰 영향을 미친 사건이라고 할 수 있습니다.

김 모스도 유대인이었나요?

조 예, 그렇습니다. 삼촌 뒤르켐도 마찬가지였고요. 하지만 뒤르켐이나 모스 모두 평생에 걸쳐 유대인의 정체성을 내세우진 않았습니다. 둘 다 유대교를 믿지 않았고요. 드레퓌스 사건에서도 유대인이라서 그를 지지했다고 볼 수는 없고, 당시 프랑스의 진보적 지식인들이라면 누구나 드레퓌스 편에 섰습니다. 뒤르켐도 사회주의자는 아니었지만, 명백히 드레퓌스를 지지했으니까요.

김 그렇군요. 드레퓌스 사건에 대해서도 간단히 살펴볼까요?

조 드레퓌스 사건은 잘 알려져 있으니까 간단히 요약해보겠습니다. 1894년 프랑스 육군 대위 드레퓌스가 적국 독일에 기밀을 넘긴 스파이 행위 혐의로 체포됐습니다. 하지만 이 사건은 처음부터 문제가 많다는 게 드러나고 있었죠. 군부가 무리하고 있는 양상이 눈에 보일 정도였습니다. 이 사건에는 반독 감정과 반유대주의 정서가 결합되어 있었죠. 유대계인 드레퓌스를 희생양으로 삼으려는 의도가 드러나고 있었습니다. 이윽고 재판 과정에서 드레퓌스가 무죄라는 증거들이 계속 드러납니다. 그럼에도 군사법정은 절대 인정하지 않았습니다. 진범인 에스테르하지 소령의 문서 날조가 드러났음에도 그를 풀어주고 드레퓌스는 남미의 섬에 유배시킵니다.

당시 프랑스 신문에 이런 만평이 실렸습니다. 가족들이 둘러앉아 식사를 하는데 아들이 무슨 이야기를 하려고 입을 벌리려는 순간 아버지가 "드레퓌스 얘기는 밥 먹을 땐 하지 말자!"라고 일갈하는 내용입니다. 이럴 정도로 나라 전체가 완전히 발칵 뒤집히고 쪼개졌습니다. 이때 에밀 졸라(Émile Zola)가 「나는 고발한다」라는 유명한 칼럼을 쓰면서 프랑스의 양심적 지식인들이 드레퓌스 구명 운동에 나섰습니다. 졸라는 결국 군부의 명예를 훼손했다는 혐의로 1년형을 선고받고 영국에 망명하게 됩니다. 졸라의 집에 군중들이 몰려와 돌멩이를 던지는 일도 많았고요. 이런 식으로 초기엔 모스를 비롯해서 졸라를 옹호했던 사람들은 거의 모두 비난과 박해를 받았죠. 드레퓌스는 감형에 이어 특별사면으로 석방되었지만 계속 무죄를 주장하여 재심을 받았고 1906년에야 무죄를 선고받게 됩니다.

이 사건은 프랑스 현대사에서 매우 중대한 의미가 있습니다. 프랑스혁명 이후 약 100년간 진행된 왕당파, 종교적·반동적 우파들의 저항이 최종 분쇄되었다는 의미에서 프랑스혁명의 완성으로 볼 수도 있습니다. 이때부터 프랑스인들에게 공화주의는 절대 무로 돌릴 수 없는 가치로 받아들여집니다. 나아가 유럽사 차원에서도 공화주의의 확립, 정치와 종교의 분리, 언론의 역할 등의 인식을 확립하는 중요한 계기가 되었죠. 그런데 인간의 역사가 꼭 순탄치가 않아서, 쓰라린 역사가 이후에도 계속되기는 합니다.

김 어떤 곡절이 있었나요?

조 드레퓌스에게는 애지중지하던 마들렌 레비라는 손녀가 있었습니다. 학교 다닐 때 역사 선생님이 드레퓌스 사건을 설명하면서 드레퓌스를 '유대인 장교'라고 말하자, 벌떡 일어나 '프랑스인 장교'로 고쳐달라고 했을 정도로 당찬 손녀였죠. 2차대전 당시 프랑스가 독일에게 점령당하면서 나치의 괴뢰인 비시정부가 들어섭니다. 이 정부의 고위층 인사 중 상당수는 1890년대에 젊은 나이로 반드레퓌스파에 섰던 이들이었습니다. 반유대주의자, 인종차별주의자들이었죠. 그들은 7만 명의 유대인을 아우슈비츠로 보냅니다. 그중에 마들렌이 있었고 그녀는 1944년에 아우슈비츠에서 사망합니다.

김 드레퓌스 사건이 종결된 후에도 반유대주의가 완전히 사지지진 않았군요. 그만큼 인종차별주의가 뿌리 깊었나 봅니다.

조 달리 말하면, 자기 사회의 치부를 고발하는 사람들이 할 일도 그만큼 많다는 얘기겠죠.

김 모스 개인은 어땠나요? 혹시 보복을 당하지는 않았나요?

조 그렇지는 않았던 것 같아요. 학계에서도 최고로 성공했습니다. 콜레주 드 프랑스 교수를 지냈으니까요. 프랑스에서 콜레주 드 프랑스 교수가 되었다면 한 분야에서 최고로 인정받는다는 얘깁니다. 교수가 몇 명 안 돼요.

김 소르본 대학 교수가 최고 아니었던가요?(웃음)

조 콜레주 드 프랑스는 일반 대학이나 그랑제콜과는 성격이 다릅니다. 교수들은 자기가 원하는 한 과목만 공개 강의를 하면 됩니다. 학생도 따로 없어요. 그러니까 학사관리 하느라 신경 안 써도 되죠. 대신 전국, 때로는 전 세계에서 유명 학자들과 학생들이 이 유명하신 교수님 강의를 들으러 옵니다.

김 그렇군요. 꽤나 행복했던 인생이네요. 신념에 따라 실천하면서 사회적으로도 성공하고, 늦장가도 가고.(웃음)

조 꼭 그렇지는 않았던 것 같아요. 1차대전 때 절친한 동료들이 많이 전사합니다. 특히 촉망받던 사회언어학자였던 뒤르켐의 외아들, 그러니까 모스의 사촌이 발칸전투에서 전사해 큰 충격을 받았지요. 수제자들과 아들을 잃은 뒤르켐은 너무나 상심한 나머지 1917년에 사망합니다. 그런데 2차대전 중에는 모스의 제자들이 독일군에게 사살당해요. 이후에 모스의 지적 활동은 급격히 쇠퇴했고 결국 1950년 파리에서 사망합니다. 삼촌이자 스승이었던 뒤르켐과 너무나 닮은 길을 걸었지요. 안타까운 일입니다.

김 전쟁이란 괴물이 만든 흉포한 비극이군요. 모스는 사회주의자이면서 동시에 열성적인 협동조합 이론가이자 운동가로 열심히 활동했다는데 이 내용도 간단히 설명해주시겠습니까?

조 열성적인 협동조합 운동가로서 곳곳에서 협동조합 설립에 참여했습니다. 특히 파리의 소비자 협동조합 설립에 중요한 역할을 했고요. 역시 학자였기 때문에 벨기에와 영국, 이탈리아 등 유럽의 다른 나라들의 협동조합 상황을 연구해서 장점과 단점들을 찾아내고 개선하려는 연구를 상당히 많이 진행했습니다. 더불어 프랑스 사회주의 운동의 일환으로 노동조합운동에 관한 연구도 진행했습니다. 모스는 노동조합 설립 운동에 나섰고 노동자들이 노동조합뿐만 아니라 자조적인 경제조직을 만들어야 한다는 점도 강조했습니다.

김　자조적인 경제조직은 무엇입니까?

조　정통 마르크스주의와 완전히 차별되는 지점인데, 소위 프롤레타리아의 해방이란 자본주의 내부에서 시작된다고 주장했습니다. 노동자가 스스로 만든 경제조직인 노동조합과 협동조합을 통해 인간적 가능성을 확인하고 서로 신뢰하면서 연대의 힘을 발휘하게 된다는 겁니다. 이를 통해 자본주의에서 사회주의로 이행할 수 있는 토대를 형성할 수 있다고 봤습니다. 그런 점에서 이런 활동들은 반드시 필요하다는 입장이었어요. 인용을 좀 해볼까요?

> 노동자 경제조직이 없이는 정치행동의 굳건한 토대를 구축할 수 없다. 노동자 경제조직을 통하여 프롤레타리아의 완전한 해방이 자본주의 사회 내에서 시작되며, 사회주의자의 협동조합과 노동조합이 미래사회의 토대가 된다. (……) 오늘날 노동조합과 협동조합 활동을 통한 성과는 눈부실 정도이며, 사회주의의 힘과 저항, 즉 새로운 탄생의 수단이 된다. 그리고 경제조직은 미래사회의 유지를 보증하는 역할을 한다(「사회주의자 운동」, 1899).

김　최근 들어서 신자유주의 비판 운동이 많이 등장하는데, 이런 조직 가운데 하나가 모스의 이름을 땄다고 하죠?

조　모스라는 조직이 있습니다. MAUSS(Mouvement Anti-Utilitariste dans les

Sciences Sociales)라고 하는데요. 우리말로 번역하면 '반공리주의 사회과학 운동' 정도가 됩니다. 모스의 사상을 따르겠다는 의미로 일부러 이니셜을 이렇게 맞추었는데요. 1990년대에 알랭 카이예(Alain Caillé)라는 학자의 주창으로 시작됐습니다. 유럽의 사회학자, 인류학자, 철학자, 경제학자들이 미국과 영국이 주도하는 신자유주의의 공세(시장지상주의, 사회복지에 대한 공격 등)에 맞서기 위해 만든 조직입니다. 모스의 사상에 입각하여 상호 연대와 호혜의 운동 기반을 만들자는 취지에 따라 설립했지요. 《모스 평론》이라는 잡지도 내고 자율적 민주주의 운동, 자율적 공동체주의를 지향하는 다양한 활동을 벌이고 있습니다. 복지 축소 정책에 대한 대응으로 모든 시민들에게 2만 달러의 착수금을 주는 기본소득 보장을 주장하기도 했습니다.

모스는 『증여론』의 저자로 잘 알려져 있지만, 폭넓은 사회적 실천을 생각해보면 우리는 그를 매우 좁게 해석해왔다고 보아야 합니다. 원주민들은 이런 식으로 살고 있음을 인류학적으로 잘 밝혀낸 사람이다 정도로 생각해왔을 뿐, 모스가 우리 미래에 대한 실천적 대안과 전망을 제시했다는 사실은 받아들이지 않았어요. 이들은 모스의 그런 면모를 재평가한 거죠. 칼 폴라니에 대한 재평가에도 이들이 상당히 기여했고요.

김 결국 신자유주의가 폴라니와 모스를 재평가하는 데 길을 열어준 거로군요?

조 그렇죠.

쫄딱 망할수록 존경받는 경제

김 이제 모스의 경제사상을 본격적으로 살펴볼까요? 모스의 『증여론』 하면 포틀래치가 유명합니다. 포틀래치는 무엇이지, 어떤 맥락에서 증여 경제의 전형적인 사례로 삼을 수 있는지 간략히 설명해주시겠습니까?

조 영어 표현에 포틀럭 파티가 있는데, 참석하는 사람들이 각자 먹을거리를 싸들고 와서 함께 나누는 파티를 말합니다. '포틀럭'의 어원이 바로 포틀래치라는 북아메리카 원주민의 잔치 풍습인데요, 하지만 현대의 포틀럭 파티와는 조금 다릅니다. 포틀래치는 북아메리카 원주민 콰키우틀 부족의 말로 원래는 '식사를 제공하다', '소비하다'라는 뜻입니다. 출생, 성년식, 결혼식, 장례식 같은 우리 삶의 통과의례나 부족장 취임식, 집들이 같은 의식이 있을 때 이웃 마을 사람들까지 죄다 초대해서 그야말로 온갖 음식을 상다리가 휘어지도록 차리고 참석자들에게 선물을 잔뜩 안겨주는 축제입니다. 특히 모피를 선물로 많이 주었다고 하는데, 기록을 보면 모피를 마당에 산더미처럼 쌓아놓고 나눠줬다고 합니다.

위신이 높은 부족장은 여기서 한발 더 나아갔습니다. 당시 구리 동판이 엄청난 사치재였거든요. 의례 장면이 책에 자세히 기록이 되어 있는데요. 광대 같은 사람이 가면을 쓰고 나와서 "추장님 이 동판을 다 같이 나누면 기쁜 일이 아니겠습니까?"라고 물으면 추장이 "그래, 잘라라!"라고 해요. 그러면 그 비싼 동판을 모든 사람이 다 가질 수 있도록 조각조각 잘라서 손님들한테 나눠주는 겁니다. 동판을 다 잘라버리면 결국 사치재로서 동판의 가치는 완전히 사라집니다. 기본적으로 사회의 불안정 요소, 갈등 요소가 되는 축적을 원천 파괴하는 행위죠. 양극화의 원인이 될 수 있는 재물을 낭비를 통해서 완전히 파괴해버리는 겁니다.

김 그런데 이건 엄청난 과시적 소비로 봐야 하지 않을까요?

조 정확히 그렇습니다. 모스가 여러 번 강조하는데, 이런 측면에서 포틀래치는 경쟁이라는 속성이 있었습니다. 이렇게 과시적 소비를 해버리면, 그 사람에 대한 칭송이 하늘을 찌르거든요. 그럼 뭐해요? 쫄딱 굶는데. 그래도 괜찮은 이유는 경쟁이기 때문입니다. 누군가 한번 크게 차려줬다면 다음 사람은 더 크게 차려줘야 하는 식으로 경쟁이 벌어진 것입니다.

물론 그때도 받기만 하고 주기를 꺼리는 사람들이 있었습니다. 그런 사람들은 평판이 훼손되는 결과를 감수해야죠. 『증여론』의 원문을 인용해보자면, "곰곰이 생각하는 쩨쩨한 자들이여, 갖은 애를 쓰는 쩨쩨한 자들이여…… 주어진 재물을 받은 쩨쩨한 자들이여…… 재물을 위해서만 일하는 쩨쩨한 자들이여……"(『증여론』, 이상용 옮김, 한길사, 2002, 114쪽)라는 점잖은 저주를 피할 길이 없는 것입니다.

김 제가 시골 출신인데요. 말씀 듣다 보니 포틀래치와 비슷한 잔치가 우리 농촌 공동체에도 있었던 것 같습니다. 제가 자란 시골 마을에서도 '상복계'라는 것이 있었는데, 어느 집안에 경조사가 있으면 이웃 사람들이 닭이며 계란이며 나물이며 솥단지며 각자 들고 와서 음식 만들어 함께 거하게 먹고 남은 음식은 또 조금씩 나눠서 싸들고 돌아갔습니다.

또 제가 어릴 적에 돼지 파동이 일어났어요. 돼지 키우던 동네 아저씨의 표정을 지금도 잊을 수가 없는데요. 이렇게 돼지 값이 폭락했던 때에는, 돼지를 키우는 집들이 돌아가면서 한 마리씩을 잡아서 마을 사람들과 함께 나눠 먹고 남은 것은 역시 조금씩 싸들고 돌아갔어요. 이때 사람들이 조금씩 돈을 걷어서 돼지 주인에게 주는 거죠. 시장에 내다 팔아봐야 얼마 못 받으니까 마을 사람들이 돌아가면서 서로 부조를 한 겁니다. 이런 것들도 포틀래치와 비슷한 의례가 아닐까요?

조 네, 그렇게 볼 수 있겠습니다. 사실 우리나라 전통에서도 이른바 선물 경제, 증여 경제, 두레 경제 사례를 꽤 많이 찾아볼 수 있습니다. 조선 선조 때 미암 유희춘이라는 분이 쓴 『미암일기』를 보면, 시장이 제대로 형성되지 않은 시절에 필요한 물품들을 어떻게 조달했는지를 알 수 있습니다. 자급자족이 큰 몫을 차지했지만, 선물 경제도 상당 부분을 담당했습니다. 사실 임진왜란 전까지는 시장이 없었다고 봐도 되니까요.

이웃 동네 사람들, 혹은 먼 타지 사람들이 뭔가를 손에 들고 옵니다. 절대로 빈손으로 안 옵니다. 또 절대로 빈손으로 안 보내죠. 노잣돈 쓰시라고 돈이든 뭐든 꼭 챙겨줍니다. 돈이 별로 없을 때니까 물품으로 서로 교환하는 셈이지요. 요즘 우리 생각으로는 그래봐야 가계 경제에 얼마나 기여했을까 싶겠지만, 『미암일기』에 꼼꼼하게 기록된 가계부를 보면 이런 선물 교류 방식이 가계 경제에서 매우 큰 몫을 차지했음을 알 수 있습니다. 오늘날 우리는 온오프라인 시장에서 필요한 물건을 사고 있지만 당시에는 선물을 통해서 교환을 했다는 것입니다.

김 노동력도 해당되는 거죠? 상품뿐만이 아니라.

조 당연합니다.

김 앞에서 포틀래치가 경쟁의 속성이 있다고 하셨는데, 농촌에서도 새참을 놓고 경쟁이 붙습니다. 누구네 집에선 뭐가 나왔고 누구네 집에선 뭐가 나오더라는 식으로 말이죠.

조 저는 사실 농촌 출신이 아니라 이런 말씀 들으면 주로 배우는 쪽인데요. 새참에 관해서는 저도 할 말이 있어요. 대학생 시절 농촌활동을 가던 세대였으니까요. 아시겠지만, 가기 전에 농활대에서 서로 신신당부하면서 결의하는 항목 중 하나가 새참 절대 안 받아먹기였죠. 농민들에게 폐를 끼치면 안 된다는 기특한 발상이기는 했지만…….

김 말이 됩니까? 비현실적인 이야기죠. 반나절을 못 가요. 어른들한테 욕 얻어먹고…….

조 저희는 사실 이틀, 사흘 버틴 적도 있는데요. 하지만 결국 문제가 빚어집니다. 동네 어른들에겐 욕을 먹고 이로 인해 농활대 내부 평가회의에서는 밤마다 엄청난 논쟁이 벌어집니다. 결국엔 새참을 받아먹을 수밖에 없다는 결론이 내려지고 말죠. 절대 안 된다는 경직된 분들도 당연히 있었죠. 그런데 먹는 게 옳다는 얘깁니다. 농민들에게 무료로 일을 해주는 건데, 새참마저 안 받아먹으면 그 분들을 빚쟁이로 만드는 셈이거든요. 선물 경제에서 답례를 거절하는 것은 큰 실례가 되지요.

김 저도 과거에 농활 갔다가 이 문제로 선배들과 크게 다퉜습니다. 경직된 선배들을 상대로 제가 농촌 어른들 생각과 현실을 제대로 알고 얘기하라고 했어요. 새참은 당연히 받아먹어야 한다고 주장했다가 엄청난 언어폭력을 당한 일화가 있어요. 열 받아서 혼자 마루에서 교련복 입고 자다가 모기에게 밤새도록 엄청 뜯겼죠. 실은 좀 지나면 선배가 들어와서 자라고 부를 줄 알았어요. 어리석은 자존심 때문에…….(웃음)

조 자존심이 문제예요. 그래도 선배보다 세상물정을 더 잘 아셨군요.

김 다시 본래 논의로 돌아오면, 결국 선물 경제가 어려운 개념이 아니고 불과 몇 십 년 전만 해도 우리 주변에서 쉽게 찾아볼 수 있었잖아요. 그럼에도 불구하고 너무나 제한적이고 국부적인 방식이 아닌가 하는 생각이 듭니다. 모스는 선물 경제가 구현되는 공간을 결국 협동조합으로 한정한 건가요?

조 협동조합뿐만 아니라 국가가 실행하는 사회보장 제도 역시 선물 경제, 호혜 경제에 해당한다고 봤습니다. 왜냐하면 기본적으로 부자가 더 많이 내야 하기 때문입니다. 포틀래치에서도 많이 쓰는 사람은 결국 부자입니다. 물론 많이 쓰기 때문에 일단 망하다시피 되어버리죠. 하지만 그렇게 쓰기 때문에 다음 순번에는 돌려받으면서 다시 축적을 하게 됩니다.

결국 포틀래치가 과시 경쟁이 아니냐고 지적할 수 있는데, 맞는 지적입니다. 그래서 모스도 증여 경제, 선물경제학을 고귀하고 숭고한 무언가로 미화하려고 하지 않았습니다. 이건 내가 잘났다고 과시하려는 행위라고 얘기합니다.

김 하지만 내가 더 가지겠다는 경쟁이 아니라 정반대로 내가 조금이라도 더 베풀겠다는 경쟁이라는 게 중요하다는 얘기 아닙니까?

조 정확히 그렇습니다. 축적을 위한 경쟁이 아니라 나눔을 위한 경쟁이라는 사실이 절대적으로 중요하다고 강조했습니다. 많이 나눠줘서 크게 망할수록 더 존경을 받는 거죠. 물질적 부와 사회적 존경을 동시에 누리지 못하는 것입니다.

착해서가 아니라 왕따가 되지 않으려고 하는 연대

김 말씀을 듣다 보니 모스가 인간을 참으로 순백의 존재, 선한 존재로 보았다는 느낌을 받게 되는데요?

조 오해십니다. 모스는 인간에게 경쟁심이 있다는 점을 강조했습니다. 성선설주의자도 아니고 사회적 사실을 있는 그대로 봐야 한다는 뒤르켐주의자였는데요. 제도가 어떤 방식으로 구성되느냐에 따라서 인간은 그렇게 될 수 있다고 주장했습니다.

김 사실은 그런 제도가 구성되고 보편화되기까지의 과정이 문제 아닙니까?

조 물론 쉬운 일은 아니죠. 그러나 지금보다 훨씬 가난했던 과거 원주민들도 그렇게 살았는데 수천 배, 수만 배 더 풍요로운 현대인들은 왜 그럴 수 없다고 생각하는가라고 물을 수 있습니다. 왜 인간은 본래부터 이기적이라고만 생각하느냐 하고 되물을 수 있다는 거죠.

김 그렇지만, 쉬운 예를 들어서, 결혼식 축의금이나 장례식 조의금을 낼 때 자기 이름을 봉투에 쓰지 않는다면 5만 원 낼 것을 3만 원으로, 3만 원 낼 것을 1만 원으로 줄이려고 하지 않을까요. 이것이 인간의 본성이 아니겠느냐는 생각이 드는데요? 인간은 원래 그런 존재라고 주장할 사람들도 얼마든지 있을 것 같아요.

조 물론 그렇습니다. 이런 문제에 대해서는 대안을 고민하는 현대적인 비주류 경제학, 특히 제도주의, 진화경제학 쪽에서는 굉장히 다양한 실험을 하고 있습니다.

인간의 행동 패턴을 연구하기 위해서인데요, 지금 말씀하신 부조 사례하고 꽤 비슷한 실험이 있어요. 아이리스 보넷(Iris Bohnet)과 브루노 프레이(Bruno Frey)라는 경제학자들이 진행한 실험입니다. 서로 만난 적이 없는 학생들을 모집해서 A와 B 두 그룹으로 나눈 다음, A그룹 학생들에게 10달러씩 줍니다. 갖고 싶은 만큼 갖고 원한다면 앞에 놓여 있는 번호 적힌 봉투에 넣고 싶은 만큼 돈을 넣으라고 합니다. 그러면 B그룹 학생들은 자기 번호가 적힌 봉투를 열어서 돈을 받습니다.

여기서 핵심은 서로 모르는 학생들이고, 한 푼도 안 넣어도 누가 그랬는지 모른다는 거죠. 많이 넣는다고 해서 고맙다는 인사를 들을 일도 없습니다. 좀 전에 제기하신 의문대로라면 아예 서로 모르는 사이에다 누가 얼마를 넣었는지 알 길도 없는 상황에서는 한 푼도 안 넣는 사람들이 압도적으로 많아야겠죠. 그런데 실험 결과 한 푼도 안 넣은 학생은 28퍼센트에 불과했습니다. 봉투에 넣은 평균 금액은 2.5달러였고요.

김 재미있군요. 사람들이 나름 양심이 있다는 얘긴데, 그래도 2.5달러는 좀 적군요.(웃음)

조 그래서 이 경제학자들이 실험을 더 진행해봤어요. 이번에는 A그룹 학생들이 보는 상황에서 B그룹으로 분류된 학생들을 자리에서 한 번 일어서게 했습니다. 얼굴 한 번 본 거죠. 물론 누가 누군지는 전혀 모릅니다. 그리고 다시 똑같이 게임을 진행했습니다.

김 얼굴 한 번 보고 났더니 뭐가 좀 달라졌나요?

조 꽤 달라졌죠. 한 푼도 안 준 학생의 비율이 11퍼센트까지 떨어졌고, 봉투에 넣은 금액은 3.5달러까지 올라갔습니다.

김 음…… 누가 누군지도 모르는데, 얼굴 한 번 봤다고 양심의 크기가 더 커졌군요.

조 양심이란 표현이 좀 걸리긴 합니다만…… 대면 상황이 그만큼 서로에 대한 연대감을 증폭시킨다는 얘깁니다.

김 이런 사례가 또 있나요?

조 그럼요. 이번에는 A그룹 학생들에게 B그룹 학생들의 전공이나 취미 같은 개인정보를 알려주었습니다. 물론 여전히 누가 누군지는 모르는 상태죠. 그후 다시 실험을 진행했더니 한 푼도 안 준 학생은 아예 없었고, 봉투에 넣은 돈은 5달러가 됐습니다.

김 오, 그것 참 대단하네요. 딱 절반을 준 셈이군요.

조 전혀 모르는 사람들 사이에서 진행된 실험이라는 사실을 생각할 필요가 있습니다. 경조사에 가서 부조를 해야겠다는 의무감을 가진 지인들 사이에서 이름 안 적는다고 돈 적게 넣는 사람도 있긴 하겠지만 많진 않을 겁니다.

김 그렇다면 제가 반박하는 사례를 하나 더 들어보겠습니다. 제 딸이 결혼할 때 축의금을 낸 사람들의 명단을 장부에 기록해서 갖고 있다가, 그중 누군가의 자식이 결혼할 때 보통 같은 액수를 주지 않습니까? 교환이나 투자 개념이 아니고 선물하는 거라고 하셨는데, 실은 등가교환 아닙니까?

조 이게 잘못 보면 시장 교환하고 똑같을 수가 있어요. 실제로 주류 경제학자들이 그런 주장을 펴기도 합니다. 선물 경제도 효용을 극대화하려는 이기적 선택이라는 점은 시장 교환과 똑 같은데, 시장 교환에서는 자신의 만족과 효용을 화폐 측면에서 극대화하려 한다면, 선물 교환에서는 교환의 동등성을 극대화하려 한다는 것이죠. 서로 주고받은 선물이 동등해질수록 만족도가 높아진다는 이야기죠.

김 그럴듯하군요. 선물도 결국 이기심에서 비롯된 행위가 아닐까요?

조 정말 그럴까요? 그럼 이런 식으로 조금만 더 확장을 해보죠. 대개 엄마들은 아이들을 위해서 엄청난 희생을 합니다. 육체적, 정신적으로 자신의 삶을 갉아먹으면서까지요. 이것도 절대 희생이 아니고 결국 자신이 좋아서 하는 일, 그러니까 이기적 선택일까요?

김 음…… 조금 어렵군요. 엄마는 좋아서 하는 일일 테지만, 분명 희생이기도 하니 이기적인 선택이라고 보기도 어렵군요.

조 한 걸음만 더 나가 보죠. 모진 고문을 마다하지 않고, 때로는 자신의 목숨까지 버려가면서 독립운동을 한 분들도 결국 자기 좋아서 한 선택이니까 이기적인 행동을 한 걸까요?

김 그건 정말 아닌 듯합니다. 이제 뭔가 잡히는 것 같아요. 그러니까 자발적으로 선택했다고 해도 다 좋아서 한 일은 아니다?

조 바로 그겁니다. 내키지 않아도 의무감으로 하는 행동들이 있습니다. 때로 내 자식을 위해 희생하기도 하지만, 또 한편 사회를 위해 희생하기도 합니다. 실로 차원 높은 숭고한 희생이지요. 자발적 선택이라는 형식만을 보고 서로 다른 동기에서 비롯되는 행동들을 동일시하면 안 됩니다.

김 아, 그러니까 선물 교환과 시장 교환도 형식은 비슷해 보여도 동기가 다르다는 말이군요.

조 바로 그렇습니다. 자발적으로 선택했다는 이유로 모두 이기적인 선택이라고 본다면, 사실 학문적으로는 무가치한 주장입니다. 어떤 분석적 변별력도 없으니까요. 겉보기에는 비슷해 보여도 동기와 결과가 다르다면 우리는 교환 형태들을 구별해야 합니다.

선물 경제의 가장 역설적인 부분을 생각해보죠. 선물 경제에서는 받았다고 해도 답례가 의무는 아닙니다. 답례가 의무라면 그것은 선물이 아니고 시장 교환이죠. 답례가 의무가 아니고 증여자가 일방적으로 주는 것이기 때문에 받는 사람은 고마워하는 것입니다. 그럼에도 불구하고 선물을 받는 순간 사회관계 속에서 압력을 느끼게 됩니다. 사회관계 때문에 암묵적 합의가 작동한다는 뜻이죠.

김 여전히 저한테는 모스가 인간의 양심을 확고히 믿었다는 말로 들리는데요?

조 아뇨, 결코 개인 양심의 문제가 아니라는 얘깁니다. 모스는 사람들의 관계, 즉 사회관계를 강조합니다. 베블런 식으로 말하자면 이것이 바로 제도의 힘입니다. 관습의 힘이죠. 답례 안 해도 돼요. 대신 왕따가 되는 거죠.

김 그런데 사람인 이상 내가 누군가로부터 아무런 대가를 바라지 않는 선물을 받으면 당연히 고마워하게 되고 나도 선물을 해야 한다는 생각이 들지만, 경제적으로 도저히 뭘 줄 수 있는 처지가 아닌 경우도 있지 않습니까? 이에 대해서 모스는 어떻게 말하고 있습니까?

조 『증여론』에서는 그런 경우를 분석하고 있지는 않습니다. 선물 경제가 시스템으로 성립한 지역을 분석하고 있기 때문이겠죠. 모스는 선물 경제는 기본적으로 호혜성을 띠고 있다고 말합니다. 누군가 일방적으로 계속 받기만 하면 그의 지위는 계속 낮아지는 것입니다. 결국 무엇으로든 반드시 답례를 해야겠죠. 돈이 없다면 노동력을 제공한다든지……. 그런데 『증여론』에서 모스는 이런 쪽을 강조하고 있진 않습니다. 오히려 선물을 먼저 할 수 있을 만한 잘사는 사람들에게 말을 걸고 있죠. 『증여론』의 결론에서 많이 다룬 내용은, 부유한 사람들이 포틀래치 정신으로 세금을 많이 내고 복지국가를 만들어야 한다는 것입니다.

김 그렇다면 요즘 이야기하는 복지론, 그리고 부유세 및 누진세와 유사한 걸까요?

조 그런 취지이긴 한데, 조금 결이 다릅니다. 부자들의 재산을 강제로 재분배해야 한다는 취지라기보다는, 과거 포틀래치라는 사례를 보여주면서 가진 자들이 많이 베풀수록 존경받는다는 점을 강조하는 전략이거든요. 옛날의 '고귀한 지출'의 전통을 상기시키면서요. 그러면서 부자들을 향해 당시의 시점에서 말합니다. "당신들이 고귀한 지출을 많이 하면서 이걸 존경과 맞바꿔라."

김 오늘날 우리 사회의 많은 부자들이 '사회적 존경'을 중시한다면 저 모양으로 살진 않을 것 같은데요. 이런 이야기가 통할까요?

조 쉽지는 않겠죠. 지금 우리의 눈으로 볼 때 모스는 이상주의자로 비칠 수도 있겠습니다. 하지만 주장의 맥락을 살펴보면 모스의 이상주의에도 이해할 만한 측면이 있습니다. 모스는 당대의 주류라고 할 수 있는 마르크스주의자들과는 달리 인간 자체를 신뢰했다고 볼 수 있습니다. 모스는 사회주의가 자본주의보다 '더 관대한 체제'라고 말했습니다. 그러니까 사회주의로의 이행 과정에서 폭력 혁명을 반대했지요. 관대하지 않은 방식으로 관대한 체제를 만들 수는 없다는 이유를 들었습니다. 상대 혹은 적들도 관대할 수 있다는 점을 인정하지 않는다면 우리가 관대할 수 있다는 믿음도 근거가 없다고 주장하기도 했습니다. 모스는, 어찌 보면 순진했다고 말할 수도 있겠지만, 상대방을 마르크스주의적인 계급투쟁의 관점에서 비난하지는 않았습니다. 노동운동을 지지하고 사회주의를 지향했지만, 자본가들도 충분히 관대해질 수 있다고 보았습니다. 만약 자본가들이 관대해질 수 없다고 주장한다면 노동자들이 관대해질 수 있다는 주장도 하기 어렵다고 본 것입니다.

김 모스가 중점을 두었다던 협동조합 이야기를 해보죠. 일반적으로 협동조합이라고 하면 비슷한 처지에 있는 사람들이 비슷한 요구를 하며 무언가를 지향하는 조직 형태를 말하는데, 모스의 주장하고는 달리 더 많이 가진 사람과 덜 가진 사람이 협동조합이라는 구조로 함께 묶일 수는 없지 않나요?

조 협동조합은 사실 모스의 『증여론』에서는 중요한 주제로 부각될 만한 요소가 적습니다. 말씀드렸듯이 『증여론』은 상대적으로 복지 제도를 강조한 측면이 강합니다. 모스 자신은 실천 과정에서 협동조합을 강조했고, 협동조합에 관한 여러 저작을 남겼지만 아직 국내에 많이 소개되지는 않았어요.

마이크로크레디트, 그라민 은행, 레츠, 그리고 협동조합

김 오히려 마이크로 크레디트, 그라민 은행의 사례를 들 수 있지 않을까요? 돈이 많은 사람이 마이크로 크레디트에 기부하거나 본인이 직접 회사를 세워서 못사는 사람들을 위해 쓰고 싶다는 취지로 투자하고, 장기 저리로 빌려주는 방식도 선물 경제의 예가 될 수 있겠네요?

조 당연히 그렇습니다. 모스는 사회복지 제도 외에도 기부에 대해서도 이야기합니다. 여기서 기부가 고귀한 지출이 되려면 기부자가 기부를 받는 사람에게 직접 주어서는 안 된다고 말합니다. 이렇게 되면 당사자들 사이에 의존 관계가 생기기 때문이라는 겁니다. 그러니까 포틀래치가 모든 면에서 다 훌륭하다고 하진 않았어요. 그래서 기부란 항상 제3자의 매개를 거쳐야 하고 기부자는 익명이어야 한다고 했습니다. 따지고 보면 우리나라의 사회복지공동모금회가 이런 모델인데, 당시로서는 상당히 낯선 생각이었습니다. 당시엔 기부라기보다는 자선의 형태로 부자가 빈자에게 주었는데 어떻게 보면 모스가 현대적 의미의 기부 모델을 주창한 거죠.

김 그렇다면 마이크로 크레디트나 기부 말고 선물 경제의 사례로 들 수 있는 것이 또 있습니까?

조 여러 가지가 있겠습니다만, 좀 더 작으면서도 호혜적 성격이 더 분명해 보이는 렛츠(LETS: Local Exchange and Trading System)라는 지역화폐 운동이 있습니다. 세계적으로 2000~3000개가 있는데, 우리나라에서 가장 잘 알려진 것은 대전의 한밭렛츠입니다.

운영 방식을 쉽게 설명하면 이렇습니다. 지역민이 회원으로 가입하는데, 가입과 동시에 이를테면 '100두루'의 가상 화폐가 가상 통장에 입금됩니다. 두루는 한밭렛츠의 화폐 단위고요, 도토리 같은 것이라고 생각하시면 됩니다. 이후에 내가 어느 집에 가서 어린 아이를 돌봐주고 2두루를 받기로 서로 합의하고 실행하면 2두루를 받아 나의 잔고가 많아집니다. 혹은 내가 마을에서 배관 기술을 가진 이웃에게 우리 집 싱크대 배관 수리를 부탁하고 3두루를 주기로 한 뒤에 일이 끝나면 3두루가 지출되어 나의 잔고가 줄어듭니다.

이 렛츠 시스템은, 자본주의사회에서 현금 없이 살아보자는 취지로 고안되었습니다. 이미 1930년대 대공황 때 오스트리아, 독일, 미국 등지에서 상당히 널리 통용된 선례도 있습니다만, 근래에는 1983년 캐나다 밴쿠버 섬의 코목스 발레라는 곳에서 시작된 사례를 최초로 꼽습니다. 당시 이 지역은 미군이 철수하면서 심각한 불황이 닥쳐왔습니다. 실직자가 넘쳐나게 됐죠. 그런데 실직을 하면 당장 현금이 없지 않습니까? 그때 이 운동을 처음 주창한 마이클 린턴(Michael Linton)이라는 사람이, 막상 우리가 돈은 없다고 해도 서로를 위해 해줄 수 있는 일은 많지 않은가라는 아이디어를 떠올린 것입니다.

예컨대 어떤 사람은 자동차를 잘 고칠 줄 압니다. 또 어떤 사람은 시간이 있어서 아이를 돌봐줄 수 있습니다. 또 어떤 사람은 다른 사람의 기념사진을 찍어줄 수 있습니다. 특히 렛츠가 가장 많이 쓰이는 분야가 아이나 노인, 환자를 보살피는 돌봄노동입니다. 그러니까 특별한 기술이 있는 사람은 자기 기술을 활용할 수 있고 그런 기술이 없어도 돌봄노동을 할 수 있는 겁니다.

렛츠 운동이 진행되면서 성공과 실패의 다양한 사례들을 통해 나름의 원칙들이 만들어졌는데요, 중요하면서도 재미있는 원칙이 처음 가입한 사람들의 노동화폐 계좌가 최대한 빨리 마이너스가 되도록 유도하라는 것입니다.

김　왜 그런가요? 먼저 빚을 지라는 말인데, 렛츠의 취지와는 반대 아닌가요?

조 얼핏 그렇게 여겨질 수도 있지만, 사실은 그렇지 않습니다. 빚을 져야 렛츠의 소중함을 알게 되고, 또 빚을 갚기 위해서라도 더욱 열심히 참여하게 되거든요. 렛츠는 세계적인 연대 조직이 없어서 정확한 숫자를 파악하기는 어렵습니다만, 2000~3000개로 추정합니다. 우리나라에서도 과천품앗이, 송파품앗이, 고잔품앗이, 상봉렛츠 등이 있습니다. 서울에서도 'e-품앗이'라는 이름으로 렛츠가 출범했습니다. 물론 한밭렛츠가 가장 유명하고요.

렛츠는 큰 경제를 지향하진 않습니다. 기본적으로 작은 규모이기 때문에 모든 물건이나 서비스를 다 구할 수는 없습니다. 하지만 이웃 마을에 이런 시스템이 죄다 생기면 렛츠끼리 관련 서비스를 교환할 수 있습니다. 또 요즘은 컴퓨터와 인터넷을 통해 서비스와 회계 정보들이 실시간으로 공개, 공유되기 때문에 렛츠 운영에 매우 좋은 환경이기도 합니다. 나아가 렛츠에 참여해본 사람들이 하는 이야기를 들어보면, 이웃들과 친해졌다, 도움을 받기 위해서 한 일인데 내 기분이 좋아졌다, 보람이 생겼다, 라고들 말합니다. 이것이 선물 경제의 최대의 특징입니다. 우리가 백화점에서 물건을 사고 종업원의 감사 인사를 받는다고 해서 그걸 진심이라고 느끼긴 어렵지 않습니까? 그런데 렛츠와 같은 선물 경제에서는 실제로 고마움을 느끼고 신뢰가 증진되는 효과가 나타난 것입니다.

김 마지막으로 협동조합에 관한 내용을 정리해봐야 할 것 같습니다.

조 렛츠는 기본적으로 규모가 작다는 한계가 있어서 선물 경제의 핵심 대안은 아니라고 할 수도 있지만, 협동조합의 경우 얘기가 좀 달라집니다. 상당히 큰 규모로 운영할 수 있거든요.

우리나라의 가장 큰 생활협동조합 두 곳은 현재 연매출액이 3000억 원이 넘습니다. 그중 한 곳은 성장 속도가 웬만한 대기업을 뛰어넘는 상황이에요. 그렇다면 협동조합이 얼마나 커질 수 있는가를 세계적으로 살펴보겠습니다. 가장 유명한 곳이 스페인의 몬드라곤이죠. 1940년대부터 움직임이 시작되어 1956년에 10여 명이 참여한 작은 노동자 협동조합으로 출발했는데, 현재는 2010년 기준으로 자산이 약 53조 원, 매출액이 대략 22조 원입니다. 전체 노동자 8만 4000여 명 가운데 조합원은 3만 5000명 정도인데, 나머지 노동자들도 조합원으로 전환하라는 권유를 받는 곳입니다. 자본주의 대기업도 이렇게 장기간에 걸쳐 지속적으로 성장하기는 어려울 겁니다.

협동조합이라고 해서 전부 다 농산물 생산하고 비누 만드느냐 하면 그것도 아닙니다. 몬드라곤협동조합에는 2100개 정도의 매장을 보유한, 유럽에서 가장 큰 유통업체 중 하나가 속해 있습니다. 또 파고르라는 생활가전 브랜드도 있습니다. 스페인 5대 은행에 드는 협동조합 은행인 노동인민금고 역시 몬드라곤 소속인데요, 420개 지점이 있습니다. 또 연구소, 대학도 있고요. 제조업 매출액의 60퍼센트를 전 세계를 대상으로 한 수출을 통해 올립니다. 조합원들은 아무리 경기가 나빠도 해고되지 않습니다. 그러나 조합원이 아닌 노동자들은 아주 어려우면 해고될 수도 있는데, 그렇다 하더라도 해고 기간에 수당을 받고 경기가 좋아지면 맨 먼저 재고용되는 특별 협약이 맺어져 있습니다.

김　이곳에서도 인력이 필요한 경우가 있을 텐데, 이때는 비조합원을 채용할 수도 있잖습니까? 이들도 조합원으로 전환시키는 겁니까?

조 네, 가급적이면 조합원이 되라고 권유합니다. 그러나 모두가 반드시 조합에 가입하진 않습니다. 왜냐하면 조합원이 되면 권리도 누리지만 의무도 져야 하거든요. 출자금하고 조합비도 내야 하고요. 수시로 교육도 받아야 합니다. 여기도 조합이기 때문에 쉰 명당 한 명의 대의원을 뽑아 이들이 최고 결정권을 갖는 의회를 구성합니다.

김 그런 협동조합에서도 권력화 현상이 나타나지는 않나요?

조 당연히 나타날 수 있죠. 이곳을 실제로 운영하는 최고 조직은 상임위원회인데 여기서 의장을 뽑습니다. 일반 기업체로 치자면 CEO라 할 수 있죠. 이 사람들도 나름 전문성이 있어야 하기 때문에 25퍼센트 이내에서 외부 전문가를 영입할 수 있도록 했습니다. 이들에겐 사기업 CEO만큼은 아니라도 고액의 보수도 줘야 하고요. 그러나 1년에 한 번씩 총회, 4년에 한 번씩 대회 혹은 의회가 열리는데, 여기서 경영 총괄 실적에 대해 평가를 받습니다. 그러니까 관료화 문제를 완벽하게 극복하긴 어려울지 몰라도 일정한 견제 장치를 두었다고 봐야겠죠.

김 관료화 정도가 아니라, 파벌이 형성되고 자기들끼리 나눠먹는 문제점들도 생길 수 있지 않습니까?

조 파벌 문제는 아니었지만 실제로 심각한 문제가 있었습니다. 파업까지 일어났으니까요. 몬드라곤을 구성하는 협동조합 중 울고와 울라르코라는 곳에서 1974년에 협동조합 경영진과 조합원 노동자들의 갈등으로 파업이 일어났고, 열일곱 명의 노동자가 해고되는 사태까지 일어났었습니다.

김　파업의 원인이 무엇이었나요?

조　직접적인 발단은 새로운 직무평가 프로그램의 도입이었습니다. 조직이 성장하면서 직무 수행 평가를 정교하게 해야 할 필요성을 느낀 경영진, 즉 이사회가 직무평가를 생산직 조합원들에게 확대하면서 문제가 불거졌어요. 낮은 등급의 평가를 받은 조합원들이 꽤 많은 이의를 제기했습니다. 낮은 평가에도 불구하고 급여가 낮아지지 않는다는 사실조차 일종의 모욕으로 여겼다고 합니다.

김　파업 이유 중에서 전자는 사기업하고 비슷한데, 후자는 사기업과는 딴판이군요. 역시 협동조합이라서 그런 걸까요?

조　역시 조합원의 자존심, 주인의식이 있으니 그랬겠죠. 아무튼 이 갈등이 결국 400여 명이 참여한 비공식 파업으로 이어집니다. 금방 끝나기는 했지만요. 조합 내부 문제에 따른 파업은 규약에 따라 불법이었고, 이사회는 주도자 열일곱 명에 대한 해고로 대응했습니다.

김　파업에 해고라…… 자본주의 기업을 연상시키는군요. 그래서 어떻게 되었습니까?

조　이사회는 정상적인 의사 대변 기구가 있는 상황에서 일어난 비공식 파업은 협동조합의 본질을 부정하는 자기 파괴 행위라고 주장했지요. 반면 노동자들은 조합평의회의 위상이 모호해서 실제로 의사를 제대로 대변할 수 없다고 맞섰고요. 그해 말, 임시총회가 열려 투표를 했고 이사회 측이 승리합니다. 해고자들은 복직되지 못합니다. 1977년

투표에서도 복직 청원은 부결되었습니다. 결국 4년이 흐른 1978년에 이사회 측이 먼저 해고자 복직을 의제로 올림으로써 갈등이 해결되었습니다.

이 사건은 서로에게 깊은 상처를 주었지만, 이후 자체 연구를 통해 협동조합에서 노동자 조합원의 참여 체계에 대한 이해를 높이는 계기가 되었습니다. 협동조합 규모가 커지면서 발생하는 관료화 문제, 경영 판단과 조합원 정체성 사이의 갈등, 경영진과 일반 노동자의 소통 문제 등에 대한 심도 깊은 연구도 이루어졌습니다. 특히 협동조합 내에서 노동자 조합원 대표 조직의 위상을 강화할 필요성이 제기되어 조합평의회의 권한이 강화되었습니다.

김　그런 갈등을 겪으면서 성장해왔군요. 이러한 문제가 계속 불거질 텐데 깔끔한 해결책은 없을까요?

조　협동조합은 완벽하지 않습니다. 사기업이 완벽하지 않듯이요. 그래서 일반 조합원들이 계속해서 견제할 수 있는 장치를 두는 것이 중요합니다. 그런데 보통은 조합원이 된 다음에 시간이 지나면 여러 권한과 의무를 행사하기가 귀찮아지는 경향이 있습니다. 그냥 알아서 하라는 식으로요. 역시 이 문제를 극복하기 위해서는 끊임없는 교육이 중요합니다. 또 조합원들이 실제로 권한을 행사할 수 있는 다양한 공식 통로를 마련해야 하고요.

몬드라곤은 규모를 키우지 않으려고 합니다. 무슨 말이냐 하면, 몬드라곤은 약 260개 협동조합의 연합체인데, 이것을 자꾸 합쳐서 대기업으로 만들진 않는다는 뜻입니다. 규모가 커지면 관료화가 점점 심해지게 마련입니다. 몬드라곤 전체의 CEO라고 하면 일반 조합원하고는 너무 멀리 있는 존재가 되어버립니다. 하지만 260개 단위 협동조합이라면 웬만한 사람들끼리는 다 알고 지내는 관계니까 관료주의를 제어하기가 더 수월하다는 겁니다. 파업 사태에 대한 연구의 결과로 공장, 사업장 단위로 구성되는 조합평의회 아래에 소평의회를 둔 점도 살펴볼 만합니다.

김　우리나라에서도 최근 협동조합 설립 붐이 일고 있습니다. 바람직한 현상이라고 평가하십니까?

조　기본적으로는 바람직한 현상이라고 봅니다. 물론 구체적으로 보면 문제점들이 없지는 않습니다. 협동조합의 기본 정신은 자율성과 독립성인데, 우리나라의 경우 기존 협동조합은 모두 여덟 개의 특별법에 의해 정부 인가를 받아 설립됐습니다. 1990년대 후반 이후에 등장한 생활협동조합은 다르지만, 이전의 협동조합들 중에는 관변단체처럼 변한 곳도 적지 않습니다. 이런 점에서 2012년 말에 협동조합기본법이 일반법으로 발효된 것은 큰 의미가 있다고 생각합니다. 5인 이상만 모이면 누구나, 거의 모든 업종에 걸쳐서 협동조합을 설립할 수 있으니까요. 그래서 요즘 협동조합 설립 붐이 일고 있는데요, 워낙 초창기라서 선불리 평가하긴 어렵겠습니다.

김　초기라고는 하지만, 협동조합이나 사회적 기업 육성이라는 일이 정부가 해야 할 사업을 시민사회 쪽으로 떠넘기는 것 아니냐, 이렇게 볼 수도 있지 않나요?

조　사실 그렇게 비판하는 분들이 있습니다. 협동조합이나 사회적 기업들이 수행하는 취약계층 고용과 돌봄노동의 경우 사실 정부가 복지라는 의무로 수행해야 마땅한 일들을 약간의 지원만 하면서 시민사회에 떠넘기는 게 아니냐 하는 비판이지요. 일리가 있습니다. 실제로 사회적 기업 육성법이 제정된 과정을 봐도 그런 면이 있습니다. 원래 IMF 사태 이후 시작된 공공근로 사업이 자활 사업을 거쳐 사회적 기업으로 넘어간 맥락이 있거든요.

사안에 따라 비판해야죠. 복지 확충과 사회적 경제의 확장이 꼭 대립한다고 볼 필요는 없을 듯합니다.

김 정부와 협동조합의 관계는 어떠해야 할까요? 지원하되 개입하지 않는 것이 제일 좋을까요?

조 이탈리아 에밀리아 로마냐 주의 사례를 살펴보겠습니다. 이 주는 우리나라로 치면 도에 해당하는 행정 단위이고 인구는 약 430만 명입니다. 이곳의 주도 볼로냐의 별칭이 '레드 볼로냐', 그러니까 붉은 볼로냐입니다. 좌파 도시라는 말인데, 지금까지 수십 년 동안 주의 집권당이 공산당입니다. 지금은 민주사회당으로 이름을 바꿨지만요. 어쨌든 협동조합 경제로 상당히 유명한 지역입니다.

이탈리아는 지역간 경제 격차가 매우 심한 나라로 잘 알려져 있지 않습니까? 에밀리아 로마냐 지방은 그중에서도 못사는 축에 속했습니다. 하지만 지금은 주민 소득이 전 유럽에서도 10위권에 들어가는 가장 부유한 지역의 하나가 됐습니다. 그 동력이 바로 협동조합이고, 공산당 정부가 바로 이런 협동조합 중심의 사회적 경제를 일궈냈습니다.

여기엔 재미있는 에피소드가 있습니다. 2차대전이 끝난 후 당시 소련이 위성국가들을 만들고, 세계혁명을 이끌겠다며 코민테른이라는 혁명 운동의 지도 조직을 만들었습니다. 여기서 소위 반독점 민주전선 노선을 채택하는데요. 당장의 주적은 독점자본, 즉 대자본이므로 중소자본과는 싸우지 말고 연대하라는 것이었습니다. 이런 명령이 각국의 공산당을 거쳐서 지역 공산당 조직으로 하달됩니다.

그런데 에밀리아 로마냐 지역은 너무 가난해서 기업다운 기업이 없었던 거예요. 독점자본에 저항해서 싸워야 하는데 독점자본이 없고, 중소자본과 연대를 하고 싶은데 중소기업조차 별로 없는 겁니다. 이 지역 공산당은 묘안을 냈습니다. 상부의 지시는 엄중하고, 뭔가를 하기는 해야겠기에 결국 중소기업을 직접 만들기로 한 겁니다. 실제로 중소기업을 육성, 지원하기 위한 효율적인 법과 행정 시스템도 만들었습니다. 회사 설립을 공산당 정부가 지원하고, 원스톱 서비스도 도입합니다. 다른 한편으로, 너무 가난한 지역이다 보니 이렇게 한다고 해도 빨리 기업이 만들어지지 않을 개연성이 있어서 협동조합 설립과 운영을 적극 지원했습니다.

그 결과 현재 이 지역 경제를 운영하는 법인체의 70퍼센트가 협동조합입니다. 가장 큰 비중을 차지하는 산업은 정밀기계공업인데, 세계 최고 수준의 정밀기계를 만듭니다. 이 지역은 쉽게 말하면 협동조합에 소속된 정밀기계 공장의 노동자가 협동조합에 소속된 병원에서 치료받고 협동조합 소속의 슈퍼에서 물건 사는 방식으로 살아간다고 할 수 있습니다. 조합원들이 전체 주민의 75퍼센트 이상이기 때문에 거의 모든 것을 자급자족합니다. 그 결과 생산성도 매우 뛰어나고 분배도 균등하고 성장률 역시 높아서 유럽에서도 가장 잘사는 지역 중 하나가 된 것입니다.

김　협동조합이 얼마나 강력한 힘을 발휘할 수 있는지를 알 수 있겠고요. 또 하나는 정부와 손을 잡는다고 꼭 나쁘다 할 수는 없고 자생력과 자주성을 갖추었느냐 여부가 중요한 듯합니다.

조　그렇습니다. 이 사례에서 또 하나 중요한 것은, 공산당-민주사회당 정부가 장기간 집권할 수 있을 만큼 지역의 사회운동 기반이 매우 튼튼했다는 점이죠. 그런 사회 연대의 단단한 뿌리가 있었기 때문에 협동조합과 결합했을 때 아주 큰 시너지 효과를 낸 것입니다.

김　그렇군요. 협동의 힘이 얼마나 큰 효과를 낼 수 있는지 알 수 있는 사례입니다. 모스의 사상을 순진한 이상으로만 폄하할 수는 없겠군요.

선물의 역설과 불가능성의 가능성

마르셀 모스의 선구적인 연구 이래로 선물 경제는 현대자본주의의 근본 문제들을 뛰어넘을 수 있는 통찰력 있는 대안으로 여겨졌다. 많은 학자들이 모스의 연구를 사유의 출발점으로 삼아 선물 경제의 가능성을 타진하고 있다. 하지만 세상만사가 그렇듯이 선물 경제 또한 자체 모순을 지니고 있다. 이런 모순을 인식할 때만 선물 경제에 대한 섣부른 이상화를 넘어설 수 있고, 선물 경제의 위상과 의미를 제대로 인식할 수 있을 것이다.

모스의 『증여론』이 남긴 최대의 두통거리는 선물과 답례가 의무인가 아닌가라는 점이었다. 모스 자신은 선물과 답례가 의무라고 보았다. 마땅한 사회적 지위가 있는 자가 선물하지 않으면 위신이 깍이고 비난을 받게 된다. 선물을 받고도 답례하지 않는 자는 무례한 자가 되고, 위신도 떨어져서 결국 사회적 지위가 하락한다. 답례가 마땅히 수행해야 할 사회적 의무로 인식되고 있기 때문이라는 것이다.

문제는 선물과 답례가 의무라고 이해하면 선물 경제가 상품 교환 경제와 본질적으로 다를 게 없어진다는 점이다. 실제로 모스 자신은 선물 경제를 지연된 교환, 즉 신용경제의 한 형태로 이해할 수 있다는 취지로 말하기도 했다. 『증여론』을 인용하는 신고전파 경제학의 논리는 모스의 이런 언급에 주목한다. 선물 경제의 작동 원리 또한 본질적으로 시장경제와 다르지 않다는 것이다. 물물교환이든 선물 교환이든 모든 거래는 자신의 효용을 극대화하려는 시장 교환과 본성상 동일하다는 주장이다. 부모의 자식에 대한 사랑도, 연인들의 헌신도, 친구들의 우정도 그 본성은 시장 교환과 같다.

프랑스의 철학자 자크 데리다(Jacque Derrida)는 이 문제를 선물의 불가능성이라는 관점에서 깊이 통찰한 바 있다. 데리다는 철학자 중에서도 난해하기로 이름 높기 때문에 여기서는 그의 논지를 아주 간단히 핵심만 살펴보도록 하자. 우선 데리다는 의무가 된 선물, 의무가 된 답례를 통해 '교환'되는 선물은 선물이 아니라고 주장한다. 만약 선물과 답례가 의무가 된다면 선물한 사람은 채권자가 되고, 받은 사람은 채무자가 되는 교환관계가 성립하기 때문이다. 이것은 선물이 정의상 대가를 바라지 않는 일방적 증여 행위라는 정의와 모순된다. 여기까지는 이미 우리가 확인한 사실이다.

데리다는 좀 더 나아가 선물이 선물로 정의될 수 있기 위해서는 망각이 필요하다고 주장했다. 선물을 준 사람은 주었다는 사실을 망각해야 하고, 받은 사람은 받았다는 사실을 망각해야 한다. 선물을 주고받은 사람들이 주고받은 것이 선물이었다는 사실을 망각해야 한다는 뜻이다. 왜 그런가? 선물이라고 인식하는 순간 답례에 대한 기대와 의무감이 발생하기 때문이다. 선물은 선물이라는 사실을 부정하는 순간에만 선물이 될 수 있고, 선물이라는 사실을 긍정하는 순간 선물이 될 수 없다. 이 이중의 이율배반 속에서 선물은 불가능한 어떤 것이 된다.

데리다는 매우 철학적인 차원에서 이런 주장을 하지만, 우리는 이 역설을 부모와 자식, 남편과 아내, 연인, 친구, 친지 사이처럼 삶의 온갖 관계에서 관찰할 수 있다. 부모가 자식을 키울 때 나중의 보상을 바라고 키우는 것은 아니고, 이런 점에서 부모의 양육노동은 대가를 바라지 않는 선물 제공이다. 하지만 자녀는 의무감을 느끼게 되고 부모는 기대를 하게 된다. 늙은 부모와 장성한 자식들 사이에서 이 기대와 의무감을 둘러싸고 얼마나 많은 갈등이 발생하고 있는가?

사랑에 빠진 연인들은 서로 아낌없이 선물을 한다. 결코 대가를 바라지 않는다. 아니, 혹시라도 대가를 바란다고 생각할까 걱정한다. 대가를 바란다는 것은 자신의 순수한 사랑의 가치가 훼손되는 일이기 때문이다. 하지만 사랑의 결과로 결혼 생활을 하게 되면 사정이 달라진다. (가부장제 사회에서라면) 남편은 자기는 밖에서 힘들게 일해 가족을 부양하는 반면, 아내는 자신이나 자식들을 제대로 돌보지 않는다고 비난한다. 아내는 돈도 잘 벌지 못하는 남편이 힘든 가사와 양육을 조금도 도와주지 않는다고 원망한다. 친구나 친척 간의 관계도 사정은 크게 다르지 않다.

이대로라면 선물은 불가능하고, 선물 경제는 그냥 공상에 불과하다고 결론을 내리면 된다. 과연 그럴까? 조금만 더 살펴보자. 이 관계들은 정의상 금전적인 교환관계를 넘어선 사랑과 우애에 기초하고 있다. 예컨대 결혼 자체는 곧 교환관계로 전락하지만, 결혼 관계 자체는 사랑을 기초로 성립한다. 자신들의 결혼이 법적으로 승인된 교환관계에 불과하다는 데 서로 동의한 채로 결혼 생활을 지속할 부부는 몇 쌍이나 될까? 친구 사이가 그저 이익에 따라 만나는 교환관계에 불과하다고 서로 확인하게 된다면 계속 함께 어울리고 속깊은 이야기를 나눌 친구들은 얼마나 될까? 수많은 부모 자식들이, 부부들이, 친구와 친지들이 교환의 논리에 서로 상처를 주고 받으면서도 관계를 지속한다. 이유는 너무나 간단하다. 그런 관계들이 시장 교환 관계를 넘어서기 때문이다. 그러므로 사랑이나 우애는 결혼 생활이나 교우 관계에서 실현 불가능함에도 불구하고, 결코 버릴 수 없는 '불가능성의 가능성'으로 존재하게 된다. 그것은 액면 그대로 실현될 수는 없지만, 이런 관계 자체를 가능하게 하는 근본 조건으로 계속 작동한다.

선물의 불가능성을 주장하는 데리다의 논의를 액면 그대로 선물의 불가능성 혹은 공상성으로 읽을 수도 있을 것이다. 하지만 '불가능성의 가능성'이라는 관점에서 그의 논의를 이해하면 또다른 함의를 발견하게 된다. 교환경제-자본주의가 우리의 삶을 압도적으로 지배하는 사회에서 순수하고 투명한 형태의 선물 경제는 존재하기 어렵다. 선물 경제의 영역은 교환경제-자본주의에 의해 수없이 침식되고 훼손된다. 하지만 사랑과 우애, 서로에 대한 호혜의 추구 또한 끊임없이 되돌아와서 우리들의 관계 자체를 가능하게 한다.

예를 들어 협동조합 역시 시장경제 속에 존재하고 있기 때문에 이익을 도외시할 수 없고, 이사회와 노동자 간의 갈등도 피하기 어렵다. 생활협동조합이라면 생산자와 소비자 간에 갈등이 생길 수도 있다. 게다가 협동조합은 자본주의 논리로 무장한 기업들과 살아남기 위해서 경쟁도 해야 한다. 지역화폐 운동-렛츠 속에서도 누군가는 좀 더 많이 주고, 누군가는 주로 받기만 한다며 갈등이 일어날 수 있다. 단순해 보이는 선물도 따지고 보면 이처럼 역설과 모순에 가득차 있는 것처럼 이런 갈등들 또한 자연스러운 것이다. 이런 문제들 때문에 선물 경제의 실현이 불가능하다고 좌절하거나 폄하할 필요는 없다. 이런 갈등이야말로 이 냉혹한 자본주의사회에서 사랑과 우애, 호혜가 우리들 인간관계의 근본 기초로서 여전히 작동하고 있다는 명백한 반증이기 때문이다.

더 읽을 거리

『증여론』

마르셀 모스, 이상률 옮김, 한길사, 2002.

『저주의 몫』

조르주 바타유, 조한경 옮김, 문학동네, 2000.

『펭귄과 리바이어던』

요차이 벤클러, 이현주 옮김, 반비, 2013.

『선물-경제 너머를 꿈꾸다』

윤영실, 디딤돌, 2005.

찾아보기

인명

찾아보기

서명

사회를 구하는 경제학

경제학 고전에 공동체의 행복을 묻다

1판 1쇄 펴냄 2014년 7월 21일
1판 3쇄 펴냄 2016년 7월 22일

지은이 조형근·김종배 지음
펴낸이 박상준
펴낸곳 반비

출판등록 1997. 3. 24.(제16-1444호)
(우)06027 서울특별시 강남구 도산대로1길 62
대표전화 515-2000, 팩시밀리 515-2007
편집부 517-4263, 팩시밀리 514-2329

ISBN 978-89-8371-670-5 03320

반비는 민음사출판그룹의 인문·교양 브랜드입니다.